Friedrich Schiller, Karl Goedeke

Schillers sämtliche Schriften

Historisch-kritische Ausgabe

Friedrich Schiller, Karl Goedeke

Schillers sämtliche Schriften
Historisch-kritische Ausgabe

ISBN/EAN: 9783743665903

Hergestellt in Europa, USA, Kanada, Australien, Japan

Cover: Foto ©Thomas Meinert / pixelio.de

Weitere Bücher finden Sie auf **www.hansebooks.com**

Schillers sämmtliche Schriften.

Historisch-kritische Ausgabe.

Im Verein mit

A. Ellissen, R. Köhler, W. Müldener, H. Oesterley, H. Sauppe und W. Vollmer

von

Karl Goedeke.

Sechster Theil.

Vermischte poetische und prosaische Schriften
1787—1792.

Stuttgart.
Verlag der J. G. Cotta'schen Buchhandlung.
1869.

Schillers sämmtliche Schriften.

Historisch-kritische Ausgabe.

Sechster Theil.

Vermischte poetische und prosaische Schriften
1787—1792.

Herausgegeben

von

Karl Goedeke.

Stuttgart.
Verlag der J. G. Cotta'schen Buchhandlung.
1869.

Buchdruckerei der J. G. Cotta'schen Buchhandlung in Stuttgart.

Vorwort.

Der gegenwärtige sechste Theil von Schillers sämmtlichen Schriften umfaßt die Zeit von des Dichters Eintritt in Weimar bis zu der Sicherung seiner Lage durch das Geschenk des Prinzen von Augustenburg und gibt in chronologischer Folge die kleineren Arbeiten in Versen und Prosa, die nicht in das Gebiet der strengeren Geschichte oder in das der Kunstphilosophie gehören. Jene, der Abfall der Niederlande, der dreißigjährige Krieg und die kleinen historischen und geschichtsphilosophischen Abhandlungen, so wie diese, die ästhetischen Untersuchungen, die in besondere Gruppen zusammengestellt sind, müssen als gleichzeitige Beschäftigungen, in denen Schiller seine Zeit zersplitterte, aber zugleich sein ganzes Wesen ausweitete und vertiefte, neben dem hier Gebotenen berücksichtigt werden, wenn man ein zutreffendes Bild seiner Entwicklung gewinnen will, so daß die Theile 6—10 als ein zusammenhängendes Ganzes anzusehen sind, und zwar als Sammlung der Belege einer Uebergangsperiode in Schillers geistigem Leben. Er war noch nicht mit sich darüber im Reinen, ob er Historiker oder Philosoph, Dramatiker oder Lyriker sei und sein sollte, konnte aber in der Folge, als er sein ganzes Wesen zur Kunstmäßigkeit und diese zur Natur durchgebildet hatte, die Durchgänge und Umwege nicht bereuen, auf denen er zu seinem Ziele gelangt war.

Die Grundsätze der Herausgabe, die in den früheren Bänden zur Anwendung kamen, sind auch hier dieselben geblieben und haben sich, je länger sie befolgt wurden, um desto mehr bewährt. Ich halte sie für die allein richtigen, will aber gern einräumen, daß nicht alle Leser mit mir darin übereinstimmen, den Werdenden und nicht den Gewordenen darzustellen. Es ist aber billig zu erwägen, daß diese

Sammlung der Schriften Schillers nicht in dem Sinne eine kritische heißen will, daß sie Kritik gegen, sondern für ihn übt und ihn vor allen Dingen von dem aufgedrungenen Scheine frei macht, als habe er nach irgend einer heute üblichen Grammatik schreiben oder den Ansprüchen einer mäßigen philologischen Bildung der Gegenwart Genüge leisten wollen. Wie er heutzutage schreiben und interpunktieren würde, ist sehr gleichgültig, ebenso gleichgültig wie seine Verstöße gegen diese oder jene philologische Schulkenntniß. Denn ob er von einer Tochter Thestias, Thestius oder Thestios, von Diktus- oder Diktes Wäldern redet, nimmt oder gibt seinem Werthe nichts, und die Erwähnung dieser Dinge unter dem Texte ist eine bloße Zugabe und liegt streng genommen außer dem Plane der Arbeit, deren Pflicht es ist, nichts zu übersehen, was für die Geschichte des Textes, im Ganzen und im Einzelnen, von Wichtigkeit erscheint. Und in dieser Hinsicht hat der gegenwärtige Theil das Material erweitert, indem die zwischen Körner und Joachim Meyer liegenden Redactionen durch die Vergleichung der Ausgabe in 12 Bänden (1835) und der in Einem Bande (1840) berücksichtigt wurden, um einen Einblick in die Geschichte des Vulgärtextes zu geben. Ich bemerke, daß ich dabei jedesmal auf das Lebhafteste in der Gewißheit befestigt wurde, daß für die Reinerhaltung des Schillerischen Textes wenigstens ebenso sorgfältige Bemühungen thätig gewesen sind, wie für die Reinerhaltung der lutherischen Bibelübersetzung, nur haben die Grundsätze mitunter eine Wandelung erlitten.

Göttingen, 19. Febr. 1867.

K. Goedeke.

Inhalt.

		Seite
I.	An Caroline Schmidt. 1787.	1
II.	Prolog zum 8. Nov. 1787.	2
III.	Oberon. 1787.	5
IV.	Die Priesterinnen der Sonne. 1788.	7
V.	Kleine Recensionen 1—7. 1788.	11
VI.	In das Stammbuch Charl. v. Lengefeld. 3. Apr. 1788.	20
VII.	Die Götter Griechenlands. März 1788.	21
VIII.	Die berühmte Frau. 1788.	28
IX.	Briefe über Don Karlos. 1788.	33
X.	Ueber Goethes Egmont. 1788.	80
XI.	Jesuitenregierung in Paraguai. 1788.	92
XII.	Herzog Alba beim Frühstück zu Rudolstadt. 1788.	96
XIII.	Epische Pläne (Briefstellen 1788—1791).	100
XIV.	Spiel des Schicksals. 1788.	105
	Griechisches Theater.	118
XV.	Die Phönizierinnen. 1788.	120
XVI.	Iphigenie in Aulis. 1788.	151
XVII.	Die Iphigenie in Tauris. 1788.	239
XVIII.	Die Künstler. 1788—1789.	264
XIX.	Der versöhnte Menschenfeind. 1788—1790.	280
XX.	Für Baggesens Stammbuch. 9. Aug. 1790.	311
XXI.	Erklärung des Herausgebers (der Thalia) 1790.	312
XXII.	Ueber Bürgers Gedichte. 1790—1791.	314

	Seite
XXIII. Aus Virgils Aeneide. 1791	342
1. Einleitung. Die Zerstörung Trojas.	343
2. Dido.	384
XXIV. Redactionsnoten 1—3.	421
XXV. Vorbericht zum ersten Theile der kleineren prof. Schriften.	423
XXVI. Hymne an das Licht (Briefstelle). 1792.	425
XXVII. Zweifelhaftes. Unechtes. 1—3.	427

I. An Caroline Schmidt.

In ein Exemplar des Dom Karlos.

Kein Lebender und keine Lebende
Saß diesem Bild, der süßen Sympathie
Und Freundschaft aufgestellt. Aus nicht vorhandnen Welten
Entlehnte es — ich kannte dich noch nicht —
5 Ein volles Herz und warme Phantasie.
Wenn das, was ich für Schatten hier empfunden,
In deinem Herzen mächtig wiederklingt,
Aus deinem Auge schöne Thränen zwingt,
Wenn es in stillen, schwärmerischen Stunden
10 In sanfter Rührung dich erweicht:
So weißt du, was der Dichter dann empfunden,
Hätt' er ein lebend Bild gefunden,
Das deinem, Caroline, gleicht.

I. Morgenblatt 1837. Nr. 42. 18. Febr. S. 168: Einige Gelegenheitszeilen von Schiller.

II. Prolog.

[Zur Wiedereröffnung des Theaters in Weimar am 8. Nov. 1787, gesprochen von
Christiane Amal. Luise Neumann.] *f. 4*.

    Der Frühling kam. Wir flohen in die Ferne.
      Der großen Freudegeberinn Natur
    Verließen wir den schönen Schauplatz gerne.
      Sie flieht und schmucklos ligt die Flur.
5   Ein düstrer Flor sinkt auf die Erde nieder,
    Sie flieht — und wir erscheinen wieder.
      An ihre Freuden wagen wir
    Die unsrigen bescheiden anzuschließen,
      Das bange Lebewohl von ihr
10   vielleicht durch unsre Spiele zu versüßen,
      durch frohen Scherz und ein gefühltes Lied
    des Winters traurge Nächte zu betrügen
    und edle Menschen edel zu vergnügen; —
      Was Mode, Zwang und Schiksal schied
15   durch süße Angst und wonnevolles Weinen
    in Banden schöner Gleichheit zu vereinen,
      auf wen'ge Augenblicke nur
    der Menschheit schönes Jubelfest zu feyern,
    den süßen Stand noch einmal zu erneuern,
20   den ersten Stand der heiligen Natur.
    Wir die mit Zittern vor den Pöbel
      der Afterkenner uns gewagt —
      Wir nahen Ihnen unverzagt
    Wir stehen kühn und dreist vor Ihnen!
25   Wir fürchten nichts. Nur kleine Geister spotten
    des zagenden Talentes. Sie allein

sind reich durch fremde Armuth! Rein
durch fremde Schuld. Sie brauchen mühsam durch
Verkleinerung der Andern, sich zu heben!
30 Der große Mann verachtet nicht!!
Der gnädigste von allen Richtern ist
Der Kenner! — Was der große Mann vermißt,
ersetzt er gern von seinem Ueberfluße!
Er winkt mit freundlichsanftem Gruße
35 dem zagenden Talent hervor,
Mit großmuthsvollem Wohlgefallen
Trägt er die junge Kunst empor!
In seine Hände bitten wir zu fallen!
Doch schweige über uns — der Thor!

40 Diß Haus — und diese glänzende Versammlung
sah unsern Anfang — und verzieh!
Was wir geworden, wurden wir durch Sie!
Wir geben Ihr, was Sie uns gab, zurücke. —
Wird sie die Blume, die sie selbst
45 Mit eigner Hand gezogen, die
zu ihren Füßen dankbar blüht, zertreten?
Das wird sie nicht! — In Wüsten, wo man sie nicht suchte,
Erfreut uns eine wilde Rose mehr,
Als in Hesperiens verschwenderischen Gärten
50 ein ganzes Blumenheer.

Die Muse, noch zu furchtsam sich zu zeigen
schickt mich voran — ein Sinnbild ihrer Schwäche
und ihrer Schüchternheit — ein Kind!!

Was Männer nicht erbitten dürfen, darf
55 ein Kind vielleicht erflehen. Seine Unschuld
besticht, entwaffnet den gerührten Richter.

Die fürchterliche Waage sinkt
aus seinen Händen. Er vergißt, daß er
gerecht seyn wollte und verzeyht.

Vom Originalmanuscript im Besitz der Freifrau Emilie v. Gleichen, geb. v. Schiller. Christiane Neumann, die von Goethe gefeierte „Euphrosyne", war am 15. Dezember 1778 zu Kroffen geboren, damals also nicht voll neun Jahre alt. Das Theater in Weimar wurde am 8. Nov. 1787 mit Ifflands Schauspiel „Bewußtseyn" eröffnet. In dem gedruckten Repertoire der Bellomoschen Schauspielergesellschaft ist zweimal von diesem Prolog die Rede, einmal daß Herr Rath Schiller ihn schreiben werde, und dann, daß er eben von der Neumann vorgetragen worden.

III. Oberon.

Scherasmin.

Ich wags mit jedem andern.
Den Tygern und den Panthern
. . . .
Das Blut von zehen Riesen
sah meine Lanze fließen
. . . .

Tartaren — Sarazenen
und allen Weibersöhnen
   will ich entgegengehn.
Nur bitt ich mit Dämonen
mich gütigst zu verschonen
   die keinen Spaß verstehn.

Im Hui ist man verwandelt
gebissen und tarandelt
. . . .
Was hilft mir Schwerd und Lanze
beim wilden Hexentanze,
   die haben weder Fleisch noch Bein!

Und dann um eine Handvoll Haare
. . . .
   Aus deinem silbergrauen Bart
. . . .
   Ich bringe beides wohlbewahrt.

III. Diese Zeilen für eine Arie Scherasmins erscheinen hier nach einer Handschrift Schillers im Besitz seiner Tochter Emilie. Am 19. Dec. 1787 schrieb Schiller an

Körner (1, 227): „Weil Du mir neulich von der Oper Medea schriebst, so muß ich Dir sagen, daß ich Wieland habe versprechen müssen, den Oberon doch noch zu bearbeiten, und ich halte es wirklich für ein treffliches Sujet zur Musik. Es wird hier ein Musikus Franz von Reisen zurückerwartet, der sehr große Erwartungen erregt, und dem ich es auch wahrscheinlich übergebe." — Körner antwortete am 24. Dec. 1787 (1, 231): „Daß Du aus dem Oberon eine Oper machen willst, behagt mir nicht. Warum nicht selbst ein Sujet erfinden? Mich däucht immer, daß Du in der Idee des Ganzen und der dramatischen Anordnung glücklicher sein würdest, als in Ausarbeitung der einzelnen Stücke nach dem Wunsche des Musikers. Auch mußt Du einen berühmten Componisten anstellen. Naumann wird gern für Dich arbeiten. Warum willst Du Dich mit einem Anfänger einlassen?" — Es ist dann von der Oper nicht weiter die Rede.

IV. Die Priesterinnen der Sonne.

Zum dreyßigsten Jänner 1788.

von einer Gesellschaft Priesterinnen überreicht.

Der Tag kam, der der Sonne Dienst
    Auf ewig enden sollte;
Wir sangen ihr das lezte Lied
Und Quito's schöner Tempel glüht'
    In ihrem lezten Golde.

Da trat vor unsern starren Blick,
    Wie Himmlische gebildet
Umflossen von ätherischem Licht,
Ein Weib mit ernstem Angesicht,
    Durch sanften Gram gemildet.

Der Sonne Dienst ist aus! rief sie;
    Und ihre Zähren fliessen.

IV. A: Taschenbuch für Damen auf das Jahr 1809. S. 1—3. — B: Abschrift von unbekannter Hand aus dem Nachlaß Charlottes v. Schiller im Besitz ihrer Tochter Emilie. — C: Morgenblatt 1808. Nr. 246. 13. Oktob. S. 982; nur die erste Strophe in einer Recension des Damentaschenbuchs, deren Verf., nach Ermittlung durch die Cottasche Buchhandlung, der Epigrammatiker Haug war.
¹: A B. — ²: A. „Zum 30ten Jänner 1788 zu einem Masquenballe." Notiz von Charlottens Hand in B. — ³: A. — ⁴⁻⁷: „In der Anfangsstrophe reimen zwar zuerst sollte und Golde; Ref. erinnert sich aber der Schillerschen Verbesserung aus einer spätern Abschrift, und setzt sie zur Ergänzung bey:
    Der Tag kam, der der Sonne Dienst
    Vertilgen sollt' auf immer.
    Wir sangen ihr das letzte Lied,
    Und Quitos schöner Tempel glüht'
    In ihrem letzten Schimmer." C.
⁸: ihrem A; Ihrem B. — Golde] Glanze A B. — ⁹: von B — Blik B. — ¹¹: äthrischen B. — ¹³: gemildet] gemildert A B.

Löscht, ruft sie, eure Fackeln aus,
Von nun an wird kein irdisch Haus,
   Kein Tempel mich verschließen.

Altar und Tempel stürzen ein,
   Ich will mir beßre wählen,
Zerstreuet euch durch Land und Meer,
In keinen Mauern sucht mich mehr,
   Sucht mich in schönen Seelen.

Wo künftig meine Gottheit wohnt,
   Soll euch dies Zeichen sagen: —
„Seht ihr in einer Fürstin Brust
„Für fremde Leiden, fremde Lust,
   „Ein Herz empfindend schlagen.

„Seht ihr der Seele Wiederschein
   „In schönen Blicken leuchten,
„Und Thränen süßer Sympathie,
„Entlockt durch süße Harmonie,
   „Ihr sprechend Auge feuchten.

„Darf sich zu ihrem weichen Ohr
   „Die kühne Wahrheit wagen,
„Und ist sie stolzer, Mensch zu sein,
„Mit Menschen menschlich sich zu freun,
   „Als über sie zu ragen.

„Noch groß, wenn statt dem Purpurkleid
   „Ein Hirtenkleid sie deckte;
„Noch liebenswerth durch sie allein,
„Wenn ihrer Hoheit Zauberschein
   „Auch Schmeichler nie erweckte.

16: Fakeln B. — 17: irrdisch B. — 20: beßer B. — 30: Bliken B. —
32: füßer B. — 33: Aug befeuchten B. — 31–33 nur in B. — 41: Liebenswerth B.

„Durchbebt in ihrer Gegenwart
„Euch nie gefühlte Wonne:
„Da, Priesterinnen! betet an,
„Da zündet eure Fackeln an!
„Da findet ihr die Sonne!"

Die Göttin spricht's, und schwindet hin,
 Der Altar stürzt zusammen;
Schnell löscht das heil'ge Feuer aus;
In Trümmern liegt das Sonnenhaus,
 Und Quito steht in Flammen.

Fern, fern von unserm Vaterland,
 Durchirrten wir die Meere,
Durchzogen Hügel, Thal und Fluß,
Und endlich sezten wir den Fuß
 Auf diese Hemisphäre.

Da sahen wir mit Grazien
 Die Musen sich vereinen,
Wir folgten diesem Götterzug,
Sie senkten ihren sanften Flug
 Herab zu diesen Hainen.

„Zwey Fürsten-Töchter wollen wir,
„Sie riefen's mit Entzücken,
„Zwey Fürsten-Töchter sanft und gut,
„In ihren Busen Götterglut,
„Mit diesem Kranze schmücken."

---

⁴⁶: Betet B. — ⁴⁷: Eure B. — Fakeln B. — ⁵²: Sonnen Haus B. —
⁶²: senkten B. — samften B. — 64. 66: Zwei B. — ⁶⁵: Entzüken, B. —
⁶⁶: samft B. — ⁶⁷: Göttergluht B. — ⁶⁸: diesen B.

Fühlt ihr die nahe Gottheit nicht,
Die wir im Tempel feyern? —
Das Zeichen, Schwestern! ist erfüllt!
Hier vor der Sonne schönem Bild,
Laßt uns den Dienst erneuern.

———

70: feiern? — B. — 72: schönen B. — 73: erneuen. B. — In A mit Friedrich Schiller, in B mit Schiller unterzeichnet, von andrer Hand als der des Abschreibers oder Charlottens und zwar einer Hand, die, wenn nicht Schillers eigne, doch der seinen sehr ähnlich ist. — Das Gedicht, das sich an die damals beliebte Oper Cora, von Naumann, eng anschließt, aber nach keiner darin vorkommenden Arie zu singen ist, enthält den Grundgedanken der spätern Huldigung der Künste. Die Echtheit ist mit Unrecht angefochten worden. Die bisher übersehene Notiz des Morgenblattes ist freilich nicht entscheidend, aber gewichtig. Es ist unter Schillers Namen bald nach seinem Tode gedruckt und weder damals, wo noch viele Zeitgenossen von 1788 lebten, noch später von einem andern Verfasser reclamiert. Das Costüm der Sonnenpriesterinnen war damals in Weimar eine beliebte Redoutenkleidung. Eine Abbildung befindet sich im Taschenbuch Pandora für 1789. Nr. 1., und die Beschreibung daselbst S. 79: „Eine Sonnen-Priesterin aus Peru. Das Kleid ist ganz von weißem Crepe, reich mit Golde garnirt; auf dem Kopfe ein grüner Lorbeerkranz; [in der Hand eine Fackel,] der Schleyer ist, wie immer, von dünnem Flor." Schiller, der an den Redouten des Frühjahrs 1788 Theil nahm (Briefw. mit Körner 1, 253), mochte das Gedicht für Weimarer Freundinnen, Frau v. Kalb, Karoline Schmidt u. s. w. verfaßt haben. Ueberreicht ist es jedoch am 30. Januar 1788 keinesfalls. Die weimarischen Fourierbücher widersprechen wenigstens; sie geben, nach Reinhold Köhlers Mittheilung, Folgendes: „Freitag 11. Jan. 1788 war die 2te Redoute. — Freitag 25. Jan. 1788. Heute war die 3te Redoute. — Mittwoch Mittag den 30. Jan. Fürstl. Tafel. Vacat! [Nämlich die gewöhnliche Liste der an der Tafel Theilnehmenden.] Abends. Durchl. Herzogin, alleine. 3 Hof-Dames alleine. War Cour und Conc. im Palais! — Die Musik-Gratulationes wegen den Geburts Tag Durchl. Herzogin, welcher anheute einfiel, wurden verbethen! — Freitag 1. Febr. 1788 (Abends) war die 4te Redoute." Entweder wurde das Gedicht vor oder nach dem Geburtstage der Herzogin überreicht, oder die Ueberreichung unterblieb, weil die Herzogin die Gratulationen verbeten hatte.

V. Kleine Recensionen.

1.

Schöne Wissenschaften. — Wien und Leipzig, bey Stabel: Dya=
Na=Sore' oder: Die Wanderer. Eine Geschichte aus dem Sam=
skritt übersetzt. 1787. 414 S. 8. (1 Rthlr. 4 gr.)

Oder vielmehr nicht aus dem Sam=skritt übersetzt; denn, einige
Namen abgeändert, läßt sich die Geschichte eben so gut nach Aegypten
oder nach China als nach Indien verlegen. Wofür also diese Ein=
kleidung, die nicht nur durch nichts unterstützt, sondern der beynahe
auf jedem Blatt durch die gröbsten Versündigungen gegen die Sitten
und das Costüme von Indien widersprochen wird? Vier Söhne ver=
lassen ihren Vater und ihre Heimath um eine Wanderung zum Heiligthum der Urzeit anzutreten, das Land der Wahrheit und Glückseligkeit zu suchen. Der Weg dahin ist eine beschwerliche und gefahr=
volle Reise durch menschenleere Wüsten, Abgründe, über steile Gebirge
und reissende Ströme; dieses giebt dem V. Gelegenheit, ein schreck=
liches Naturgemälde auf das andere zu häuffen, deren Monotonie
unendlich ermüdend ist, obgleich die Beschreibungen selbst Dichtergeist
verrathen. Die Reise wird, wie man leicht denken kann, den armen
Wanderern höchst sauer gemacht. Bald hilft ihnen eine kaum leser=
liche Innschrift, die sie von ungefähr finden, bald ein Eremit, der

---

V. Schiller an Körner, Vollstädt, 12. Juni 1788. (Briefe 1, 310): „Du willst
wissen, was ich recensirt habe; diesmal lauter Unbedeutendes — im Monat April
und Mai: 1) Friedrich der Große. Ein Gemälde. S. 212. — 2) Dyanasore,
oder die Wandrer. S. 204. 205. — 3) Encyklopädie von Hoff. S. 219.
4) Beiträge von Eckartshausen. S. 216. — 5) Historische Nachrichten und Lebensjahre Friedrichs II. von Herzberg (in den literarischen Nachrichten vom Mai
S. 277."

1. A: Allg. Literatur-Zeitung Dienstag den 29ten April 1788. Numero 103.
Spalte 204—206. — B: Blätter für Literar. Unterhaltung 1847. S. 1252.
D: A. Diezmann, Aus Weimars Glanzzeit. Leipzig 1855. S. 77 f.

11: und Costüme (das fehlt) D. — 13: Vorzeit D. — 21: Innschrift A] Handschrift B.

sich ihnen in den Weg stellt; ein Greis schickt sie zum andern (weil
das Herumschicken einmal Gebrauch ist) und so treten in dem Buch
vier oder fünf solche Greise auf, die alle einander wie aus den Augen
geschnitten sind, und auch so ziemlich das nehmliche sagen. Die ganze
äußerst einförmige und schlecht gehaltene Fabel dient einer reinen
und schönen Sittenlehre zur Hülle, die ihr aber oft so gezwungen und
oft wieder so lose angepaßt wird, daß sie weniger aufklärt als ver=
dunkelt. Nichts beleidiget indessen mehr als die barbarische Durch=
einandermengung des Abstracten mit dem Symbolischen, oder
der Allegorie mit den philosophischen Begriffen, die sie bezeichnen soll;
in eben dem Augenblick, da uns der Weg zur Wahrheit als eine
Wanderung vorgestellt wird, hören wir darüber von dem Wanderer,
als über eine abstracte Materie, sprechen. Es fällt in die Augen,
daß es dem Vf. überhaupt nur um ein Vehikel für seine Philosophie
zu thun war; ob es paßte oder nicht, galt ihm gleich; und so ent=
stand denn dieser Zwitter von Abhandlung und Erzählung, der durch
eine fast durchaus metrische Prose wo möglich noch ermüdender wird.

2.

Geschichte. — Weimar, b. Hoffmann: Friedrich der Große.
Versuch eines historischen Gemäldes. IItes und IIItes Heft.
1787. 194 S. 8. (9 gr.)

Eine schöne und anschauliche Auseinandersetzung des vorberei=
tenden Verdienstes, welches Friedrich Wilhelm um die Stärke
und den Glanz des preußischen Staates unter seinem Nachfolger ge=
habt hat, zeichnet diesen Versuch unter dem großen Haufen der Bro=
schüren und Werke, die denselben Gegenstand behandeln, sehr zu seinem
Vortheile aus. Bis die gehörige Menge der Materialien zu einer
vollständigen Geschichte Friedrichs II. und seiner Zeit herbeygeschaft
seyn und die Concurrenz aller übrigen Erfordernisse einen großen
Kopf genug begünstigt haben wird, dem größten Mann seines Jahr=
hunderts ein würdiges Denkmal zu stiften, ist kein Versuch ohne
Nutzen, der nur eine neue Thatsache liefert, oder eine schon vor=

---

2. A: Allgemeine Literatur=Zeitung Mittwochs, den 30ten April 1788. Nu=
mero 104ᵃ. Sp. 212. — B: Weimarisches Jahrbuch. 4. Bd. 1856. S. 172.

handene besser motiviret, anwendet oder ordnet; und der gegenwärtige hat vor den mehresten noch das Verdienst einer sehr lebhaften und gefälligen Schreibart voraus. Das zweyte Heft endigt mit dem Breslauer; das dritte mit dem Dresdner Frieden.

3.

Vermischte Schriften. — München, b. Lentner: **Beyträge und Sammlungen zur Sittenlehre für alle Menschen vom Hofr. v. Eckartshausen. 1787. 376 S. 8⁰. (20 gr.)**

Unter diesem Titel verkauft uns H. v. E. wieder einige herbe Früchte eines guten Willens und eines dürftigen Geistes. Zwey Proben mögen genug seyn. S. 123 sagt er uns von dem Stadtleben: „Da muß ich **Hüte, unbrauchbar zum Bedecken in meinen Händen tragen und wie ein Papagey sprechen: Guten Morgen, gute Nacht, wie befinden Sie Sich? Ohne Empfindung antwortet mir der Gefragte: Recht wohl, und Ihre Gesundheit?"** Wohl verstanden, das soll Poesie seyn! S. 128 heißt es von einer Dame: „**Endlich entzieht sie den düftenden Fuß der seidnen Decke.**"

4.

Vermischte Schriften. — Presburg, b. Mahler: **Historisch-kritische Encyclopädie über verschiedne Gegenstände, Begebenheiten und Charaktere berühmter Menschen — von H. G. Hoff. I. Th. 368 S. II. Th. 398 S. III. Th. 414 S. IV. Th. 462 S. 1787. 8. (2 Rthlr. 16 gr.)**

Ohne sich der beregten „Nebenabsichten" gegen den Herausgeber bewußt zu seyn, gesteht Rec., daß er nicht unter die „wenigen Edeln" gehört, denen dieses Buch gefällt. So ist ihm auch beym Aufschlagen desselben kein „süsser Stich in die Reizbarkeit seiner Lebensnerven" gesprungen (s. Th. I. S. 363. Artik. Bücher). So schlecht

---

3. A: Allgemeine Literatur-Zeitung Mittwochs, den 30ten April 1788. Numero 104ᵃ. Sp. 216. — B: Weimarisches Jahrbuch. 4. Bd. 1856. S. 172 f.
4. A: Allgemeine Literatur-Zeitung Mittwochs den 30ten April 1788. Numero 104ᵇ. Sp. 219—220. — B: Weimarisches Jahrbuch. 4. Bd. 1856. S. 173.

'bey dieser Sammlung die Wahl der Anekdoten ausgefallen ist, indem neben dem seichtesten und abgedroschensten aus diesem Fache auch die längst verrufenen Mährchen von der Vergiftung Pabst Alexanders VI. u. s. f. wieder aufgewärmt werden, so ist doch dasjenige, was Hr. H. von seinem eigenen hinzuthut, noch bey weitem schlechter; die philosophischen Artikel, wie Freundschaft, Liebe, sind schlechterdings ungenießbar. Ein Beyspiel von der Beurtheilungskraft des Vf. mag die Parallele abgeben, die zwischen dem Grafen Brühl und Richelieu angestellt wird (S. 358): Brühl beherrscht seinen König; auch Rich. beherrscht ihn — B. erwirbt sich ein großes Vermögen, auch R. — Brühls Leibwache ist besser bezahlt als die königliche, auch Richelieus u. s. f. Der Unterschied zwischen beiden: Rich. stirbt vor, Brühl nach seinem König u. d. mehr. Diese vier Bände gehen nur bis zum L., wir werden also noch mit vier andern bedroht.

5.

Literarische Nachrichten. — Kleine histor. Schrift. Ohne Druckort: Historische Nachricht von dem letzten Lebensjahre Königs Friedrichs II. von Preußen, mit der Einleitung zu der von ihm selbst geschriebenen Geschichte seiner Zeit. Vorgelesen in der öffentlichen Versammlung der Academie den 26. Jänner 1787, durch den Hrn. Grafen von Herzberg aus dem Französischen übersetzt. 44 S. 8⁰. (3 gr.) Die Leser mit einer Schrift, die von dem Namen ihres Verf. einen so großen Werth empfängt, bekannt machen zu wollen, würde sehr überflüssig, und jetzt auch zu spät seyn, da sich das Original schon in den meisten Händen befindet. Die Zusammenstellung der 2 verschiedenen Vorreden, welche der König in zwey ganz verschiedenen Perioden seines Lebens im Jahr 1746 und 1775 zu der Geschichte seiner Zeit verfaßte, ist äußerst interessant, und kann zu der Geschichte seines Geistes einen merkwürdigen Beytrag geben. Die Uebersetzung ist hart und schwerfällig: z. B. S. 25 heißt es — eine sehr wichtige Verzichtleistung, die ich so, wie die Ansprüche auf den Danziger Hafen, zu der Zeit in Vorschlag brachte, da ich

---

5. A: Allgemeine Literatur-Zeitung, Donnerstags den 8ten May 1788. Numero 111. Sp. 277. — B: Weimarisches Jahrbuch. 4. Bd. 1856. S. 174.

den Theilungs- und Abtretungsvertrag mitten in einer sehr kritischen Krankheit, an der ich damals darniederlag, entwarf." Wie viele ich nach einander und welche harte, unbiegsame Periode! —

6.

3) Leipzig, Im Verlage der Dykischen Buchhandlung: Goldoni über sich selbst und die Geschichte seines Theaters. Aus dem Französischen übersetzt und mit einigen Anmerkungen versehen von Schaz. 504 S. 8.

Goldoni, ein Schriftsteller, dem Italien einen reinen und regelmäßigen Geschmack im Dramatischen Fache verdankt, der, abgerechnet was man seinem Zeitalter und den Eigenthümlichkeiten seiner Nation zu gute halten muß, einer der fruchtbarsten und arbeitsamsten Köpfe war, die es gegeben hat, der während seiner theatralischen Laufbahn hundert und funfzig Schauspiele in Prosa und Versen geliefert und bis zu Gozzis unverdientem und kurzwährendem Triumpf von den Italienern beynahe angebethet wurde, tritt hier auf und erzählt die Geschichte seines Lebens, und die Art und Weise, wie er sich bildete und das wurde, was er theils war theils noch ist. Schon dadurch erhalten diese Memoires ein großes Interesse, daß sie ein zwey und siebzigjähriger Schriftsteller aufgesetzt hat, der so unendlich viel während seinem Leben gesehen und erfahren haben muß. Außerdem aber haben sie noch diesen Vorzug, daß sie uns mit der Verfassung des Italienischen Theaterwesens bekannt machen, und andere kleine Nachrichten mittheilen, die die Erziehung und häusliche Lebensart der Italiener charakterisiren, und also, da sie zur Bestimmung ihres National-Charakters beytragen, nicht minder interessant und lehrreich sind. Seine Geburt schon kündigte ihn als einen künftigen dramatischen Schriftsteller an. Er wurde unter Festen, Komödien und Opern gebohren, die sein Großvater, der in Venetianischen Diensten bey der Handelskammer stand, seinen Nachbarn auf seinen Landgütern gab; und sein Vater trug das seinige dazu bey, diese Vorbedeutung in Erfüllung zu bringen, da er ihm in seinen Erhohlungsstunden durch

A: Anzeiger des Teutschen Merkur. Junius 1788. I. Neue Bücher. 8) S. LXIII bis LXV. — B: Diezmann, Aus Weimars Glanzzeit. Leipzig, 1855. S. 75—77.
15: Triumph B.

Marionetten Unterhaltung zu verschaffen suchte, und dadurch dem jungen Geiste gleich in den ersten Jahren einen theatralischen Schwung gab. In seiner frühesten Jugend las er nichts als Komödien und Opern, und schrieb sogar schon in seinem achten Jahre eine Komödie, die so gut war daß sie niemand für das Produkt eines achtjährigen Knaben halten wollte. Und so beherrschte ihn immer die Leidenschaft für das Theater, leitete ihn sein ganzes Leben hindurch, und führte ihn endlich nach Frankreich, wo er sich in einem sehr hohen Alter durch ein in französischer Sprache geschriebenes Lustspiel Ruhm, Achtung und Bequemlichkeit erwarb. Da in diesem Buche allenthalben Goldonis Dramatische Talente durchscheinen, da er alle seine Begebenheiten mit lebendiger Darstellung und einer ihm eigenen Laune erzählt und ausmahlt, und der Schauplatz der Handlung sich oft an den Höfen kleiner Theaterkönige, dem gewöhnlichen Sitz der Intrigue und Kabale befindet: so können wir dem Leser von diesen Memoires eine sehr angenehme Unterhaltung versprechen. Auf diesen ersten Band sollen noch zwey andre folgen, die Goldonis Leben bis zu seinem achtzigsten Jahre, in dem er jetzt steht, beschreiben und eine Geschichte aller seiner Theaterstücke enthalten werden, und welchen Herr Schatz einen vierten von seiner eignen Arbeit: über Goldoni und seine Werke nachfolgen lassen wird. Die Uebersetzung ist (wenige Kleinigkeiten abgerechnet) überhaupt leicht und fließend. Rec. findet nichts daran auszusetzen, als daß zu weilen die Sprache zu sehr ins Gesuchte fällt, wenn sie natürlicher Dialog werden soll; welchem Tadel aber Herr Schatz dadurch auszuweichen sucht, daß er in der Vorrede sagt: um nicht platt zu werden, habe er diesen Fehler begehen müssen, weil unsre Sprache keine eigentlichen vertrauten Redensarten (façons de parler familieres) enthalte. Rec. gesteht, daß er nicht recht begreiffen könne, was Hr. S. damit meyne; und daß eine ziemliche Anzahl anerkannter guter Schriftsteller, von Gellert und Rabener anzufangen, ihm einen sehr augenscheinlichen Beweis zu führen scheinen, daß es unsrer Sprache an façons de parler familieres, die nicht platt sind, nicht fehle. Uebrigens sehen wir den folgenden Bänden mit Vergnügen entgegen. E.

9: Ruhm B, Ruhe A. — 16: diese A. — 31: augenscheinlicher A.

7.

Literargeschichte. Leipzig, bey Dyk: Goldoni über sich selbst und die Geschichte seines Theaters, aus dem Französischen übersetzt und mit einigen Anmerkungen versehen von B. Schatz. Erster Theil. 504 S. Zweyter Theil. 429 S. Dritter Theil. 369 S. 1788. 8. (3 Rthlr. 16 gr.)

Nachrichten von dem Leben und der Bildung eines Schriftstellers, der beynahe 200 dramatische Stücke in Prosa und in Versen geliefert hat, und in der theatralischen Kunst seines Volks als Reformator aufgetreten ist, müßten an sich schon jeden Freund der schönen Literatur interessiren. Aber eine abwechselnde Mannichfaltigkeit von Begebenheiten, Anekdoten, Sittengemählden u. d. m., mit denen diese Lebensbeschreibung durchflochten ist, die beleuchtenden Blicke, die auf das Theaterwesen und den dramatischen Geschmack der Italiener darinn geworfen werden, eine Menge geistreicher und unterrichtender Bemerkungen über die Sitten und das häusliche Leben der Italiener und noch ausführlichere Nachrichten aus Paris, eine leichte lebhafte und fast dramatische Darstellung, ein charakteristischer Vortrag, der uns in die Gesellschaft des Autors bringt und ihn besser schildert als alle seine Werke, die unverkennbare Sprache der Wahrheit und der Geist herzlicher Gutmüthigkeit, der durch das ganze Werk ausgegossen ist, machen es für alle Leser ohne Unterschied interessant und empfehlungswürdig. Ein zwey und siebenzigjähriger Greis erzählt uns hier im Ton der angenehmsten Munterkeit die großen und kleinen Merkwürdigkeiten seines schriftstellerischen, häuslichen und gesellschaftlichen Lebens, und wenn er in der Wahl der letztern auch nicht immer streng genug gewesen ist, so sollte schon allein die naive Treuherzig-

---

A: Allgemeine Literatur-Zeitung Dienstags den 13ten Januar 1789. Numero 13. Sp. 102—104. — B: Aug. Diezmann, Aus Weimars Glanzzeit. Leipzig, 1855. S. 72—75. — Schiller an Hufeland, ohne Datum: „Hier, mein Bester, einstweilen die Recension des Goldoni. Die andern folgen nächstens." (Diezmann a. a. O. 13). Schiller an Körner, Volkstädt, 5. Juli 1788: „Ich habe hier Goldonis Leben zu recensiren. Lies es auch, es wird Dich manches darin interessiren." (Briefw. I, 319.)

9: Voltes B. — 11: , aber B. — 12: . u. a. m., B. — 15: unterrichtender A] interessirender B. — 27: „allein" fehlt B.

keit, die ihn einen so hohen Grad von Theilnehmung bey dem Leser voraussetzen läßt, ihm die Nachsicht desselben erwerben. Große Gesinnungen, und eine philosophische Verläugnungsgabe darf man hier freylich nicht suchen. So muß man sich auch an einem reichen Maaße
5 von Autoreitelkeit, die oft ins Lächerliche, an einer gewissen Eigennützigkeit, die oft ins Armselige und Niedrige fällt, nicht stoßen, um diesen Charakter lieb zu gewinnen; aber ein weiches zartfühlendes Herz, die unbegränzteste Bonhommie, eine unerschöpfliche Quelle von fröhlicher Laune, und eine seltene Billigkeit gegen fremde Verdienste 103
10 geben ihm an unserm Wohlwollen wieder, was er an unserer Bewunderung etwa verloren haben mag. Seine Schwächen selbst, die er uns entweder mit Offenheit bekennt, oder auch, ohne es selbst zu wissen, schildert, und die man übrigens einem 72jährigen Greis sehr geneigt seyn wird, zu verzeihen, tragen vielmehr zum Interesse der
15 Erzählung bey, als daß sie es schwächen sollten. Auch hat seine gefällige Meinung von ihm selbst gar nichts von dem anstößigen widrigen Egoismus, womit so viele, weit größere, Schriftsteller ihren Leser drücken; — eine Bemerkung, die sich dem Recensenten vorzüglich in dem XVI. und XVII. Capitel des III. Theils aufgedrungen hat, wo
20 unser Autor seine Zusammenkunft mit J. J. Rousseau beschreibt. Wie gern würde man einem Goldoni ein parteyisches Urtheil über diesen ihm so höchst fremdartigen Charakter verziehen haben, und doch dürften wenige Leser seyn, denen nach Lesung dieser Stellen der große philosophische Dichter neben dem italienischen Komödienschreiber
25 nicht — sehr klein erschiene.

Der Erste Theil dieses Werks liefert uns die Schicksale des Autors, bis sich seine theatralische Laufbahn ganz entschieden hat. Er war Arzt, Rechtsgelehrter und erhielt sogar die Tonsur in Pavia; aber sein innrer Ruf zur Bühne siegte über alle Versuche, die ihn
30 derselben abtrünnig machen sollten. Dieser Theil enthält sehr schätzbare Bemerkungen über Venedig, Rom und andre Städte Italiens. Der Zweyte besteht beynahe ganz aus kurzen Zergliederungen seiner wichtigsten Stücke, der Geschichte ihrer Entstehung, ihres Glücks oder

6: unbegrenzte Bonhomie B. — 11: Schwäche B. — 13: Greise B. — 20: Auter B. — 23: Der I. Theil des Werkes B. — 26: Der II. Theil B.

ihres Falles. Im Dritten ist er in Paris, und verbreitet sich mit vieler Ausführlichkeit und einer beynahe jugendlichen Wärme über alles Merkwürdige dieser seiner neuen Vaterstadt. In einem vierten Theil will Hr. Schatz kritische Bemerkungen über Goldoni und seine Werke liefern.

Die Uebersetzung ist fast durchgängig leicht und fließend; hier und da freylich vermißt man sehr die angenehme Nachläßigkeit des Originals. Die Sprache könnte reiner seyn. Sollten wir wirklich für die Wörter soupiren, geniren, Doctrin, apatisch u. a. keine gleichbedeutenden deutschen haben? Manchmal ist die Wortfolge undeutsch: Geboren in dem sanften Klima von Venedig, hatte sie sich schon daran gewöhnt u. s. f. S. 22. I. Theil. Daß in der Conversationssprache sein Ton oft in das Gesuchte fällt, scheint der Uebersetzer selbst gefühlt zu haben, und er sucht diesen Vorwurf der deutschen Sprache überhaupt zuzuwälzen, die sich nicht wohl anders, wie er sagt, von dem Extrem des Platten soll entfernen können, als durch das entgegengesetzte Extrem des Künstlichen. Da Hr. Schatz es wohl schwerlich mit so vielen unsrer klassischen Schriftsteller wird aufnehmen wollen, die von der deutschen edlern Gesellschaftssprache Muster geliefert haben, so kann sich dieser Vorwurf nicht wohl weiter als auf den Kreis des Umgangs erstrecken, den er selbst beobachtet hat; und wenn ihm dieser zwischen Platt und Gesucht keinen Mittelweg zeigte, so war es immer ein wenig rasch, dieses Urtheil auf seine ganze Nation auszudehnen. Wenn sich die deutsche Sprache auch von einer gewissen Klasse Menschen, die schwerlich eine Prüfung darinn aushalten dürfte, diesen eben so ungereimten als unverdienten Vorwurf machen lassen muß, so sollte man ihn wenigstens jetzt nicht mehr in die Welt hineinschreiben. Die hin und wieder eingestreuten Anmerkungen des Uebersetzers sind nicht ohne Gehalt, und würden an Werth nichts verloren haben, wenn sie auch mit etwas weniger Anmaaßung geschrieben wären.

1: Im III. B. — 3: neuen] zweiten B. — einem IV. Theile B. — 6: Sollte man wirklich B. — 9: apathisch B. — 11–12: „Geboren ... I. Theil." fehlt B. — 18: unserer B. — 19: Geschäftssprache B. — 20–21: so kann dieser ... sich erstrecken, B. — 22–23: dieser keinen Mittelweg zwischen platt und gesucht zeigte, B. — 25: dürften, B. — diesen B. — 31: Anmaßung B.

VI. In das Stammbuch Charlottes von Lengefeld.

Ein blühend Kind, von Grazien und Scherzen
    umhüpft — so, Lotte, spielt um dich die Welt,
Doch so, wie sie sich mahlt in Deinem Herzen,
    in Deiner Seele schönen Spiegel fällt,
So ist sie doch nicht! — Die Eroberungen,
    die jeder Deiner Blicke siegreich zählt,
die Deine sanfte Seele dir erzwungen,
    die Statuen, die — Dein Gefühl beseelt,
die Herzen, die dein eignes dir errungen,
    die Wunder die du selbst gethan,
die Reize, die Dein Daseyn ihm gegeben,
die rechnest Du für Schätze diesem Leben,
    für Tugenden uns Erdenbürgern an.
Dem holden Zauber nie entweyhter Jugend,
    der Engelgüte mächtgem Talisman,
Der Majestät der Unschuld und der Tugend,
    den will ich sehn — der Diesen trotzen kann!
Froh taumelst Du im süßen Ueberzählen
der Glücklichen, die Du gemacht, der Seelen
    die Du gewonnen hast, dahin.
Sei glücklich in dem lieblichen Betruge,
nie stürze von des Traumes stolzem Fluge
    ein trauriges Erwachen Dich herab.
Den Blumen gleich, die deine Beete schmücken,
so pflanze sie — nur den entfernten Blicken,
    Betrachte sie! — doch pflücke sie nicht ab!
Geschaffen, nur die Augen zu vergnügen,
welk werden sie zu deinen Füßen liegen,
    je näher dir — je näher ihrem Grab!

Weimar d. 3. April 1788.
                              Fridrich Schiller

VI. Nach dem Facsimile in „Schiller und Lotte". 1788. 1789. Stuttgart u. Augsburg 1856. Der Druck daselbst S. 4—5 weicht in Kleinigkeiten ab. Die von Schiller veränderte Fassung s. im 11. Theile aus dem Musenalmanach s. 1796, S. 36.

VII. Die Götter Griechenlandes.

Da ihr noch die schöne Welt regiertet,
an der Freude leichtem Gängelband
glücklichere Menschenalter führtet,
schöne Wesen aus dem Fabelland!
5 Ach! da euer Wonnedienst noch glänzte,
wie ganz anders, anders war es da!
Da man deine Tempel noch bekränzte,
Venus Amathusia!

Da der Dichtkunst mahlerische Hülle
10 sich noch lieblich um die Wahrheit wand! —
Durch die Schöpfung floß da Lebensfülle,
und, was nie empfinden wird, empfand.
An der Liebe Busen sie zu drücken,
gab man höhern Adel der Natur,
15 Alles wies den eingeweyhten Blicken,
alles eines Gottes Spur.

Wo jezt nur, wie unsre Weisen sagen,
seelenlos ein Feuerball sich dreht,
lenkte damals seinen goldnen Wagen
20 Helios in stiller Majestät.
Diese Höhen füllten Oreaden,
eine Dryas starb mit jenem Baum,
aus den Urnen lieblicher Najaden
sprang der Ströme Silberschaum.

VII. A: Der Teutsche Merkur. März 1788. S. 250—260. — G: Gedichte von Friederich Schiller. Zweyter Theil. Leipzig 1803. S. 209—220: „Für die Freunde der ersten Ausgabe abgedruckt." — g: Gedichte. Zweiter Theil. Zweite, verbesserte und vermehrte Auflage. Leipzig 1805. S. 209—220. — K: 3, 406 f. hat nur V. 41—64 der ersten Bearbeitung aufgenommen. Die Umarbeitung s. im 11 Theile. — G g K haben jeden Vers mit großem Anfangsbuchstaben.

Jener Lorbeer wand sich einst um Hilfe
Tantals Tochter schweigt in diesem Stein,
Syrinx Klage tönt' aus jenem Schilfe,
Philomelens Schmerz in diesem Hayn.
Jener Bach empfieng Demeters Zähre,
die sie um Persephonen geweint,
und von diesem Hügel rief Cythere
ach vergebens! ihrem schönen Freund.

Zu Deukalions Geschlechte stiegen
damals noch die Himmlischen herab,
Pyrrha's schöne Töchter zu besiegen,
nahm Hyperion den Hirtenstab.
Zwischen Menschen, Göttern und Heroen
knüpfte Amor einen schönen Bund.
Sterbliche mit Göttern und Heroen
huldigten in Amathunt.

Betend an der Grazien Altären
kniete da die holde Priesterinn,
sandte stille Wünsche an Cytheren
und Gelübde an die Charitinn.
Hoher Stolz, auch droben zu gebieten,
lehrte sie den göttergleichen Rang,
und des Reizes heilgen Gürtel hüten,
der den Donn'rer selbst bezwang.

Himmlisch und unsterblich war das Feuer,
das in Pindars stolzen Hymnen floß,
niederströmte in Arions Leier,
in den Stein des Phidias sich goß.
Beßre Wesen, edlere Gestalten
kündigten die hohe Abkunft an.
Götter, die vom Himmel niederwallten,
sahen hier ihn wieder aufgethan.

25: Hülfe G g. „Daphne vom Apollo verfolgt." A. — 26: „Niobe." A. —
27: tönt G g. — 28: Hain g. — 29: empfing G g. — 35: Tochter G g.

Werther war von eines Gottes Güte
theurer jede Gabe der Natur.
Unter Iris schönem Bogen blühte
60 reizender die perlenvolle Flur.
Prangender erschien die Morgenröthe
in Himerens rosigtem Gewand,
schmelzender erklang die Flöte
in des Hirtengottes Hand.

65 Liebenswerther mahlte sich die Jugend,
blühender in Ganymeda's Bild,
heldenkühner göttlicher die Tugend
mit Tritoniens Medusenschild.
Sanfter war, da Hymen es noch knüpfte,
70 heiliger der Herzen ew'ges Band.
Selbst des Lebens zarter Faden schlüpfte
weicher durch der Parzen Hand.

Das Evoe muntrer Thyrsusschwinger,
und der Panther prächtiges Gespann
75 meldeten den großen Freudebringer.
Faun und Satyr taumeln ihm voran,
um ihn springen rasende Mänaden,
ihre Tänze loben seinen Wein,
und die Wangen des Bewirthers laden
80 lustig zu dem Becher ein.

Höher war der Gabe Werth gestiegen,
die der Geber freundlich mit genoß,
näher war der Schöpfer dem Vergnügen,
das im Busen des Geschöpfes floß.

62: Himerens rosigem ꝛc. [Es ist Aurora gemeint, vgl. an Körner 1, 310: Hemera.] — 66: Die Note in A: „Hebe. Ihr älterer Nahme war Ganymeda sagt Pausanias Corinth. c. 13" rührt von Wieland her; vgl. Briefw. m. Körner 1, 310. — 75: Freudebringer. A] Freudenbringer, C g.

85 Nennt der Meinige sich dem Verstande?
Birgt ihn etwa der Gewölke Zelt?
Mühsam späh' ich im Ideenlande,
fruchtlos in der Sinnenwelt.

Eure Tempel lachten gleich Pallästen,
90 euch verherrlichte das Heldenspiel
an des Isthmus kronenreichen Festen,
und die Wagen donnerten zum Ziel.
Schön geschlungne seelenvolle Tänze
kreisten um den prangenden Altar,
95 eure Schläfe schmückten Siegeskränze,
Kronen euer duftend Haar.

Seiner Güter schenkte man das Beste,
seiner Lämmer liebstes gab der Hirt,
und der Freudetaumel seiner Gäste
100 lohnte dem erhabnen Wirth.
Wohin tret ich? Diese traurge Stille
kündigt sie mir meinen Schöpfer an?
Finster, wie er selbst, ist seine Hülle,
mein Entsagen — was ihn feiern kann.

105 Damals trat kein gräßliches Gerippe
vor das Bett des Sterbenden. Ein Kuß
nahm das lezte Leben von der Lippe,
still und traurig senkt' ein Genius
seine Fackel. Schöne lichte Bilder
110 scherzten auch um die Nothwendigkeit,
und das ernste Schicksal blickte milder
durch den Schleyer sanfter Menschlichkeit.

Nach der Geister schrecklichen Gesetzen
richtete kein heiliger Barbar,
115 dessen Augen Thränen nie benetzen,
zarte Wesen, die ein Weib gebahr.

89: Palästen G g.

Selbst des Orkus strenge Richterwaage
hielt der Enkel einer Sterblichen,
und des Thrakers seelenvolle Klage
120 rührte die Erinnyen.

Seine Freuden traf der frohe Schatten
in Elysiens Hainen wieder an;
Treue Liebe fand den treuen Gatten
und der Wagenlenker seine Bahn;
125 Orpheus Spiel tönt die gewohnten Lieder,
in Alcestens Arme sinkt Admet,
seinen Freund erkennt Orestes wieder,
seine Waffen Philoktet.

Aber ohne Wiederkehr verloren
130 bleibt, was ich auf dieser Welt verließ,
jede Wonne hab ich abgeschworen,
alle Bande die ich selig pries.
Fremde, nie verstandene Entzücken
schaudern mich aus jenen Welten an,
135 und für Freuden, die mich jetzt beglücken,
tausch' ich neue, die ich missen kann.

Höh're Preise stärkten da den Ringer
auf der Tugend arbeitvoller Bahn:
Großer Thaten herrliche Vollbringer
140 klimmten zu den Seligen hinan;
Vor dem Wiederforderer der Todten
neigte sich der Götter stille Schaar.
Durch die Fluthen leuchtet dem Piloten
vom Olymp das Zwillingspaar.

145 Schöne Welt, wo bist du? — Kehre wieder,
holdes Blüthenalter der Natur!
Ach! nur in dem Feenland der Lieder
lebt noch deine goldne Spur.

132: pries G g. — 139: arbeitvollen G g. — 141: „Hercules" A.

Ausgestorben trauert das Gefilde,
keine Gottheit zeigt sich meinem Blick,
Ach! von jenem lebenwarmen Bilde
blieb nur das Gerippe mir zurück.

Alle jene Blüthen sind gefallen
von des Nordes winterlichem Wehn.
Einen zu bereichern, unter allen,
mußte diese Götterwelt vergehn.
Traurig such ich an dem Sternenbogen,
dich, Selene, find ich dort nicht mehr;
Durch die Wälder ruf ich, durch die Wogen,
ach! sie wiederhallen leer!

Unbewußt der Freuden, die sie schenket,
nie entzückt von ihrer Treflichkeit,
nie gewahr des Armes, der sie lenket,
reicher nie durch meine Dankbarkeit,
fühllos selbst für ihres Künstlers Ehre,
gleich dem todten Schlag der Pendeluhr,
dient sie knechtisch dem Gesetz der Schwere
die entgötterte Natur!

Morgen wieder neu sich zu entbinden,
wühlt sie heute sich ihr eignes Grab,
und an ewig gleicher Spindel winden
sich von selbst die Monde auf und ab.
Müßig kehrten zu dem Dichterlande
heim die Götter, unnütz einer Welt
die, entwachsen ihrem Gängelbande,
sich durch eignes Schweben hält.

Freundlos, ohne Bruder, ohne Gleichen,
keiner Göttinn, keiner Irrd'schen Sohn,
herrscht ein Andrer in des Aethers Reichen,
auf Saturnus umgestürztem Thron.

150: Blik A. — 179: Herrscht A G g.

Selig, eh sich Wesen um ihn freuten,
selig im entvölkerten Gefild,
sieht er in dem langen Strom der Zeiten
ewig nur — sein eignes Bild.

185 Bürger des Olymps konnt' ich erreichen,
jenem Gotte, den sein Marmor preißt,
konnte einst der hohe Bildner gleichen;
Was ist neben Dir der höchste Geist
derer, welche Sterbliche gebahren?
190 Nur der Würmer Erster, Edelster.
Da die Götter menschlicher noch waren,
waren Menschen göttlicher.

Dessen Stralen mich darnieder schlagen,
Werk und Schöpfer des Verstandes! dir
195 nachzuringen, gib mir Flügel, Waagen
dich zu wägen — oder nimm von mir
nimm die ernste strenge Göttin wieder,
die den Spiegel blendend vor mir hält;
Ihre sanft're Schwester sende nieder,
200 spare jene für die andre Welt.

Schiller

189: gebahren?] gebohren? A, gebaren? G g. — 195: nach zu ringen A. —
196: mir, G g, (ohne Interpunction) A.

Schiller an Körner, Weimar, 6. März 1788 (1, 267): „Wieland will einen
Aufsatz in das dritte Mercurstück, und ich sitze in Todesschweiß." — Sch. an K.
Weimar, 17. März 1788 (1, 269): „Wieland rechnete auf mich bei dem neuen
Mercurstücke, und da machte ich in der Angst ein Gedicht. Du wirst es im März
des Mercur finden und Vergnügen daran haben, denn es ist doch ziemlich das
beste, das ich neuerdings hervorgebracht habe, und die Horazische Correctheit,
welche Wieland ganz betroffen hat, wird Dir neu daran sein. Ich schreibe Dir
von dem Gegenstande nichts." —

VIII. Die berühmte Frau.

Epistel eines Ehemanns an einen andern.

Beklagen soll ich dich? Mit Thränen bittrer Reue
wird Hymens Band von dir verflucht?
Warum? Weil deine Ungetreue
in eines andern Armen sucht
5   Was ihr die Deinigen versagen?
Freund, höre fremde Leiden an,
und lerne Deine leichter tragen.

Dich schmerzt, daß sich in Deine Rechte
ein zweyter theilt? — Beneidenswerther Mann!
10 Mein Weib gehört dem ganzen menschlichen Geschlechte.
Vom Belt bis an der Mosel Strand,
bis an die Apenninenwand,
bis in die Vaterstadt der Moden,
wird sie in allen Buden feil geboten,
15 muß sie auf Diligencen, Packetbooten
von jedem Schulfuchs, jedem Haasen
kunstrichterlich sich mustern lassen,
muß sie der Brille des Philisters stehn,
und wie's ein schmutzger Aristarch befohlen,
20 auf Blumen oder heißen Kohlen
zum Ehrentempel oder Pranger gehn.
Ein Leipziger — daß Gott ihn strafen wollte!
nimmt topographisch sie wie eine Vestung auf,
und bietet Gegenden dem Publikum zu Kauf,
wovon ich billig doch allein nur sprechen sollte.

---

52 VIII. A: Pandora f. d. J. 1789. S. 1—8. — G: 1803. 2, 159—167. —
g: 1805. 2, 159—167. — K: 3, 429—434. — O: Quart-Ausgabe in Einem
Bande 1840. S. 26—27. — M: 1860. 1, 78—83.
3: weil OM. — 4: sucht A G g K OM] ruht g 1807. S. 159. — 16: Hasen
K OM. — 23: Festung OM.

Dein Weib — Dank den kanonischen Gesetzen!
weiß deiner Gattinn Titel doch zu schätzen.
Sie weiß warum? und thut sehr wohl daran.
Mich kennt man nur als Ninons Mann.
30 Du klagst, daß im Parterr' und an den Pharotischen,
erscheinst du, alle Zungen zischen?
O Mann des Glücks! Wer einmal das von sich
zu rühmen hätte! — Mich, Herr Bruder, mich,
bescheert mir endlich eine Molkenkur
35 das rare Glück — den Platz an ihrer Linken,
mich merkt kein Aug', und alle Blicke winken
auf meine stolze Hälfte nur.

Kaum ist der Morgen grau,
so kracht die Treppe schon von blau und gelben Röcken,
40 mit Briefen, Ballen, unfrankierten Päcken,
signiert: an die berühmte Frau.
Sie schläft so süß! — Doch darf ich sie nicht schonen.
„Die Zeitungen, Madam, aus Jena und Berlin!"
Rasch öfnet sich das Aug der holden Schläferinn,
45 ihr erster Blick fällt — auf Recensionen.
Das schöne blaue Auge! — Mir
nicht Einen Blick! — Durchirrt ein elendes Papier,
(Laut hört man in der Kinderstube weinen)
Sie legt es endlich weg und frägt nach ihren Kleinen.

50 Die Toilette wartet schon,
Doch halbe Blicke nur beglücken ihren Spiegel.
Ein mürrisch ungeduldig Drohn
gibt der erschrock'nen Zofe Flügel.
Von ihrem Putztisch sind die Grazien entflohn,
55 und an der Stelle holder Amorinen
sieht man Erinnyen den Lockenbau bedienen.

34: Beschert G g K C M. — 39: blau'n K C. — 44: öfnet g K C M. —
45: — fehlt g M. — 47: einen G g K C M. — durchirrt G g K C M. — 49: frägt
A G g] fragt K C M.

Karossen rasseln jetzt heran,
und Miethlakayen springen von den Tritten,
dem düftenden Abbee, dem Reichsbaron, dem Britten,
60 der — nur nichts Deutsches lesen kann,
Großing und Compagnie, dem Z** Wundermann
Gehör bei der Berühmten zu erbitten.
Ein Ding, das Demuthsvoll sich in die Ecke drückt,
und Ehmann heißt, wird vornehm angeblickt.
65 Hier darf ihr — wird Dein Hausfreund soviel wagen? —
der dümmste Fat, der ärmste Wicht,
wie sehr er sie bewundre, sagen;
und darfs vor meinem Angesicht!
Ich steh dabei, und, will ich artig heißen,
70 muß ich ihn bitten, mitzuspeisen.

Bey Tafel, Freund, beginnt erst meine Noth,
da geht es über meine Flaschen,
mit Weinen von Burgund, die mir der Arzt verbot,
muß ich die Kehlen ihrer Lober waschen.
75 Mein schwer verdienter Bissen Brot
wird hungriger Schmarotzer Beute;
O diese leidige vermaledeyte
Unsterblichkeit ist meines Nierensteiners Tod.
Den Wurm an alle Finger welche drucken!
80 Was, meinst du, sey mein Dank? Ein Achselzucken,
ein Minenspiel, ein ungeschliffenes Beklagen;
Erräthst du's nicht? O ich versteh's genau!
Daß diesen Brillant von einer Frau
ein solcher Pavian davon getragen.

85 Der Frühling kommt. Auf Wiesen und auf Feldern
streut die Natur den bunten Teppich hin,
die Blumen kleiden sich in angenehmes Grün,
die Lerche singt, es lebt in allen Wäldern.

59: Abbé G g K C M. — 61: dem Z** Wundermann] ? dem Zürcher Wundermann, Lavater. — 63: demuthsvoll G g K C M. — 66: Dümmste A. — 79: Den Wurm G g K C M] Dem Wurm A. — 81: Mienenspiel G g K C M.

— Ihr ist der Frühling wonneleer.
90 Die Sängerinn der süßesten Gefühle,
der schöne Hayn, der Zeuge unsrer Spiele,
sagt ihrem Herzen jetzt nichts mehr.
Die Nachtigallen haben nicht gelesen,
die Lilien bewundern nicht.
95 Der allgemeine Jubelruf der Wesen
begeistert sie — zu einem Sinngedicht.
Doch nein! Die Jahrszeit ist so schön — zum reisen.
Wie drängend voll mags jetzt in Pyrmont seyn!
Auch hört man überall das Karlsbad preisen.
100 Husch ist sie dort — in jenem ehrenvollen Reyhn,
wo Griechen untermischt mit Weisen
Celebritäten aller Art,
vertraulich wie in Charons Kahn gepaart,
an Einem Tisch zusammen speisen;
105 wo eingeschickt von fernen Meilen
zerrißne Tugenden von ihren Wunden heilen,
noch andre — sie mit Würde zu bestehn!
um die Versuchung lüstern flehn —
dort Freund — o lerne dein Verhängniß preisen!
110 Dort wandelt meine Frau, und läßt mir sieben Waysen.

O meiner Liebe erstes Flitterjahr!
Wie schnell — ach wie so schnell bist du entflogen!
Ein Weib, wie keines ist, und keines war,
mir von des Reizes Göttinnen erzogen,
115 mit hellem Geist, mit aufgethanem Sinn
und weichen leicht beweglichen Gefühlen,
so sah ich sie, die Herzensfehlerinn,
gleich einem Maytag, mir zur Seite spielen.
Das süße Wort: Ich liebe dich:

100: ehrenvollen A G L] bunten g M. — Reihn G g K C M. — 101: Wo ... Weisen A G L] Wo Ordensbänder und Doktorenkragen g M. — 104: an ... speisen; A G L] Zur Schau sich geben und zu Markte tragen, g M. — 107 bis 108 fehlen g M. — 110: Waisen g K C M. — 114: Reizes G g K C M. — 119: dich! G g K C M.

120 sprach aus dem holden Augenpaare,
So führt' ich sie zum Traualtare,
O wer war glücklicher als ich!
Ein Blüthenfeld beneidenswerther Jahre
sah lachend mich aus diesem Spiegel an.
125 Mein Himmel war mir aufgethan.
Schon sah ich schöne Kinder um mich scherzen,
in ihrem Kreis die schönste s i e,
die glücklichste von allen s i e,
und m e i n, durch Seelenharmonie,
130 Durch ewig festen Bund der Herzen.
Und nun erscheint — o mög ihn Gott verdammen!
ein g r o ß e r Mann — ein s c h ö n e r Geist.
Der große Mann thut eine That! — und reißt
mein Kartenhaus von Himmelreich zusammen.

135 Wen hab ich nun? — Beweinenswerther Tausch!
Erwacht aus diesem Wonnerausch,
was ist von diesem Engel mir geblieben?
Ein starker Geist in einem zarten Leib,
ein Zwitter zwischen Mann und Weib,
140 gleich ungeschickt zum Herrschen und zum Lieben.
Ein Kind mit eines Riesen Waffen,
Ein Mittelding von Weisen und von Affen!
Um kümmerlich dem stärkern nachzukriechen,
dem schöneren Geschlecht entflohn,
145 herabgestürzt von einem Thron,
des Reizes heilgen Mysterien entwichen,
aus Cythereas goldnem Buch* gestrichen
für — einer Zeitung Gnadenlohn.

         Schiller.

---

* „Goldnes Buch; so wird in einigen italiänischen Republiken das Verzeichniß genannt, in welchem die adelichen Familien eingeschrieben stehen." A G g K O M (die beiden letzten schreiben: italienischen ... adeligen).
Schiller an Körner, Volkstädt 12. Juni 1788 (1, 310): „In der Pandora, die nun bald herauskommt, findest Du auch ein Gedicht von mir: Die berühmte Frau."

IX. Briefe über Don Karlos

vom Verfasser.

Erster Brief.

Sie sagen mir, lieber Freund, daß Ihnen die bisherigen Beurtheilungen des Don Karlos noch wenig Befriedigung gegeben, und halten dafür, daß der größte Theil derselben den eigentlichen Gesichtspunkt des Verfassers fehl gegangen sey. Es däucht Ihnen noch wohl möglich, gewisse gewagte Stellen zu retten, welche die Kritik für unhaltbar erklärte; manche Zweifel, die dagegen rege gemacht worden, finden sie in dem Zusammenhange des Stücks — wo nicht beantwortet, doch vorhergesehen und in Anschlag gebracht. Bey den meisten Einwürfen, sagen Sie, fänden Sie weit weniger die Sagacität der Beurtheiler, als die Selbstzufriedenheit zu bewundern, mit der sie solche als hohe Entdeckungen vortragen, ohne sich durch den natürlichsten Gedanken stören zu lassen, daß Uebertretungen, die dem Blödsichtigsten sogleich ins Auge fallen, auch wohl dem Verfasser, der unter seinen Lesern selten der am wenigsten unterrichtete ist, dürften sichtbar gewesen seyn, und daß sie es also weniger mit der Sache selbst, als mit den Gründen zu thun haben, die ihn dabey bestimmten. Diese Gründe können allerdings unzulänglich seyn, können auf einer einseitigen Vorstellungsart beruhen: aber die Sache des Beurtheilers wäre es

---

A: Der Teutsche Merkur Julius 1788. S. 35—61 (1.—4. Brief) und Dec. 1788. S. 224—267 (5.—12. Brief). — B: Kleinere pros. Schriften. Erster Theil. Leipzig 1792. S. 163—262. — b: Doppeldruck (nur stellenweise berücksichtigt). — K: 4, 479—548. — C: Quartausgabe 1840. S. 760—773. — K: (Werke 1844. 9, 181—223) nur hin und wieder verglichen. — M: 1860. 10, 285—335. — Vgl. die von Kinderwater verfaßte Recension des Don Karlos in der „Kritischen Uebersicht der neuesten schönen Litteratur der Deutschen." Leipzig. Erster Band. Zweites Stück (1788). S. 9—62, I. unterzeichnet.
2: „vom Berf." fehlt B ff. — 10: nicht völlig beantwortet B b K C M. — 12: sagen Sie fehlt B b K C M. — 18: Sie es M.

gewesen, diese Unzulänglichkeit, diese Einseitigkeit zu zeigen, wenn er anders in den Augen desjenigen, dem er sich zum Richter aufdringt oder zum Rathgeber anbietet, einen Werth erlangen will.

Aber, lieber Freund, was geht es am Ende den Autor an, ob sein Beurtheiler Beruf gehabt hat, oder nicht? wieviel oder wie wenig Scharfsinn er bewiesen hat? Mag er das mit sich selbst ausmachen. Schlimm für den Autor und sein Werk, wenn er es auf die Divinationsgabe und Billigkeit seiner Kritiker ankommen ließ, wenn er den Eindruck desselben von Eigenschaften abhängig machte, die sich nur in sehr wenigen Köpfen vereinigen. Es ist einer der fehlerhaftesten Zustände, in welchen sich ein Kunstwerk befinden kann, wenn es in die Willkühr des Betrachters gestellt worden, welche Auslegung er davon machen will, und wenn es einer Nachhülfe bedarf, ihn in den rechten Standpunkt zu rücken. Wollten Sie mir andeuten, daß das meinige sich in diesem Falle befände, so haben Sie etwas sehr schlimmes davon gesagt, und Sie veranlassen mich, es aus diesem Gesichtspunkt noch einmal genauer zu prüfen. Es käme also, däucht mir, vorzüglich darauf an, zu untersuchen, ob in dem Stücke alles enthalten ist, was zum Verständniß desselben dienet, und ob es in so klaren Ausdrücken angegeben ist, daß es dem Leser leicht war, es zu erkennen. Lassen Sie sichs also gefallen, lieber Freund, daß ich Sie eine Zeitlang von diesem Gegenstand unterhalte. Das Stück ist mir fremder geworden, ich finde mich jetzt gleichsam in der Mitte zwischen dem Künstler und seinem Betrachter, wodurch es mir vielleicht möglich wird, des erstern vertraute Bekanntschaft mit seinem Gegenstand, mit der Unbefangenheit des letztern zu verbinden.

Es kann mir überhaupt — und ich finde nöthig dieses vorauszuschicken — es kann mir begegnet seyn, daß ich in den ersten Akten andere Erwartungen erregt habe, als ich in den letzten erfüllte. S. Reals Novelle, vielleicht auch meine eigene Aeußerungen darüber im

---

5: oder wenig B b K C. — 7: es A] die Wirkung desselben B b K C M. — 11: welchen A B b C] welchem K M. — 13: Nachhilfe M. — 19: dient K C M. — 24: Betrachten B (nicht b). — 25: K C M lassen das Komma hinter Gegenstand nach heutigen Grundsätzen unnöthig weg. — 30: Histoire de Dom Carlos, fils de Philippe II roy d'Espagne. A Amsterdam M. DC. XCI. 12⁰. Im Buche selbst heißt die Histoire: Dom Carlos, nouvelle historique. — eigene A B] eignen K C M.

erſten Stück der Thalia, mögen dem Leſer einen Standpunkt ange=
wieſen haben, aus dem es jetzt nicht mehr betrachtet werden kann.
Während der Zeit nämlich, daß ich es ausarbeitete, welches mancher
Unterbrechungen wegen eine ziemlich lange Zeit war, hat ſich — in
mir ſelbſt vieles verändert. An den verſchiedenen Epochen, die während
dieſer Zeit über meine Art zu denken und zu empfinden ergangen
ſind, mußte nothwendig auch dieſes Werk Theil nehmen. Was mich
zu Anfang vorzüglich in demſelben gefeſſelt hatte, that dieſe Wirkung
in der Folge ſchon ſchwächer, und am Ende nur kaum noch. Neue
Ideen, die indeß bey mir aufkamen, verdrängten die frühern; Karlos
ſelbſt war ' in meiner Gunſt gefallen, vielleicht aus keinem andern
Grunde, als weil ich ihm in Jahren zu weit voraus geſprungen war,
und aus der entgegengeſetzten Urſache hatte Marquis Poſa ſeinen
Platz eingenommen. So kam es denn, daß ich zu dem vierten und
fünften Akte ein ganz anders Herz mitbrachte. Aber die erſten drey
Akte waren in den Händen des Publikums, die Anlage des Ganzen
war nicht mehr umzuſtoßen — ich hätte alſo das Stück entweder ganz
unterdrücken müſſen (und das hätte mir doch wohl der kleinſte Theil
meiner Leſer gedankt) oder ich mußte die zweite Hälfte der erſten ſo
gut anpaſſen, als ich konnte. Wenn dieß nicht überall auf die glück=
lichſte Art geſchehen iſt, ſo dient mir zu einiger Beruhigung, daß es
einer geſchicktern Hand als der meinigen nicht viel beſſer würde ge=
lungen ſeyn. Der Hauptfehler war, ich hatte mich zu lange mit dem
Stücke getragen, ein dramatiſches Werk aber kann und ſoll nur die
Blüthe eines einzigen Sommers ſeyn. Auch der Plan war für die
Gränzen und Regeln eines dramatiſchen Werks zu weitläuftig angelegt.
Dieſer Plan z. B. foderte, daß Marquis Poſa das uneingeſchränkteſte
Vertrauen Philipps davon trug: aber zu dieſer außerordentlichen Wir=
kung erlaubte mir die Oekonomie des Stücks nur eine einzige Scene.

Bey meinem Freunde werden mich dieſe Aufſchlüſſe vielleicht recht=
fertigen, aber nicht bey der Kunſt. Möchten ſie indeſſen doch nur die
vielen Deklamationen beſchließen, womit von dieſer Seite her von den
Kritikern gegen mich iſt Sturm gelaufen worden.

' 1: Stücke K L. — 5: Epochen A] Schickſalen B b K L. M. — 15: anders A]
anderes B b K L. M.

In Weimar.

Zweyter Brief.

Der Karakter des Marquis Posa ist fast durchgängig für zu idealisch gehalten worden; in wie fern diese Behauptung Grund hat, wird sich dann am bessten ergeben, wenn man die eigenthümliche Handlungsart dieses Menschen auf ihren wahren Gehalt zurückgeführt hat. Ich habe es hier, wie Sie sehen, mit zwey entgegengesetzten Partheyen zu thun. Denen, welche ihn aus der Klasse natürlicher Wesen schlechterdings verwiesen haben wollen, müßte also dargethan werden, in wie fern er mit der Menschennatur zusammen hängt, in wie fern seine Gesinnungen wie seine Handlungen aus sehr menschlichen Trieben fließen, und in der Verkettung äußerlicher Umstände gegründet sind; diejenigen, welche ihm den Namen eines göttlichen Menschen geben, brauche ich nur auf einige Blößen an ihm aufmerksam zu machen, die gar sehr menschlich sind. Die Gesinnungen die der Marquis äußert, die Philosophie die ihn leitet, die Lieblingsgefühle die ihn beseelen, so sehr sie sich auch über das tägliche Leben erheben, können, als bloße Vorstellungen betrachtet, es nicht wohl seyn, was ihn mit Recht aus der Klasse natürlicher Wesen verbannte. Denn was kann in einem menschlichen Kopf nicht Daseyn empfangen, und welche Geburt des Gehirnes kann in einem glühenden Herzen nicht zur Leidenschaft reifen? Auch seine Handlungen können es nicht seyn, die, so selten dieß auch geschehen mag, in der Geschichte selbst ihres Gleichen gefunden haben; denn die Aufopferung des Marquis für seinen Freund hat wenig oder nichts vor dem Heldentode eines Curtius, Regulus und anderer voraus. Das Unrichtige und Unmögliche müßte also entweder in dem Widerspruch dieser Gesinnungen mit dem damaligen Zeitalter, oder in ihrer Ohnmacht und ihrem Mangel an Lebendigkeit liegen, zu solchen Handlungen wirklich zu entzünden. Ich kann also die Einwendungen, welche gegen die Natürlichkeit dieses Karakters gemacht werden, nicht anders verstehen, als daß in Philipp II. Jahrhundert kein Mensch so wie Marquis Posa gedacht haben konnte, — daß Gedanken dieser Art nicht so leicht, wie hier geschieht, in den Willen und in die That übergehen, — und daß eine idealische

---

1: Zweiter C. M. — 20: Gehirns R C M. — 31: Philipps des Zweyten Bb R C M.

Schwärmerey nicht mit solcher Consequenz realisiert, nicht mit solcher Energie im Handeln begleitet zu werden pflege.

Was man gegen diesen Karakter aus dem Zeitalter einwendet, in welchem ich ihn auftreten lasse, dünkt mir vielmehr für, als wider ihn zu sprechen. Nach dem Beyspiel aller großen Köpfe entsteht er zwischen Finsterniß und Licht, eine hervorragende isolirte Erscheinung. Der Zeitpunkt, wo er sich bildet, ist allgemeine Gährung der Köpfe, Kampf der Vorurtheile mit der Vernunft, Anarchie der Meinungen, Morgendämmerung der Wahrheit — von jeher die Geburtsstunde außerordentlicher Menschen. Die Ideen von Freyheit und Menschenadel, die ein glücklicher Zufall, vielleicht eine günstige Erziehung in diese rein organisirte empfängliche Seele warf, machen sie durch ihre Neuheit erstaunen, und würken mit aller Kraft des Ungewohnten und Ueberraschenden auf sie; selbst das Geheimniß, unter welchem sie ihr wahrscheinlich mitgetheilt wurden, mußte die Stärke ihres Eindrucks erhöhen. Sie haben durch einen langen abnützenden Gebrauch das triviale noch nicht, das heut zu Tage ihren Eindruck so stumpf macht; ihren großen Stempel hat weder das Geschwätz der Schulen, noch der Witz der Weltleute abgerieben. Seine Seele fühlt sich in diesen Ideen gleichsam wie in einer neuen und schönen Region, die mit allem ihrem blendenden Licht auf sie wirkt, und sie in den lieblichsten Traum entzückt. Das entgegengesetzte Elend der Sklaverey und des Aberglaubens zieht sie immer enger und enger an diese Lieblingswelt; die schönsten Träume von Freiheit werden ja in Kerkern geträumt. Sagen Sie selbst, mein Freund — das kühnste Ideal einer Menschenrepublik, allgemeiner Duldung und Gewissensfreyheit, wo konnte es besser und wo natürlicher zur Welt gebohren werden, als in der Nähe Philipps II. und seiner Inquisition?

Alle Grundsätze und Lieblingsgefühle des Marquis drehen sich um republikanische Tugend. Selbst seine Aufopferung für seinen Freund beweist dieses, denn Aufopferungsfähigkeit ist der Inbegriff aller republikanischen Tugend.

1—2: nicht von s. Energ. B b R C M. — 4: welchem b C M] welchen A B R. — 5: Beyspiele R, Beispiele C M. — 13: wirken b C M R. — 17: ihren b R C M] ihrem A B. — 23: enger und enger A] fester und fester B b R C M. — 24: Freyheit b R. — im Kerker B b R C M. — 25: Republik B b R C M. — 31: Innbegriff B.

Der Zeitpunkt, worinn er auftrat, war gerade derjenige, worinn
stärker, als je, von Menschenrechten und Gewissensfreyheit Rede war.
Die vorhergehende Reformation hatte diese Ideen zuerst in Umlauf
gebracht, und die Flandrischen Unruhen erhielten sie in Uebung.
Seine Unabhängigkeit von aussen, sein Stand als Malteserritter selbst,
schenkten ihm die glückliche Muße, diese speculative Schwärmerey zur
Reife zu brüten.

In dem Zeitalter und in dem Staat, worinn der Marquis auf=
tritt, und in den Aussendingen, die ihn umgeben, liegt also der
Grund nicht, warum er dieser Philosophie nicht hätte fähig seyn, nicht
mit schwärmerischer Anhänglichkeit ihr hätte ergeben seyn können.

Wenn die Geschichte reich an Beyspielen ist, daß man für Mei=
nungen alles Irrdische hintansetzen kann, wenn man dem grund=
losesten Wahn die Kraft beylegt, die Gemüther der Menschen auf einen
solchen Grad einzunehmen, daß sie aller Aufopferungen fähig gemacht
werden: so wäre es sonderbar, der Wahrheit diese Kraft abzustreiten.
In einem Zeitpunkt vollends, der so reich wie jener an Beyspielen
ist, daß Menschen Gut und Leben um Lehrsätze wagen, die an sich
so we'nig begeisterndes haben, sollte, däucht mir, ein Karakter nicht
auffallen, der für die erhabenste aller Ideen etwas ähnliches wagt;
man müßte denn annehmen, daß Wahrheit minder fähig sey das
Menschenherz zu rühren, als der Wahn. Der Marquis ist ausserdem
als Held angekündigt. Schon in früher Jugend hat er mit seinem
Schwerdte Proben eines Muths abgelegt, den er nachher für eine
ernsthaftere Angelegenheit äußern soll. Begeisternde Wahrheiten und
eine seelenerhebende Philosophie müßten, däucht mir, in einer Helden=
seele zu etwas ganz anderm werden, als in dem Gehirn eines Schul=
gelehrten, oder in dem abgenützten Herzen eines weichlichen Weltmanns.

Zwey Handlungen des Marquis sind es vorzüglich, an denen
man, wie Sie mir sagen, Anstoß genommen hat. Sein Verhalten
gegen den König in der 10ten Scene des dritten Aufzugs, und die
Aufopferung für seinen Freund. Aber es könnte seyn, daß die Frey=
müthigkeit, mit der er dem Könige seine Gesinnungen vorträgt, weniger

---

1: worin b K C M. — 2: die Rede B b K C M. — 18: um Lehrs. A b K C M] und
Lehrs. B. — die an A b K C M] sie an B. — 24: Muthes B. — 26: seelerhabende A.
28: Weltmannes. B b K C B M. — 30: Sie B b K C B M] sie A. — hat: sein C B M.

seinem Muth, als seiner genauen Kenntniß von Jenes Karakter an=
zurechnen wäre, und mit aufgehobener Gefahr würde sonach auch der
Haupteinwurf gegen diese Scene gehoben. Darüber ein andermal,
wenn ich Sie von Philipp II. unterhalte; jetzt hätt ich es bloß mit
5 Posas Aufopferung für den Prinzen zu thun, worüber ich Ihnen im
nächsten Briefe einige Gedanken preißgeben will.

Dritter Brief.

Sie wollten neulich im Don Karlos den Beweis gefunden haben,
daß leidenschaftliche Freundschaft ein eben so rührender Gegen=
10 stand für die Tragödie seyn könne, als leidenschaftliche Liebe,
und meine Antwort, daß ich mir das Gemählde einer solchen Freund=
schaft für die Zukunft zurück gelegt hätte, befremdete Sie. Also auch
Sie nehmen es, wie die meisten meiner Leser als ausgemacht an, daß
es schwärmerische Freundschaft gewesen, was ich mir in Karlos
15 und Marquis Posa zum Ziel gesetzt habe? Und aus diesem Stand=
punkt haben Sie folglich diese beyden Karaktere und vielleicht das
ganze Drama bisher betrachtet? Wie aber, lieber Freund, wenn Sie
mir mit dieser Freundschaft wirklich zuviel gethan hätten? Wenn
es aus dem ganzen Zusammenhang deutlich erhellte, daß sie dieses
20 Ziel nicht gewesen, und auch schlechterdings nicht seyn konnte? Wenn
sich der Karakter des Marquis, so wie er aus dem Total seiner Hand=
lungen hervorgeht, mit einer solchen Freundschaft durchaus nicht ver=
trüge, und wenn sich gerade aus seinen schönsten Handlungen, die
man auf ihre Rechnung schreibt, der beßte Beweis für das Gegen=
25 theil führen ließe?

Die erste Ankündigung des Verhältnisses zwischen diesen beyden
könnte irre geführt haben; aber dieß auch nur scheinbar, und eine
geringe Aufmerksamkeit auf das abstechende Benehmen beyder hätte
hingereicht, den Irrthum zu heben. Dadurch, daß der Dichter von

---

1: seinen Muth A] auf Rechnung seines Muths, B b K C B M. — 2: anzurechnen
wäre, A] käme, B b K C B M. — 4: Sie B K C B M] sie A b. — hätt A] hatte
B b K B M, hätte C. — 6: preißgeben A] mittheilen B b K C B M. — 14: in
Karlos A] in dem Verhältniß zwischen Karlos B b K C B M. — 15-16: Standpunkte K C. — 19: Zusammenhange K C B.

ihrer Jugendfreundschaft ausgeht, hat er sich nichts von seinem höhern
Plane vergeben, im Gegentheil konnte dieser aus keinem bessern Faden
gesponnen werden. Das Verhältniß, in welchem beyde zusammen
auftreten, war Reminiscenz ihrer früheren akademischen Jahre; Har=
5 monie der Gefühle, eine gleiche Liebhaberey für das Große und
Schöne, ein gleicher Enthusiasmus für Wahrheit, Freyheit und Tugend
hatte sie damals an einander geknüpft. Ein Karakter wie Posa's, der
sich nachher so, wie es in dem Stücke geschieht, entfaltet, mußte frühe
angefangen haben, diese lebhafte Empfindungskraft an einem frucht=
10 baren Gegenstande zu üben: ein Wohlwollen, das sich in der Folge
über die ganze Menschheit erstrecken sollte, mußte von einem engern
Bande ausgegangen seyn. Dieser schöpferische und feurige Geist mußte
bald einen Stoff haben, auf den er wirkte; konnte sich ihm ein
schönerer anbieten, als ein zart und lebendig fühlender, seiner Er=
15 gießungen empfänglicher, ihm freiwillig entgegeneilender Fürstensohn?
Aber auch schon in diesen früheren Zeiten ist der Ernst dieses Karakters
in einigen Zügen sichtbar; schon hier ist Posa der kältere, der spätere
Freund, und sein Herz, jezt schon zu weitumfassend, um sich für ein
einziges Wesen zusammenzuziehen, muß durch ein schweres Opfer er=
20 rungen werden.

>   Da fieng ich an mit Zärtlichkeiten
>   Und inniger Bruderliebe dich zu quälen:
>   Du stolzes Herz gabst sie mir kalt zurück.
>   — Verschmähen konntest du mein Herz, doch nie
25 >   von dir entfernen. Dreimal wiesest du
>   den Fürsten von dir, dreimal stand er wieder
>   als Bettler da, um Liebe dich zu flehn. u. s. f.
>   — — — — Mein königliches Blut
>   floß schändlich unter unbarmherzigen Streichen.
30 >   So hoch kam mir der Eigensinn zu stehn
>   von Rodrigo geliebt zu seyn.

Hier schon sind einige Winke gegeben, wie wenig die Anhänglichkeit
des Marquis an den Prinzen auf persönliche Uebereinstimmung

---

¹: höheren B. — ⁴: Reminiscens M. — Jahre. B b K C B M. — ²¹: Thalia
1, 124—126; Dom Karlos. Leipzig 1787. 605 S. 80. S. 17 f. Schiller citirt
aus dem Gedächtniß mit vielfachen Abweichungen von dem gedruckten Texte, der
z. B. hat: mit tausend Zärtlichkeiten und warmer Bruderliebe. — ²⁹: unbarm-
herz'gen K C B M; so auch Thalia u. 1787.

sich gründet. Frühe denkt er sich ihn als Königssohn, frühe drängt sich diese Idee zwischen sein Herz und seinen bittenden Freund. Karlos öfnet ihm seine Arme; der junge Weltbürger kniet vor ihm nieder. (Gefühle für Freiheit und Menschenadel waren früher in seiner Seele
5 reif als Freundschaft für Karlos; dieser Zweig wurde erst nachher auf diesen stärkern Stamm gepfropft.) Selbst in dem Augenblick, wo sein Stolz durch das große Opfer seines Freundes bezwungen ist, verliert er den Fürstensohn nicht aus den Augen. „Ich will bezahlen, sagt er, wenn Du — König bist." Ist es möglich, daß sich in
10 einem so jungen Herzen, bey diesem lebendigen und immer gegenwärtigen Gefühl der Ungleichheit ihres Standes, Freundschaft erzeugen konnte, deren wesentliche Bedingung doch Gleichheit ist? Also auch damals schon war es weniger Liebe als Dankbarkeit, weniger Freundschaft als Mitleid, was den Marquis dem Prinzen ge-
15 wann. Die gewaltigen kühnen und reichen Gefühle, Ahndungen, Träume, Entschlüsse, die sich dunkel und verworren in dieser Knabenseele drängten, mußten mitgetheilt, in einer andern Seele angeschaut werden, und Karlos war der einzige, der sie mit ahnden, mit träumen konnte, und der sie erwiederte. Ein Geist wie Posa's mußte seine
20 Ueberlegenheit frühzeitig zu genießen streben, und der liebevolle Karl schmiegte sich so unterwürfig, so gelehrig an ihn an! Posa sah in diesem schönen Spiegel sich selbst, und freute sich seines Bildes. So entstand diese akademische Freundschaft.

Aber jetzt werden sie von einander getrennt, und alles wird
25 anders. Karlos kommt an den Hof seines Vaters, und Posa wirft sich in die Welt. Jener, durch seine frühe Anhänglichkeit an den edelsten und feurigsten Jüngling verwöhnt, findet in dem ganzen Umkreis eines Despotenhofes nichts, was sein Herz befriedigte. Alles um ihn her ist leer und unfruchtbar. Mitten im Gewühl so vieler
30 Höflinge einsam, von der Gegenwart gedrückt, labt er sich an süßen Rückerinnerungen der Vergangenheit. Bey ihm also dauern diese frühen Eindrücke warm und lebendig fort, und sein zum Wohlwollen gebildetes Herz, dem ein würdiger Gegenstand mangelt, verzehrt sich

in nie befriedigten Träumen. So versinkt er allmählig in einen
Zustand müßiger Schwärmerey, unthätiger Betrachtung.
In dem fortwährenden Kampf mit seiner Lage nützen sich seine Kräfte
ab, die unfreundlichen Begegnungen eines ihm so ungleichen Vaters
verbreiten eine düstre Schwermuth über sein Wesen — den zehrenden
Wurm jeder Geistesblüthe, den Tod der Begeisterung. Zusammen=
gedrückt, ohne Energie, geschäftslos, hinbrütend in sich selbst, von
schweren fruchtlosen Kämpfen ermattet, zwischen schreckhaften Extremen
herumgescheucht, keines eigenen Aufschwungs mehr mächtig — so findet
ihn die erste Liebe. In diesem Zustand kann er ihr keine Kraft
mehr entgegen setzen; alle jene früheren Ideen, die ihr allein das
Gleichgewicht hätten halten können, sind seiner Seele fremder geworden;
sie beherrscht ihn mit despotischer Gewalt; so versinkt er in einen
schmerzhaft wollüstigen Zustand des Leidens. Auf einen einzigen
Gegenstand sind jetzt alle seine Kräfte zusammengezogen. Ein schmerz=
haftes nie gestilltes Verlangen hält seine Seele innerhalb ihrer selbst
gefesselt. — Wie sollte sie ins Universum ausströmen? Unfähig diesen
Wunsch zu befriedigen, unfähiger noch, ihn durch innere Kraft zu
besiegen, schwindet er halb lebend, halb sterbend, in sichtbarer Zehrung
hin, keine Zerstreuung für den brennenden Schmerz seines Busens,
kein mitfühlendes, sich ihm öfnendes Herz, in das er ihn ausströmen
könnte. S. 15.

   Ich habe niemand — niemand
  auf dieser großen weiten Erde niemand.
  So weit das Scepter meines Vaters reicht,
  so weit die Schiffarth unsre Flaggen sendet,
  ist keine Stelle, keine, keine, wo
  ich meiner Thränen mich entlasten kann.

Hülflosigkeit und Armuth des Herzens führen ihn jetzt auf eben den
Punkt zurück, wo Fülle des Herzens ihn hatte ausgehen lassen.
Heftiger fühlt er das Bedürfniß der Sympathie, weil er allein ist,
und unglücklich. So findet ihn sein zurückkommender Freund.

  Ganz anders ist es unterdessen diesem ergangen. Mit ofnen

3: Kampfe B b K C B M. — 10: Zustande K C. — 15—16: „schmerzhaftes" fehlt
B b K C B. — 19: halbst sterbend A. — 21: öfnendes B b K. — 22: S. 15 [der Aus=
gabe des Don K. Leipzig 1787. 505 S. 8°. Thalia 1, 122]. — 29: Hilflosig=
keit M. — 33: offnen B b K, offenen C B M.

Sinnen, mit allen Kräften der Jugend, allem Drange des Genies, aller Wärme des Herzens in das weite Universum geworfen, sieht er den Menschen im Großen, wie im Kleinen handeln; er findet Gelegenheit, sein mitgebrachtes Ideal an den wirkenden Kräften der ganzen
5 Gattung zu prüfen. Alles, was er hört, was er sieht, wird mit lebendigem Enthusiasmus von ihm verschlungen, alles in Beziehung auf jenes Ideal empfunden, gedacht und verarbeitet. Der Mensch zeigt sich ihm in mehrern Varietäten; in mehrern Himmelstrichen, Verfassungen, Graden der Bildung und Stuffen des Glückes, lernt
10 er ihn kennen. So erzeugt sich in ihm allmählig eine zusammengesetzte und erhabene Vorstellung des Menschen im Großen und Ganzen, gegen welche jedes einengende kleinere Verhältniß verschwindet. Aus sich selbst tritt er jetzt heraus, im großen Weltraum dehnt sich seine Seele ins Weite. — Merkwürdige Menschen, die sich in seine Bahn
15 werfen, zerstreuen seine Aufmerksamkeit, theilen sich in seine Achtung und Liebe. — An die Stelle eines Individuums tritt bey ihm jetzt das ganze Geschlecht; ein vorübergehender jugendlicher Affect erweitert sich in eine allumfassende unendliche Philantropie. Aus einem müßigen Enthusiasten ist ein thätiger handelnder Mensch geworden. Jene ehe=
20 maligen Träume und Ahndungen, die noch dunkel und unentwickelt in seiner Seele lagen, haben sich zu klaren Begriffen geläutert, müßige Entwürfe in Handlung gesetzt, ein allgemeiner und schwankender Drang zu wirken ist in zweckmäßige Thätigkeit übergegangen. Der Geist der Völker wird von ihm studiert, ihre Kräfte, ihre Hülfsmittel abgewogen,
25 ihre Verfassungen geprüft; im Umgange mit verwandten Geistern gewinnen seine Ideen Vielseitigkeit und Form; geprüfte Weltleute, wie ein Wilhelm von Oranien, Coligny u. a. nehmen ihnen das romantische, und stimmen sie allmählig zu pragmatischer Brauchbarkeit herunter. (Seite 465.)
30 " Bereichert mit tausend neuen fruchtbaren Begriffen, voll strebender Kräfte schöpferischer Triebe, kühner und weit umfassender Entwürfe,

---

⁸: Himmelsstrichen B b K C V M. — ⁹: Stufen K C V M. — ¹⁰: allmälig B, allmählich C. — ¹⁸: Philantropie A B] Philantropie b K C V M vgl. 50, 20. — ²⁰: Ahnungen K C M. — ²²: allgemeiner unbestimmter Drang B b K C V M. — ²⁴: studirt, b. — Hilfsmittel M. — ²⁹: Seite 465 [Akt 5. Auftr. 8] die Seitenzahl fehlt K C V M. — ³¹: Kräfte, B b K C V M.

mit geschäftigem Kopf, glühendem Herzen, von den großen begeistern-
den Ideen allgemeiner menschlicher Kraft und menschlichen Adels 51
durchdrungen, und feuriger für die Glückseligkeit dieses großen Ganzen
entzündet, das ihm in so vielen Individuen vergegenwärtigt ward*),
5 so kommt er jetzt von der großen Aerndte zurück, brennend von Sehnsucht, einen Schauplatz zu finden, auf welchem er diese Ideale realisiren, diese gesammelten Schätze in Anwendung bringen könnte. Flanderns Zustand bietet sich ihm an. Alles findet er hier zu einer
Revolution zubereitet. Mit dem Geiste, den Kräften und Hülfsquellen
10 dieses Volkes bekannt, die er gegen die Macht seines Unterdrückers
berechnet, sieht er das große Unternehmen schon als geendigt an. 52
Sein Ideal republikanischer Freyheit kann kein günstigeres Moment
und keinen empfänglichern Boden finden.

    So viele reiche blühende Provinzen!
15   Ein kräftiges und großes Volk und auch
   ein gutes Volk, und Vater dieses Volkes
   das, dacht ich, das muß göttlich seyn.

Je elender er dieses Volk findet, desto näher drängt sich dieses Verlangen an sein Herz, desto mehr eilt er es in Erfüllung zu bringen.

20 * In seiner nachherigen Unterredung mit dem König kommen diese Lieblings-
ideen an den Tag. Ein Federzug von ihrer Hand, sagt er ihm, und neuerschaffen
wird die Erde. Geben sie Gedankenfreiheit! Lassen sie,
   großmüthig wie der Starke, Menschenglück
   aus ihrem Füllhorn strömen, Geister reifen
25   in ihrem Weltgebäude.
    Stellen sie der Menschheit
   verlohrnen Adel wieder her. Der Bürger
   sey wiederum, was er zuvor gewesen,
   der Krone Zweck, ihn binde keine Pflicht,
30   als seiner Brüder gleichehrwürdge Rechte.
   Der Landmann rühme sich des Pflugs, und gönne
   dem König, der nicht Landmann ist, die Krone.
   In seiner Werkstatt träume sich der Künstler
   zum Bildner einer schönern Welt. Den Flug
35   des Denkers hemme keine Schranke mehr,
   als die Bedingung endlicher Naturen.

1: Kopfe R C B. — 4: ward A] war B b C B M. — 5: Aernte R, Ernte
C B M. — 8: an. A] dar. B b R C B M. — 9: Hilfsquellen M. — 10: Volks B b
R C B M. — 12: Freyheit B b R (die Abweichungen sind nicht weiter angezeigt).
— 14: 1787. S. 276. — 16: Volks B b R C B M (gegen 1787). — 20: Am Schluß
des dritten Akts. 1787. S. 280—283.

Hier, und hier erst, erinnert er sich lebhaft des Freundes, den er mit glühenden Gefühlen für Menschenglück in Alkala verließ. Ihn denkt er sich jetzt als Retter der unterdrückten Nation, als das Werkzeug seiner hohen Entwürfe. Voll unaussprechlicher Liebe, weil er
5 ihn mit der Lieblingsangelegenheit seines Herzens zusammendenkt, eilt er nach Madrid in seine Arme, jene Saamenkörner von Humanität und heroischer Tugend, die er einst in seine Seele gestreut, jetzt in vollen Saaten zu finden, und in ihm den Befreier der Niederlande, den künftigen Schöpfer seines geträumten Staats zu umarmen.
10 Leidenschaftlicher als jemals, mit fieberischer Heftigkeit stürzt ihm dieser entgegen. S. 12.

        Ich drück an meine Seele dich, ich fühle
        die deinige allmächtig an mir schlagen.
        O jetzt ist alles wieder gut. Ich liege
15   am Halse meines Rodrigo!

Der Empfang ist der feurigste: aber wie beantwortet ihn Posa? Er, der seinen Freund in voller Blüthe der Jugend verließ, und ihn jetzt einer wandelnden Leiche gleich wieder findet, verweilt er bey dieser traurigen Veränderung? Forscht er lange und ängstlich nach ihren
20 Quellen? Steigt er zu den kleinern Angelegenheiten seines Freundes hinunter? Bestürzt und ernsthaft erwiedert er diesen unwillkommnen Empfang. S. 13.

        So war es nicht, wie ich Don Philipps Sohn
        erwartete!
25   Das ist
        der löwenkühne Jüngling nicht, zu dem
        ein unterdrücktes Heldenvolk mich sendet —
        denn jetzt steh ich als Rodrigo nicht hier,
        nicht als des Knaben Karlos Spielgeselle —
30   ein Abgeordneter der ganzen Menschheit
        umarm ich Sie — es sind die flandrischen
        Provinzen, die an ihrem Halse weinen. u. s. f.

Unfreywillig entwischt ihm seine herrschende Empfindung gleich in den ersten Augenblicken des so lang entbehrten Wiedersehens, wo

---

9: vgl. 1787 S. 394: Er mache das Traumbild wahr, das kühne Traumbild eines neuen Staats. — 12: S. 12 [1787. 1. Akt. 2. Auftr.]. — 17: Jugend] Tugend A. — 20: kleineren C B M. — 21: hinunter A] herunter B b K C B M. — 22: „S. 13" fehlt K C B M. — 33: Empfindung A] Idee B b K C B M.

man sich doch sonst soviel wichtigere Kleinigkeiten zu sagen hat, und Karlos muß alles Rührende seiner Lage aufbieten, muß die entlegensten Scenen der Kindheit hervorrufen, um diese Lieblingsidee seines Freundes zu verdrängen, sein Mitgefühl zu wecken, und ihm auf seinen eigenen traurigen Zustand zu heften. (S. 15 bis 19.) Schrecklich sieht sich Posa in den Hofnungen getäuscht, mit denen er seinem Freunde zueilte. Einen Heldenkarakter hatte er erwartet, der sich nach Thaten sehnte, wozu er ihm jetzt den Schauplatz eröffnen wollte. Er rechnet auf jenen Vorrath von erhabener Menschenliebe, auf das Gelübde, das er ihm in jenen schwärmerischen Tagen auf die entzwey gebrochene Hostie gethan, und findet Leidenschaft für die Gemahlin seines Vaters. —

> Das ist der Karl nicht mehr,
> der in Alkala von dir Abschied nahm.
> Der Karl nicht mehr, der sich beherzt getraute,
> das Paradieß dem Schöpfer abzusehn
> und dermaleins als unumschränkter Fürst
> in Spanien zu pflanzen. O! der Einfall
> war kindisch, aber göttlich schön. Vorbey
> sind diese Träume! —

eine hofnungslose Leidenschaft, die alle seine Kräfte verzehrt, die sein Leben selbst in Gefahr setzt. Wie würde ein sorgsamer Freund des Prinzen, der aber ganz nur Freund allein, und mehr nicht gewesen wäre, in dieser Lage gehandelt haben? und wie hat Posa, der Weltbürger gehandelt? Posa, des Prinzen Freund und Vertrauter, hätte viel zu sehr für die Sicherheit seines Karlos gezittert, als daß er es hätte wagen sollen, zu einer gefährlichen Zusammenkunft mit seiner Königin die Hand zu bieten. Des Freundes Pflicht wär es gewesen, auf Erstickung dieser Leidenschaft und keineswegs auf ihre Befriedigung zu denken. Posa, der Sachwalter Flanderns, handelt ganz anders. Ihm ist nichts wichtiger, als diesen hofnungslosen Zustand, in welchem die thätigen Kräfte seines Freundes versinken, auf das schnellste zu endigen, sollte es auch ein kleines Wagestück kosten. So lang sein

---

⁵: „(S. 15 bis 19.)" fehlt 𝔎 𝔏 𝔅 𝔐. — ⁶: eröffnen 𝔅 b 𝔎 𝔏 𝔅 𝔐. — ¹³: 1. Akt. 2. Auftr. S. 15. — ¹⁷: dermaleinst 𝔅 b 𝔎 𝔏 𝔒 𝔅 𝔐, so auch 1787. — ²¹: eine 𝔄) Eine 𝔅 b 𝔎 𝔏 𝔒 𝔅 𝔐 — hoffnungslose 𝔅 b 𝔎 𝔏 𝔒 𝔅 𝔐. — ²⁴: wäre 𝔎 𝔏 𝔅, wär' 𝔐. — ³¹: hoffnungslosen 𝔅 b 𝔎 𝔏. 𝔐. — ³³: So lange 𝔎 𝔏, Solange 𝔒.

Freund in unbefriedigten Wünschen verschmachtet, kann er fremdes
Leiden nicht fühlen; so lang seine Kräfte von Schwermuth nieder=
gedrückt sind, kann er sich zu keinem heroischen Entschlusse erheben.
Von dem unglücklichen Karlos hat Flandern nichts zu hoffen, aber
5 vielleicht von dem glücklichen. Er eilt also, seinen heissesten Wunsch
zu befriedigen, er selbst führt ihn zu den Füßen seiner Königin; und
dabey allein bleibt er nicht stehen. Er findet in des Prinzen Gemüth
die Motive nicht mehr, die ihn sonst zu heroischen Entschlüssen erhoben
hatten: was kann er anders thun, als diesen erloschnen Heldengeist
10 an fremdem Feuer entzünden, und die einzige Leidenschaft nutzen, die
in der Seele des Prinzen vorhanden ist? An diese muß er die neuen
Ideen anknüpfen, die er jetzt bey ihr herrschend machen will. Ein
Blick in der Königin Herz überzeugt ihn, daß er von ihrer Mitwirkung
alles erwarten darf. Nur der erste Enthusiasmus ist es, den er von
15 dieser Liebe entlehnen will. Hat sie dazu geholfen, seinem Freunde 56
diesen heilsamen Schwung zu geben, so bedarf er ihrer nicht mehr,
und er kann gewiß seyn, daß sie durch ihre eigene Wirkung zerstört
werden wird. Also selbst dieses Hinderniß, das sich seiner großen
Angelegenheit entgegen warf, selbst diese unglückliche Liebe wird jetzt
20 in ein Werkzeug zu jenem wichtigeren Zwecke umgeschaffen, und Flan=
derns Schicksal muß durch den Mund der Liebe an das Herz seines
Freundes reden.

        — In dieser hofnungslosen Flamme
        erkannt ich früh der Hofnung goldnen Stral.
25   Ich wollt ihn führen zum Vortreflichen;
        die stolze königliche Frucht, woran
        nur Menschenalter langsam pflanzen, sollte
        ein schneller Lenz der wunderthätgen Liebe
        beschleunigen. Mir sollte seine Tugend
30   an diesem kräftgen Sonnenblicke reifen.

Aus den Händen der Königin empfängt jetzt Karlos die Briefe, welche
Posa aus Flandern für ihn mitbrachte. Die Königin ruft seinen
entflohenen Genius zurück.

2: so lange A B, solange C. — 3: Entschluß B. — 9: erloschenen A C B R.
— 10: fremden A B b. — 13: Liebe A] Leidenschaft B b R C B R. — 23: 4. Att.
24. Auftritt. S. 39 R. — hoffnungslosen B b R. — 24: Hoffnung B b R. — Strahl b.
— 25: Vortrefflichen R.

Noch sichtbarer zeigt sich diese Unterordnung der Freundschaft unter das wichtigere Interesse bey der Zusammenkunft im Kloster. Ein Entwurf des Prinzen auf den König ist fehlgeschlagen; dieses und eine Entdeckung, welche er zum Vortheil seiner Leidenschaft glaubt gemacht zu haben, stürzen ihn heftiger in diese zurück, und Posa glaubt zu bemerken, daß sich Sinnlichkeit in diese Leidenschaft mische. Nichts konnte sich weniger mit seinem höhern Plane vertragen. Alle Hofnungen, die er auf Karls Liebe zur Königin für seine Niederlande gegründet hat, stürzten dahin, wenn diese Liebe von ihrer Höhe herunter sank. Der Unwille, den er darüber empfindet, bringt seine Gesinnungen an den Tag. S. 210. 211.

> O ich fühle,
> wovon ich mich entwöhnen muß. Ja einst,
> einst wars ganz anders. Da warst du so reich,
> so warm, so reich! ein ganzer Weltkreis hatte
> in deinem weiten Busen Raum. Das alles
> ist nun dahin, von Einer Leidenschaft,
> von einem kleinen Eigennutz verschlungen.
> Dein Herz ist ausgestorben. Keine Thräne,
> dem ungeheuern Schicksal der Provinzen
> nicht einmal eine Thräne mehr! O Karl,
> wie arm bist du, wie bettelarm geworden,
> seitdem du niemand liebst, als dich!

Bang vor einem ähnlichen Rückfall glaubt er einen gewaltsamen Schritt wagen zu müssen. So lange Karl in der Nähe der Königin bleibt, ist er für die Angelegenheit Flanderns verloren. Seine Gegenwart in den Niederlanden kann dort den Dingen eine ganz andere Wendung geben; er steht also keinen Augenblick an, ihn auf die gewaltsamste Art dahin zu bringen.

> Er soll
> dem König ungehorsam werden, soll
> nach Brüssel heimlich sich begeben, wo
> mit offnen Armen die Flamänder ihn
> erwarten. Alle Niederlande stehen
> auf seine Losung auf. Die gute Sache
> wird stark durch einen Königsohn.

Würde der Freund des Karlos es über sich vermocht haben, so verwegen mit dem guten Namen, ja selbst mit dem Leben seines

---

8: Hoffnungen B b R. — 11: Die Seitenzahlen fehlen R C B M. — 24: Rückfalle R C B M. — 30: S. 304. 4. Akt. 3. Auftr. — 36: Königsohn B b R C B M.

Freundes zu spielen? Aber Posa, dem die Befreyung eines unter=
drückten Volks eine weit bringendere Aufforderung war als die kleinen
Angelegenheiten eines Freundes, Posa, der Weltbürger, mußte gerade
so und nicht anders handeln. Alle Schritte, die im Verlauf des
5 Stücks von ihm unternommen werden, verrathen eine wagende
Kühnheit, die ein heroischer Zweck allein einzuflößen im Stand ist;
Freundschaft ist oft verzagt, und immer besorglich. Wo ist bis jetzt
im Karakter des Marquis auch nur eine Spur dieser ängstlichen Pflege
eines isolirten Geschöpfs, dieser alles ausschließenden, alles für Einen
10 Gegenstand hingebenden, alles in Einem Gegenstande genießenden
Neigung, worin doch allein der eigenthümliche Karakter der leiden=
schaftlichen Freundschaft bestehet? Wo ist bey ihm das Interesse für
den Prinzen ' nicht dem höhern Interesse für die Menschheit unter=
geordnet? Fest und beharrlich geht der Marquis seinen großen kosmo=
15 politischen Gang, und alles, was um ihn herum vorgeht, wird ihm
nur durch die Verbindung wichtig, in der es mit diesem höhern
Gegenstande steht.

Vierter Brief.

Um einen großen Theil seiner Bewunderer dürfte ihn dieses
20 Geständniß bringen, aber er wird sich mit dem kleinen Theil derer
trösten, die es ihm zuwendet, und um allgemeinen Beyfall überhaupt
hat ein Karakter, wie der seinige, nie gebuhlt. Hohes wirkendes
Wohlwollen gegen das Ganze schließt keineswegs die zärtliche Theil=
nahme an den Freuden und Leiden eines einzelnen Wesens aus. Daß
25 er das Menschengeschlecht mehr liebt als Karln, thut seiner Freund=
schaft für ihn keinen Eintrag. Immer würde er ihn, hätte ihn auch
das Schicksal auf keinen Thron gerufen, durch eine besondere zärtliche
Bekümmerniß vor allen übrigen unterschieden haben; im Herzen seines
Herzens würde er ihn getragen haben, wie Hamlet seinen Horatio.
30 Man hält dafür, daß das Wohlwollen um so schwächer und laulichter

---

⁴: Verlaufe C D M. — ⁵: Stande K L B M. — ⁹⁻¹⁰: „alles für ... genießen=
den" fehlt B b L D B. — ¹²: besteht L D B M. — ¹³: nicht B b L D B M] mit A.
— ²⁰: derer A] der neuen Verehrer B b L D B M. — ²¹: um A] zum B b L D B M.
— ²²: hat ... nie gebuhlt. A] konnte sich ... niemals Hoffnung machen. B b L D
B M. — ³⁰: laulicher L D B M.

werde, je mehr sich seine Gegenstände häuffen: aber dieser Fall kann auf den Marquis nicht angewandt werden. Der Gegenstand seiner Liebe zeigt sich ihm im vollesten Lichte der Begeisterung; herrlich und verklärt steht dieses Bild vor seiner Seele, wie die Gestalt einer Ge= liebten. Da es Karlos ist, der dieses Ideal von Menschenglück wirklich machen soll, so trägt er es auf ihn über, so faßt er zuletzt beydes in Einem Gefühl unzertrennlich zusammen. In Karlos allein schaut er seine feurig geliebte Menschheit itzt an; sein Freund ist der Brennpunkt, in welchem alle seine Vorstellungen von jenem zusammen= gesetzten Ganzen sich sammeln. Er wirkt also doch nur in Einem Gegenstand auf ihn, den er mit allem Enthusiasmus und allen Kräften seiner Seele umfaßt.

> Mein Herz
> nur einem einzigen geweiht, umschloß
> die ganze Welt. In meines Karlos Seele
> schuf ich ein Paradies für Millionen.

Hier also ist Liebe zu Einem Wesen, ohne Hintansetzung der allge= meinen — sorgsame Pflege der Freundschaft, ohne das unbillige, das ausschließende dieser Leidenschaft. Hier allgemeine, alles umfaßende Philanthropie, in einen einzigen Feuerstrahl zusammengedrängt.

Und sollte eben das dem Interesse geschadet haben, was es ver= edelt hat? Dieses Gemählde von Freundschaft sollte an Rührung und Anmuth verlieren, was ihm an Würde gegeben worden? an Stärke verlieren, was es an Umfang gewann? Der Freund des Karlos sollte darum weniger Anspruch auf unsre Thränen und unsre Be= wunderung haben, weil er mit der beschränktesten Aeußerung des wohlwollenden Affekts seine weiteste Ausdehnung verbindet, und das Göttliche der universellen Liebe durch ihre menschlichste Anwendung mildert?

Mit der neunten Scene des dritten Aufzugs öfnet sich ein ganz neuer Spielraum für diesen Karakter.

1: häufen B b L O B R. — 6: itzt B b, jetzt L O B R. — 13: 4. Akt. 24. Auftr. S. 893. — 18: sorgsamen B b. — 23—24: „was ihm an Würde gegeben worden? an Stärke verlieren," fehlt B b L O B. — 30: öffnet B b L O B R. — 31: „(Der Beschluß künftig.) Sch." A.

Fünfter Brief.

Leidenschaft für die Königin hat endlich den Prinzen bis an den Rand des Verderbens geführt. Beweise seiner Schuld sind in den Händen seines Vaters, und seine unbesonnene Hitze ließ ihn dem laurenden Argwohn seiner Feinde die gefährlichsten Blößen geben; er schwebt in augenscheinlicher Gefahr, ein Opfer seiner wahnsinnigen Liebe, der väterlichen Eifersucht, des Priesterhasses, der Rachgier eines beleidigten Feindes, und einer verschmähten Buhlerin zu werden. Seine Lage von aussen fordert die dringendste Hülfe, noch mehr aber fordert sie der innere Zustand seines Gemüths, der alle Erwartungen und Entwürfe des Marquis zu vereiteln droht. Von jener Gefahr muß der Prinz befreit, aus diesem Seelenzustand muß er gerissen werden, wenn jene Entwürfe zu Flanderns Befreiung in Erfüllung gehen sollen; und der Marquis ist es, von dem wir beydes erwarten, der uns auch S. 213. selbst dazu Hoffnung macht.

Aber auf eben dem Wege, woher dem Prinzen Gefahr kommt, ist auch bey dem König ein Seelenzustand hervorgebracht worden, der ihn das Bedürfniß der Mittheilung zum erstenmal fühlen läßt. Die Schmerzen der Eifersucht haben ihn aus dem unnatürlichen Zwang seines Standes in den ursprünglichen Stand der Menschheit zurück versetzt, haben ihn das Leere und Gekünstelte seiner Despotenheit fühlen, und Wünsche in ihm aufsteigen lassen, die weder Macht noch Hoheit befriedigen kann.

> König! König nur,
> und wieder König! — Keine beßre Antwort
> als leeren hohlen Widerhall! Ich schlage
> an diesen Felsen und will Wasser, Wasser
> für meinen heißen Fieberdurst. Er giebt
> mir — glühend Gold —

Gerade ein Gang der Begebenheiten wie der bisherige, däucht mir, oder keiner, konnte bey einem Monarchen, wie Philipp II. war,

---

¹: Der Teutsche Merkur. December 1788. S. 224—267. — ³: laurenden B b R, launenden A, lauernden O B M. — — Blösen b. — ⁹: Hülfe A B b R O B] Hilfe M. — ¹²: Seelenzustande R O B. — ¹⁹: Zwange R O B M. — ²¹: Despotengröße B b R O B M. — ²⁶: Wiederhall B b R M. — ³¹: der Zweite O B M.

einen solchen Zustand erzeugen; und gerade so ein Zustand mußte in ihm erzeugt werden, um die nachfolgende Handlung vorzubereiten und den Marquis ihm nahe bringen zu können. Vater und Sohn sind auf ganz verschiedenen Wegen auf den Punkt geführt worden, wo der Dichter sie haben muß; auf ganz verschiedenen Wegen wurden beyde zu dem Marquis von Posa hingezogen, in welchem Einzigen das bisher getrennte Interesse sich nunmehr zusammendrängt. Durch Karlos Leidenschaft für die Königin und deren unausbleibliche Folgen bey dem König wurde dem Marquis seine ganze Laufbahn geschaffen: darum war es nöthig, daß auch das ganze Stück mit jener eröfnet wurde. Gegen sie mußte der Marquis selbst so lange in Schatten gestellt werden, und sich, bis er von der ganzen Handlung Besitz nehmen konnte, mit einem untergeordneten Interesse begnügen, weil er von ihr allein alle Materialien zu seiner künftigen Thätigkeit empfangen konnte. Die Aufmerksamkeit des Zuschauers durfte also durchaus nicht vor der Zeit davon abgezogen werden, und darum war es nöthig, daß sie bis hieher als Haupthandlung beschäftigt, das Interesse hingegen, das nachher das herrschende werden sollte, nur durch Winke von ferne angekündigt wurde. Aber sobald das Gebäude steht, fällt das Gerüste. Die Geschichte von Karlos Liebe, als die blos vorbereitende Handlung, weicht zurück, um derjenigen Platz zu machen, für welche allein sie gearbeitet hatte.

Nehmlich jene verborgenen Motive des Marquis, welche keine andre sind, als Flanderns Befreyung und das künftige Schicksal der Nation, Motive, die man unter der Hülle seiner Freundschaft bloß geahndet hat, treten jetzt sichtbar hervor, und fangen an, sich der ganzen Aufmerksamkeit zu bemächtigen. Karlos, wie aus dem bisherigen zur Genüge erhellen wird, wurde von ihm nur als das einzige unentbehrliche Werkzeug zu jenem feurig und standhaft verfolgten Zwecke betrachtet, und als ein solches mit eben dem Enthusiasmus wie der Zweck selbst umfaßt. Aus diesem universelleren Motive mußte eben der ängstliche Antheil an dem Wohl und Weh seines Freundes, eben

---

11: im A B b. — 17: beschäftigte B b R C B W. — 21: denjenigen A. — 23: Remlich B, Rämlich b R C B M. — 24: andern R B M, andere C. — 26: geahnet R C B M. — 28: erhellet B b R C B M. — 30-31: den Zweck A. — 32: Wehe C D.

die zärtliche Sorgfalt für dieses Werkzeug seiner Liebe fließen, als
nur immer die stärkste persönliche Sympathie hätte hervorbringen
können. Karls Freundschaft gewährt ihm den vollständigsten Genuß
seines Ideales. Sie ' ist der Vereinigungspunkt aller seiner Wünsche 228
und Thätigkeiten. Noch kennt er keinen andern und kürzern Weg,
sein hohes Ideal von Freiheit und Menschenglück wirklich zu machen,
als der ihm in Karlos geöfnet wird. Es fiel ihm gar nicht ein, dieß
auf einem andern Wege zu suchen; am allerwenigsten fiel es ihm ein,
diesen Weg unmittelbar durch den König zu nehmen. Als er daher
S. 254. zu diesem geführt wird, zeigt er die höchste Gleichgültigkeit.

> Mich will er haben? — Mich? — Ich bin ihm nichts.
> Ich warlich nichts! — Mich hier in diesen Zimmern!
> Wie zwecklos und wie ungereimt! — Was kann
> ihm viel dran liegen, ob ich bin? — Sie sehen,
> es führt zu nichts.

Aber nicht lange überläßt er sich dieser müßigen, dieser kindischen
Verwunderung. Einem Geiste, gewohnt, wie es dieser ist, jedem
Umstande seine Nutzbarkeit abzumerken, auch den Zufall mit bildender
Hand zum Plan zu gestalten, jedes Ereigniß in Beziehung auf seinen
herrschenden Lieblingszweck sich zu denken, bleibt der hohe Gebrauch
nicht lange verborgen, der sich von dem jetzigen Augenblick machen
läßt. Auch das kleinste Element der Zeit ist ihm ein heilig anver-
trautes Pfund, womit gewuchert werden muß. Noch ist es nicht klarer
zusammenhängender Plan, was er sich denkt; bloße dunkle Ahndung,
und auch ' diese kaum; bloß flüchtig aufsteigender Einfall ist es, ob 229
hier vielleicht gelegenheitlich etwas zu wirken seyn möchte? Er soll
vor denjenigen treten, der das Schicksal so vieler Millionen in der
Hand hat. Man muß den Augenblick nutzen, sagt er zu sich selbst,
der nur einmal kommt. Wär's auch nur ein Feuerfunke Wahrheit,
in die Seele dieses Menschen geworfen, der noch keine Wahrheit gehört hat! Wer weiß, wie wichtig ihn die Vorsicht bey ihm verarbeiten
kann? — Mehr denkt er sich nicht dabey, als einen zufälligen Umstand auf die beste Art, die er kennt, zu benutzen. In dieser Stimmung erwartet er den König.

4: Ideals B b K C B M. — 10: S. 254 (bis 256 in andrer Ordnung.) —
13: ungeräumt M. — 20: herrschenden] fehlt K C B. — 21: Augenblicke K C M. —
24: Ahnung K C M. — 33: kennt K C B M.

Sechster Brief.

Ich behalte mir auf eine andere Gelegenheit vor, mich über den Ton, auf welchen sich Posa gleich zu Anfang mit dem Könige stimmt, wie überhaupt über sein ganzes Verfahren in dieser Scene, und die Art, wie dieses von dem Könige aufgenommen wird, näher gegen Sie zu erklären, wenn Sie Lust haben mich zu hören, und mich zu rechtfertigen, wenn es nöthig ist. Jetzt begnüge ich mich blos, bey demjenigen stehen zu bleiben, was mit dem Karakter des Marquis in der unmittelbarsten Beziehung steht.

Alles was der Marquis, nach seinem Begriffe von dem König, vernünftiger Weise hoffen konnte bey ihm hervorzubringen — war ein mit Demüthigung verbundenes Erstaunen, daß seine große Idee von sich selbst, und seine geringe Meinung von Menschen, doch wohl einige Ausnahmen leiden dürfte; alsdann die natürliche unausbleibliche Verlegenheit eines kleinen Geistes vor einem großen Geist. Diese Wirkung konnte wohlthätig seyn, wenn sie auch blos dazu diente, die Vorurtheile dieses Menschen auf einen Augenblick zu erschüttern; wenn sie ihn fühlen ließ, daß es noch jenseits seines gezogenen Kreises Wirkungen gebe, von denen er sich nichts hätte träumen lassen. Dieser einzige Laut konnte noch lange nachhallen in seinem Leben, und dieser Eindruck mußte desto länger bey ihm haften, je mehr er ohne Beyspiel war.

Aber Posa hatte den König wirklich zu flach, zu obenhin beurtheilt, oder wenn er ihn auch gekannt hätte, so war er doch von der damaligen Gemüthslage desselben zu wenig unterrichtet, um sie mit in Berechnung zu bringen. Diese Gemüthslage war äusserst günstig für ihn, und bereitete seinen hingeworfenen Reden eine Aufnahme, die er mit keinem Grund der Wahrscheinlichkeit hatte erwarten können. Diese unerwartete Entdeckung gibt ihm einen lebhaftern Schwung, und dem Stücke selbst eine ganz neue Wendung. Kühn gemacht durch einen Erfolg, der all sein Hoffen übertraf, und durch einige Spuren von Humanität, die ihn an dem Könige überraschen, in Feuer gesetzt, verirrt er sich, auf einen Augenblick, bis zu der

---

6—7: , und mich ... nöthig ist A] fehlt B b K L B R. — 9: Beziehung] Verbindung B b K L B R. — 15: Geiste. K Q B R. — 28: giebt B b K Q B R. — 31: König R.

ausschweifenden Idee, sein herrschendes Ideal von Flanderns Glück
u. s. w. unmittelbar an die Person des Königs anzuknüpfen, es unmittelbar durch diesen in Erfüllung zu bringen. Diese Voraussetzung
setzt ihn in eine Leidenschaft, die den ganzen Grund seiner Seele
5 öfnet, alle Geburten seiner Phantasie, alle Resultate seines stillen
Denkens ans Licht bringt, und deutlich zu erkennen giebt, wie sehr
ihn diese Ideale beherrschen. Jetzt in diesem Zustand der Leidenschaft
werden alle die Triebfedern sichtbar, die ihn bis jetzt in Handlung
gesetzt haben, jetzt ergeht es ihm wie jedem Schwärmer, der von
10 seiner herrschenden Idee überwältigt wird. Er kennt keine Grenzen
mehr, im Feuer seiner Begeisterung veredelt er sich den König,
der mit Erstaunen ihm zuhört, und vergißt sich so weit, Hofnungen
auf ihn zu gründen, worüber er in den nächsten ruhigen Augenblicken
erröthen wird. An Karlos wird jetzt nicht mehr gedacht. Was für
15 ein langer Umweg, erst auf diesen zu warten! Der König bietet ihm
eine weit nähere und schnellere Befriedigung dar. Warum das Glück
der Menschheit bis auf seinen Erben verschieben?

Würde sich Karlos Busenfreund, so weit vergessen, würde eine
andere Leidenschaft, als die herrschende, ihn so weit hingerissen haben?
20 Ist das Interesse der Freundschaft so beweglich, daß man es mit so
weniger Schwierigkeit auf einen andern Gegenstand über'tragen kann? 282
Aber alles ist erklärt, sobald man die Freundschaft jener herrschenden
Leidenschaft unterordnet. Dann ist es natürlich, daß diese bey
dem nächsten Anlaß ihre Rechte reklamirt, und sich nicht lange bedenkt,
25 ihre Mittel und Werkzeuge umzutauschen.

Das Feuer und die Freymüthigkeit, womit Posa seine Lieblingsgefühle, die bis jetzt zwischen Karlos und ihm Geheimnisse waren,
dem Könige vortrug; und der Wahn, daß dieser sie verstehen, ja gar
in Erfüllung bringen könnte, war eine offenbare Untreue, deren er
30 sich gegen seinen Freund Karl schuldig machte. Posa, der Weltbürger,
durfte so handeln, und ihm allein kann es vergeben werden; an dem
Busenfreunde Karls wäre es eben so verdammlich, als es unbegreif-
lich seyn würde.

---

³: eröffnet B b K C B M. — ⁷: Zustande K C. — ¹⁹: ihn A] den Marquis B b K
C B M. — ²⁴: Anlasse K C.

Länger als Augenblicke freylich sollte diese Verblendung nicht dauern. Der ersten Ueberraschung, der Leidenschaft, vergiebt man sie leicht: aber wenn er auch noch nüchtern fortführe daran zu glauben, so würde er billig in unsern Augen zum Träumer herabsinken. Daß sie aber wirklich Eingang bey ihm gefunden, erhellt aus einigen Stellen, wo er darüber scherzt, oder sich ernsthaft davon reinigt. „Gesetzt,“ sagt er der Königin S. 297. „ich gienge damit um, meinen Glauben auf den Thron zu setzen?

    Königin.
    Nein Marquis,
Auch nicht einmal im Scherze möcht ich dieser
unreifen Einbildung Sie zeihn. Sie sind
der Träumer nicht, der etwas unternähme,
was nicht geendigt werden kann.
    Marquis.
       Das eben
wär' noch die Frage, denk' ich.

Karlos selbst hat tief genug in die Seele seines Freundes gesehen, um einen solchen Entschluß in seiner Vorstellungsart gegründet zu finden, und das, was er selbst bey dieser Gelegenheit über ihn sagt, könnte allein hinreichen, den Gesichtspunkt des Verfassers ausser Zweifel zu setzen. S. 421. 422. „Du selbst,“ sagt er ihm, noch immer im Wahn, daß der Marquis ihn aufgeopfert,

 „Du selbst wirst jetzt vollenden,
was ich gesollt und nicht gekonnt — Du wirst
den Spaniern die goldnen Tage schenken,
die sie von mir umsonst gehofft. Mit mir
ist es ja aus. Auf immer aus. Das hast
du eingesehn. O diese fürchterliche Liebe
hat alle frühen Blüthen meines Geists
unwiederbringlich hingerafft. Ich bin
für deine großen Hoffnungen gestorben.
Vorsehung oder Zufall führen dir
den König zu — Es kostet mein Geheimniß
und er ist dein! Du kannst sein Engel werden;
für mich ist keine Rettung mehr. Vielleicht
für Spanien!“ u. s. f.

Und an einem andern Orte sagt er zum Grafen von Lerma, um die vermeintliche Treulosigkeit seines Freundes zu entschuldigen. S. 357.

12: zeihen A B b, zeih'n K.

— Er hat
mich lieb gehabt. Sehr lieb. Ich war ihm theuer
wie seine eigne Seele. O das weiß ich!
das haben tausend Proben mir erwiesen.
Doch sollen Millionen ihm, soll ihm
das Vaterland nicht theurer seyn, als Einer?
Sein Busen war für einen Freund zu groß,
und Karlos Glück zu klein für seine Liebe.
Er opferte mich seiner Tugend.

Siebender Brief.

Posa empfand es recht gut, wie viel seinem Freunde Karlos dadurch entzogen worden, daß er den König zum Vertrauten seiner Lieblingsgefühle gemacht, und einen Versuch auf dessen Herz gethan hatte. Eben weil er fühlte, daß diese Lieblingsgefühle das eigent= liche Band ihrer Freundschaft waren, so wußte er auch nicht anders, als daß er diese in eben dem Augenblicke gebrochen hatte, wo er jene bey dem Könige profanirte. Das wußte Karlos nicht, aber Posa wußte es recht gut, daß diese Philosophie und diese Entwürfe für die Zukunft das heilige Palladium ihrer' Freundschaft und der wichtige Titel waren, unter welchem Karlos sein Herz besaß; eben weil er das wußte, und im Herzen voraussetzte daß es auch Karln nicht unbekannt seyn könnte — wie konnte er es wagen, ihm zu be= kennen daß er dieses Palladium veruntreut hätte? Ihm gestehen, was zwischen ihm und dem König vorgegangen war, mußte in seinen Ge= danken eben so viel heißen, als ihm ankündigen, daß es eine Zeit gegeben, wo er ihm nichts mehr war. Hatte aber Karlos künftiger Beruf zum Thron, hatte der Königsohn keinen Antheil an dieser Freundschaft, war sie etwas vor sich bestehendes, und durchaus nur persönliches, so konnte sie durch jene Vertraulichkeit gegen den König zwar beleidigt, aber nicht verrathen, nicht zerrissen worden seyn; so konnte dieser zufällige Umstand ihrem Wesen nichts anhaben. Es war Delikatesse, es war Mitleid, daß Posa der Weltbürger dem künftigen

---

7: einen O, Einen B. — 10: Siebenter B b K O B M. — 21: Karln A] Karl B b K O B M. — 24: Könige K O B. — 27: Throne K O B M. — Königsohn K O B M. — 28: vor sich A B b K] für sich O B M. — Bestehendes K O B M. — 29: Persönliches K O B M.

Monarchen die Erwartungen verschwieg, die er auf den Jetzigen gegründet hatte; aber Posa, Karlos Freund, konnte sich durch nichts schwerer vergehen, als durch diese Zurückhaltung selbst.

Zwar sind die Gründe, welche Posa sowohl sich selbst, als nachher seinem Freunde, von dieser Zurückhaltung, der einzigen Quelle aller nachfolgenden Verwirrungen, angiebt, von ganz andrer Art. IV. Akt. 6. Auftritt. S. 324.

> Der König glaubte dem Gefäß, dem er
> sein heiliges Geheimniß übergeben,
> und Glauben fodert Dankbarkeit. Was wäre
> Geschwätzigkeit, wenn mein Verstummen Dir
> nicht Leiden bringt? vielleicht erspart? — Warum
> dem Schlafenden die Wetterwolke zeigen,
> die über seiner Scheitel hängt?

Und in der 3ten Szene des V. Akts. 432.

> — — Doch ich von falscher Zärtlichkeit bestochen,
> von stolzem Wahn geblendet, ohne dich
> das Wagestück zu enden, unterschlage
> der Freundschaft mein gefährliches Geheimniß.

Aber jedem, der nur wenige Blicke in das Menschenherz gethan, wird es einleuchten, daß sich der Marquis mit diesen eben angeführten Gründen, die an sich selbst bey weitem zu schwach sind um einen so wichtigen Schritt zu motivieren, nur selbst zu hintergehen sucht — weil er sich die eigentliche Ursache nicht zu gestehen wagt. Einen weit wahreren Aufschluß über den damaligen Zustand seines Gemüths gibt eine andre Stelle, woraus deutlich erhellt, daß es Augenblicke müsse gegeben haben, in denen er mit sich zu Rathe gieng, ob er seinen Freund nicht geradezu aufopfern sollte? Es stand bey mir, sagt er zu der Königin,

> — einen neuen Morgen
> heraufzuführen über diese Reiche.
> Der König schenkte mir sein Herz. Er nannte
> mich seinen Sohn. Ich führe seine Siegel,
> und seine Alba sind nicht mehr, u. s. f.

6: anderer C B M. — 7: IV. Akt. P. 6. Auftritt. b. — 10: fordert K C B M. — 14: seiner A] seinen B b, seinem K C B M. — 23: wahrern K C B M. — giebt B b. — 26: andere M. — 27: ging K C B M. — 30: IV. Akt. 24. Auftritt. S. 396 f.

         Doch geb' ich
   den König auf. In diesem starren Boden
   blüht keine meiner Rosen mehr. Das waren
   nur Gaukelspiele kindischer Vernunft,
5 vom reifen Manne schaamroth widerrufen.
   Den nahen hofnungsvollen Lenz sollt' ich
   vertilgen, einen lauen Sonnenblick
   im Norden zu erkünsteln? Eines müden
   Tyrannen letzten Ruthenstreich zu mildern,
10 die große Freyheit des Jahrhunderts wagen?
   Elender Ruhm! Ich mag ihn nicht. Europens
   Verhängniß reift in meinem großen Freunde.
   Auf ihn verweis' ich Spanien. Doch wehe!
   Weh mir und ihm, wenn ich bereuen sollte!
15 Wenn ich das Schlimmere gewählt? Wenn ich
   den großen Wink der Vorsicht mißverstanden,
   Der mich, nicht ihn, auf diesem Thron gewollt. —

Also hat er doch gewählt, und um zu wählen, mußte er also
ja den Gegensatz sich als möglich gedacht haben. Aus allen diesen an-
20 geführten Fällen erkennt man offenbar, daß das Interesse der Freundschaft einem höheren nachsteht, und daß ihr nur durch dieses Letztere
ihre Richtung bestimmt wird. Niemand im ganzen Stück hat dieses
Verhältniß zwischen beyden Freunden richtiger beurtheilt, als Philipp 238
selbst, von dem es auch am ersten zu erwarten war. Im Munde
25 dieses Menschenkenners legte ich meine Apologie und mein eignes Urtheil von dem Helden des Stückes nieder, und mit seinen Worten
möge denn auch diese Untersuchung beschlossen werden.

      Und wem bracht er dieß Opfer?
      Dem Knaben, meinem Sohne? Nimmermehr.
30   Ich glaub' es nicht. Für einen Knaben stirbt
      ein Posa nicht. Der Freundschaft arme Flamme
      füllt eines Posa Herz nicht aus. Das schlug
      der ganzen Menschheit. Seine Neigung war
      die Welt, mit allen kommenden Geschlechtern.

---

¹: Den König geb' ich auf. Was kann ich auch | dem König sein? In diesem starren Boden. S. 396. — ¹¹: Europa's 397. — ¹⁷: diesem A K C und Karlos 397] diesen B b B R. — ²¹: höhern C B R, Höhern K. — letzter B b C. B R. — ²²: Stücke K C. — ²⁶: Stücks K C B R. — ²⁹: V. Akt. 9. Auftritt. S. 473.

Achter Brief.

Aber, werden Sie sagen, wozu diese ganze Untersuchung? Gleichviel, ob es unfreywilliger Zug des Herzens, Harmonie der Karaktere,
wechselseitige persönliche Nothwendigkeit für einander, oder von aussen
hinzugekommene Verhältniße und freye Wahl gewesen, was das Band
der Freundschaft zwischen diesen Beyden geknüpft hat — die Wirkungen
bleiben dieselben, und im Gange des Stückes selbst wird dadurch nichts
verändert. Wozu daher diese weit ausgeholte Mühe, den Leser aus
einem Irrthum zu reissen, der ihm vielleicht angenehmer als die Wahrheit ist? Wie würde es um den Reiz der meisten moralischen Erscheinungen stehen, wenn man jedesmal so weit in das Menschenherz hineinleuchten, und sie gleichsam werden sehen müßte? Genug
für uns, daß alles, was Marquis Posa liebt, in dem Prinzen versammelt ist, durch ihn repräsentirt wird, oder wenigstens durch
ihn allein zu erhalten steht, daß er dieses zufällige, bedingungsmäßige,
seinem Freund geliehene Interesse mit dem Wesen desselben zuletzt
unzertrennlich zusammenfaßt, und daß alles, was er für ihn empfindet,
sich in einer persönlichen Neigung äußert. Wir genießen dann die
reine Schönheit dieses Freundschaftgemähldes, als ein einfaches mora-
lisches Element, unbekümmert, in wie viele Theile es auch der Philosoph noch zergliedern mag.

Wie aber, wenn die Berichtigung dieses Unterschieds für das
ganze Stück wichtig wäre? — Wird nehmlich das letzte Ziel von Posa's
Bestrebungen über den Prinzen hinaus gerückt, ist ihm dieser nur
als Werkzeug in einem höhern Zwecke so wichtig, befriedigt er durch
seine Freundschaft für ihn einen andern Trieb, als nur diese Freundschaft, so kann dem Stücke selbst nicht wohl eine engere Grenze ge-
steckt seyn — so muß der letzte Endzweck des Stückes mit dem Zwecke
des Marquis wenigstens zusammenfallen. Das große Schicksal eines
ganzen Staats, das Glück des menschlichen Geschlechts auf viele
Generationen hinunter, worauf alle Bestrebungen des Marquis, wie

---

3: Charaktere A B b R C B M. — 7: Stück R C B M. — 11–12: jedesmal in die
innerste Tiefe des Menschenherzens hineinleuchten B b R C B M. — 15: bedingte,
B b R C B M. — Freund (Freunde R C) nur geliehene B b R C B M. — 20: viel M.
— 23: nämlich b R C B M. — 25: in A] zu B b R C B M. — 24: Stück R C B M.

wir gesehen haben, hinauslaufen, kann nicht wohl Episode ' zu
einer Handlung seyn, die den Ausgang einer Liebes=
geschichte zum Zweck hat. Haben wir einander also über Posa's
Freundschaft misverstanden, so fürchte ich, wir haben es auch über
den letzten Zweck der ganzen Tragödie. Lassen Sie mich sie Ihnen
aus diesem neuen Standpunkte zeigen, vielleicht, daß manche Miß=
verhältnisse, an denen Sie bisher Anstoß genommen, sich unter dieser
neuen Ansicht verlieren.

Und was wäre also die sogenannte Einheit des Stückes, wenn
es Liebe nicht seyn soll, und Freundschaft nie seyn konnte? Von
Jener handeln die drey ersten Akte, von dieser die zwey übrigen,
aber keine von beyden beschäftigt das Ganze. Die Freundschaft opfert
sich auf, und die Liebe wird aufgeopfert, aber weder diese noch jene
ist es, der dieses Opfer von der andern gebracht wird. Also muß
noch etwas Drittes vorhanden seyn, das verschieden ist von Freund=
schaft und Liebe, für welches beyde gewirkt haben, und welchem beyde
aufgeopfert worden — und wenn das Stück eine Einheit hat, wo
anders als in diesem Dritten könnte sie liegen?

Rufen Sie sich, lieber Freund, eine gewisse Unterredung zurücke,
die über einen Lieblingsgegenstand unsers Jahrzehends — Verbreitung
reinerer sanfterer Humanität, über die höchstmögliche Freyheit der
Individuen bey des Staats höchster Blüthe, kurz, über den schönen
Zustand der Menschheit, wie er in ihrer ' Natur und ihren Kräften
als erreichbar angegeben liegt — unter uns lebhaft wurde, und unsre
Phantasie in einen der lieblichen Träume entzückte, in denen das
Herz so angenehm schwelgt. Wir schlossen damals mit dem roman=
haften Wunsche, daß es dem Zufall, der wohl größere Wunder schon
gethan, in dem nächsten Julianischen Cyclus, gefallen möchte, unsre
Gedankenreihe, unsere Träume und Ueberzeugungen mit eben dieser
Lebendigkeit, und mit eben so gutem Willen befruchtet, in dem erst=
gebohrnen Sohn eines künftigen Beherrschers von — oder von
auf dieser oder der andern Hemisphäre wieder zu erwecken. Was bey

einem ernsthaften Gespräche bloßes Spielwerk war, dürfte sich, wie mir vorkam, bey einem Spielwerk zu der Würde des Ernstes und der Wahrheit erheben lassen. Was ist der Phantasie nicht möglich? Was ist einem Dichter nicht erlaubt? Unsere Unterredung war längst
5 vergessen, als ich unterdessen die Bekanntschaft des Prinzen von Spanien machte; und bald merkte ich diesem geistvollen Jüngling an, daß er wohl gar derjenige seyn dürfte, mit dem wir unsern Entwurf zur Ausführung bringen könnten. Gedacht, gethan! Alles fand ich mir, wie durch einen dienstbaren Geist, in die Hände gearbeitet; Frey=
10 heitssinn mit dem Despotismus im Kampfe, die Fesseln der Dummheit zerbrochen, tausendjährige Vorurtheile erschüttert, eine Nation die ihre Menschenrechte wieder fodert, republikanische Tugenden im Schwange hellere Begriffe im Umlauf, alle Köpfe in Gährung, alle Gemüther von einem begeisterten Interesse gehoben — und nun, um die glück=
15 liche Constellation zu vollenden, eine schön organisierte Jünglingsseele am Thron, in einsamer unangefochtener Blüthe unter Druck und Leiden hervorgegangen. Unglücklich — so machten wir aus — müßte der Königssohn seyn, an dem wir unser Ideal in Erfüllung bringen wollten.
20 Seyn Sie
ein Mensch auf König Philipps Thron! Sie haben
auch Leiden kennen lernen —

Aus dem Schooße der Sinnlichkeit und des Glücks durfte er nicht genommen werden; die Kunst durfte noch nicht Hand an seine
25 Bildung gelegt, die damalige Welt ihm ihren Stempel noch nicht aufgedrückt haben. Aber wie sollte ein königlicher Prinz aus dem sechszehnten Jahrhundert — Philipp des zweyten Sohn — ein Zög= ling des Mönchvolks, dessen kaum aufwachende Vernunft von so strengen und so scharfsichtigen Hütern bewacht wird, zu dieser liberalen
30 Philosophie gelangen? Sehen Sie, auch dafür war gesorgt. Das Schicksal schenkte ihm einen Freund — einen Freund in den entschei=

2: einem solchen B b R C B R. — Spielwerk, als die Tragödie ist, zu B b R C B R. — 9: Geist, dabey in B b R C B R. — 10: dem] fehlt R. — 12: fodert R C B R. — im Schwange A] in Ausübung gebracht, B b R C B R. — 13: alle Köpfe A] die Köpfe B b R C B R. — alle Gemüther A] die Gemüther B b R C B R. — 20: V. Akt. 7. Auftr. S. 461, Worte Lermas an Karlos. — 27: sechszehnten C B R. — Philipps R C B R. — 28: Mönchvolks R C B. — 29: scharfsichtigen A.

denden Jahren, wo des Geistes Blume sich entfaltet, Ideale empfangen werden, und die moralische Empfindung sich läutert — einen geist=
reichen gefühlvollen Jüngling, über dessen Bildung selbst, was hindert mich dieses anzunehmen? ein günstiger Stern' gewacht, ungewöhnliche Glücksfälle sich ins Mittel geschlagen, und den irgend ein verborgener Weiser seines Jahrhunderts diesem schönen Geschäfte zugebildet hat. Eine Geburt der Freundschaft also ist diese heitre menschliche Philo=
sophie, die der Prinz auf dem Throne in Ausübung bringen will. Sie kleidet sich in alle Reize der Jugend, in die ganze Anmuth der Dichtung; mit Licht und Wärme wird sie in seinem Herzen nieder=
gelegt, sie ist die erste Blüthe seines Wesens, sie ist seine erste Liebe. Dem Marquis liegt äußerst viel daran, ihr diese jugendliche Lebendig=
keit zu erhalten, sie als einen Gegenstand der Leidenschaft bey ihm fortdauren zu lassen, weil nur Leidenschaft allein ihn über die Schwierig=
keiten hinwegsetzen kann, die sich ihrer Ausübung entgegen setzen werden. Sagen Sie ihm, trägt er der Königinn auf:

> daß er für die Träume seiner Jugend
> soll Achtung tragen, wenn er Mann seyn wird,
> nicht öfnen soll dem tödtenden Insekte
> gerühmter beßerer Vernunft das Herz
> der zarten Götterblume; daß er nicht
> soll irre werden, wenn des Staubes Weisheit
> Begeisterung, die Himmelstochter, lästert.
> Ich hab es ihm zuvor gesagt —

Unter beyden Freunden bildet sich also ein enthusiastischer Ent=
wurf, den glücklichsten Zustand hervorzubringen, der der menschlichen Gesellschaft erreichbar' ist, und von diesem enthusiastischen Entwurfe, wie er nehmlich im Conflikt mit der Leidenschaft erscheint, handelt das gegenwärtige Drama. Die Rede war also davon, einen Fürsten aufzustellen, der das höchste mögliche Ideal bürgerlicher Glückseligkeit für sein Zeitalter dereinst wirklich machen sollte — nicht diesen Fürsten erst zu diesem Zwecke zu erziehen; denn dieses mußte längst vorher gegangen seyn, und konnte

auch nicht wohl zum Gegenstand eines solchen Kunstwerks gemacht werden; noch weniger ihn zu diesem Werke wirklich Hand anlegen zu lassen, denn wie sehr würde dieses die engen Gränzen überschritten haben, in die ich eingeschränkt war? — Die Rede war davon, diesen
5 Fürsten nur zu zeigen, den Gemüthszustand in ihm herrschend zu machen, der einer solchen Wirkung zum Grunde liegen muß, und ihre subjective Möglichkeit auf einen hohen Grad der Wahrscheinlichkeit zu erheben, unbekümmert ob Glück und Zufall sie wirklich machen wollen?

Neunter Brief.

10 Ich will mich über das vorige näher erklären.

Der Jüngling nehmlich, zu dem wir uns dieser außerordentlichen Wirkung, versehen sollen, mußte zuvor Begierden übermeistert haben, die einem solchen Unternehmen gefährlich werden können; gleich jenem Römer mußte er seine Hand über Flammen halten, um uns zu
15 überführen, daß er Manns genug sey über den Schmerz zu siegen; 215 er mußte durch das Feuer einer fürchterlichen Prüfung gehen, und in diesem Feuer sich bewähren. Dann nur, wenn wir ihn glücklich mit einem innerlichen Feind haben ringen sehen, können wir ihm den Sieg über die äußerlichen Hindernisse zusagen, die sich ihm auf
20 der kühnen Reformantenbahn entgegen werfen werden; dann nur, wenn wir ihn in den Jahren der Sinnlichkeit, bey dem heftigen Blut der Jugend, der Versuchung haben Trotz bieten sehen, können wir ganz sicher seyn, daß sie dem reifen Manne nicht gefährlich mehr seyn wird. Und welche Leidenschaft konnte mir diese Wirkung in größerem
25 Maße leisten, als die mächtigste von allen, die Liebe?

Alle Leidenschaften, von denen für den großen Zweck, wozu ich ihn aufspare, zu fürchten seyn könnte, diese einzige ausgenommen, sind aus seinem Herzen hinweggeräumt, oder haben nie darin gewohnt. An einem verderbten sittenlosen Hofe hat er die Reinigkeit der ersten
30 Unschuld erhalten; nicht seine Liebe, auch nicht Anstrengung durch

3: Gränzen eines Trauerspiels überschritten B b K C B M. — 4: in die ... war] fehlt B b K C B M. — 8: wollen b C B M. — 11: nemlich B, nämlich b K C B M. — 18: Feinde K C B M. — 20: Reformantenbahn b. — 21: Blute K C B M. — 27: aufsparte B b K C B M. —

Grundsätze, ganz allein sein moralischer Instinkt hat ihn vor dieser Befleckung bewahrt.

> Der Wollust Pfeil zerbrach an dieser Brust 246
> lang ehe noch Elisabeth hier herrschte.

Der Prinzessin von Eboli gegen über, die sich aus Leidenschaft und Plan so oft gegen ihn vergißt, zeigt er eine Unschuld, die der **Einfalt** sehr nahe kommt; wie viele, die diese Scene lesen, würden die Prinzessin weit schneller verstanden haben. Meine Absicht war, in seine Natur eine Reinigkeit zu legen, der keine Verführung etwas anhaben kann. Der Kuß, den er der Prinzeßinn giebt, war, wie er selbst sagt, der erste seines Lebens, und dieß war doch gewiß ein sehr tugendhafter Kuß! Aber auch über eine **feinere** Verführung sollte man ihn erhaben sehen; daher die ganze Episode der Prinzessin von Eboli, deren buhlerische Künste an seiner besseren Liebe scheitern. Mit dieser Liebe allein hätte er es also zu thun, und **ganz** wird ihn die Tugend haben, wenn es ihm gelungen seyn wird, auch noch diese Liebe zu besiegen; und davon handelt nun das Stück. Sie begreifen nun auch, warum der Prinz gerade so und nicht anders gezeichnet worden; warum ich es zugelassen habe, daß die edle Schönheit dieses Charakters durch so viel Heftigkeit, so viel unstäte Hitze, wie ein klares Wasser durch Wallungen getrübt wird. Ein weiches wohlwollendes Herz, Enthusiasmus für das Große und Schöne, Delikatesse, Muth, Standhaftigkeit, uneigennützige Großmuth, sollte er besitzen, schöne und helle Blicke des Geistes sollte er zeigen, aber **weise** sollte er nicht seyn. Der künftige große Mann sollte in ihm schlummern, aber ein feuriges Blut sollte ihm jetzt noch nicht erlauben, es wirklich zu seyn. Alles, was den treflichen Regenten macht, alles, 247 was die Erwartungen seines Freundes und die Hofnungen einer Welt rechtfertigen kann, alles was sich vereinigen muß, sein vorgesetztes Ideal von einem künftigen Staat auszuführen, sollte sich in diesem Charakter beysammen finden: aber entwickelt sollte es noch nicht seyn, noch nicht von Leidenschaft geschieden, noch nicht zu reinem Golde geläutert. Darauf kam es ja eigentlich erst an, ihn dieser Voll-

---

3: 1. Akt. 9. Auftr. S. 76. — 2): Karakters b. — 29: einer auf ihn harrenden Welt B b R O B M. — 30: Staate K O N. — 31: Karakter A B b N u. f. f.

kommenheit näher zu bringen, die ihm jetzt noch mangelt; ein mehr
vollendeter Charakter des Prinzen hätte mich des ganzen Stücks über=
hoben. Eben so begreifen Sie nunmehr, warum es nöthig war, den
Charakteren Philipps und seiner Geistesverwandten einen so großen
5 Spielraum zu geben — ein nicht zu entschuldigender Fehler, wenn
diese Charaktere weiter nichts als die Maschinen hätten seyn sollen,
eine Liebesgeschichte zu verwickeln und aufzulösen — und warum
überhaupt dem geistlichen politischen und häuslichen Despo=
tismus ein so weites Feld gelassen worden. Da aber mein eigent=
10 licher Vorwurf war, den künftigen Schöpfer des Menschenglücks
aus dem Stücke gleichsam hervorgehen zu lassen: so war es sehr
an seinem Orte, den Schöpfer des Elends neben ihm aufzuführen,
und durch ein vollständiges schauderhaftes Gemählde des Despotismus
sein reitzendes Gegentheil destomehr zu erheben. Wir sehen den
15 Despoten auf seinem traurigen Thron, sehen ihn mitten unter seinen
Schätzen darben, wir erfahren aus seinem Munde, daß er unter
allen seinen Millionen allein ist, daß die Furien des Argwohns
seinen Schlaf anfallen, daß ihm seine Kreaturen geschmolzenes Gold
statt eines Labetrunks böten; wir folgen ihm in sein einsames Ge=
20 mach, sehen da den Beherrscher einer halben Welt um ein — mensch=
liches Wesen bitten, und ihn dann wenn das Schicksal ihm diesen
Wunsch gewährt hat, gleich einem Rasenden, selbst das Geschenk zer=
stören, dessen er nicht mehr würdig war. Wir sehen ihn unwissend
den niedrigsten Leidenschaften seiner Sclaven dienen; sind Augenzeugen,
25 wie sie die Seile drehen, woran sie den, der sich einbildet der all=
einige Herr seiner Thaten zu seyn, einem Knaben gleich lenken. Ihn,
vor welchem man in fernen Welttheilen zittert, sehen wir vor einem
herrischen Priester eine erniedrigende Rechenschaft ablegen, und eine
leichte Uebertretung mit einer schimpflichen Züchtigung büßen. Wir
30 sehen ihn gegen Natur und Menschheit ankämpfen, die er nicht ganz
besiegen kann, zu stolz ihre Macht zu erkennen, zu ohnmächtig sich
ihr zu entziehen; von allen ihren Genüßen geflohen, aber von ihren
Schwächen und Schrecknissen verfolgt; herausgetreten aus seiner Gat=
tung um als ein Mittelding von Geschöpf und Schöpfer — unser

3: begreiffen A. — 15: Throne K L. — 26: Herr A] Urheber B b K O B M.

Mitleiden zu erregen. Wir verachten diese Größe, aber wir trauern
über seinen Misverstand, weil wir auch selbst aus dieser Verzerrung
noch Züge von Menschheit herauslesen, die ' ihn zu einem der unsrigen
machen. Jemehr uns aber dieses schreckhafte Gemählde zurückstößt,
5 desto stärker werden wir von dem Bilde sanfter Humanität angezogen,
die sich in Karlos, in seines Freundes, und in der Königinn Gestalt
vor unsern Augen verkläret.

Und nun, lieber Freund, übersehen Sie das Stück aus diesem
neuen Standort noch einmal. Was Sie für Ueberladung gehalten,
10 wird es jetzt vielleicht weniger seyn; in der **Einheit**, worüber wir
uns jetzt verständigt haben, werden sich alle einzelnen Bestandtheile
desselben auflösen lassen. Ich könnte den angefangenen Faden noch
weiter fortführen, aber es sey mir genug, Ihnen durch einige Winke
angedeutet zu haben, worüber in dem Stücke selbst die beste Auskunft
15 enthalten ist. Es ist möglich, daß die Hauptidee des Stückes heraus=
zufinden mehr ruhiges Nachdenken erfordert wird, als sich mit der
Eilfertigkeit verträgt, womit man gewohnt ist dergleichen Schriften zu
durchlaufen; aber der Zweck, worauf der Künstler gearbeitet hat, muß
sich ja am Ende des Kunstwerks erfüllt zeigen. Womit die Tragödie
20 beschlossen wird, damit muß sie sich beschäftigt haben, und nun höre
man, wie Karlos von uns und seiner Königinn scheidet.

— Ich habe
in einem langen schweren Traum gelegen.
Ich liebte — jetzt bin ich erwacht. Vergessen
25 sey das Vergangene. Endlich sey ich ein, es giebt
ein höher wünschenswerther Gut, als dich
besitzen — Hier sind Ihre Briefe
zurück. Vernichten Sie die Meinen. Fürchten
Sie keine Wallung mehr von mir. Es ist
30 vorbey. Ein reines Feuer hat mein Wesen
geläutert — Einen Leichenstein will ich
ihm setzen, wie noch keinem Könige zu Theil
geworden — Ueber seiner Asche blühe
ein Paradies!

4: machen, weil er auch bloß durch die übrig gebliebenen Reste der Menschheit
elend ist. B b L C B R. — 7: verklärt. B b L C B R. — 9: Standorte L C B R.
— 15: daß, um die B b L C B R. — Stücks K. R. — 22: V. Akt. Letzter Auf=
tritt. Ich habe ... Vergangene. S. 499. — 25–27: Endlich ... besitzen S. 500.
— 31: Einen Leichenstein ... Todes. S. 497 f. — 32: König b. — 33: seine b.

Königin
— — So hab' ich Sie gewollt!
Das war die große Meinung seines Todes.

Zehnter Brief.

Ich bin weder J— noch M—, aber wenn beyde Verbrüderungen einen moralischen Zweck mit einander gemein haben, und wenn dieser Zweck für die menschliche Gesellschaft der wichtigste ist, so muß er mit demjenigen, den Marquis Posa sich vorsetzte, sehr nahe verwandt seyn. Was jene durch eine geheime Verbindung mehrerer durch die Welt zerstreuter thätiger Glieder zu bewirken suchen, will der Letztere, vollständiger und kürzer, durch ein einziges Subjekt ausführen: einen Fürsten nehmlich, der Anwartschaft hat, den größten Thron der Welt zu besteigen, und durch diesen erhabenen Standpunkt zu einem solchen Werke fähig gemacht wird. In diesem einzigen Subjekte macht er die Ideenreiche Empfindungsart herrschend, woraus jene wohlthätige Wirkung als eine nothwendige Folge fließen muß. Vielen dürfte dieser Gegenstand für die dramatische Behandlung zu abstrakt und zu ernsthaft scheinen, und wenn sie sich auf nichts als das Gemählde einer Leidenschaft gefaßt gemacht haben, so hätte ich freilich ihre Erwartung getäuscht; aber es schien mir eines Versuchs nicht ganz unwerth „Wahrheiten, die jedem, der es gut mit seiner Gattung meynt, die „heiligsten seyn müssen, und die bis jetzt nur das Eigenthum der „Lehrbücher waren, in das Gebiet der schönen Künste herüber zu ziehen, „mit Licht und Wärme zu beseelen, und, als lebendig wirkende Motive, in das Menschenherz gepflanzt, in einem kraftvollen Kampfe „mit der Leidenschaft zu zeigen." Hat sich der Genius der Tragödie für diese Grenzenverletzung an mir gerochen, so sind deswegen einige nicht ganz unwichtige Ideen, die hier niedergelegt sind, für — den redlichen Finder nicht verloren, den es vielleicht nicht unangenehm überraschen wird, Bemerkungen, deren er sich aus seinem Montesquieu erinnert, in einem Trauerspiel angewandt und bestätigt zu sehen.

5: Illuminat noch Maurer B b K O B M. — 8: denjenigen A. — wenigstens sehr B b K O B M. — verwand A. — 11: durch einen B K O B M. — 12: nemlich B, nämlich b K O B M. — Anwartschaft A. — 15: Ideenreiche Empfindungsart A] Ideenreiche und Empfindungsart B b K O B M. — 19: Erwartungen b. — 20: Versuches B M. — 23: Lehrbücher A] Wissenschaften B b K O B M. — 31: Trauerspiele K O B M.

Eilfter Brief.

Ehe ich mich auf immer von unserm Freunde Posa verabschiede, noch ein paar Worte über sein räthsel'haftes Benehmen gegen den Prinzen, und über seinen Tod.

Viele nehmlich haben ihm vorgeworfen, daß er, der von der Freyheit so hohe Begriffe hegt, und sie unaufhörlich im Munde führt, sich doch selbst einer despotischen Willkühr über seinen Freund anmaße, daß er ihn blind, wie einen Unmündigen leite, und ihn eben dadurch an den Rand des Untergangs führe. Womit, sagen Sie, läßt es sich entschuldigen; daß Marquis Posa, anstatt dem Prinzen gerade heraus das Verhältniß zu entdecken, worinn er jetzt mit dem Könige steht, anstatt sich auf eine vernünftige Art mit ihm über die nöthigen Maasregeln zu bereden, und, indem er ihn zum Mitwisser seines Planes macht, auf einmal allen Uebereilungen vorzubeugen, wozu Unwissenheit, Mistrauen, Furcht und unbesonnene Hitze den Prinzen sonst hinreissen könnten, und auch wirklich nachher hingerissen haben, daß er, anstatt diesen so unschuldigen so natürlichen Weg einzuschlagen, lieber das äußerste Gefahr läuft, lieber diese so leicht zu verhütenden Folgen erwartet, und sie alsdann, wenn sie wirklich eingetroffen, durch ein Mittel zu verbessern sucht, das eben so unglücklich ausschlagen kann, als es brutal und unnatürlich ist, nehmlich durch die Verhaftnehmung des Prinzen? Er kannte das lenksame Herz seines Freundes. Noch kürzlich ließ ihn der Dichter eine Probe der Gewalt ablegen, mit der er ' solches beherrschte. Zwey Worte hätten ihm diesen widrigen Behelf erspart. Warum nimmt er seine Zuflucht zur Intrigue, wo er durch ein gerades Verfahren ungleich schneller und ungleich sicherer zum Ziele würde gekommen seyn?

---

⁵: nemlich B, nämlich b R C B M. — ¹¹: worin b R C B M. — ¹⁸: das äußerste A] die äußerste B b R C B M. [Wir würden heute schreiben: das Aeußerste; Schiller verbindet „Gefahr laufen" häufig mit dem Accusativ, was in spätern Ausgaben geändert ist: doch wollten sie lieber die Ungnade ihres Herrn Gefahr laufen. Abf. d. Niederl. 1788, 320 (wo später gelesen wird: doch wollten sie lieber in die Ungnade ihres Herrn zu fallen Gefahr laufen); der Monarch, weit davon entfernt, eine Zusammenrottung der Nazion Gefahr zu laufen. Das. 543 (wo L geändert hat: durch eine Zusammenrottung der Nation Gefahr zu laufen). Diese Stellen hat J. Meyer gesammelt, aber die alte Lesart nicht aufzunehmen gewagt.]

Weil dieses gewaltthätige und fehlerhafte Betragen des Mal=
thesers alle nachfolgende Situationen und vorzüglich seine Aufopferung
herbeygeführt hat, so setzte man, ein wenig rasch, voraus, daß sich
der Dichter von diesem unbedeutenden Gewinn habe hinreißen lassen,
der inneren Wahrheit dieses Charakters Gewalt anzuthun, und den
natürlichen Lauf der Handlung zu verlenken. Da dieses allerdings
der bequemste und kürzeste Weg war, sich in dieses seltsame Betragen
des Malthesers zu finden, so suchte man in dem ganzen Zusammen=
hang dieses Charakters keinen nähern Aufschluß mehr; denn das
wäre zuviel von einem Kritiker verlangt, mit seinem Urtheil bloß
darum zurückzuhalten, weil der Schriftsteller übel dabey fährt. Aber
einiges Recht glaubte ich mir doch auf diese Billigkeit erworben zu
haben, weil in dem Stücke mehr als einmal die glänzendere
Situation der Wahrheit nachgesetzt worden ist.

Unstreitig! Der Charakter des Marquis von Posa hätte an Schön=
heit und Reinigkeit gewonnen, wenn er durchaus gerader gehandelt
hätte, und über die unedeln Hülfsmittel der Intrigue immer erhaben
geblieben wäre. Auch gestehe ich, dieser Charakter gieng mir nahe,
aber, was ich für Wahrheit hielt, gieng mir näher. Ich halte für
Wahrheit, „daß Liebe zu einem wirklichen Gegenstande und
„Liebe zum Schönhandeln sich in ihren Wirkungen eben so ungleich
„seyn müssen, als sie in ihrem Wesen von einander verschieden sind
„— daß der uneigennützigste, reinste und edelste Mensch aus enthu=
„siastischer Anhänglichkeit an seine Vorstellung von Tugend und
„hervorzubringendem Glück sehr oft ausgesetzt ist, eben so willkührlich
„mit den Individuen zu schalten, als nur immer der selbstsüchtigste
„Despot, weil der Gegenstand von beyder Bestrebungen in ihnen,
„nicht außer ihnen wohnt, und weil Jener, der seine Handlungen
„nach einem innern Geistesbilde modelt, mit der Freyheit anderer
„beynahe eben so im Streit liegt, als dieser, dessen letztes Ziel sein
„eigenes Ich ist." Eben weil Jener die Handlung in steter Hinsicht

2: nachfolgenden M. — 5: innern M. — 8—9: Zusammenhange K O B.
10: Urtheile K M. — 15: Unstreitig! der B b K O B. Unstreitig, der M. — 17: Hilfsmittel M. — 19: ging A K O B M. — 21: zum Schönhandeln A] zu einem Ideal B b M,
zu einem Ideale K O B. — 25: Glück K O B M. — 30: Streite K O B M. —
31: Eben . . 71,6: Karlos A] Wahre Größe des Gemüths führt oft nicht weniger zu
Verletzung fremder Freyheit, als der Egoismus und die Herrschsucht, weil sie um

auf ein unendliches Ganze thut, verschwindet nur allzuleicht das
kleinere Interesse des Individuums in diesem weiten Prospekte. Große
Menschen handeln schön, um der moralischen Schönheit willen; gute
Menschen handeln schön, um des Gegenstandes willen.   Aus jenen
5 wollen wir uns Gesetzgeber, Richter, Könige wählen — aber nur aus
diesen unsern Freund. Karlos hat Ursache gefunden, es zu bereuen,
daß er diesen Unterschied außer Acht ließ, und einen großen Mann
zu seinem Busenfreund machte.

    Was geht die Königinn dich an? Liebst du 255
10   die Königinn? Soll deine strenge Tugend
  die kleinen Sorgen meiner Liebe fragen?
  — — — Ach hier ist nichts verdammlich
  nichts, nichts, als meine rasende Verblendung,
  bis diesen Tag nicht eingesehn zu haben,
15   daß du so — groß als zärtlich bist.

  Geräuschlos, ohne Gehülfen, in stiller Größe zu wirken, ist des
Marquis Schwärmerey. Still, wie die Vorsicht für einen Schlafenden
sorgt, will er seines Freundes Schicksal auflösen, er will ihn retten,
wie ein Gott — und eben dadurch richtet er ihn zu Grunde. Daß
20 er zu sehr nach seinem Ideal von Tugend in die Höhe, und zu wenig
auf seinen Freund herunter blickte, wurde beyder Verderben. Karlos
verunglückte, weil sein Freund sich nicht begnügte, ihn auf eine ge=
meine Art zu erlösen.

  Und hier, däucht mir, treffe ich mit einer nicht unmerkwürdigen
25 Erfahrung aus der moralischen Welt zusammen, die keinem, der sich
nur einigermaßen Zeit genommen hat, um sich herumzuschauen, oder
dem Gange seiner eigenen Empfindungen zuzusehen, ganz fremde seyn
kann.   Es ist diese: daß die moralischen Motive, welche von einem

der Handlung, nicht um des Subjekts willen handelt. Eben weil sie in steter
(später BM) Hinsicht auf das Ganze wirkt, verschwindet nur allzuleicht das kleinere
Interesse des Individuums in diesem weiten Prospekte. Die Tugend handelt groß,
um des Gesetzes willen; die Schwärmerey um ihres Ideales willen; die Liebe um
des Gegenstandes willen. Aus der ersten Klasse wollen wir uns Gesetzgeber, Richter,
Könige, aus der zweyten Helden, aber nur aus der dritten unsern Freund
erwählen. Diese erste verehren, die zwote (zweyte b, zweite K O B M) bewun=
dern, die dritte lieben wir. Karlos B b K O B M.

8: Busenfreunde K O B M. — 9: V. Akt. 1. Auftr. S. 422, hier in umgekehrter
Folge. — 16: Gehilfen M. — 21: seinem A. — 25: keinen A B b. — 27: fremd B b K O B M.

zu erreichenden Ideale von Vortrefflichkeit hergenommen
sind, nicht natürlich im Menschenherzen liegen, und eben darum, weil
sie erst durch Kunst in dasselbe hineingebracht worden, nicht immer
wohlthätig wirken, gar oft aber durch einen sehr menschlichen Uebergang, einem schädlichen Misbrauch ausgesetzt sind. Der Mensch scheint
mir mehr dazu organisirt und bestimmt zu seyn, durch augenblickliche und einfache Empfindnisse als durch zusammengesetzte Vernunftideen bey seinem moralischem Wahlgeschäfte gelenkt zu werden,
und in dividuelle Motive sich weit mehr als universelle und
allgemeine mit seinem Wesen zu vertragen. Schon allein dieses, daß
jedes solche moralische Ideal oder Kunstgebäude doch nie mehr ist als
eine Idee, die, gleich allen andern Ideen, an dem eingeschränkten
Gesichtspunkt des Individuums Theil nimmt, dem sie angehört, und
in ihrer Anwendung also auch der Allgemeinheit nicht fähig seyn kann,
in welcher der Mensch sie zu gebrauchen pflegt, schon dieses allein
sage ich, müßte sie zu einem äußerst gefährlichen Instrument in seinen
Händen machen: aber noch weit gefährlicher wird sie durch die Verbindung, in die sie nur allzu schnell mit gewissen Leidenschaften tritt,
die sich mehr oder weniger in allen Menschenherzen finden; Herrschsucht meyne ich, Eigendünkel und Stolz, die sie augenblicklich ergreifen,
und sich unzertrennbar mit ihr vermengen. Nennen Sie mir, lieber
Freund — um aus unzähligen Beyspielen nur eines auszuwählen —
nennen Sie mir den Ordensstifter, oder auch die Ordensverbrüderung
selbst, die sich — bey den reinsten Zwecken und bey den edelsten
Trieben — von Willkührlichkeit in der Anwendung, von Gewalt-
thätigkeit gegen fremde Freyheit, von dem Geiste der Heimlichkeit und der Herrschsucht immer rein erhalten hätte? Die bey
Durchsetzung eines, von jeder unreinen Beymischung auch noch so
freyen moralischen Zwecks, in so fern sie sich nehmlich diesen Zweck
als etwas für sich bestehendes denken und ihn in der Lauterkeit erreichen wollten, wie er sich ihrer Vernunft dargestellt hatte, nicht
unvermerkt wären fortgerissen worden, sich an fremder Freyheit zu

---

¹: Der Mensch .. ¹⁰: vertragen. A] Durch praktische Gesetze, nicht durch gekünstelte
Geburten der theoretischen Vernunft soll der Mensch bey seinem moralischen Handeln
geleitet werden. B b K C B R. — ⁸: Wohlgeschäfte K. — ¹³: Gesichtspunkte K C P.
— ¹⁶: Instrumente K C P. — ⁷²: eins P b K O P W.

vergreifen, die Achtung gegen anderer Rechte, die ihnen sonst immer die heiligsten waren, hintanzusetzen, und nicht selten einen will=
kührlichen Despotismus zu üben, ohne den Zweck selbst umgetauscht, ohne in ihren Motiven ein Verderbniß erlitten zu haben. Ich erkläre
5 mir diese Erscheinung aus dem Bedürfniß der beschränkten Vernunft, sich ihren Weg abzukürzen, ihr Geschäft zu vereinfachen, und Indivi=
bualitäten, die sie zerstreuen und verwirren in Allgemeinheiten zu verwandeln; aus der allgemeinen Hinneigung unsers Gemüths zur
Herrschbegierde, oder dem Bestreben, alles wegzudrängen, was das
10 Spiel unsrer Kräfte hindert. Ich wählte deswegen einen ganz wohl=
wollenden, ganz über jede selbstsüchtige Begierde erhabenen Charakter, ich gab ihm die höchste Achtung für anderer Rechte, ich gab ihm die
Hervorbringung eines allgemeinen Freyheitsgenusses sogar zum Zwecke, und ich glaube mich auf keinem Widerspruch mit der allge=
15 meinen Erfahrung zu befinden, wenn ich ihn, selbst auf dem Wege
dahin, in Despotismus verirren ließ. Es lag in meinem Plan, daß er sich in dieser Schlinge verstricken sollte, die allen gelegt ist,
die sich auf einerley Wege mit ihm befinden. Wie viel hätte mir es auch gekostet, ihn wohlbehalten davon vorbey zu bringen, und dem
20 Leser, der ihn lieb gewann, den unvermischten Genuß aller übrigen
Schönheiten seines Charakters zu geben, wenn ich es nicht für einen ungleich größern Gewinn gehalten hätte, der menschlichen Natur zur
Seite zu bleiben, und eine nie genug zu beherzigende Erfahrung durch sein Beyspiel zu bestätigen. Diese meyne ich, daß man sich in mora=
25 lischen Dingen nicht ohne Gefahr von den Individuen entfernt, um
sich zu allgemeinen Abstractionen zu erheben, daß sich der Mensch weit sicherer den Eingebungen seines Herzens oder dem schnell gegen=
wärtigen und individuellen Gefühle von Recht und Unrecht vertraut, als der gefährlichen Leitung universeller Vernunftideen, die er sich
30 künstlich erschaffen hat — denn nichts führt zum Guten was nicht
natürlich ist.

¹: vergreifen A. — Anderer B b K L B M. — 2—3: einen willkührlichen A] den willkührlichsten B b K L B M. — ⁵: Bedürfnisse K L B. — ¹²: Anderer A B b K
L B M. — ¹⁴: Widerspruche K L B M. — ¹⁶: Plane K L B M. — ¹⁹: davon
A B b K L] daran B M. — ²⁵: den Individuen A] dem natürlichen praktischen
Gefühl B b (Gefühle K L V) M.

Zwölfter Brief.

Es ist nur noch übrig, ein paar Worte über seine Aufopferung zu sagen.

Man hat es nehmlich getadelt, daß er sich muthwillig in einen gewaltsamen Tod stürze, den er hätte vermeiden können. Alles, sagt man, war ja noch nicht verloren. Warum hätte er nicht eben so gut fliehen können, als sein Freund? War er schärfer bewacht als dieser? Machte es ihm nicht selbst seine Freundschaft für Karlos zur Pflicht, sich diesem zu erhalten? und konnte er ihm mit seinem Leben nicht weit mehr nützen, als wahrscheinlicher weise mit seinem Tode, selbst wenn alles seinem Plane gemäß eingetroffen wäre? Konnte er nicht — freylich! Was hätte der ruhige Zuschauer nicht gekonnt, und wie viel weiser und klüger würde dieser mit seinem Leben gewirthschaftet haben! Schade nur, daß sich der Marquis weder dieser glücklichen Kaltblütigkeit, noch der Muße zu erfreuen hatte, die zu einer so vernünftigen Berechnung nothwendig war. Aber, wird man sagen, das gezwungene Mittel, zu welchem er seine Zuflucht nimmt, um zu sterben, konnte sich ihm doch unmöglich aus freyer Hand und im ersten Augenblicke anbieten, warum hätte er das Nachdenken und die Zeit, die es ihm kostete, nicht eben so gut anwenden können, einen vernünftigen Rettungsplan auszudenken, oder lieber gleich denjenigen zu ergreifen, der ihm so nahe lag, der auch dem kurzsichtigsten Leser sogleich ins Auge springt? Wenn er nicht sterben wollte um gestorben zu seyn, oder (wie einer meiner Recensenten sich ausdrückt) wenn er nicht des Märtyrthums wegen sterben wollte, so ist es kaum zu begreifen, wie sich ihm die so gesuchten Mittel zum Untergang früher, als die weit natürlichern Mittel zur Rettung haben darbieten können. Es ist viel Schein in diesem Vorwurf, und um so mehr ist es der Mühe werth ihn auseinander zu setzen.

Die Auflösung ist diese:

Erstlich gründet sich dieser Einwurf auf die falsche, und durch das vorhergehende genugsam widerlegte, Voraussetzung, daß der Mar-

---

4: nemlich B, nämlich b K O B M. — 17: daß M. — gezwungene und sogar spitzfindige B b K O B, oder sogar spitzfindige M. — 26: Untergange K C B M. — 27: natürlichen A. — 28: Vorwurfe K C B M.

quis nur für seinen Freund sterbe, welches nicht wohl mehr statt haben kann, nachdem bewiesen worden, daß er nicht für ihn gelebt, und daß es mit dieser Freundschaft eine ganz andre Bewandtniß habe. Er kann also nicht wohl sterben um den Prinzen zu retten; dazu dürften sich auch ihm selbst vermuthlich noch andre, und weniger gewaltthätige Auswege gezeigt haben als der Tod — „er stirbt, um „für sein — in des Prinzen Seele niedergelegtes — Ideal alles zu „thun und zu geben, was ein Mensch für etwas thun und geben „kann, das ihm das Theuerste ist; um ihm auf die nachdrücklichste „Art, die er in seiner Gewalt hat, zu zeigen, wie sehr er an die „Wahrheit und Schönheit dieses Entwurfes glaube, und wie wichtig „ihm die Erfüllung desselben sey;" er stirbt dafür, warum mehrere große Menschen für Wahrheiten starben, die sie von Vielen befolgt und beherzigt haben wollten: um durch sein Beyspiel darzuthun, wie sehr sie es werth sey daß man alles für sie leide. Als der Gesetzgeber von Sparta sein Werk vollendet sah und das Orakel zu Delphi den Ausspruch gethan hatte, die Republik würde blühen und dauern so lange sie Lykurgus Gesetze ehrte, rief er das Volk von Sparta zusammen und foderte einen Eyd von ihm, die neue Verfassung so lange wenigstens unangefochten zu lassen, bis er von einer Reise, die er eben vorhabe, würde zurückgekehrt seyn. Als ihm dieses durch einen feyerlichen Eydschwur angelobt worden, verließ Lykurgus das Gebiet von Sparta, hörte von diesem Augenblick an auf Speise zu nehmen, und die Republik harrte seiner Rückkehr vergebens. Vor seinem Tode verordnete er noch ausdrücklich, seine Asche selbst in das Meer zu streuen, damit auch kein Atome seines Wesens nach Sparta zurückkehren, und seine Mitbürger auch nur mit einem Schein von Recht ihres Eydes entbinden möchte. Konnte Lykurgus im Ernste geglaubt haben, das Lacedämonische Volk durch diese Spitzfindigkeit zu binden, und seine Staatsverfassung durch ein solches Spielwerk zu sichern? Ist es auch nur denkbar, daß ein so weiser Mann für einen so romanhaften Einfall ein Leben sollte hingegeben haben, das seinem

Vaterlande so wichtig war? Aber sehr denkbar und seiner würdig scheint es mir, daß er es hingab, um durch das Große und Ausserordentliche dieses Todes einen unauslöschlichen Eindruck Seiner selbst in das Herz seiner Spartaner zu graben, und eine höhere Ehrwürdigkeit über das Werk auszugießen, indem er den Schöpfer desselben zu einem Gegenstand der Rührung und Bewunderung machte.

Zweytens kommt es hier, wie man leicht einsieht, nicht darauf an, wie nothwendig, wie natürlich und wie nützlich diese Auskunft in der That war, sondern wie sie demjenigen vorkam, der sie zu ergreifen hatte, und wie leicht oder schwer er darauf verfiel. Es ist also weit weniger die Lage der Dinge, als die Gemüthsverfassung Dessen, auf den diese Dinge wirken, was hier in Betrachtung kommen muß. Sind die Ideen, welche den Marquis zu diesem Heldenentschluß führen, ihm geläufig, und bieten sie sich ihm leicht und mit Lebhaftigkeit dar, so ist der Entschluß auch weder gesucht noch gezwungen; sind diese Ideen in seiner Seele gar die vordringenden und herrschenden, und stehen diejenigen dagegen im Schatten, die ihn auf einen gelindern Ausweg führen könnten, so ist der Entschluß, den er faßt, nothwendig; haben diejenigen Empfindungen, welche diesen Entschluß bey jedem andern bekämpfen würden, wenig Macht über ihn, so kann ihm auch die Ausführung desselben so gar viel nicht kosten. Und dieß ist es, was wir nun untersuchen müssen.

Zuerst: Unter welchen Umständen schreitet er zu diesem Entschluß? — In der drangvollsten Lage, worin je ein Mensch sich befunden, wo Schrecken, Zweifel, Unwille über sich selbst, Schmerz und Verzweiflung zugleich seine Seele bestürmen. Schrecken: er sieht seinen Freund im Begriffe, derjenigen Person, die er, als dessen fürchterlichste Feindinn kennt, ein Geheimniß zu offenbaren, woran sein Leben hängt. Zweifel: er weiß nicht, ob dieses Geheimniß heraus ist oder nicht? Weiß es die Prinzessin, so muß er gegen sie als eine Mitwisserin verfahren; weiß sie es noch nicht, so kann ihn eine einzige Sylbe zum Verräther, zum Mörder seines Freundes machen. Unwille über sich selbst: Er allein hat durch seine unglückliche Zurückhaltung den Prinzen zu dieser Uebereilung hingerissen.

6: Gegenstande K C B M. — 19: Heldenentschlusse K C B. — 23: konnten B b K C B M. — 28—29: Entschlusse K C. — 29: drangvollsten K C B M.

Schmerz und Verzweiflung: Er sieht seinen Freund verlohren, er sieht in seinem Freunde alle Hoffnungen verlohren, die er auf denselben gegründet hat.

   Verlassen von dem Einzigen wirfst du
5   der Fürstin Eboli dich in die Arme —
   Unglücklicher! in deines Teufels Arme,
   denn diese wars, die dich verrieth — Ich sehe
   dich dahin eilen. Eine schlimme Ahndung
   fliegt durch mein Herz. Ich folge dir. Zu spät.
10   Du liegst zu ihren Füßen. Das Geständniß
   floh über deine Lippen schon. Für dich
   ist keine Rettung mehr — Da wird es Nacht vor meinen Sinnen!
   Nichts! Nichts! Kein Ausweg! Keine Hülfe! Keine
   im ganzen Umkreis der Natur! —

15 In diesem Augenblicke, wo so verschiedene Gemüthsbewegungen in seiner Seele stürmen, sollte er' aus dem Stegreif ein Rettungsmittel für seinen Freund erdenken. Welches wird es seyn? Er hat den richtigen Gebrauch seiner Urtheilskraft verlohren, und mit diesem den Faden der Dinge, den nur die ruhige Vernunft zu verfolgen im
20 Stande ist. Er ist nicht mehr Meister seiner Gedankenreihe — er ist also in die Gewalt derjenigen Ideen gegeben, die das meiste Licht und die größte Geläufigkeit bey ihm erlangt haben.

 Und von welcher Art sind nun diese? Wer entdeckt nicht in dem ganzen Zusammenhang seines Lebens, wie er es hier in dem Stücke vor
25 unsern Augen lebt, daß seine ganze Phantasie von Bildern romantischer Größe angefüllt und durchdrungen ist, daß die Helden des Plutarch in seiner Seele leben, und daß sich also unter zwey Auswegen immer der Heroische zuerst und zunächst ihm darbieten muß? Zeigte uns nicht sein vorhergegangener Auftritt mit dem König, was und
30 wie viel dieser Mensch für das, was ihm wahr, schön und vortrefflich dünkt, zu wagen im Stande sey? — Was ist wiederum natürlicher, als daß der Unwille, den er in diesem Augenblick über sich selbst empfindet, ihn unter denjenigen Rettungsmitteln zuerst suchen läßt,

---

⁶: deines A] eines B b K C B M, Karlos 1787, 433 (V, 3). — ⁸: Ahnung K C B M. — ¹³: Hilfe M. — ¹⁵: Augenblicke nun, B b K C B M. — ¹⁶: soll er B b K C B M. — ²⁴: Zusammenhange K C B M. — ²⁷: zwy A. — ²⁹: Könige K C B M. — ³²: Augenblicke K C B.

die ihm etwas kosten; daß er es der Gerechtigkeit gewißermaßen schuldig zu seyn glaubt, die Rettung seines Freundes auf seine Unkosten zu bewirken, weil seine Unbesonnenheit es war, die jenen in diese Gefahr stürzte? Bringen Sie dabey in Betrachtung, daß er nicht genug eilen kann, sich aus diesem leidenden Zustand zu reißen, sich den freyen Genuß seines Wesens und die Herrschaft über seine Empfindungen wieder zu verschaffen. Ein Geist, wie dieser aber, werden Sie mir eingestehen, sucht in sich, nicht ausser sich Hülfe; und wenn der bloß kluge Mensch sein erstes hätte seyn lassen, die Lage, in der er sich befindet, von allen Seiten zu prüfen, bis er ihr endlich einen Vortheil abgewonnen: so ist es im Gegentheil ganz in dem heldenmüthigen Charakter gegründet, sich diesen Weg zu verkürzen, sich durch irgend eine aufserordentliche That, durch eine augenblickliche Erhöhung seines Wesens, bey sich selbst wieder in Achtung zu setzen. So wäre denn der Entschluß des Marquis gewißermaßen schon als ein heroisches Palliativ erklärbar, wodurch er sich einem augenblicklichen Gefühl von Dumpfheit und Verzagung, dem schrecklichsten Zustand für einen solchen Geist, zu entreissen sucht. Setzen Sie dann noch hinzu, daß schon seit seinem Knabenalter, schon von dem Tage an, da sich Karlos freywillig für ihn einer schmerzhaften Strafe darbot, (S. 18. 19.) das Verlangen, ihm diese großmüthige That zu erstatten, seine Seele beunruhigte, ihn gleich einer unbezahlten Schuld marterte, und das Gewicht der vorhergehenden Gründe in diesem Augenblick also nicht wenig verstärken muß. Daß ihm diese Erinnerung wirklich vorgeschwebt, beweißt eine Stelle, wo sie ihm unwillkührlich entwischte. Karlos dringt darauf, daß er fliehen soll, ehe die Folgen seiner kecken That eintreffen. „War ich auch so gewissenhaft Karlos, giebt er ihm zur Antwort, da du, ein Knabe, für mich geblutet hast?" Die Königin, von ihrem Schmerz hingerissen, beschuldigt ihn sogar, daß er diesen Entschluß längst schon mit sich herumgetragen —

8: Hilfe M. — 11: Gegentheil A. — 11—12: in dem heldenmüthigen Charakter gegründet, sich A] im Charakter des heldenmüthigen Schwärmers gegründet, sich B b K L C B M. — 16: Palliativ B b K L C B M. — 17: Gefühle K L B. — 19: Zustande K L B M. — 24: Augenblicke K L B. — 25: beweist b K L C B M. — 28: gibt K L B M. — 29: Schmerze K L B M.

> Sie stürzten sich in diese That, die Sie
> erhaben nennen. Läugnen Sie nur nicht.
> Ich kenne Sie. Sie haben längst darnach
> gedürstet!

Endlich will ich den Marquis auch nicht von aller Schwärmerey freygesprochen haben. Schwärmerey und Enthusiasmus berühren einander so nahe, ihre Unterscheidungslinie ist so fein, daß sie im Zustande leidenschaftlicher Erhitzung nur allzu leicht überschritten werden kann. Und der Marquis hat nur wenige Augenblicke zu dieser Wahl! Dieselbe Stellung des Gemüths, worinn er die That beschließt, ist auch dieselbe worin er den unwiderruflichen Schritt zu ihrer Ausführung thut. Es wird ihm nicht so gut, seinen Entschluß in einer andern Seelenlage noch einmal anzuschauen, ehe er ihn in Erfüllung bringt — wer weiß, ob er ihn dann nicht anders gefaßt hätte! Eine solche andere Seelenlage z. B. ist die, worin er von der Königin geht. (S. 403.) O! ruft er aus, das Leben ist doch schön! — Aber diese Entdeckung macht er zu spät. Er hüllt sich in die Größe seiner That, um keine Reue darüber zu empfinden.

---

¹: IV, 24. S. 401. — ⁵⁻⁶: will ich ja den B b R C B M. — Marquis von Schwärmerey durchaus nicht frey gesprochen B b R C B M. — ¹⁰: worin b R C. B M. — ¹⁸: In A mit „Sch" unterzeichnet.

X. Ueber Egmont, Trauerspiel von Goethe.

Schöne Wissenschaften. Leipzig, bey Göschen. Göthe's Schriften. Fünfter Band. 388. S. 8.

Dieser fünfte Band der G. Schriften, der durch eine Vignette und Titelkupfer, von der Ang. Kaufmann gezeichnet und von Lips in Rom gestochen, verschönert wird, enthält außer einem ganz neuen Stück Egmont, die zwey schon längst bekannten Singspiele Klaudine von Villa Bella und Erwin und Elmire, beide nunmehr in Jamben und durchaus sehr verändert. Ihre Beurtheilung versparen wir, bis die ganze Ausgabe vollendet seyn wird, und verweilen uns jetzt bloß bey dem Trauerspiele Egmont, das auch besonders zu haben ist, als einer ganz neuen Erscheinung.

Entweder es sind außerordentliche Handlungen und Situationen, oder es sind Leidenschaften, oder es sind Charaktere, die dem tragischen Dichter zum Stoff dienen, und wenn gleich oft alle diese drey, als Ursach und Wirkung, in Einem Stücke sich beysammen finden; so ist doch immer das eine oder das andere vorzugsweise der letzte Zweck der Schilderung gewesen. Ist die Begebenheit oder Situation das Hauptaugenmerk des Dichters, so braucht er sich nur in so fern in die Leidenschaft- und Charakterschilderung einzulassen, als er jene durch diese herbeyführt. Ist hingegen die Leidenschaft

---

X. A: Allgemeine Literatur-Zeitung Sonnabends, den 20ten September 1788. Numero 227ᵃ·ᵇ. Sp. 769—778. — B: Kleinere pros. Schr. Vierter Theil. Leipzig 1802. S. 243—267. — b: Kleinere pros. Schr. Vierter Theil. Leipzig 1802. S. 243—267 (ein Doppeldruck). — K: Friedrichs von Schiller sämmtliche Werke. Achten Bandes zweyte Abtheilung. Stuttg. u. Tüb. 1813. S. 302—318. — O: Schillers sämmtliche Werke. In Einem Bande. Stuttgart 1840. S. 1237—1240. — B: Schillers sämmtliche Werke in zehn Bänden. Zehnter Band. Stuttg. u. Tüb. 1844. S. 437—447. — M: Schillers s. W. in 12 Bdn. Bd. 12. Stuttg. 1860. S. 327—338. — Die Ueberschrift aus B b K O B M.

²: „Schöne Wissenschaften ... ¹²: neuen Erscheinung." fehlt B b K O B M; es ist zweifelhaft, ob dieser Eingang von Schiller oder der Redaction der Allg. Lit.-Ztg. herrührt. — ¹⁶: Ursache O B. — einem K O B M.

sein Hauptzweck, so ist ihm oft die unscheinbarste Handlung schon genug, wenn sie jene nur ins Spiel setzt. Ein am unrechten Orte gefundenes Schnupftuch veranlaßt eine Meisterscene im Mohren von Venedig. Ist endlich der Charakter sein vorzüglichstes Augenmerk, so ist er in der Wahl und Verknüpfung der Begebenheiten noch viel weniger gebunden, und die ausführliche Darstellung des ganzen Menschen verbietet ihm sogar, Einer Leidenschaft zu viel Raum zu geben. Die alten Tragiker haben sich beynahe einzig auf Situationen und Leidenschaften eingeschränkt. Darum findet man bey ihnen auch nur wenig Individualität, Ausführlichkeit und Schärfe der Charakteristik. Erst in neuern Zeiten, und in diesen erst seit Shake'spear, wurde die Tragödie mit der dritten Gattung bereichert; er war der erste, der in seinem Macbeth, Richard III. u. s. w. ganze Menschen und Menschen=leben auf die Bühne brachte, und in Deutschland gab uns der Ver=fasser des Götz von Berlichingen das erste Muster in dieser Gattung. Es ist hier nicht der Ort zu untersuchen, wie viel oder wie wenig sich diese neue Gattung mit dem letzten Zwecke der Tragödie, Furcht und Mitleid zu erregen, verträgt; genug, sie ist einmal vorhanden, und ihre Regeln sind bestimmt.

Zu dieser letzten Gattung nun gehört das vorliegende Stück, und es ist leicht einzusehen, inwiefern die vorangeschickte Erinnerung mit demselben zusammenhängt. Hier ist keine hervorstehende Begeben=heit, keine vorwaltende Leidenschaft, keine Verwickelung, kein drama=tischer Plan, nichts von dem allem; — eine bloße Aneinanderstellung mehrerer einzelnen Handlungen und Gemälde, die beynahe durch nichts, als durch den Charakter, zusammengehalten werden, der an allen Antheil nimmt, und auf den sich alle beziehen. Die Einheit dieses Stücks liegt also weder in den Situationen, noch in irgend einer Leidenschaft, sondern sie liegt in dem Menschen. Egmonts wahre Geschichte konnte dem Verfasser auch nicht viel mehreres liefern. Seine Gefangennehmung und Verurtheilung hat nichts außerordentliches, und sie selbst ist auch nicht die Folge irgend einer einzelnen interessanten Handlung, sondern vieler kleinern, die der Dichter alle nicht brauchen

---

1: die scheinbarste B b V. — 11: Shakespeare K, Shakspeare C B M. — 12: Erste K C M. — 23: Verwicklung B M. — 24: dem allen; — B b V M, dem Allen; — K, Dem allen; C.

konnte, wie er sie fand, die er mit der Katastrophe auch nicht so genau zusammenknüpfen konnte, daß sie eine dramatische Handlung mit ihr ausmachten. Wollte er also diesen Gegenstand in einem Trauerspiel behandeln, so hatte er die Wahl, entweder eine ganz neue Handlung zu dieser Katastrophe zu erfinden, diesem Charakter, den er in der Geschichte vorfand, irgend eine herrschende Leidenschaft unterzulegen oder ganz und gar auf diese zwo Gattungen der Tragödie Verzicht zu thun und den Charakter selbst, von dem er hingerissen war, zu seinem eigentlichen Vorwurf zu machen. Und dieses letztere, das schwerere unstreitig, hat er vorgezogen, weniger vermuthlich aus zu großer Achtung für die historische Wahrheit, als weil er die Armuth seines Stoffs durch den Reichthum seines Genies ersetzen zu können fühlte.

In diesem Trauerspiel also — oder Rec. müßte sich ganz in dem Gesichtspunkte geirret haben — wird ein Charakter aufgeführt, der in einem bedenklichen Zeitlauf, umgeben von den Schlingen einer arglistigen Politik, in nichts als sein Verdienst eingehüllt, voll übertriebenen Vertrauens zu seiner gerechten Sache, die es aber nur für ihn allein ist, gefährlich wie ein Nachtwanderer auf jäher Dachspitze wandelt. Diese übergroße Zuversicht, von deren Ungrund wir unterrichtet werden, und der unglückliche Ausschlag derselben sollen uns Furcht und Mitleiden einflößen oder uns tragisch rühren — und diese Wirkung wird erreicht.

In der Geschichte ist Egmont kein großer Charakter, er ist es auch in dem Trauerspiele nicht. Hier ist er ein wohlwollender, heiterer und offener Mensch, Freund mit der ganzen Welt, voll leichtsinnigen Vertrauens zu sich selbst und zu Andern, frey und kühn, als ob die Welt ihm gehörte, brav und unerschrocken, wo es gilt, dabey großmüthig, liebenswürdig und sanft, im Charakter der schöneren Ritterzeit, prächtig und etwas Praler, sinnlich und verliebt, ein fröhliches Weltkind — alle diese Eigenschaften in eine lebendige, menschliche, durchaus wahre und individuelle Schilderung verschmolzen, die der verschönernden Kunst nichts, auch gar nichts, zu danken hat. Egmont

ist ein Held, aber auch ganz nur ein flämischer Held, ein Held des
sechzehnten Jahrhunderts; Patriot, jedoch ohne sich durch das allgemeine Elend in seinen Freuden stören zu lassen; Liebhaber, ohne
darum weniger Essen und Trinken zu lieben. Er hat Ehrgeiz, er
5 strebt nach einem großen Ziele; aber das hält ihn nicht ab, jede
Blume aufzulesen, die er auf seinem Wege findet, hindert ihn nicht
des Nachts zu seinem Liebchen zu schleichen, das kostet ihm keine
schlaflosen Nächte. Tolldreist wagt er bei St. Quentin und Grave-
lingen sein Leben, aber er möchte weinen, wenn er von dieser freund-
10 lichen, süßen Gewohnheit des Daseyns und Wirkens scheiden soll.
„Leb' ich nur," so schildert er sich selbst, „um aufs Leben zu denken?
„Soll ich den gegenwärtigen Augenblick nicht genießen, damit ich des
„folgenden gewiß sey? Und diesen wieder mit Sorgen und Grillen
„verzehren? — Wir haben die und jene Thorheit in einem lustigen
15 „Augenblick empfangen und geboren, sind schuld, daß eine ganze edle
„Schaar mit Bettelsäcken und mit einem selbst gewählten Unnamen
„dem König seine Pflicht mit spottender Demuth ins Gedächtniß rief,
„sind schuld — was ists nun weiter? Ist ein Fastnachtsspiel gleich
„Hochverrath? Sind uns die kurzen bunten Lumpen zu mißgönnen,
20 „die ein jugendlicher Muth um unsers Lebens arme Blöße hängen
„mag? Wenn ' ihr das Leben gar zu ernsthaft nehmt, was ist denn
„dran? Scheint mir die Sonne heut, um das zu überlegen, was
„gestern war?" — Durch seine schöne Humanität, nicht durch Außer-
ordentlichkeit, soll dieser Charakter uns rühren; wir sollen ihn lieb
25 gewinnen, nicht über ihn erstaunen. Diesem letztern scheint der Dichter
so sorgfältig aus dem Wege gegangen zu sein, daß er ihm eine Menschlichkeit über die andere beylegt, um ja seinen Helden zu uns herab-
zuziehen: — daß er ihm endlich nicht einmal so viel Größe und Ernst
mehr übrig läßt, als unsrer Meynung nach unumgänglich erfordert
30 wird, diesen Menschlichkeiten selbst das höchste Interesse zu verschaffen.
Wahr ist es, solche Züge menschlicher Schwachheit ziehen oft unwiderstehlich an — in einem Heldengemälde, wo sie mit großen
Handlungen in schöner Mischung zerfließen. Heinrich IV. von Frank-

8: St. Quentin B b R C B M] St. Aventin A. — 15: Schuld R C M. —
ganze: Goethe, in A burch schlechten Druck: ganj, und so auch in B b R C M. —
18: Schuld R C. — 29: Meinung R C B M.

reich kann uns nach dem glänzendsten Siege nicht interessanter seyn, als auf einer nächtlichen Wanderung zu seiner Gabriele; — aber durch welche strahlende That, durch was für grünbliche Verdienste hat sich Egmont bey uns das Recht auf eine ähnliche Theilnahme und Nachsicht erworben? Zwar heißt es, diese Verdienste werden als schon geschehen vorausgesetzt, sie leben im Gedächtniß der ganzen Nation, und alles, was er spricht, athmet den Willen und die Fähigkeit, sie zu erwerben. Richtig! Aber das ist eben das Unglück, daß wir seine Verdienste von Hörensagen wissen und auf Treu und Glauben anzunehmen gezwungen werden, — seine Schwachheiten hingegen mit unsern Augen sehen. Alles weiset auf diesen Egmont hin, als auf die letzte Stütze der Nation, und was thut er eigentlich großes, um dieses ehrenvolle Vertrauen zu verdienen? (Denn folgende Stelle darf man doch wohl nicht dagegen anführen: „Die Leute, sagt Egmont, erhalten sie (die Liebe) auch meist allein, die nicht darnach jagen. Klärchen. Hast du diese stolze Anmerkung über dich selbst gemacht, du, den alles Volk liebt? Egmont. Hätte ich nur etwas für sie gethan! Es ist ihr guter Wille, mich zu lieben.") Ein großer Mann soll er nicht seyn, aber auch erschlaffen soll er nicht; eine relative Größe, einen gewissen Ernst verlangen wir mit Recht von jedem Helden eines Stückes; wir verlangen, daß er über dem Kleinen nicht das Große hintansetze, daß er die Zeiten nicht verwechsele. Wer wird z. B. folgendes billigen? Oranien ist eben von ihm gegangen; Oranien, der ihn mit allen Gründen der Vernunft auf sein nahes Verderben hingewiesen, der ihn, wie uns Egmont selbst gesteht, durch diese Gründe erschüttert hat. „Dieser Mann, sagt er, trägt seine „Sorglichkeit in mich herüber; — Weg — das ist ein fremder Tropfen „in meinem Blute. Gute Natur, wirf ihn wieder heraus. Und „von meiner Stirne die sinnenden Runzeln wegzubaden, „giebt es ja wohl noch ' ein freundlich Mittel." Dieses freundliche Mittel nun — wer es noch nicht weiß — ist kein andres, als ein Besuch beym Liebchen! Wie? Nach einer so ernsten Aufforderung keinen andern Gedanken, als nach Zerstreuung? Nein guter

---

13: Großes K C B M. — Denn K C. — 22: verwechsle K C B M. — 23: Folgendes K C B M.

Graf Egmont! Runzeln, wo sie hingehören, und freundliche Mittel, wo sie hingehören! Wenn es euch zu beschwerlich ist, euch eurer eignen Rettung anzunehmen; so mögt ihrs haben, wenn sich die Schlinge über euch zusammenzieht. Wir sind nicht gewohnt, unser
5 Mitleid zu verschenken.

Hätte also die Einmischung dieser Liebesangelegenheit dem Interesse wirklich Schaden gethan, so wäre dieses doppelt zu beklagen, da der Dichter noch obendrein der historischen Wahrheit Gewalt anthun mußte, um sie hervorzubringen. In der Geschichte nämlich war Egmont ver-
10 heirathet und hinterließ neun (andere sagen eilf) Kinder, als er starb. Diesen Umstand konnte der Dichter wissen und nicht wissen, wie es sein Interesse mit sich brachte; aber er hätte ihn nicht vernachlässigen sollen, sobald er Handlungen, welche natürliche Folgen waren, in sein Trauerspiel aufnahm. Der wahre Egmont hatte durch eine
15 prächtige Lebensart sein Vermögen äußerst in Unordnung gebracht und **brauchte** also den König, wodurch seine Schritte in der Republik sehr gebunden wurden. Besonders aber war es seine Familie, was ihn auf eine so unglückliche Art in Brüssel zurückhielt, da fast alle seine übrigen Freunde sich durch die Flucht retteten. Seine Ent-
20 fernung aus dem Lande hätte ihm nicht bloß die reichen Einkünfte von zwo Statthalterschaften gekostet; sie hätte ihn auch zugleich um den Besitz aller seiner Güter gebracht, die in den Staaten des Königs lagen und sogleich dem Fiscus anheim gefallen seyn würden. Aber weder Er selbst, noch seine Gemahlin, eine Herzogin von Bayern,
25 waren gewohnt, Mangel zu ertragen; auch seine Kinder waren nicht dazu erzogen. Diese Gründe setzte er selbst bey mehreren Gelegenheiten dem Pr. v. O., der ihn zur Flucht bereden wollte, auf eine rührende Art entgegen; diese Gründe waren es, die ihn so geneigt machten, sich an dem schwächsten Aste von Hoffnung zu halten, und
30 sein Verhältniß zum König von der besten Seite zu nehmen. Wie zusammenhängend, wie menschlich wird nunmehr sein ganzes Verhalten! Er wird nicht mehr das Opfer einer blinden thörichten Zuversicht, sondern der übertrieben ängstlichen Zärtlichkeit für die Seinigen. Weil

---

13: Folgen davon waren B b L C B M. — 21: zwey K, zwei C B M. —
27: Prinzen von Oranien C B M.

er zu fein und zu edel denkt, um einer Familie, die er über alles
liebt, ein hartes Opfer zuzumuthen, stürzt er sich selbst ins Verderben.
Und nun der Egmont im Trauerspiel! — Indem der Dichter ihm
Gemahlin und Kinder nimmt, zerstört er den ganzen Zusammenhang
5 seines Verhaltens. Er ist ganz gezwungen, dieses unglückliche Bleiben
aus einem leichtsinnigen Selbstvertrauen entspringen zu lassen, und
verringert dadurch gar sehr unsere Achtung für den Verstand seines
Helden, ohne ihm diesen Verlust von Seiten des Herzens zu ersetzen.
Im Gegentheil — er bringt uns um das rührende Bild eines Vaters,
10 eines liebenden Gemahls, — um uns einen Liebhaber von ganz ge=
wöhnlichem Schlag dafür zu geben, der die Ruhe eines liebenswürdigen
Mädchens, das ihn nie besitzen und noch weniger seinen Verlust über=
leben wird, zu Grund richtet, dessen Herz er nicht einmal besitzen
kann, ohne eine Liebe, die glücklich hätte werden können, vorher zu
15 zerstören, der also, mit dem besten Herzen zwar, zwey Geschöpfe
unglücklich macht, um die sinnenden Runzeln von seiner
Stirne wegzubaben. Und alles dieses kann er noch außerdem
erst, nur auf Unkosten der historischen Wahrheit, möglich machen, die
der dramatische Dichter allerdings hintansetzen darf, um das Interesse
20 seines Gegenstandes zu erheben, aber nicht, um es zu schwächen.
Wie theuer läßt er uns also diese Episode bezahlen, die, an sich
betrachtet, gewiß eines der schönsten Gemälde ist, die in einer größern
Composition, wo sie von verhältnißmäßig großen Handlungen auf=
gewogen würde, von der höchsten Wirkung würde gewesen seyn.

25 Egmonts tragische Katastrophe fließt aus seinem politischen Leben,
aus seinem Verhältniß zu der Nation und zu der Regierung. Eine
Darstellung des damaligen politischbürgerlichen Zustandes der Nieder=
lande mußte daher seiner Schilderung zum Grund liegen, oder viel=
mehr selbst einen Theil der dramatischen Handlung mit ausmachen.
30 Betrachtet man nun, wie wenig sich Staatsactionen überhaupt drama=
tisch behandeln lassen, und was für Kunst dazu gehöre, so viele zer=
streute Züge in Ein faßliches, lebendiges Bild zusammen zu tragen,
und das Allgemeine wieder im Individuellen anschaulich zu machen,
wie z. B. Shakespear in seinem J. Cäsar gethan hat; betrachtet man

13: zu Grunde B b K O B R. — 2: ein B b K O B R. — 34: Shakespeare
K, Shakspeare O B R. — Julius R.

ferner das Eigenthümliche der Niederlande, die nicht Eine Nation, sondern ein Aggregat mehrerer kleinen sind, die unter sich aufs schärfste contrastiren, so daß es unendlich leichter war, uns nach Rom als nach Brüssel zu versetzen; betrachtet man endlich, wie unzählig viele
5 kleine Dinge zusammenwirkten, um den Geist jener Zeit und jenen politischen Zustand der Niederlande hervorzubringen; so wird man nicht aufhören können, das schöpferische Genie zu bewundern, das alle diese Schwierigkeiten besiegt und uns mit einer Kunst, die nur von derjenigen erreicht wird, womit es uns selbst in zwey andern
10 Stücken in die Ritterzeiten Deutschlands und nach Griechenland versetzte, nun auch in diese Welt gezaubert hat. Nicht genug, daß wir diese Menschen vor uns leben und wirken sehen, wir wohnen unter ihnen, wir sind alte Bekannte von ihnen. Auf der einen Seite die fröliche Geselligkeit, die Gastfreundlichkeit, die Redseligkeit, die Groß=
15 thuerey dieses Volks, der republikanische Geist, der bey der geringsten Neuerung aufwallt, und sich oft eben so schnell auf die seichtesten Gründe wieder giebt; auf der andern die Lasten, unter denen es jetzt seufzt, von den neuen Bischofsmützen an, bis auf die französischen Psalmen, die es nicht singen soll; — nichts ist vergessen, nichts ohne
20 die höchste Natur und Wahrheit herbeygeführt. Wir sehen hier nicht bloß den gemeinen Haufen, der sich überall gleich ist; wir erkennen darinn den Niederländer und zwar den Niederländer dieses und keines andern Jahrhunderts; in diesem unterscheiden wir noch den Brüßler, den Holländer, den Friesen, und selbst unter diesen noch den Wohl=
25 habenden und den Bettler, den Zimmermeister und den Schneider. So etwas läßt sich nicht wollen, nicht erzwingen durch Kunst. — Das kann nur der Dichter, der von seinem Gegenstand ganz durchdrungen ist. Diese Züge entwischen ihm, wie sie demjenigen, den er dadurch schildert, entwischen, ohne daß er es will oder gewahr wird;
30 ein Beywort, ein Komma zeichnet einen Charakter. Buyk, ein Holländer und Soldat unter Egmont, hat beym Armbrustschießen das Beste gewonnen und will, als König, die Herren gastieren. Das ist aber wider den Gebrauch.

8—9: nur von A B M] nur mit B b R O. — 14: fröliche R O B R. —
22: darin B R O B R.

Soest. Ich bin fremd und König, und achte eure Gesetze und Herkommen nicht.

Jetter (ein Schneider aus Brüssel). Du bist ja ärger, als der Spanier, der hat sie uns doch bisher lassen müssen.

Ruysum (ein Friesländer). Laßt ihn! Doch ohne Präjudiz! Das ist auch seines Herren Art, splendid zu seyn und es laufen zu lassen, wo es gedeiht!

Wer glaubt nicht in diesem doch ohne Präjudiz den zähen, auf seine Vorrechte wachsamen Friesen zu erkennen, der sich auch bey der kleinsten Bewilligung noch durch eine Klausel verwahrt. Wie wahr, wenn sich die Bürger von ihren Regenten unterreden —

Das war ein Herr! (von Carl V. spricht er:) Er hatte die Hand über dem ganzen Erdboden, und war euch alles in allem — und wenn er euch begegnete, so grüßte er euch, wie ein Nachbar den andern u. s. f. Haben wir doch alle geweint, wie er seinem Sohn das Regiment hier abtrat — sagt ich, versteht mich — der ist schon anders, der ist majestätischer.

Jetter. Er spricht wenig, sagen die Leute.

Soest. Er ist kein Herr für uns Niederländer. Unsere Fürsten müssen froh und frey seyn, wie wir, leben und leben lassen u. s. w.

Wie treffend schildert er uns durch einen einzigen Zug das Elend jener Zeiten: Egmont geht über die Straße und die Bürger sehen ihm mit Bewunderung nach.

Zimmermeister. Ein schöner Herr!

Jetter. Sein Hals wäre ein rechtes Fressen für einen Scharfrichter.

Die wenigen Scenen, wo sich die Bürger von Brüssel unterreden, scheinen uns das Resultat eines tiefen Studiums jener Zeiten und jenes Volks zu seyn, und schwerlich findet man in so wenigen Worten ein schöneres historisches Denkmal für jene Geschichte.

Mit nicht geringerer Wahrheit ist derjenige Theil des Gemäldes behandelt, der uns von dem Geiste der Regierung und den Anstalten des Königs zu Unterdrückung des Niederländischen Volks unterrichtet. Milder und menschlicher ist doch hier alles, und sehr veredelt ist besonders der Charakter der Herzoginn von Parma. „Ich weiß, daß einer ein ehrlicher und verständiger Mann seyn kann, wenn er gleich den nächsten und besten Weg zum Heil seiner Seele verfehlt hat," konnte eine Zöglingin des Ignatius Loyola wohl nicht sagen.

---

⁵: Ruysum: Goethe; Ryfem A. Ruysom B b R C B M. — ⁶: Herrn R C B M. — ⁸: sich auch bey A M] sich bey B b R, sich bei C B. — ¹⁰: ihrem B. — ¹²: war euch alles: Goethe B b R C B; war auch alles A M. — ²¹: ihm B b R C B M] ihn A. — ³¹: und sehr veredelt A M] und veredelt B b R C B.

Besonders gut verstand es der Dichter, durch eine gewisse Weiblich=
keit, die er aus ihrem sonst männischen Charakter sehr glücklich
hervorscheinen läßt, das kalte Staatsinteresse, dessen Exposition er
ihr anvertrauen mußte, mit Licht und Wärme zu beseelen, und ihm
eine gewisse Individualität und Lebendigkeit zu geben. Vor seinem
Herzog von Alba zittern wir, ohne uns mit Abscheu von ihm
wegzukehren; es ist ein fester, starrer, unzugänglicher Charakter, „ein
eherner Thurm ohne Pforte, wozu die Besatzung Flügel
haben muß." Die kluge Vorsicht, womit er die Anstalten zu
Egmonts Verhaftung trifft, erſetzt ihm an unsrer Bewunderung, was
ihm an unserm Wohlwollen abgeht. Die Art, wie er uns in seine
innerste Seele hineinführt, und uns auf den Ausgang seines Unter=
nehmens spannt, macht uns auf einen Augenblick zu Theilhabern
desselben, wir interessiren uns dafür, als gält es etwas, das uns
lieb ist.

Meisterhaft erfunden und ausgeführt ist die Scene Egmonts mit
dem jungen Alba im Gefängniß, und sie gehört dem Verf. ganz allein.
Was kann rührender seyn, als wenn ihm dieser Sohn seines Mörders
die Achtung bekennt, die er längst im Stillen gegen ihn getragen.
„Dein Name wars, der mir in meiner ersten Jugend gleich einem
„Stern des Himmels entgegen leuchtete. Wie oft hab' ich nach dir
„gehorcht, gefragt! Des Kindes Hoffnung ist der Jüngling, des
„Jünglings der Mann. So bist du vor mir hergeschritten, immer
„vor und ohne Neid sah ich dich vor und schritt dir nach und fort
„und fort. Nun hofft' ich endlich dich zu sehen und sah dich, und
„mein Herz flog dir entgegen. Nun hofft' ich erst mit dir zu seyn,
„mit dir zu leben, dich zu fassen, dich — das ist nun alles weg=
„geschnitten, und ich sehe dich hier!" — Und wenn ihm Egmont
darauf antwortet: „War dir mein Leben ein Spiegel, in welchem du
„dich gern betrachtetest, so sey es auch mein Tod. Die Menschen
„sind nicht bloß zusammen, wenn sie beysammen sind; auch der Ent=
„fernte, der Abgeschiedene lebt uns. Ich lebe dir und habe mir genug
„gelebt. Eines jeden Tages habe ich mich gefreuet," u. s. w. — Die
übrigen Charaktere im Stück sind mit wenigem treffend gezeichnet;

---

⁸: wozu: Goethe A b L C. B M] wovon B.

eine einzige Scene schildert uns den schlauen, wortkargen, alles verknüpfenden und alles fürchtenden Oranien. Alba sowohl als Egmont malen sich in den Menschen, die ihnen nahe sind; diese Schilderungsart ist vortrefflich. Um alles Licht auf den einzigen Egmont zu versammeln, hat der Dichter ihn ganz isolirt, darum auch der Graf von Hoorne, der Ein Schicksal mit ihm hatte, weggeblieben ist. Ein ganz neuer Charakter ist Brackenburg, Klärchens Liebhaber, den Egmont verdrängt hat. Dieses Gemälde des melancholischen Temperaments mit leidenschaftlicher Liebe wäre einer eigenen Auseinandersetzung werth. Klärchen, die ihn für Egmont aufgegeben, hat Gift genommen und geht ab, nachdem sie ihm den Rest zurückgelassen. Er sieht sich allein. Wie schrecklich schön ist diese Schilderung:

> Sie läßt mich stehn, mir selber überlassen. Sie theilt mit mir den Todestropfen und schickt mich weg! von ihrer Seite weg! Sie zieht mich an und stößt ins Leben mich zurück! O Egmont, welch preißwürdig Loos fällt dir! Sie geht voran. Sie bringt den ganzen Himmel dir entgegen! — Und soll ich folgen? wieder seitwärts stehn? den unauslöschlichen Neid in jene Wohnungen hinüber tragen? Auf Erden ist kein Bleiben mehr für mich und Höll und Himmel bieten gleiche Qual.

Klärchen selbst ist unnachahmlich schön und wahr gezeichnet. Auch im höchsten Adel ihrer Unschuld noch das gemeine Bürgermädchen, und ein Niederländisches Mädchen — durch nichts veredelt als durch ihre Liebe, reizend im Zustand der Ruhe, hinreißend und herrlich im Zustand des Affekts. Aber wer zweifelt, daß der Verf. in einer Manier unübertrefflich sey, worinn er sein eigenes Muster ist!

Je höher die Illusion in dem Stück getrieben ist, desto unbegreiflicher wird man es finden, daß der Verf. selbst sie muthwillig zerstört. Egmont hat alle seine Angelegenheiten berichtigt, und schlummert endlich, von Müdigkeit überwältigt, ein. Eine Musik läßt sich hören und hinter seinem Lager scheint sich die Mauer aufzuthun, eine glänzende Erscheinung, die Freyheit in Klärchens Gestalt, zeigt sich in einer Wolke. — Kurz, mitten aus der wahrsten und rührendsten Situation werden wir durch ein Salto mortale in eine Opernwelt

verſetzt, um einen Traum — zu ſehen. Lächerlich würde es ſeyn,
dem Vf. darthun zu wollen, wie ſehr er ſich dadurch an Natur und
Wahrheit verſündigt habe; das hat er ſo gut und beſſer gewußt, als
wir, aber ihm ſchien die Idee, Klärchen und die Freyheit, Egmonts
5 beyde herrſchende Gefühle, in Egmonts Kopf allegoriſch zu verbinden,
ſinnreich genug, um dieſe Freyheit allenfalls zu entſchuldigen. Gefalle
dieſer Gedanke, wem er will — Rec. geſteht, daß er gern einen
witzigen Einfall entbehrt hätte, um eine Empfindung ungeſtört
zu genieſſen.

2—4: ſehr dadurch unſerm Gefühle Gewalt angethan werde; B b L O V R. —
5—6: ſinnreich A] gehaltreich B b R O V R. — 8: witzigen A] ſinnreichen B b
L O V R.
Schiller an Körner, Weimar, 7. Mai 1788 (1, 292): „Ich habe nun zwanzig
Stück Recenſionen aus Jena erhalten, worunter auch Goethes Egmont ſich befindet.
Man war von meinen Recenſionen ſehr erbaut, ob man gleich die wenigſten wird
brauchen können, weil die Schriften ſchon ein und ein halb Jahr alt, und viele
darunter ſchon vergeſſen ſind." — Schiller an Körner, Rudolſt. 20. Oct. 1788
(1, 364): „Meine Recenſion von Egmont hat viel Lärm in Jena und Weimar
gemacht, und von der Expedition der allgemeinen Litteraturzeitung ſind ſehr ſchöne
Anerbietungen an mich darauf erfolgt." Vgl. 1, 358. 375.

XI. Jesuitenregierung in Paraguai.

In einer Action, welche der Schlacht bey Paraguai, die 1759 am 12ten September zwischen der Jesuitischen und der vereinigten spanisch-portugiesischen Armee geliefert wurde, vorhergieng, wurden unter andern indianischen Gefangenen auch zwey Europäer eingebracht, die mit verzweifelter Tapferkeit gefochten hatten. Beyde waren von den übrigen Gefangenen ganz unterschieden gekleidet. Sie trugen einen rothen Husarenhabit, an welchem von den Achseln zwey kleine Ermel herabhiengen. Ihr Helm war mit rothen Federn eingefaßt, und beyde trugen eine große Kette von Diamanten um den Hals. Eben so reich waren ihre Pferde geschmückt. Ihre Waffen waren ein großer Säbel und eine Flinte; als man sie auskleidete, fand man einen sehr guten Brustharnisch auf ihrem Leibe, und noch außerdem eine kurze Pistole und zwei Dolche. Die Indianer, welche mit ihnen gefangen waren, fielen, als sie sie ansichtig wurden, ehrerbietig auf die Knie vor ihnen nieder, und schlugen sich an die Brust, wobey sie zu wiederholten malen das Wort Kau aussprachen. Einer der Europäer schien diese Huldigung mit Verdruß anzunehmen, die Indianer aber ließen sich darum nicht stören. Kein Wort war aus ihm herauszubringen. Man schlug ihn, man brachte ihn auf die Tortur; einige unfreiwillige Laute in portugiesischer Sprache, die der Schmerz ihm auspreßte, waren alles, was man von ihm erhielt. Der andre zeigte sich offner und freier, und gestand bald, daß er ein Jesuit sey. Er habe, sagte er, seine Indianer als ihr Kaplan und geistlicher Assistent in die Schlacht begleitet, um, wie er vorgab, ihre unmäßige Wuth in Schranken zu halten, und ihnen gelindere Gesinnungen gegen den Feind einzupflanzen. Endlich entdeckte er, er nenne sich Pater Rennez, und der andre, den das Beyspiel seines Kameraden gleichfalls gesprächiger machte, gestand nunmehr auch, daß er ein Jesuit und Kaplan der Indianer sey, und Pater Lenaumez heiße. Als man ihre Taschen durchsuchte, fand sich ein kleines Buch, bey dessen Entdeckung sie äußerst unruhig wurden. Es war mit unbekannten Chiffern geschrieben, am Rande aber ein Schlüssel dazu in lateinischer Sprache beygefügt. Diese Schrift enthielt ein indianisches Kriegsrecht, oder vielmehr die Hauptstücke der Religion, die der Orden seinen indianischen Unterthanen ' einzupflanzen gesucht hatte. Ich theile sie hier mit, weil sie den Neugierigen interessieren dürften und vielleicht einigen Aufschluß über die Jesuitenregierung in Paraguai geben.

Höre o Mensch! die Gebote Gottes und des heiligen Michaels:
1) Gott ist der Endzweck aller Handlungen.
2) Gott ist die Quelle aller Tapferkeit und Stärke.
3) Die Tapferkeit ist eine Tugend sowohl des Leibes als der Seele.
4) Gott thut nichts umsonst.
5) Die Tapferkeit ist den Menschen gegeben, daß sie sich vertheidigen.
6) Die Menschen müssen sich wider ihre Feinde vertheidigen.
7) Die Feinde sind die weissen Menschen, die aus fernen Gegenden kommen, Krieg zu führen, und sind von Gott verflucht.
8) Die Europäer, z. B. die Spanier und Portugiesen sind solche von Gott verfluchte Leute.
9) Gottes Feinde können nicht unsere Freunde seyn.
10) Gott befiehlt, daß wir seine Feinde ausrotten, und in ihre Länder vorrücken, um sie auszurotten.
11) Damit ein von Gott verfluchter, z. B. ein Spanier, ausgerottet werde, muß man auch das ' zeitliche Leben verlieren, damit man das ewige verdiene.
12) Wer mit einem Europäer redet, oder ihre Sprache verstehet, wird zu dem höllischen Feuer verdammet werden.
13) Wer einen Europäer umbringt, wird selig werden.
14) Wer einen Tag zubringt, ohne eine Handlung des Hasses und der Verfluchung wider einen Europäer vorgenommen zu haben, wird zum ewigen Feuer verdammet werden.

15) Gott erlaubt dem, der die zeitlichen Güter verachtet, und immer bereit ist, wider die Feinde des Teufels zu streiten, alles mit einem Weibe anzufangen.

16) Wer in einem Treffen mit den Europäern umkömmt, wird selig werden.

17) Wer wider die Feinde Gottes eine Kanone losbrennt, wird selig, und ihm sind alle Sünden seines Lebens vergeben.

18) Wer mit großer Gefahr des Todes die Ursache seyn wird, daß man ein Schloß und eine Festung wieder erobert, die von den Weißen unrechtmäßiger Weise besessen wird, der soll in dem Paradiese unter allen Weibern des Himmels eine sehr schöne Frau haben.

19) Wer Ursache seyn wird, daß unser Reich über seine Gränzen ausgebreitet wird, der wird unter allen Töchtern Gottes vier sehr schöne Weiber haben.

20) Wer Ursache seyn wird, daß sich unsre Waffen nach Europa erstrecken, der wird im Paradiese viele schöne Mägdlein haben.

21) Wer den Früchten der Erde ergeben ist, der soll keine Früchte des Himmels genießen.

22) Wer mehr Kinder zeugt, der wird mehr Ruhm im Himmel haben.

23) Wer Wein trinkt, der wird nicht ins Himmelreich kommen.

24) Wer seinem Kau nicht gehorchet, und nicht demüthig ist, der kömmt in die Hölle.

25) Die Kau sind Söhne Gottes, welche über Europa aus dem Himmel kommen, daß sie den Völkern wider die Feinde Gottes helfen.

26) Die Kau sind Engel Gottes, welche zu den Völkern herabsteigen, sie zu lehren, wie man in den Himmel komme, und die Kunst, die Feinde Gottes auszurotten.

27) Den Kau's muß man alle Früchte des Landes geben, und alle Arbeiten der Menschen, damit sie dieselben anwenden, die Völker, die des Teufels Freunde sind, auszurotten.

28) Wer in der Ungnade seines Kau stirbt, wird nicht selig.

29) Wer den höchsten Kau anrühret, wird selig.

30) Jedermann sey seinem Kau unterthan, und gehe hin, wohin er ihn gehen heißt, und gebe ihm, was er verlangt, und thue, was er befiehlt.

31) Die Menschen sind in der Welt, um mit dem Teufel und seinen Freunden zu streiten, damit sie in das Himmelreich kommen, wo ewige Freude und eine Wollust seyn wird, die keines Menschen Herz fassen kann.

---

⁴: keines Menschenherz A. — In A mit „S." unterzeichnet. — Schiller an Körner, Rudolstadt 1. October 1788 (1, 348): „im September des Mercur werden auch Aufsätze von mir erscheinen, doch von wenigem Belang." — Schiller an Körner, Rudolstadt 20. Oct. 1788 (1, 354): „Im September des Mercur steht noch nichts von mir, den October habe ich noch nicht." — Körner an Schiller, Nov. 1788 (1, 376): „Wo hast du denn die Jesuitenanekdote im Mercur her?"

XII. Herzog von Alba bey einem Frühstück auf dem Schlosse zu Rudolstadt. Im Jahr 1547.

Indem ich eine alte Chronik vom sechszehnten Jahrhundert durch=
blättre (Res in Ecclesia et Politia Chriſtiana geſtae ab anno 1500
ad an. 1600 Aut. J. Söffing, Th. D. Rudolſt. 1676.) finde ich
nachstehende Anekdote, die aus mehr als Einer Ursache es verdient,
der Vergessenheit entrissen zu werden. In einer Schrift, die den
Titel führt: *Mausolea manibus Metzelii posita à Fr. Melch. Dede-
kindo* 1738. finde ich sie bestätigt: auch kann man sie in Spangen=
bergs Adelspiegel Th. I B. 13. S. 445 nachschlagen.

Eine teutsche Dame aus einem Hause, das schon ehedem durch
Heldenmuth geglänzt und dem teutschen Reich einen Kaiser gegeben
hat, war es, die den fürchterlichen Herzog von Alba durch ihr ent=
schlossenes Betragen beynahe zum Zittern gebracht hätte. Als Kaiser
Karl V. im Jahr 1547 nach der Schlacht bey Mühlberg auf seinem
Zuge nach Franken und Schwaben auch durch Thüringen kam, wirkte
die verwittwete Gräfin Catharina von Schwarzburg, eine ge=
bohrne Fürstin von Henneberg, einen Sauve=Garde=Brief bey ihm
aus, daß ihre Unterthanen von der durchziehenden spanischen Armee
nichts zu leiden haben sollten. Dagegen verband sie sich, Brod
Bier und andre Lebensmittel gegen billige Bezahlung aus Rudolstadt
an die Saalbrücke schaffen zu lassen, um die spanischen Truppen, die
dort übersetzen würden, zu versorgen. Doch gebrauchte sie dabey die

---

XII. A: Der Teutſche Merkur. October 1788. S. 79–84. — K: Werke. Siebenter Band. 1813. S. 415–420. — B: Werke. Elfter Band. 1836. S. 236
–240. — C: Werke. In Einem Bande. 1840. S. 1079–1080. — W: Werke.
Neunter Band. 1844. S. 478–481. — M: Werke. Elfter Band. 1860.
S. 185–188.

² : Rudolſtadt, im K·M. — ³ : ſechzehnten B C W M. — ³⁻⁴ : durchblättre
B C W M. — Politia M] Politia A K B C W. — geſtae K B C W M] geſta A.
— ⁵ : J. Söffing A M] J. Souffing B C W M. Die Schrift ſelbſt habe ich nicht
vergleichen können; eine frühere Schrift deſſelben Verf., die erſten 5 Jhdte. der
chriſtl. Zeitrechnung behandelnd, heißt auch Res in Ecclesia et Politia christiana
geſtae. — ¹¹ u. ¹² : deutſche deutſchen K·M. — ²¹ : andere K·M.

Vorsicht, die Brücke, welche dicht bey der Stadt war, in der Geschwindigkeit abbrechen, und in einer größern Ent'fernung über das Wasser schlagen zu lassen, damit die allzugroße Nähe der Stadt ihre raublustigen Gäste nicht in Versuchung führte. Zugleich wurde den
5 Einwohnern aller Ortschaften, durch welche der Zug gieng, vergönnt, ihre besten Habseligkeiten auf das Rudolstädter Schloß zu flüchten.

Mittlerweile näherte sich der spanische General, von Herzog Heinrich von Braunschweig und dessen Söhnen begleitet, der Stadt, und bat sich durch einen Boten, den er voranschickte, bey der Gräfin
10 von Schwarzburg auf ein Morgenbrod zu Gaste. Eine so bescheidene Bitte, an der Spitze eines Kriegsheers gethan, konnte nicht wohl abgeschlagen werden. Man würde geben, was das Haus vermöchte, war die Antwort; seine Excellenz möchten kommen und vorlieb nehmen. Zugleich unterließ man nicht, der Sauve-Garde noch einmal zu ge-
15 denken, und dem spanischen General die gewissenhafte Beobachtung derselben ans Herz zu legen.

Ein freundlicher Empfang und eine gut besetzte Tafel erwarten den Herzog auf dem Schlosse. Er muß gestehen, daß die thüringischen Damen eine sehr gute Küche führen, und auf die Ehre des Gastrechts
20 halten. Noch hat man sich kaum niedergesetzt, als ein Eilbote die Gräfin aus dem Saal ruft. Es wird ihr gemeldet, daß in einigen Dörfern unterwegs die spanischen Soldaten Gewalt gebraucht, und den Bauern ' das Vieh weggetrieben hätten. Katharina war eine Mutter ihres Volks; was dem Aermsten ihrer Unterthanen widerfuhr,
25 war ihr selbst zugestoßen. Aufs äusserste über diese Wortbrüchigkeit entrüstet, doch von ihrer Geistesgegenwart nicht verlassen, befiehlt sie ihrer ganzen Dienerschaft sich in aller Geschwindigkeit und Stille zu bewaffnen, und die Schloßpforten wohl zu verriegeln; sie selbst begiebt sich wieder nach dem Saale, wo die Fürsten noch bey Tische sitzen.
30 Hier klagt sie ihnen in den beweglichsten Ausdrücken, was ihr eben hinterbracht worden, und wie schlecht man das gegebene Kaiserwort gehalten. Man erwiedert ihr mit Lachen, daß dies nun einmal Kriegsgebrauch sey, und daß bey einem Durchmarsch von Soldaten dergleichen kleine Unfälle nicht zu verhüten stünden. „Das wollen

7: vom Herzog K B C W. — 10: bescheidne B. — 32: erwidert B. — 34: ständen C.

wir doch sehen, antwortete sie aufgebracht. Meinen armen Unterthanen muß das ihrige wieder werden, oder bey Gott! — indem sie drohend ihre Stimme anstrengte, Fürstenblut für Ochsenblut!" Mit dieser bündigen Erklärung verließ sie das Zimmer, das in wenigen Augenblicken von Bewaffneten erfüllt war, die sich, das Schwerdt in der Hand, doch mit vieler Ehrerbietigkeit, hinter die Stühle der Fürsten pflanzten und das Frühstück bedienten. Beym Eintritt dieser kampflustigen Schaar veränderte Herzog Alba die Farbe; stumm und betreten sah man einander an. Abgeschnitten von der Armee, von einer überlegenen handfesten Menge umgeben, was blieb ihm übrig, als sich in Geduld zu fassen, und auf welche Bedingungen es auch sey, die beleidigte Dame zu versöhnen? Heinrich von Braunschweig faßte sich zuerst, und brach in ein lautes Gelächter aus. Er ergriff den vernünftigen Ausweg, den ganzen Vorgang ins Lustige zu kehren, und hielt der Gräfin eine große Lobrede über ihre landesmütterliche Sorgfalt und den entschloßenen Muth, den sie bewiesen. Er bat sie, sich ruhig zu verhalten, und nahm es auf sich, den Herzog von Alba zu allem, was billig sey, zu vermögen. Auch brachte er es bey dem Letztern wirklich dahin, daß er auf der Stelle einen Befehl an die Armee ausfertigte, das geraubte Vieh den Eigenthümern ohne Verzug wieder auszuliefern. Sobald die Gräfin von Schwarzburg der Zurückgabe gewiß war, bedankte sie sich aufs schönste bey ihren Gästen, die sehr höflich von ihr Abschied nahmen.

Ohne Zweifel war es diese Begebenheit, die der Gräfin Katharina von Schwarzburg den Beynahmen der **Heldenmüthigen** erworben. Man rühmt noch ihre standhafte Thätigkeit, die Reformation in ihrem Lande zu befördern, die schon durch ihren Gemahl, Graf Heinrich XXXVII. darinn eingeführt worden, das Mönchswesen abzuschaffen und den Schulunterricht zu verbessern. Vielen protestantischen Predigern, die um der Religion willen Verfolgungen auszustehen hatten, ließ sie Schutz und Unterstützung angedeyhen. Unter diesen war ein gewisser Caspar Aquila, Pfarrer zu Saalfeld, der in jüngern Jahren der Armee des Kaisers als Feldprediger nach den Niederlanden ge-

---

2: Ihrige R·M. — 5: Schwert R·M. — 7: bedienten A. — 8: Schar R. —
16: entschloßenen R·M. — 22: aufs B. — Schönste R B C. — 28: darin R·M.

folgt war, und weil er sich dort geweigert hatte, eine Kanonenkugel
zu taufen, von den ausgelassenen Soldaten in einen Feuermörser
geladen wurde, um in die Luft geschossen zu werden; ein Schicksal,
dem er noch glücklich entkam, weil das Pulver nicht zünden wollte.
5 Jetzt war er zum zweytenmal in Lebensgefahr, und ein Preis von
5000 Gulden stand auf seinem Kopfe, weil der Kaiser auf ihn zürnte,
dessen Interim er auf der Kanzel schmählich angegriffen hatte. Katha=
rina ließ ihn, auf die Bitte der Saalfelder, heimlich zu sich auf ihr
Schloß bringen, wo sie ihn viele Monate verborgen hielt und mit
10 der edelsten Menschenliebe seiner pflegte, bis er sich ohne Gefahr
wieder sehen lassen durfte. Sie starb allgemein verehrt und betrauert
im 58sten Jahr ihres Lebens und im 29sten ihrer Regierung. Die
Kirche zu Rudolstadt verwahrt ihre Gebeine.

---

⁵: zweyten Male A, zweiten Male B C, zweiten Mal D, zweitenmal M.
— ⁶: auf seinem Kopfe A L B C B M. — ¹²: Jahre C B M. — ¹³: verwahrt
A B M] bewahrt L B C. — In A mit „S." unterzeichnet.

XIII. Epische Pläne.

Körner an Schiller, Dresden· 14. Oct. 1788 (1, 350): „Ich hatte einen flüchtigen Einfall, ob ein episches Gedicht auf Friedrich keine Arbeit für dich wäre. Versteht sich, ohne die conventionellen
5 Schnörkel von Feerei und allegorischem Wesen...."

Schiller an Körner, Rudolstadt, 20. Oct. 1788 (1, 353): „Deine Idee zu dem epischen Gedichte ist gar nicht zu verwerfen, nur kommt sie sechs bis acht Jahre für mich zu früh. Laß uns späterhin wieder darauf kommen. — Alle Schwierigkeiten, die von der so nahen
10 Modernität dieses Sujets entstehen, und die anscheinende Unverträglichkeit des epischen Tones mit einem gleichzeitigen Gegenstande würden mich so sehr nicht schrecken; im Gegentheil, es wäre eines Kopfes würdig, sie zu bestehen und zu überwinden. Wenn einige vollendetere poetische Werke und einige gute historische Ver-
15 suche die Erwartung des ganzen Publicums von mir genug erhöht und verbessert haben werden, daß ich von seiner Seite etwas Großes zur Beförderung einer solchen Nationalangelegenheit hoffen kann — Dinge, die alle einigen Schein der Wahrscheinlichkeit haben — dann läßt sich mehr darüber denken und sagen."

20 Schiller an Körner, Weimar, 10. März 1789 (2, 57—59): „Deine Idee, ein episches Gedicht aus einer merkwürdigen Action Friedrichs des Zweiten zu machen, fängt an, sich bei mir zu verklären und füllt manche heitere Stunden bei mir aus. Ich glaube, daß es noch dahin kommen wird, sie zu realisiren; an den eigen-
25 thümlichen Talenten zum epischen Gedichte, glaub' ich nicht, daß es mir fehlt. Ein tiefes Studium unserer Zeit (denn daß dies eigentlich der Punkt ist, um den sich alles darin drehen muß, wirst du mit mir überzeugt sein) und ein ebenso tiefes Studium Homers werden mich dazu geschickt machen. — Ein episches Gedicht im achtzehnten

Jahrhundert muß ein ganz anderes Ding sein, als eins in der Kindheit der Welt; und eben das ist's, was mich an dieser Idee so anzieht — unsere Sitten, der feinste Duft unserer Philosophie, unsere Verfassungen, Häuslichkeit, Künste, kurz alles muß auf eine un-
5 gezwungene Art darin niedergelegt werden, und in einer schönen harmonischen Einheit leben, so wie in der Iliade alle Zweige der griechischen Cultur u. s. f. anschaulich leben. Du wirst mich verstehen. Ich bin auch gar nicht abgeneigt, mir eine Maschinerie dazu zu erfinden. Denn ich möchte und muß auch alle Forderungen, die man
10 an den epischen Dichter von Seiten der Form macht, haarscharf erfüllen. Man ist einmal so eigensinnig (und vielleicht hat man nicht Unrecht), einem Kunstwerk Classicität abzusprechen, wenn seine Gattung nicht auf's Bestimmteste entschieden ist. Diese Maschinerie aber, die bei einem so modernen Stoffe, in einem so prosaischen Zeit-
15 alter die größte Schwierigkeit zu haben scheint, kann das Interesse in einem hohen Grade erhöhen, wenn sie eben diesem modernen Geiste angepaßt wird. Es rollen allerlei Ideen darüber in meinem Kopfe trüb durcheinander, aber es wird sich noch etwas Helles daraus bilden. Aber welches Metrum ich dazu wählen würde, ganz entschieden wählen
20 würde, erräthst du wohl schwerlich? Kein anderes als ottave rime. Alle anderen, das jambische ausgenommen, sind mir in den Tod zuwider; und wie angenehm müßte der Ernst, das Erhabene in so leichten Fesseln spielen! Wie sehr der epische Gehalt durch die weiche, sanfte Form schöner Reime gewinnen! Singen muß man es können,
25 wie die griechischen Bauern die Iliade, wie die Gondolieri in Venedig die Stanzen aus dem befreiten Jerusalem. Ich traue mir zu, schöne Verse zu machen, und einige Strophen in den Künstlern werden dir keinen Zweifel darüber lassen. Auch über die Epoche aus seinem Leben, die ich wählen würde, habe ich nachgedacht. Ich hätte gern
30 eine unglückliche Situation, welche seinen Geist unendlich poetischer entwickeln läßt. Die Schlacht bei Kollin und der vorhergehende Sieg bei Prag z. B., oder die traurige Constellation vor dem Tode der Kaiserin Elisabeth, die sich dann so glücklich und so romantisch durch ihren Tod löst. Die Haupthandlung müßte wo möglich sehr ein-
35 fach und wenig verwickelt sein, daß das Ganze immer leicht zu übersehen bliebe, wenn auch die Episoden noch so reichhaltig wären. Ich

würde darum immer sein ganzes Leben und sein Jahrhundert darin anschauen lassen; es giebt hier kein besseres Muster als die Iliade. Homer z. B. macht eine charakteristische Enumeration der verbündeten Griechen und der trojanischen Bundesvölker. Wie interessant müßte es sein, die europäischen Hauptnationen, ihr Nationalgepräge, ihre Verfassungen, und in sechs bis acht Versen ihre Geschichte anschauend darzustellen! Welches Interesse für die jetzige Zeit! Statistik, Handel, Landescultur, Religion, Gesetzgebung: alles dies könnte oft mit drei Worten lebendig dargestellt werden. Der deutsche Reichstag, das Parlament in England, das Conclave in Rom u. s. w. Ein schönes Denkmal würde auch Voltaire darin erhalten. Was es mir auch kosten möchte, ich würde den freien Denker vorzüglich darin in Glorie stellen, und das ganze Gedicht müßte dies Gepräge tragen. — Laß uns manchmal über diese Fridericiade miteinander plaudern."

Schiller an Körner, Jena, 26. März 1790 (2, 179): „Das epische Gedicht will mir nicht aus dem Kopfe; ich muß einmal dazu Beruf in mir haben. Vor einiger Zeit konnte ich der Versuchung nicht widerstehen, mich in achtzeiligen Stanzen zu versuchen. Ich übersetzte etwas aus der Aeneis; fertig ist aber noch nichts; denn es ist eine verteufelt schwere Aufgabe, diesem Dichter wiederzugeben, was er nothwendig verlieren muß."

Schiller an Körner, Jena 28. Nov. 1791 (2, 277—279): „Dein Gedanke nach Durchlesung der Stanzen war ganz auch der meinige: daß ich ein episches Gedicht machen sollte — und gewiß, erhalte ich meine Gesundheit wieder und kann zu meinem Leben Vertrauen fassen, so unternehme ich es sicher. Von den Requisiten, die den epischen Dichter machen, glaube ich alle, eine einzige ausgenommen, zu besitzen: Darstellung, Schwung, Fülle, philosophischen Geist und Anordnung. Nur die Kenntnisse fehlen mir, die ein homerisirender Dichter nothwendig brauchte, ein lebendiges Ganze seiner Zeit zu umfassen und darzustellen: der allgemeine, über alles sich verbreitende Blick des Beobachters. Der epische Dichter reicht mit der Welt, die er in sich hat, nicht aus, er muß in keinem gemeinen Grade mit der Welt außer ihm bekannt und bewandert sein. Dies ist, was mir fehlt; aber auch alles, wie ich glaube. Freilich würde ein mehr ent=

legenes Zeitalter mir diesen Mangel bedecken helfen, aber auch das
Interesse des gewählten Stoffes nothwendig schwächen. — Könnte ich
es mit dem übrigen vereinen, so würde ein nationeller Gegenstand
doch den Vorzug erhalten. Kein Schriftsteller, so sehr er auch an
Gesinnung Weltbürger sein mag, wird in der Vorstellungsart
seinem Vaterlande entfliehen. Wäre es auch nur die Sprache,
was ihn stempelt, so wäre diese allein genug, ihn in eine gewisse
Form einzuschränken und seinem Product eine nationelle Eigenthüm=
lichkeit zu geben. Wählte er aber nun einen auswärtigen Gegenstand,
so würde der Stoff mit der Darstellung immer in einem gewissen
Widerspruche stehen, da im Gegentheil bei einem vaterländischen Stoffe
Inhalt und Form schon in einer natürlichen Verwandtschaft stehen;
das Interesse der Nation an einem nationellen Heldengedichte würde
dann doch immer auch in Betrachtung kommen, und die Leichtigkeit,
dem Gegenstande durch das Locale mehr Wahrheit und Leben zu geben.
Friedrich der Zweite ist kein Stoff für mich, und zwar aus einem
Grunde, den du vielleicht nicht für wichtig genug hältst. Ich kann
diesen Charakter nicht liebgewinnen; er begeistert mich nicht genug, die
Riesenarbeit der Idealisirung an ihm vorzunehmen. — Unter allen
historischen Stoffen, wo sich poetisches Interesse mit nationellem und
politischem noch am meisten gattet, und wo ich mich meiner Lieb=
lingsideen am leichtesten entledigen kann, steht Gustav Adolph
oben an. Gerade das, was du mir vorschlägst [eine Art Philosophie
der Geschichte], bestimmt mich für diesen Stoff. Ganz gewiß wäre
eine solche Menschheitsgeschichte der würdigste Gegenstand für den
epischen Dichter, wenn sie irgend ein Stoff für einen Dichter sein
könnte. Aber da liegt eben die Schwierigkeit. Ein philosophischer
Gegenstand ist schlechterdings für die Poesie verwerflich, vollends für
die, welche ihren Zweck durch Handlung erreichen soll. Ich halte
den Satz für unwidersprechlich. Hingegen, wenn sich ein historischer
handlungsreicher Stoff findet, mit dem man diese philosophischen
Ideen nicht nur in eine natürliche, sondern nothwendige Verbindung
bringen kann, so kann daraus etwas Vortreffliches werden. Die Ge=
schichte der Menschheit gehört als unentbehrliche Episode in die Ge=
schichte der Reformation, und diese ist mit dem dreißigjährigen Kriege
unzertrennlich verbunden. Es kommt also bloß auf den ordnenden

Geist des Dichters an, in einem Heldengedicht, das von der Schlacht bei Leipzig bis zur Schlacht bei Lützen geht, die ganze Geschichte der Menschheit ganz und ungezwungen, und zwar mit weit mehr Interesse zu behandeln, als wenn dies der Hauptstoff gewesen wäre. — Ich will aber darum noch nicht sagen, daß ich für Gustav Adolph entschieden bin; aber noch weiß ich keinen Stoff, bei welchem sich so viele Erfordernisse zum Heldengedichte vereinigen. Es ist aber möglich, daß mir das vierte Jahrhundert oder das fünfte einen noch interessanteren darbietet."

XIV. Spiel des Schicksals.

Ein Bruchstück aus einer wahren Geschichte.

Aloysius von G*** war der Sohn eines Bürgerlichen von Stande in ***schen Diensten, und die Keime seines glücklichen Genies wurden
5 durch eine liberale Erziehung frühzeitig entwickelt. Noch sehr jung, aber mit gründlichen Kenntnissen versehen, trat er in Militärdienste bey seinem Landesherrn, dem er als ein junger Mann von großen Verdiensten und noch größern Hofnungen nicht lange verborgen blieb. G*** war in vollem Feuer der Jugend, der Fürst war es auch;
10 G*** war rasch, unternehmend, der Fürst, der es auch war, liebte solche Karaktere. Durch eine reiche Ader von Witz und eine Fülle von Wissenschaft wußte G*** seinen Umgang zu beseelen, jeden Zirkel in den er sich mischte, durch eine immer gleiche Jovialität aufzuheitern, und über alles, was sich ihm darbot, Reiz und Leben aus-
15 zugießen; und der Fürst verstand sich darauf, Tugenden zu schätzen, die er in einem hohen Grade selbst besaß. Alles was er unternahm, seine Spielereyen selbst, hatten einen Anstrich von Größe: Hindernisse schreckten ihn nicht, und kein Fehlschlag konnte seine Beharrlichkeit besiegen. Den Werth dieser Eigenschaften erhöhte eine empfehlende
20 Gestalt, das volle Bild blühender Gesundheit und herkulischer Stärke, durch das beredte Spiel eines regen Geistes beseelet; in Blick, Gang und Wesen eine anerschaffene natürliche Majestät, durch eine edle Bescheidenheit gemildert. War der Prinz von dem Geiste seines jungen

---

XIV. A: Der Teutsche Merkur. Jänner 1789. S. 52—71. — B und b: Kleinere pros. Schriften. Erster Theil. 1792. S. 263—290. — K: Friedrich von Schillers sämmtliche Werke. Vierter Band. Stuttg. u. Tüb. 1813. S. 196—215. — C: Schillers sämmtliche Werke in Einem Bande. Stuttg. u. Tüb. 1840. S. 713—716. — S: Schillers sämmtliche Werke in zehn Bänden. Neunter Band. Stuttg. u. Tüb. 1844. S. 26—37. — M: Schillers sämmtliche Werke in zwölf Bänden. Zehnter Band. Stuttg. 1860. S. 106—119.

3: [Aloysius von G*** d. i. Phil. Fr. v. Rieger]. — 4: wurde B. — 7: Landesherrn A. — 8: größerrn C B M. — Hoffnungen B b K C B M. — 21: beseelt; B b K C B M. — im B b K C B M.

Gesellschafters bezaubert, so riß diese verführerische Aussenseite seine
Sinnlichkeit unwiderstehlich hin. Gleichheit des Alters, Harmonie der
Neigungen und der Karaktere, stifteten in kurzem ein Verhältniß zwi=
schen Beyden, das alle Stärke von der Freundschaft und von der
5 leidenschaftlichen Liebe alles Feuer und alle Heftigkeit besaß. G***
flog von einer Beförderung zur andern: aber diese äusserliche Zeichen
schienen sehr weit hinter dem, was er dem Fürsten in der That war,
zurück zu bleiben. Mit erstaunlicher Schnelligkeit blühte sein Glück
empor, weil der Schöpfer desselben sein Anbeter, sein leidenschaftlicher
10 Freund war. Noch nicht zwey und zwanzig Jahr alt, sah er sich auf
einer Höhe, womit die Glücklichsten sonst ihre Laufbahn beschließen.
Aber sein thäti'ger Geist konnte nicht lange im Schoos müßiger Eitel= 54
keit rasten, noch sich mit dem schimmernden Gefolge einer Größe be=
gnügen, zu deren gründlichem Gebrauch er sich Muth und Kräfte
15 genug fühlte. Während daß der Fürst nach dem Ringe des Ver=
gnügens flog, vergrub sich der junge Günstling unter Akten und Büchern,
und widmete sich mit lasttragendem Fleiß den Geschäften, deren er
sich endlich so geschickt und so vollkommen bemächtigte, daß jede An=
gelegenheit, die nur einigermaaßen von Belange war, durch seine
20 Hände gieng. Aus einem Gespielen seiner Vergnügen wurde er bald
erster Rath und Minister, und endlich Beherrscher seines Fürsten.
Bald war kein Weg mehr zu diesem, als durch ihn. Er vergab alle
Aemter und Würden; alle Belohnungen wurden aus seinen Händen
empfangen.

25   G*** war in zu früher Jugend und mit zu raschen Schritten

3: Neigungrn A. — 6: äußerlichen Bb R O V M, Schoße
R L. — 14–15: „Fühlst du dir Stärke genug. Horen 1795 St. 11, S. 41" J.
Meyer. — 15–16: Ringe des Vergnügens] „Ich ging mit langsamen Schritten,
mit meinem bestäubten schwarzen Rocke, nach dem Fenster, und sah' durchs Fenster
die ganze Welt in Gelb, Blau und Grün nach dem Ringe des Vergnügens ren=
nen ... die Alten mit gebrochnen Lanzen und mit Helmen, wovon das Visir ver=
lohren gegangen ... die Jungen in Waffen, schimmernd wie Gold, bebuscht mit
allen buntfarbigten Federn beyder Indien ... Alle ... alle stießen darauf zu, wie
die Ritter mit verbundenen Augen in den alten Turnierspielen um Ruhm und
Liebe." Yoricks empfindsame Reise durch Frankreich und Italien. Aus dem Eng=
lischen übersetzt [von Bode]. Erster Band. Vierte Auflage. Bremen 1776. S. 131,
im Englischen: running at the ring of pleasure. 24. Sept. 1864 auch durch
M. Bernays an J. Meyer nachgewiesen. — 19: einigermaßen b R · M.

zu dieser Größe emporgestiegen, um ihrer mit Mäßigung zu genießen. Die Höhe worauf er sich erblickte, machte seinen Ehrgeiz schwindeln; die Bescheidenheit verließ ihn, sobald das letzte Ziel seiner Wünsche erstiegen war. Die demuthsvolle Unterwürfigkeit, welche von den ersten
5 des Landes, von allen, die durch Geburt, Ansehen und Glücksgüter so weit über ihn erhoben waren, von Greisen selbst, ihm, einem Jünglinge, gezollt wurde, berauschte seinen Hochmuth, und die unumschränkte Gewalt, von der er Besitz ge'nommen, machte bald eine gewisse Härte in seinem Wesen sichtbar, die von jeher als Karakter-
10 zug in ihm gelegen und ihm auch durch alle Abwechselungen seines Glückes geblieben ist. Keine Dienstleistung war so mühevoll und groß, die ihm seine Freunde nicht zumuthen durften; aber seine Feinde mochten zittern: denn so sehr er auf der einen Seite sein Wohlwollen übertrieb, so wenig Maaß hielt er in seiner Rache. Er gebrauchte sein
15 Ansehen weniger, sich selbst zu bereichern, als viele Glückliche zu machen, die ihm als dem Schöpfer ihres Wohlstandes huldigen sollten; aber Laune, nicht Gerechtigkeit, wählte die Subjekte. Durch ein hochfahrendes gebieterisches Wesen entfremdete er selbst die Herzen derjenigen von sich, die er am meisten verpflichtet hatte, indem er zugleich
20 alle seine Nebenbuhler und heimliche Neider in eben so viele unversöhnliche Feinde verkehrte.

Unter denen, welche jeden seiner Schritte mit Augen der Eifersucht und des Neides bewachten, und in der Stille schon die Werkzeuge zu seinem Untergange zurichteten, war ein Piemontesischer Graf, Joseph
25 Martinengo, von der Suite des Fürsten, den G*** selbst als eine unschädliche und ihm ergebene Kreatur in diesen Posten eingeschoben, um ihn bey den Vergnügungen seines Herrn den Platz ausfüllen zu lassen, dessen er selbst überdrüßig zu werden anfing, und den er lieber mit einer gründlichern Beschäftigung vertauschte. Da er diesen
30 Menschen als ein Werk seiner Hände betrachtete, das er, sobald es ihm nur einfiele, in das Nichts wieder zurückwerfen könnte, woraus er es gezogen: so hielt er sich desselben durch Furcht sowohl als durch Dankbarkeit versichert, und verfiel dadurch in eben den Fehler, den

---

⁶: welche von Greisen 𝔅 b 𝔎 𝔏 𝔅 𝔐. — ¹⁰: gelegen hatte 𝔅 b 𝔎 𝔏 𝔅 𝔐. —
²⁰: heimlichen 𝔅 b 𝔎 𝔏 𝔅 𝔐. — ²¹: verkehrte. 𝔄] verwandelte. 𝔅 b 𝔎 𝔏 𝔅 𝔐. —
²⁵: [Martinengo d. i. Montmartin]. — ²⁶: eingeschoben hatte 𝔅 b 𝔎 𝔏 𝔅 𝔐.

Richelieu begieng, da er Ludwig dem dreyzehnten den jungen le Grand zum Spielzeug überließ. Aber ohne diesen Fehler mit Richelieus Geiste verbessern zu können, hatte er es mit einem verschlageneren Feinde zu thun, als der Französische Minister zu bekämpfen gehabt hatte.
5 Anstatt sich seines guten Glücks zu überheben, und seinen Wohlthäter fühlen zu lassen, daß man seiner nun entübrigt sey, war Martinengo vielmehr aufs sorgfältigste bemüht, den Schein dieser Abhängigkeit zu unterhalten, und sich mit verstellter Unterwürfigkeit immer mehr und mehr an den Schöpfer seines Glücks anzuschließen. Zu gleicher Zeit
10 aber unterließ er nicht, die Gelegenheit, die sein Posten ihm verschafte, öfters um den Fürsten zu seyn, in ihrem ganzen Umfang zu benutzen, und sich Diesem nach und nach nothwendig und unentbehrlich zu machen. In kurzer Zeit wußte er das Gemüth seines Herrn aus= wendig, alle Zugänge zu seinem Vertrauen hatte er ausgespäht, und
15 sich unvermerkt in seine Gunst eingestohlen. Alle jene Künste, die ein edler Stolz und eine natürliche Erhabenheit der Seele den Minister verachten gelehrt hatte, wurden von dem Italiener in Anwendung gebracht, der zu Erreichung seines Zwecks' auch das niedrigste Mittel nicht verschmähte. Da ihm sehr gut bewußt war, daß der Mensch
20 nirgends mehr eines Führers und Gehülfen bedarf als auf dem Wege des Lasters, und daß nichts zu kühneren Vertraulichkeiten berechtigt, als eine Mitwissenschaft geheimgehaltener Blößen: so weckte er Leiden= schaften bey dem Prinzen, die bis jetzt noch in ihm geschlummert hatten, und dann drang er sich ihm selbst zum Vertrauten und Helfers=
25 helfer dabey auf. Er riß ihn zu solchen Ausschweifungen hin, die die wenigsten Zeugen und Mitwisser dulden; und dadurch gewöhnte er ihn unvermerkt, Geheimnisse bey ihm niederzulegen, wovon jeder Dritte ausgeschlossen war. So gelang es ihm endlich, auf die Ver= schlimmerung des Fürsten seinen schändlichen Glücksplan zu gründen,
30 und eben darum weil das Geheimniß ein wesentliches Mittel dazu war, so war das Herz des Fürsten sein, ehe sich G*** auch nur träumen ließ, daß er sich mit einem andern darein theilte.

Man dürfte sich wundern, daß eine so wichtige Veränderung der

---

8: Unterwürfigkeit A. — 10: verschaffte K C B M. — 17: Italiäner B A. —
20: Gehilfen M. — 21: kühnern K C B M. — 32: daß er es mit einem andern
theilte. B b K C B M.

Aufmerksamkeit des Letztern entgieng: aber G*** war seines eigenen Werthes zu gewiß, um sich einen Mann wie Martinengo als Nebenbuhler auch nur zu denken, und dieser, sich selbst zu gegenwärtig, zu sehr auf seiner Huth, um durch irgend eine Unbesonnenheit seinen Gegner aus dieser stolzen Sicherheit zu reissen. Was Tausende vor ihm auf dem glatten Grunde der Fürstengunst straucheln gemacht hat, brachte auch G*** zum Falle — zu große Zuversicht zu sich selbst. Die geheimen Vertraulichkeiten zwischen Martinengo und seinem Herrn beunruhigten ihn nicht. Gerne gönnte er einem Ankömmling ein Glück, das er selbst im Herzen verachtete und das nie das Ziel seiner Bestrebungen gewesen war. Nur weil sie allein ihm den Weg zu der höchsten Gewalt bahnen konnte, hatte die Freundschaft des Fürsten einen Reiz für ihn gehabt, und leichtsinnig ließ er die Leiter hinter sich fallen, sobald sie ihm auf die erwünschte Höhe geholfen hatte.

Martinengo war nicht der Mann, sich mit einer so untergeordneten Rolle zu begnügen. Mit jedem Schritte, den er in der Gunst seines Herrn vorwärts that, wurden seine Wünsche kühner, und sein Ehrgeiz fieng an, nach einer gründlichern Befriedigung zu dürsten. Die künstliche Rolle von Unterwürfigkeit, die er bis jetzt noch immer gegen seinen Wohlthäter beybehalten hatte, wurde immer drückender für ihn, je mehr das Wachsthum seines Ansehens seinen Hochmuth weckte. Da das Betragen des Ministers gegen ihn sich nicht nach den schnellen Fortschritten verfeinerte, die er in der Gunst des Fürsten machte, im Gegentheil oft sichtbar genug darauf eingerichtet schien, seinen aufsteigenden Stolz durch eine heilsame Rückerinnerung an seinen Ursprung niederzuschlagen: so wurde ihm dieses gezwungene und widersprechende Verhältniß endlich so lästig, daß er einen ernstlichen Plan entwarf, es durch den Untergang seines Nebenbuhlers auf einmal zu endigen. Unter dem undurchdringlichsten Schleier der Verstellung brütete er diesen Plan zur Reife. Noch durfte er es nicht

---

4: Hut O B M. — 9: Gerne A B b] Gern R O B M. — Ankömmling B b R C. B M, [offenbar Veränderung von Schiller selbst, Uebersetzung von parvenu, nur in dieser Stelle nachgewiesen; aber der Piemontese Martinengo kann am Würtemberger Hofe ein Ankömmling, dagegen der Graf nur sehr uneigentlich ein Auskömmling heißen, und die Veränderung ist gerade keine Verbesserung.] — 18: dürsten. A] streben B b R C. B M.

wagen sich mit seinem Nebenbuhler in offenbarem Kampfe zu meßen; denn obgleich die erste Blüthe von G***s Favoritschaft dahin war, so hatte sie doch zu frühzeitig angefangen, und zu tiefe Wurzeln im Gemüthe des jungen Fürsten geschlagen, um so schnell daraus verdrängt zu werden. Der kleinste Umstand konnte sie in ihrer ersten Stärke zurückbringen; darum begriff Martinengo wohl, daß der Streich, den er ihm beybringen wollte, ein tödlicher Streich seyn müsse. Was G*** an des Fürsten Liebe vielleicht verloren haben mochte, hatte er an seiner Ehrfurcht gewonnen; jemehr sich Letzterer den Regierungsgeschäften entzog, desto weniger konnte er des Mannes entrathen, der, selbst auf Unkosten des Landes, mit der gewissenhaftesten Ergebenheit und Treue seinen Nutzen besorgte — und so theuer er ihm ehedem als Freund gewesen war, so wichtig war er ihm jetzt als Minister.

Was für Mittel es eigentlich gewesen, wodurch der Italiener zu seinem Zwecke gelangte, ist ein Geheimniß zwischen den Wenigen geblieben, die der Schlag traf, und die ihn führten. Man muthmaßt, daß er dem Fürsten die Originalien einer heimlichen und sehr verdächtigen Correspondenz vorgelegt, welche G*** mit einem benachbarten Hofe soll unterhalten haben; ob ächt oder untergeschoben, darüber sind die Meinungen getheilt. Wie dem aber auch gewesen seyn möge, so erreichte er seine Absicht in einem fürchterlichen Grade. G*** erschien in den Augen des Fürsten als der undankbarste und schwärzeste Verräther, dessen Verbrechen so außer allen Zweifel gesetzt war, daß man ohne fernere Untersuchung sogleich gegen ihn verfahren zu dürfen glaubte. Das Ganze wurde unter dem tiefsten Geheimniß zwischen Martinengo und seinem Herrn verhandelt, daß G*** auch nicht einmal von ferne das Gewitter merkte, das über seinem Haupte sich zusammenzog. In dieser verderblichen Sicherheit verharrte er bis zu dem schrecklichen Augenblick, wo er von einem Gegenstande der allgemeinen Anbetung und des Neides zu einem Gegenstand der höchsten Erbarmung herunter sinken sollte.

Als dieser entscheidende Tag erschienen war, besuchte G*** nach seiner Gewohnheit die Wachparade. Vom Fähnrich war er in einem Zeitraum von wenigen Jahren bis zum Rang eines Obristen hinauf-

6: begrif B. — 14: Italiäner B. — 70: zertheilt B P. — 30: Gegenstande B b R C B M.

gerückt; und auch dieser Posten war nur ein bescheidener Name für die Ministerwürde, die er in der That bekleidete und die ihn über die Ersten im Lande hinaussetzte. Die Wachparade war der gewöhnliche Ort, wo sein Stolz die allgemeine Huldigung einnahm, wo er in einer kurzen Stunde einer Größe und Herrlichkeit genoß, für die er den ganzen Tag über Lasten getragen hatte. Die Ersten vom Range nahten sich ihm hier nicht anders als mit ehrerbietiger Schüchternheit, und die sich seiner Wohlgewogenheit nicht ganz sicher wußten, mit Zittern. Der Fürst selbst, wenn er sich je zuweilen hier einfand, sahe sich neben seinem Vezier vernachlässigt, weil es weit gefährlicher war, diesem letztern zu mißfallen, als es Nutzen brachte, Jenen zum Freunde zu haben. Und eben dieser Ort, wo er sich sonst als einem Gott hatte huldigen lassen, war jetzt zu dem schrecklichen Schauplatz seiner Erniedrigung erkohren.

Sorglos trat er in den wohlbekannten Zirkel, der sich, eben so unwissend über das, was kommen sollte, als er selbst, heute wie immer ehrerbietig vor ihm aufthat, seine Befehle erwartend. Nicht lange, so erschien, in Begleitung einiger Adjutanten, Martinengo, nicht mehr der geschmeidige, tiefgebückte, lächelnde Höfling — frech und baurenstolz, wie ein zum Herrn gewordener Lackai, mit trotzigem festem Tritte schreitet er ihm entgegen, und mit bedecktem Haupte steht er vor ihm still, im Namen des Fürsten seinen Degen fodernd. Man reicht ihm diesen mit einem Blicke schweigender Bestürzung, er stemmt die entblößte Klinge gegen den Boden, sprengt sie durch einen Fußtritt entzwey und läßt die Splitter zu G***s Füßen fallen. Auf dieses gegebene Signal fallen beide Adjutanten über ihn her, der Eine beschäftigt, ihm das Ordenskreuz von der Brust zu schneiden; der andre, beide Achselbänder nebst den Aufschlägen der Uniform abzulösen, und Kordon und Federbusch von dem Hute zu reissen. Während dieser ganzen schrecklichen Operation, die mit unglaublicher Schnelligkeit von statten geht, hört man von mehr als fünfhundert Menschen, die dicht herumstehen, nicht einen einzigen Laut, nicht einen einzigen Athemzug in der ganzen Versammlung. Mit bleichen Gesichtern, mit

---

7: vom Range B b K O B M. — 10: sahe A B b K] sah C B M. — 22: fodernd b C B M. — 32: umher stehen B b K C B M.

klopfendem Herzen, und in todtenähnlicher Erstarrung steht die er-
schrockene Menge im Kreis um Ihn herum, der in dieser sonderbaren
Ausstaffirung — ein seltsamer Anblick von Lächerlichkeit und Entsetzen!
— einen Augenblick durchlebt, den man ihm nur auf dem Hochgericht
nachempfindet. Tausend andre an seinem Platze würde die Gewalt
des ersten Schreckens sinnlos zu Boden gestreckt haben; sein robuster
Nervenbau und seine starke Seele dauerten diesen fürchterlichen Zustand aus, und ließen ihn alles Gräßliche desselben erschöpfen.

Kaum ist diese Operation geendigt, so führt man ihn durch die
Reihen zahlloser Zuschauer, bis ans äußerste Ende des Paradeplatzes,
wo ein bedeckter Wagen ihn erwartet. Ein stummer Wink befiehlt ihm,
in denselben zu steigen; eine Escorte von Husaren begleitet ihn. Das
Gerücht dieses Vorgangs hat sich unter'dessen durch die ganze Residenz
verbreitet, alle Fenster öfnen sich, alle Straßen sind von Neugierigen
erfüllt, die schreyend dem Zuge folgen, und unter abwechselnden Aus-
rufungen des Hohnes, der Schadenfreude, und einer noch weit kränken-
dern Bedauerniß, seinen Namen wiederhohlen. Endlich sieht er sich
im Freien, aber ein neuer Schrecken wartet hier auf ihn. Seitab von
der Heerstraße lenkt der Wagen, einen wenig befahrnen menschenleeren
Weg — den Weg nach dem Hochgerichte, gegen welches man ihn, auf
einen ausdrücklichen Befehl des Fürsten, langsam heranfährt. Hier,
nachdem man ihm alle Qualen der Todesangst zu empfinden gegeben,
lenkt man wieder nach einer Straße ein, die von Menschen besucht
wird. In der sengenden Sonnenhitze ohne Labung, ohne menschlichen
Zuspruch, bringt er sieben schreckliche Stunden in diesem Wagen zu,
der endlich mit Sonnenuntergang an dem Ort seiner Bestimmung, der
Vestung —, stille hält. Des Bewußtseyns beraubt, in einem mittlern
Zustand zwischen Leben und Tod (ein zwölfstündiges Fasten und der
brennende Durst hatten endlich seine Riesennatur überwältigt) zieht
man ihn aus dem Wagen — und in einer scheuslichen Grube unter
der Erde wacht er wieder auf. Das erste, was sich, als er die Augen
zum neuen Leben wieder aufschlägt, ihm darbietet, ist eine grauenvolle Kerkerwand, durch einige Mondesstralen matt erleuchtet, die in

---

2: ihn b·M. — 5: Andere C B. — 9: geendiget B b M. — 14: öfnen B b K
O B M. — 27: Vestung — A B b K, Festung O B M [Hohentwiel]. — 33: Mondesstralen b K.

einer Höhe von neunzehn Klaftern durch schmale Ritzen auf ihn herunter fallen. — ' An seiner Seite findet er ein dürftiges Brod nebst
einem Wasserkrug, und daneben eine Schütte Stroh zu seinem Lager.
In diesem Zustand verharrt er bis zum folgenden Mittag, wo endlich
in der Mitte des Thurmes ein Laden sich aufthut und zwey Hände
sichtbar werden, von welchen in einem hängenden Korbe dieselbe Kost,
die er gestern hier gefunden, herunter gelassen wird. Jetzt, seit diesem
ganzen fürchterlichen Glückswechsel zum erstenmal, entrissen ihm Schmerz
und Sehnsucht einige Fragen, wie er hieher komme? und was er ver-
brochen habe? Aber keine Antwort von oben: die Hände verschwinden,
und der Laden geht wieder zu. Ohne das Gesicht eines Menschen zu
sehen, ohne auch nur eines Menschen Stimme zu hören, ohne irgend
einen Aufschluß über dieses entsetzliche Schicksal, über Künftiges und
Vergangenes in gleich fürchterlichen Zweifeln, von keinem warmen
Lichtstral erquickt, von keinem gesunden Lüftgen erfrischet, aller Hülfe
unerreichbar und vom allgemeinen Mitleid vergessen, zählt er in diesem
Ort der Verdammniß vier hundert und neunzig gräßliche Tage an
den kümmerlichen Broden ab, die ihm von einer Mittagstunde zur
andern in trauriger Einförmigkeit hinuntergereicht werden. Aber eine
Entdeckung, die er schon in den ersten Tagen seines Hierseyns macht,
vollendet das Maas seines Elends. Er kennt diesen Ort — Er selbst
war es, der ihn, von einer niedrigen Rachgier getrieben, wenige
Monate vorher neu erbaute, um einen verdienten Offizier darin ' ver-
schmachten zu lassen, der das Unglück gehabt hatte, seinen Unwillen
auf sich zu laden. Mit erfinderischer Grausamkeit hatte er selbst die
Mittel angegeben, den Aufenthalt in diesem Kerker grauenvoller zu
machen. Er hatte vor nicht gar langer Zeit in eigner Person eine
Reise hieher gethan, den Bau in Augenschein zu nehmen, und die
Vollendung desselben zu beschleunigen. Um seine Marter aufs äusserste
zu treiben, muß es sich fügen, daß derselbe Offizier, für den dieser
Kerker zugerichtet worden, ein alter würdiger Obrister, dem eben verstorbenen Kommandanten der Vestung im Amte nachfolgt, und aus

---

4: Zustande 𝔎 𝔒 𝔙. — 12: eines Menschenstimme 𝔄. — 13: Lüftgen 𝔄 𝔙 b]
Lüftchen 𝔎 𝔒 𝔙 𝔐. — erfrischt 𝔙 b 𝔎 𝔒 𝔙 𝔐. — 14: Mittagstunde 𝔅 b - 𝔐. —
21: Maas 𝔄 𝔙 b] Maß 𝔎 𝔒 𝔙 𝔐. — 29: dessen 𝔙. — 31: Oberster 𝔙 b 𝔎 𝔒
𝔙 𝔐. — 32: Festung 𝔒 𝔙 𝔐.

einem Schlachtopfer seiner Rache der Herr seines Schicksals wird. So floh ihn auch der letzte traurige Trost, sich selbst zu bemitleiden, und das Schicksal, so hart es ihn auch behandelte, einer Ungerechtigkeit zu zeihen. Zu dem sinnlichen Gefühl seines Elends gesellte sich noch eine wüthende Selbstverachtung, und der Schmerz, der für stolze Herzen der bitterste ist, von der Großmuth eines Feindes abzuhängen, dem Er keine gezeigt hatte.

Aber dieser rechtschaffene Mann war für eine niedre Rache zu edel. Unendlich viel kostete seinem menschenfreundlichen Herzen die Strenge, die seine Instruction ihm gegen den Gefangenen auflegte, aber, als ein alter Soldat gewöhnt, den Buchstaben seiner Ordre mit blinder Treue zu befolgen, konnte er weiter nichts als ihn bedauren. Einen thätigeren Helfer fand' der Unglückliche an dem Garnison= prediger der Vestung, der von dem Elend des gefangenen Mannes gerührt, wovon er nur spät, und nur durch dunkle unzusammen= hängende Gerüchte, Wissenschaft bekam, sogleich den festen Entschluß faßte, etwas zu seiner Erleichterung zu thun. Dieser achtungswürdige Geistliche, dessen Nahmen ich ungern unterdrücke, glaubte seinem Hirtenberufe nicht besser nachkommen zu können, als wenn er ihn jetzt zum Besten eines unglücklichen Mannes geltend machte, dem auf keinem andern Wege mehr zu helfen war.

Da er von dem Kommandanten der Vestung nicht erhalten konnte, zu dem Gefangenen gelassen zu werden, so machte er sich in eigner Person auf den Weg nach der Hauptstadt, sein Gesuch dort unmittel= bar bey dem Fürsten zu betreiben. Er that einen Fußfall vor dem= selben und flehte seine Erbarmung für den unglücklichen Menschen an, der ohne die Wohlthaten des Christenthums, von denen auch das ungeheuerste Verbrechen nicht ausschließen könne, hülflos verschmachte und der Verzweiflung vielleicht nahe sey. Mit aller Unerschrockenheit und Würde, die das Bewußtseyn erfüllter Pflicht verleiht, foderte er einen freyen Zutritt zu dem Gefangenen, der ihm als Beichtkind an= gehöre, und für dessen Seele er dem Himmel verantwortlich sey. Die gute Sache, für die er sprach, machte ihn beredt, und den ersten

⁸: niedere B M. — ¹²: ihn B b K C L M] ihm A. — bedauern b K C M. — ¹³: thätigern K C L M. — ¹⁴. ²²: Festung O L M. — ¹⁸: Namen B b K C L M. — ³⁰: foderte b K · M.

Unwillen des Fürsten hatte die Zeit schon in ' etwas gebrochen. Er
bewilligte ihm seine Bitte, den Gefangenen mit einem geistlichen Be‍-
such erfreuen zu dürfen.

Das erste Menschenantlitz, das der unglückliche G*** nach einem
Zeitraum von sechszehn Monaten erblickte, war das Gesicht seines
Helfers. Den einzigen Freund, der ihm in der Welt lebte, dankte
er seinem Elend; sein Wohlstand hatte ihm keinen erworben. Der
Besuch des Predigers war für ihn eines Engels Erscheinung. Ich
beschreibe seine Empfindungen nicht. Aber von diesem Tage an flossen
seine Thränen gelinder, weil er sich von einem menschlichen Wesen
beweinet sah.

Entsetzen hatte den Geistlichen ergriffen, da er in die Mordgrube
hineintrat. Seine Augen suchten einen Menschen — und ein Grauen
erweckendes Scheusal kroch aus einem Winkel ihm entgegen, der mehr
dem Lager eines wilden Thieres als dem Wohnort eines menschlichen
Geschöpfes glich. Ein blasses Todtenähnliches Gerippe, alle Farbe des
Lebens aus einem Angesicht verschwunden, in welches Gram und Ver‍-
zweiflung tiefe Furchen gerissen hatten, Bart und Nägel durch eine
so lange Vernachläßigung bis zum Scheußlichen gewachsen, vom langen
Gebrauche die Kleidung halb vermodert, und aus gänzlichem Mangel
der Reinigung die Luft um ihn verpestet — so fand er diesen Lieb‍-
ling des Glücks, und diesem allem hatte seine eiser'ne Gesundheit
widerstanden! Von diesem Anblick noch ausser sich gesetzt, eilte der
Prediger auf der Stelle zu dem Gouverneur, um auch noch die zweyte
Wohlthat für den armen Unglücklichen auszuwirken, ohne welche die
erste für keine zu rechnen war.

Da sich dieser abermals mit dem ausdrücklichen Buchstaben seiner
Instruction entschuldigt, entschließt er sich großmüthig zu einer zweyten
Reise nach der Residenz, die Gnade des Fürsten noch einmal in An‍-
spruch zu nehmen: Er erklärt, daß er sich ohne die Würde des Sakra‍-
ments zu verletzen, nimmermehr entschließen könnte, irgend eine heilige
Handlung mit seinem Gefangenen vorzunehmen, wenn ihm nicht zuvor
die Aehnlichkeit mit Menschen zurückgegeben würde. Auch dieses wird
bewilligt, und erst von diesem Tage an lebte der Gefangene wieder.

¹: Elende K L P M. — ²: eine b. — ⁹: beschreibe b. — Tag P M.

Noch viele Jahre brachte G*** auf dieser Vestung zu, aber in einem weit leidlicheren Zustand, nachdem der kurze Sommer des neuen Günstlings verblüht war, und andre an seinem Posten wechselten, welche menschlicher dachten, oder doch keine Rache an ihm zu sättigen hatten. Endlich nach einer zehenjährigen Gefangenschaft erschien ihm der Tag der Erlösung — aber keine gerichtliche Untersuchung, keine förmliche Lossprechung. Er empfieng seine Freyheit als ein Geschenk aus den Händen der Gnade; zugleich ward ihm auferlegt, das Land auf ewig zu räumen.

Hier verlassen mich die Nachrichten, die ich, bloß aus mündlichen Ueberlieferungen, über seine Geschichte habe sammeln können; und ich sehe mich gezwungen über einen Zeitraum von zwanzig Jahren hinwegzuschreiten. Während desselben fieng G*** in fremden Kriegsdiensten von neuem seine Laufbahn an, die ihn endlich auch dort auf eben den glänzenden Gipfel führte, wovon er in seinem Vaterlande so schrecklich herunter gestürzt war. Die Zeit endlich, die Freundin der Unglücklichen, die eine langsame aber unausbleibliche Gerechtigkeit übet, nahm endlich auch diesen Rechtshandel über sich. Die Jahre der Leidenschaften waren bey dem Fürsten vorüber, und die Menschheit fieng allgemach an, einen Werth bey ihm zu erlangen, wie seine Haare sich bleichten. Noch am Grabe erwachte in ihm eine Sehnsucht nach dem Lieblinge seiner Jugend. Um wo möglich dem Greis die Kränkungen zu vergüten, die er auf den Mann gehäuft hatte, lud er den Vertriebenen freundlich in seine Heimat zurück, nach welcher auch in G***s Herzen schon längst eine stille Sehnsucht zurückgekehrt war. Rührend war dieses Wiedersehen, warm und täuschend der Empfang, als hätte man sich gestern erst getrennt. Der Fürst ruhte mit einem nachdenkenden Blick auf dem Gesichte, das ihm so wohl bekannt und doch wieder so fremd war; es war als zählte er die Furchen, die er selbst darein gegraben hatte. Forschend suchte er in des Greisen Gesicht die geliebten Züge des Jünglings wieder zusammen, aber was er suchte fand er nicht mehr. Man zwang sich zu einer frostigen Vertraulichkeit — Beyder Herzen hatten Schaam und

---

¹: Festung C B M. — ²: leidlichern A C. — Zustande A C B M. — ³: Andere C B M. — ⁵: zehnjährigen B b A C B M. — ²⁷: getrennt A C B M.

Furcht auf immer und ewig getrennt. Ein Anblick der ihm seine schwere Uebereilung wieder in seine Seele rief, konnte dem Fürsten nicht wohl thun; G*** konnte den Urheber seines Unglücks nicht mehr lieben. Doch getröstet und ruhig sah er in die Vergangenheit, wie man sich eines überstandenen schweren Traumes erfreuet.

Nicht lange, so erblickte man G*** wieder im vollkommenen Besitz aller seiner vorigen Würden — und der Fürst zwang seine innre Abneigung, ihm für das Vergangene einen glänzenden Ersatz zu geben. Aber konnte er ihm auch das Herz dazu wiedergeben, das er auf immer für den Genuß des Lebens verstümmelte? Konnte er ihm die Jahre der Hofnungen wieder geben? oder für den abgelebten Greiß ein Glück erdenken, das auch nur von weitem den Raub ersetzte, den er an dem Manne begangen hatte?

Noch 19 Jahre genoß G*** diesen heitern Abend seines Lebens. Nicht Schicksale, nicht die Jahre hatten das Feuer der Leidenschaft bey ihm aufzehren, noch die Jovialität seines Geistes ganz bewölken können. Noch in seinen siebenzigsten Jahren haschte er nach dem Schatten eines Guts, das er im zwanzigsten wirklich besessen hatte. Er starb endlich — als Befehlshaber von der Vestung***, wo Staatsgefangene aufbewahret wurden. Man wird erwarten, daß er gegen diese eine Menschlichkeit geübt, deren Werth er an sich selbst hatte schätzen lernen müssen. Aber er behandelte sie hart und launisch, und eine Aufwallung des Zorns gegen einen derselben streckte ihn auf den Sarg in seinem achtzigsten Jahre.

Griechisches Theater.

Schiller an Charlotte v. Lengefeld in Kochberg [Rudolstadt August 1788]: „Gestern lasen wir in der Odyssee, und eine Scene aus den Phönicierinnen des Euripides hätte uns bald Thränen gekostet." (Schiller und Lotte S. 85.)
Schiller an Körner, Rudolstadt 20. Oct. 1788 (1, 353 f.): „Ich bin jetzt mit einer Uebersetzung der Jphigenia von Aulis aus Euripides beschäftigt. Ich mache sie in Jamben; und wenn es auch nicht treue Wiedergebung des Originals ist, so ist es doch vielleicht nicht zu sehr unter ihm. Die Arbeit übt meine dramatische Feder, führt mich in den Geist der Griechen hinein, giebt mir, wie ich hoffe, unvermerkt ihre Manier — und zugleich liefert sie mir interessante Ingredienzien zum Mercur und zur Thalia, welche letztere ohne diesen Beitrag umsonst ihren Namen führen würde. Ich habe den griechischen Text, die lateinische Uebersetzung und das Théâtre grec vom P. Brumoy."
Schiller an Charlotte. [Weimar] Donnerstag, 27. Nov. 88: „Jetzt übersetze ich die Phönicierinnen des Euripides; die schöne Stelle, worin Jokaste sich die Uebel der Verbannung von Polynices erzählen läßt [V. 378 ff.], ist es, was mich vorzüglich dazu bestochen hat. Ich bedaure nur, daß ich bei diesen Arbeiten zu sehr pressirt bin, um mich nicht genug mit dem Geist meines Originals familiarisiren zu können, ehe ich die Feder ansetzte. Aber die Arbeit gibt mir Vergnügen, und kann am Ende doch keine andere als vortheilhafte Wirkung auf meinen eigenen Geist haben." (Schiller und Lotte S. 144—145.)
Schiller an Körner, Weimar 12. Dec. 1788 (1, 387 f.): „Noch immer habe ich den Euripides vor. Die Jphigenia ist zwar nicht sein bestes Stück; aber es wäre nicht gut, wenn ich das Beste gewählt hätte, um Lehrgeld darin zu geben. Die Hauptsache ist die Manier, die im Schlechten herrscht wie im Besten, und in jenem fast noch leichter bemerkt wird. Mein Styl hat dieser Reinigung sehr nöthig. Ich hoffe, ehe ein Jahr um ist, sollst Du in diesem Studium der Griechen — Studium kann ich es aber für jetzt noch kaum nennen — schöne Früchte bei mir sehen. Diese Woche wird die Jphigenia fertig und von den Phönicierinnen sind bereits zwei Acte übersetzt. Nach diesem wartet ein rechter Leckerbissen auf mich, nämlich des Aeschylus Agamemnon, den ich mit mehr Fleiß ausarbeiten werde. Ich hab' ihn Wieland schon für den Mercur zugesagt."
Schiller an Körner, Weimar, 9. März 1789 (1, 52 f.): „Dein Urtheil über die Jphigenia unterschreibe ich im Grunde ganz, und die Gründe aus denen du mich rechtfertigst, daß ich mich damit beschäftigte, sind auch die meinigen: mehr Simplicität in Plan und Styl daraus zu lernen. Setze noch hinzu, daß ich mir, bei mehrerer Bekanntschaft mit griechischen Stücken, endlich das Wahre,

Schöne und Wirkende daraus abstrahire und mir mit Weglassung des Mangelhaften ein gewisses Ideal daraus bilde, wodurch mein jetziges corrigirt und vollends gerundet wird — so wirst Du mich nicht tadeln, wenn ich zuweilen darauf verfalle, mich damit zu beschäftigen. Zeit und Mühe hat es mir allerdings gekostet, und das, was im Euripides schlecht war, bei weitem am meisten. Die Chöre haben durch mich gewonnen, d. h. was sie bei manchem andern Uebersetzer nicht gewonnen hätten; denn vielleicht sind sie im Original durch die Diction vortrefflich. Wenn Du nun die zwei letzten Acte vollends hast (die Deine Idee sowohl vom Original als von der Uebersetzung vielleicht noch verbessern), so mache Dir den Spaß, meine Uebersetzung mit der lateinischen des Josua Barnes zusammenzuhalten; denn diese lateinische war, als die treueste, mein eigentliches Original: dann wirst Du mir vielleicht eingestehen, daß ich zu einem großen Grad eigener Begeisterung nöthig hatte, und daß ich sehr von dem Meinigen habe zusetzen müssen, um sie so leidlich zu liefern. Ich fordere viele unserer Dichter auf, die sich soviel auf ihr Griechisch und Lateinisch zu gute thun, ob sie bei so wenig erwärmendem Text nur soviel geleistet hätten, als ich leistete. Ich konnte nicht wie sie mit den Feinheiten des Griechischen mir helfen — ich mußte mein Original errathen, oder vielmehr, ich mußte mir eins erschaffen."

Schiller an Körner, Jena 24. Oct. 1791 (2, 268): „Jetzt bin ich beschäftigt, den Agamemnon des Aeschylus zu übersetzen; theils um den ersten Band meines griechischen Theaters fertig zu bringen, theils der Thalia wegen, für die ich einige Acte bestimme. Ueberhaupt und vorzüglich aber strebe ich durch diese Uebersetzungen der tragischen Dichter nach dem griechischen Styl, was Du auch dagegen magst auf dem Herzen haben."

Während seines Aufenthaltes in Stuttgart bot Schiller (in einem ungedruckten Briefe vom 29. Merz. 94. an Cotta) ein Griechisches Theater zum Verlage an, das er mit dem Professor Nast am Gymnasium in Stuttgart und dem Diaconus Conz in Vaihingen unternehmen wollte. 'Wir würden des Jahrs etwa 2 Bände herausgeben und in etwa 6 bis 7 Bänden würde es absolvirt seyn. Jeder Band müßte eine Beurtheilung der darinn enthaltenen Stücke, von meiner Hand, enthalten, und überhaupt würde ich in diesen Abhandlungen Gelegenheit nehmen, die hauptsächlichste Schönheiten des Griechischen Trauerspiels als überhaupt die ganze Theorie der tragischen Dichtkunst zu entwickeln.' Das Unternehmen zerschlug sich jedoch, wie es scheint weil Schiller nicht allein der Herausgeber sein wollte.

XV. Die Phönizierinnen.

aus dem Euripides übersetzt.

Einige Scenen.

Personen:

Jokaste, des Oedipus Gemahlinn und Mutter. Königinn zu Theben.
Antigone, ihre Tochter.
Eteokles.
Polynices, ihre und des Oedipus Söhne.
Hofmeister der Antigone.
Chor fremder Frauen aus Phönizien.

Die Scene ist vor dem Pallast des Oedipus zu Theben.

XV. A: Thalia. Achtes Heft (erschien in der Ostermesse 1789). S. 1—41. — G: Gedichte von Friedrich Schiller. Zweyter Theil. Leipzig 1803. S. 309—358. — g: Gedichte. Zweiter Theil. Leipzig 1805. S. 341—390. — K: Friedrich von Schillers sämmtliche Werke. Vierter Band. Stuttg. u. Tüb. 1813. S. 119 —154. — B: Schillers sämmtliche Werke. Dritter Band. Stuttg. u. Tüb. 1835. S. 105—136. — W: Schillers sämmtliche Werke in zehn Bänden. Dritter Bd. Stuttg. u. Tüb. 1844. S. 85—110. — O: Schillers Werke in Einem Bande. Stuttg. 1840. S. 236—242. — M: Schillers sämmtl. Werke in zwölf Bänden. Stuttg. 1860. Bd. 6. S. 265—294. — B: Evripidis tragoediae fragmenta epistolae ex editione Ioavae Barnesii nvnc recvsa et avcta ... tomvs I. Lipsiae CIƆ IƆCC LXXVIII. 4°. p. 146 sqq. — b: Théatre des Grecs, par le P. Brumoy. Nouvelle edition. Tome cinquième. A Paris M. DCC. LXXXVI. p. 181—232 (analyse).

1: Scenen aus den Phönizierinnen des Euripides G g K B W O M. — 5: Jokasta G·M und so alle Ausgaben fast immer. — 10: fremder G·M.

Erster Akt.

Erster Auftritt.

Jokaste allein
als Vorrednerinn des Stückes.

O der du wandelst zwischen den Gestirnen
des Himmels, und, auf goldnem Wagen thronend,
mit flüchtigem Gespanne Flammen von
dir strömst, erhabner Sonnengott — wie feindlich
5 sahst du auf Thebens Land herab, als Kadmus,
der Tyrer, seinen Fuß in diese Gegend
gesetzet! — Ihm gebahr der Venus Tochter
Harmonia den Polydor; von diesem
soll Labdakus, des Lajus Vater, stammen.
10 Ich bin Menöceus Tochter; meinen Bruder
nennt Kreon sich von mütterlicher Seite.
Jokaste heiß ich — also nannte mich
mein Vater — und mein Ehgemahl war Lajus.
Der gieng, als lang' kein Kindersegen kam,
15 nach Phöbus Stadt, aus unserm Ehebette
sich einen Leibeserben zu erflehn.
Ihm ward die Antwort von dem Gott: „Beherrscher
der rossekundigen Thebaner, werde
nicht Vater wider Jovis Schluß! denn zeugst
20 du einen Sohn, so wird dich der Erzeugte tödten,
und wandeln muß dein ganzes Haus durch Blut."
Doch er, von Lust und Bacchus Wuth besiegt,
ward Vater — Als ein Knabe nun erschien,
gab er, der Uebereilung jezt zu spät

Erster — Stückes.] Jokasta G. M. — ²⁻⁴: Mit flüchtigen Rossen Flammen von
dir strömst | Erhabner Sonnengott — wie feindlich streng G. M. — ⁶⁻⁷: Der
Tyrer, seinen Fuß hieher gesezt. | Dem Könige gebahr der Venus Tochter G. M.

gewahr und des Orakels eingedenk,
den Neugebohrnen, dem er durch die Solen
ein spitzig Eisen trieb, den Hirten, ihn
auf Junos Au zu werfen, die den Gipfel
Cithärons schmückt. Hier ward er von den Hirten
des Polybus gefunden, heimgetragen,
und vor die Königinn gebracht, die, meines
Gebährens Frucht an ihre Brust gelegt,
bei'm Gatten sich des Kindes Mutter rühmte.
Als er zum Jüngling nun gereift, und um
das Kinn das zarte Milchhaar angeflogen,
gieng er — sei's aus freiwill'ger Regung, sei's
auf fremden Wink — die Eltern zu erfragen,
nach Phöbus Stadt, wohin zu gleicher Zeit
auch Lajus, mein Gemahl, sich aufgemacht,
vom weggelegten Sohne Kundschaft zu erhalten.
Auf einem Scheideweg in Phocis stießen
sie auf einander, und der Wagenführer
des Lajus rief: Mach' Platz dem König, Fremdling!
Doch er kroch schweigend seines Weges fort
mit hohem Geist, bis ihm der Zelter Huf
die Ferse blutig trat — da — doch wozu
noch über fremdes Unglück mich verbreiten?
Da schlug der Sohn den Vater, nahm den Wagen,
und bracht' ihn seinem Pfleger Polybus.
Als bald darauf die räuberische Sphinx
das Land umher verwüstete, ließ Kreon
der Schwester Hand, die jezt verwittwet war,
durch öffentlichen Heroldsruf dem zur
Belohnung biethen, der die Räthselfrage
der weisen Jungfrau lösen würde. Das
Verhängniß fügt's, daß Oedipus, mein Sohn,
das Räthsel löst, worauf er König ward,

26: den Neugeb. G·M] dem Neugeb. A. — 52: an ihre Brüste legend, G·M.
— 53—55: Dem zur Belohnung biethen, der die Frage | Der räthselhaften Jung-
frau würde lösen. | Das Schicksal fügt's, daß Oedipus, mein Sohn, | G·M.

und dieses Landes Scepter ihn belohnte.
Unwissend freit' der Unglückselige
60 die Mutter; auch die Mutter wußte nicht,
daß sie den eignen Sohn umfieng. So gab
ich Kinder meinem Kind, zwei Knaben erst,
den Eteokles und den herrlichen
Polynices — zwei Töchter dann, die jüngste
65 Ismene von Ihm selbst, die älteste
von Mir Antigone genannt. Doch als
der Unglückselige sich endlich nun
als seiner Mutter Ehgemahl erkannte,
und aller Jammer stürmend auf ihn drang,
70 stach der Verzweiflungsvolle mörderisch
mit goldnem Haken sich die blutenden
Augapfel aus — Indessen bräunte sich
der Söhne Wange; diesen Unfall dem
Gerüchte zu verbergen — viele Kunst
75 braucht' es, dem Aug' der Welt ihn zu entziehn —
verschlossen sie den Vater im Pallaste.
Hier lebt er noch, doch wund von der erlitt'nen
Mißhandlung hört man grauenvolle Flüche
ihn auf der Söhne Haupt herunterfluchen,
80 daß Lajus ganzes königliches Haus
durch ihres Schwertes Schärfe fallen möge.
Und dieses schweren Fluchs Erfüllung nun,
wenn sie beisammen wohnen blieben, nicht
herbeizurufen, schlossen unter sich
85 die Brüder den Vertrag, daß sich der Jüng're
freiwillig aus dem Reich verbannen sollte,
indeß der Aeltere des Throns genöße,

62—64: Ich Kinder meinem eignen Kind, zwei Knaben | Den Eteokles erst, und Polynices | Den herrlichen — zwei Töchter dann, G.M. — 66: Vom A. — 72: Augapfel A G) Augäpfel g K B D W M. — 73—75: diesen Unfall ... entziehn A] dieses Unglücks Schmach | Dem Aug der Welt zu bergen — schwer gelangs — G.M. — 77—80: doch wund ... daß Lajus A] doch der Gewaltthat zürnend | Ergoß er Flüche auf der Söhne Haupt, | Daß Lajus G.M. — 81: möge fallen! G.M.

  und beide so von Jahr zu Jahre wechselnd.
  Doch Eteokles, mächtig nun des Throns,
90 verschmäht herabzusteigen, und verstößt
  Polynicen gewaltsam aus dem Lande.
  Der flieht nach Argos, wo Abrastus ihn
  zum Eidam sich erwählt, und um ihn her
  ein mächtig Heer versammelt. Dieses führt
95 er gegen Thebens sieben Thore nun
  heran, des Vaters Reich zurückfordernd,
  und seinen Antheil an dem Königsthron.
  Nun hab' ich, beide Brüder zu versöhnen,
  Polynicen vermocht, auf Treu und Glauben
100 sich bei dem Bruder friedlich einzufinden,
  eh' sie im Treffen feindlich sich vermengen.
  Er werde kommen, meldet mir der Bote.
  Sei du nun unser Retter, Zevs, der über
  des Himmels strahlenvollen Kreisen wohnt,
105 und sende meinen Kindern die Versöhnung.
  Wenn du ein weises Wesen bist, nicht immer
  kannst du denselben Menschen elend sehn!
(sie geht ab.)

Zweiter Auftritt.

Der Hofmeister. Antigone noch nicht gleich sichtbar.

Hofmeister
(spricht in's Haus hinein und erscheint auf dem Giebel.)

  Weil dir die Mutter auf dein Bitten denn
  vergönnen will, Antigone, aus deinem
110 Gemach zu gehen, und das Argiverheer
  vom Söller des Pallastes zu beschauen,
  so warte hier, bis ich den Weg erkundet,
  damit der Bürger keiner uns begegne,

91: Polynicen A] den jüngeren G-M. — 103-104: Sei du nun unser Retter, Vater Zevs | Der in des Himmels lichten Kreisen wohnt, G-M. — 107ᵃ: Zweiter Auftritt A, fehlt G-M. — 110: gehn G-M.

und nicht verläumderischer Tadel mich,
115 den Knecht, und dich, die Fürstentochter, treffe.
Hab' ich erst rings mich umgesehn, alsdann
erzähl' ich dir, was ich im Lager sah
und von den Feinden mir erklären lassen,
als ich den wechselseitigen Vertrag
120 der beiden Brüder hin und wieder trug.

(nachdem er umhergesehen.)

Es nähert weit und breit sich niemand. Steig
die alten Zedernstuffen nur herauf,
und schau und sieh, was für ein Heer von Feinden
in den Gefilden längs dem Quell der Dirce
125 verbreitet liegt und längs dem Laufe des
Ismen!

Antigone
(noch hinter der Scene.)

So komm und reiche meiner Jugend
die Manneshand und hilf mir auf die Stuffen.

Hofmeister
(ihr den Arm reichend.)

Da Jungfrau! Halte dich nur fest — Sieh! Eben
zu rechter Zeit bist du heraufgestiegen.
130 Das Heer kommt in Bewegung und die Haufen
zertrennen sich.

Antigone.
(zurückfahrend.)

Ha! Tochter der Latona!
Ehrwürd'ge Hekate! — Ein Blitz ist
das ganze eherne Gefilde!

---

120 a: fehlt G·M. — 124: längs der Dirce Quell, G·M. — 125: Laufe des
Ismen! | G·M (durch die Aufnahme des Wortes Ismen in den Vers ist derselbe
um einen Fuß zu lang und der folgende zu kurz geworden, daher die Einschaltung in 126). — 126: So komm o Greis und reiche meiner Jugend | G·M. —
131: (zurückfahrend) fehlt G·M. — 132–133: Ehrwürd'ge Hekate! — Ein Blitz ist
das Gefilde. | G·M (durch diese Aenderung ist der Vers ein Alexandriner geworden).

Hofmeister.
Ja, nicht verächtlich rückte gegen Theben
135 Polynices herauf. Mit Rossen ohne Zahl
braus't er heran, und vielen tausend Schilden.
Antigone.
Es sind mit Schlössern doch und ehrnen Riegeln
die Pforten und die Werke Amphions,
die Mauern, wohl verwahrt?
Hofmeister.
Sei außer Sorgen.
140 Von innen ist die Stadt verwahrt — Doch sieh
den Führer da, wenn du ihn kennen willst.
Antigone.
Der dort mit blankem Helme vor dem Heer
einherzieht und den ehrnen Schild so leicht
im Arme schwenkt — Wer ist's?
Hofmeister.
Das ist ein Führer,
145 Gebietherinn!
Antigone.
Wer ist er? Woher stammt er?
Wie nennt er sich? O sage mir das, Greis.
Hofmeister.
Mycenischen Geschlechts ist er und wohnt
an Lernas Teiche, Fürst Hippomedon.
Antigone.
150 Wie trotzig — und wie schreckhaft anzusehn!
Den Erdgebohrenen Giganten gleich,
nicht wie ein Sterblicher tritt er einher,
gleich einem Stern in seiner Rüstung leuchtend!
Hofmeister.
Siehst du jezt den, der über das Gewässer
155 der Dirce sezt?

134–135: rückte Polynices | Auf Theben her. G. M. — 139: Mauern & B C. H M.

Antigone.

Ganz andre Waffen sind
das wieder! Sage mir, wer ist's?

Hofmeister.

Das ist
der Führer Tydeus, König Oeneus Sohn.
Dem schlägt der kalidon'sche Mars im Busen.

Antigone.

Ist's der, der von der Gattinn meines Bruders
160 die Schwester ehlichte? Wie fremd von Rüstung!
Halb Grieche scheint er mir und halb Barbar!

Hofmeister.

Mein Kind! So starke Schilde führen alle
Etolier, und auf den Lanzenwurf
verstehen sie sich treflich.

Antigone.

Aber wie
165 kannst du dieß alles so genau mir sagen?

Hofmeister.

Weil ich der Schilde Zeichen mir gemerkt,
als ich den Stillstand in das Lager brachte,
so kenn' ich die nun, die die Schilde führen.

Antigone.

Wer ist denn jener Langgelockte dort
170 an Cethus Grabmal, schreckhaft anzuschauen,
doch noch ein Jüngling an Gestalt?

Hofmeister.

Ein Führer.

Antigone.

Was für ein Haufen von Bewaffneten
sich um ihn drängt!

Hofmeister.

Es ist Parthenopäus,
der Atalanta Sohn.

155: kalydon'sche C H R. — 163: Aetolier C H R.

Antigone.

Daß ihn Dianens
175 Geschoß, die jagend durch Gebirg und Wald
mit seiner Mutter schweift, verderben möge,
der meine Heimat zu verwüsten kam!

Hofmeister.

Das gebe Zevs und alle Himmlischen!
Doch keine schlimme Sache führte die
180 herauf — drum fürcht' ich sehr, es werden
die Götter nach Gerechtigkeit verhängen!

Antigone.

Wo aber, wo entdeck' ich den, den das
unsel'ge Schicksal mir zum Bruder gab?
O Liebster! Zeige mir ihn — zeige mir
185 Polynicen!

Hofmeister.

Der dort nicht weit vom Grabmal
der sieben Töchter Niobens, zunächst
an dem Adrastus, steht — erkennst du ihn?

Antigone.

Ja. Ja. Ich sehe — doch recht deutlich nicht —
so was, das ihm von ferne gleicht — so etwa,
190 wie Er die Brust zu tragen pflegt! — o könnt' ich
der schnellen Wolke Flug mit diesen Füßen
zu meinem Bruder durch die Lüfte fliegen,
die Arme schlingen um den liebsten Hals
des armen Flüchtlings, ach! des lang' entbehrten!
195 O sieh doch! Wie die Morgensonne, blitzt
der Herrliche in seiner goldnen Rüstung!

Hofmeister.

Und freue dich! Gleich steht er selbst vor dir!

184—187: O Liebster! Polynicen zeige mir! | Hofmeister. | Der dort beim Grab
der Töchter Niobens | Nächst an Adrastus, steht — erkennst du ihn? | G. M. —
189: Ja, ja, ich sehe — G. M.

Antigone.

Wer ist denn der, der dort mit eignen Händen
den weißen Wagen lenkt?

Hofmeister.

Das ist der Seher
200 Amphiaraus, Königinn. Du siehst,
er führt die Opferthiere mit sich, die
mit ihrem Blut die Erde tränken sollen.

Antigone.

O Luna! Licht im goldnen Kreise! Tochter
der Sonne, die im Sterngürtel glänzt!
205 Wie ruhig, wie geschickt er seine Zelter
im Zügel hält und herrschet auf dem Wagen!
Wo aber ist der Trotzige, der gegen
die Stadt so kühner Drohung sich verwogen?
Wo ist Kapaneus?

Hofmeister.

Dort mißt er die Höh'
210 und Tiefe unsrer Mauern und erspäht
sich einen Zugang zu den sieben Thürmen.

Antigone.

O Nemesis und ihr hohlbrausende
Gewitter Jovis und du loher Strahl
des Nachtumgebnen Blitzes! Zähmet ihr
215 den Trotz, der über Menschheit sich versteiget!
Das ist der Mann, der Thebens Töchter mit
dem Schwert gefangen nach Mycene führen,
und an dem Quell der Lerna in die Knechtschaft
herunterstürzen will — Nein! Tochter Zevs!
220 Goldlockigte Diana! Heilige!
Knechtschaft laß nie und nimmer mich erfahren!

Hofmeister.

Was du zu sehn verlangtest, hast du nun
gesehn, und deinen Wunsch gestillt. Komm jetzt

---

²¹⁰: Mauern K B O B M. — ²¹²: hohlbrausenden G·M. — ²¹⁸: Lerna K B.
— ²²⁰: Goldlockige L B O.

in's Haus zurück, mein Kind, in deinem Frauen=
225 gemach dich still und sittsam einzuschließen.
Der Aufruhr, siehst du, führt dort eine Schar
von Weibern zu der Königsburg heran —
Und Weiber schmähen gern'! Je seltner sie
zum Plaudern kommen, desto emsiger
230 wird die Gelegenheit benuzt. Es muß,
ich weiß nicht welche Wollust für sie seyn,
einander nichts gesundes vorzuschwatzen.

(sie gehen ab.)

Zweiter Akt.

Erster Auftritt.

Polynices kommt.

Hier wär' ich. Durch die Thore haben mich
die Wacher ohne Schwierigkeit gelassen.
235 Dieß könnte mir verdächtig seyn — — Nun sie
in ihrem Netz mich einmal haben, dürfte
wohl ohne Blut kein Rückweg für mich seyn.
Ob nicht ein Fallstrick irgendwo hier laure,
muß ich die Augen aller Orten haben.
240 Doch dieses Schwert sei meine Sicherheit!

(er fährt zusammen.)

Horch! Wer ist da? — Wahrhaftig! Ein Geräusch
sezt mich in Furcht! Auch dem Beherztesten
dünkt alles grauenvoll, wenn er den Fuß
in Feindes Land gesezt! — Der Mutter trau' ich
245 und trau' ihr wieder nicht, die nach beschwornem
Vertrag hieher zu kommen mich beredet.
Doch in der Nähe hier ist Schutz. Altäre
der Götter stehen da, und auch nicht ganz

231: Den beim Euripides folgenden Chor hat Schiller überschlagen. — 232 a: „Zweiter Akt. Erster Auftritt." fehlt G·M. — 234: Wächter G·M (πυλωρῶν ianitorum B).

verlaſſen ſind die Häuſer. Gut. Ich will
250 das Schwert der finſtern Scheide wieder geben,
und wer die ſind, die bei der Königsburg
dort ſtehen, mich erkunden.
(er geht auf den Chor zu.)

Zweiter Auftritt.

Polynices. Chor.

Polynices.
Frembe Frauen,
ſagt an, aus welcher Heimat kommet ihr
hieher zu dieſen Wohnungen der Griechen?
Chor.
255 Phönizien hat mich gezeugt. Mich ſandten,
als ihrer Siege Erſtlinge, dem Phöbus
die Enkel Agenors — und eben wollte
des Oedipus glorreicher Sohn zum hehren
Orakel und zum Heiligthum des Gottes
260 mich ſenden, da umzingelte der Feind
die Stadt — Laß du nun auch mich hören, wer
Du ſeiſt, und was nach Thebens Veſte dich,
der Siebenthürmenden, geführt?
Polynices.
Mein Vater
iſt Oedipus, des Lajus Sohn. Jokaſte
265 gebahr mich, des Menöceus edle Tochter,
Polynices nennt mich das Volk zu Theben.
Chor.
O theurer Zweig von Agenors Geſchlechte,
Verwandter meiner Könige, derſelben,
die mich hieher geſendet — o laß mich
270 nach meines Landes Weiſe knieend dich

250: finſtern, obscuram vaginam B. — 252: „Zweiter Auftritt. Polynices.
Chor." fehlt G·M. — 263: Siebenpfortigen G·M. — 266: Und Polynices
nennt mich Thebens Volk. G·M.

begrüßen, Fürst! So bist du endlich wieder
gekommen! Nach so langer Trennung wieder
gekommen in dein heimisch' Land!
(er ruft hinein.)
Hervor!
Hervor Gebietherinn! Thu' auf die Thore!
275 Hörst du ihn nicht, den du gebahrst! Was säumst du
die hochgewölbten Zimmer zu durcheilen
und in des Sohnes Arme dich zu werfen?

Dritter Auftritt.
Jokaste zu den Vorigen.
Jokaste.
Jungfrauen, eure tyr'sche Stimme hab'
ich in dem Innern des Pallasts vernommen,
280 und wanke nun mit Alterschwerem Tritt
zu euch heraus.
(Sie erblickt den Polynices.)
Mein Sohn! Mein Sohn! So seh'
ich endlich nach so vielen tausend Tagen
dein liebes Auge wieder! O umschlinge
mit deinem Arm die mütterliche Brust!
285 Laß die geliebten Wangen mich berühren!
Laß, mit der Mutter Silberhaar vermengt,
die braunen Locken diesen Hals beschatten!
O Freude! Freude! Nimmer glaubt' ich, nimmer
hofft' ich, in diese Arme dich zu schließen.
290 Was soll ich alles dir doch sagen? Wie
das mannichfaltige Entzücken mit
Geberden, Worten, Händen von mir geben,
jezt da, jezt dort die irren Blicke weidend,

273: (ruft hinein.) G·M. — 274: Gebietherinn! A. — 277 a: „Dritter Auftritt
... Vorigen." fehlt G·M. — Jokasta (kommt) G·M. — 278—279: eurer Stimme
tyrischen Laut | Hab ich im Innern G·M. — 291: mannigfaltige K O W. —
292: Geberden, K V C W M. — 293: jezt, da jezt dort A G g.

die Lust vergang'ner Jahre wieder kosten?
295 O lieber Sohn, wie öde ließest du
das väterliche Haus zurück, als dich
des Bruders Trotz in's Elend ausgestoßen.
Wie haben deine Freunde sich nach dir
gesehnt! Wie hat ganz Thebe sich nach dir
300 gesehnt! Mein Sohn, von diesem Tag' an schnitt'
ich Jammernde die Locken mir vom Haupte,
seit diesem Tage schmückt kein weißes Kleid
die Glieder mehr, nur dieses nächtliche
Gewand, das du hier siehst, hat mich bekleidet.
305 Mit thränenvoller Sehnsucht schmachtete
indeß, des Augenlichts beraubt, der Greis
hier in der Burg nach seinen Söhnen, die
von seinem Hause wilde Zwietracht riß,
schon zückt' er gegen sich das Schwert, den Tod
310 mit eignen Händen sich bereitend, knüpfte
sich zu erwürgen schon an hohem Pfosten
die Seile, gegen dich und deinen Bruder
in heulende Verwünschungen ergossen.
So halten wir den Ewigjammernden
315 im Dunkel hier verborgen. Du, mein Sohn,
hast unterdeß im Ausland, wie sie sagen,
des Hochzeitbettes Freuden dir bereitet,
hast — o welch harter Schlag für deine Mutter
und welcher Schimpf für Lajus, deinen Ahnherrn!
320 hast Fremde zu den Deinigen gemacht,
und fremden Fluch an unser Haus gekettet.
Ich hatte dir die Hochzeitfackel ja
nicht angezündet, wie es sittlich ist
und recht, und wie's beglückten Müttern ziemet,

299: Theben G.·M. — 306–308: Indeß, des süßen Augenlichts beraubt, | Der Greis hier in der Burg nach seinen Söhnen, | Die wilder Haß von seinem Hause riß, | G.·M. — 309: zückt g. — 319: Und welche Schmach G.·M. — 323: φῶς νόμιμον ἐν γάμοις, lumen legitimum in nuptiis B. v. 346 sq. suivant l'usage des heureuses mères. b p. 180. — 324: ziemt G.·M.

825 und der Ismen gab dir die Welle nicht
zum hochzeitlichen Bad, kein Freudenton
begrüßte deine Braut in Thebens Thoren!
Verwünscht sei'n alle Plagen, die das Haus
des Oedipus, sei's durch der Söhne Schwert
830 und Zwietracht, sei's um seiner Sünde willen,
sei's durch des Schicksals blinden Schluß, bestürmen.
Auf meinem Haupte schlagen sie zusammen.

Chor.
Hart sind die Wehen der Gebährerinn,
drum lieben alle Mütter so die Kinder!

Polynices.
335 Hier bin ich mitten unter Feinden, Mutter.
Hab' ich mir gut gerathen oder schlimm?
ich weiß es nicht — Doch hier ist keine Wahl,
zum Vaterland fühlt jeder sich gezogen.
Wer anders redet, Mutter, spielt mit Worten,
340 und nach der Heimat stehen die Gedanken.
Doch von geheimer Furcht gewarnt, daß nicht
der Bruder hinterlistig mich erwürge,
hab' ich die Straßen mit entblößtem Schwert,
und scharf herumgeworfnem Blick durchzogen.
345 Eins ist mein Trost, der Friedenseid und dein
gegebnes Wort. Voll Zuversicht auf dieß
vertraut' ich mich den vaterländ'schen Mauern.
Nicht ohne Weinen, Mutter, kam ich her,
als ich die alte Königsburg und die
350 Altäre meiner Götter, und die Schule,
wo meine Jugend sich im Waffenspiel
geübt, und Dircens wohlbekannte Wasser
nach langer, langer Trennung wieder sah!
Ganz wider Billigkeit und Recht ward ich
355 aus diesen Gegenden verbannt, gezwungen
mein Leben in der Fremde zu verweinen.

347: Mauern ℓ B O H R. — 348: πολύδακρις, multum lacrimans B 368.

Nun seh' ich auch noch dich, geliebte Mutter,
auch dich voll Kummers, mit beschornem Haupte,
in diesem Trau'rgewande — Ach, wie elend
360 bin ich! Wie unglückbringend, liebe Mutter,
ist Feindschaft zwischen Brüdern, und wie schwer
hält die Versöhnung! — Aber wie ergeht's
dem alten blinden Vater hier im Hause?
Wie meinen beiden Schwestern? Weinen sie
365 um ihren Bruder, der im Elend irret?

Jokaste.

Ach, irgend ein Unsterblicher ist gegen
das Haus des Oedipus entbrannt! Erst ward
ich Mutter, die nicht Mutter werden sollte,
drauf ehlichte zur unglückseel'gen Stunde
370 dein Vater Lajus mich und dann warbst du!
Doch wozu dieses? — Tragen muß der Mensch,
was ihm die Götter senden — Sieh! Ich möchte
gern ein'ge Fragen an dich thun, wenn ich
nicht fürchtete, dich zu betrüben.

Polynices.
Thu'
375 es immer. Halte nichts vor mir zurück.
Was Du willst, macht mir allemal Vergnügen.

Jokaste.

Was ich zuerst also gern' wissen möchte —
Sag — ist's denn wirklich ein so großes Uebel,
des Vaterlands beraubet seyn?

Polynices.
Das Größte,

365: irrt? G.M. — 370: Dein ... du! A (g R] Mich Oedipus, dein Vater, dann warbst du! B O W M. Die Aenderung ist zwar richtig, aber nicht von Schiller; Κακῶς δὲ γῆμαι πατέρα σόν, φύραι τε οἱ; et ut male duceret uxorem pater tuus, tuque nasceris B 384; im Auszug bei b übergangen. — 374—375: Nicht fürchtete, dir Schmerzen zu erregen. | Polynices. | Thu's immer. Halte G.M. — 377: gern L B O W M vgl. 440. — 379—381: Des Vaterlands beraubet sein? | Polynices. | Und größer warlich, als es Worte mahlen! | G.M.

380 und größer in der That, als Worte es
beschreiben.
Jokaste.
Und wodurch denn eigentlich?
Was ist so hartes denn an der Verweisung?
Polynices.
Das Schrecklichste ist das: der Flüchtling darf
nicht reden, wie er gerne möchte.
Jokaste.
385 Was du mir sagst, ist eines Sklaven Loos;
nicht reden dürfen, wie man's meint!
Polynices.
        Er muß
den Aberwitz der Mächtigen ertragen.
Jokaste.
Ein Thor seyn müssen mit den Thörigten,
auch das fällt hart!
Polynices.
       Und dennoch muß er ihnen,
390 so sehr sein Inn'res sich dagegen sträubt,
um seines Vortheils willen sklavisch dienen.
Jokaste.
Doch Hofnung, sagt man, stärke den Verbannten.
Polynices.
Sie lacht ihm freundlich, doch von weitem nur.
Jokaste.
Und lehrt die Zeit nicht, daß sie eitel war?
Polynices.
395 Ach, eine holde Venus spielt um sie!
Jokaste.
Doch wovon lebtest du, eh' deine Heurath
dir Unterhalt verschaffte?

384: Nicht offen reden, G.M. — 388: Thörichten A B C D M. — 392: Hofnung G.M. — 395: Ἔχουσιν Ἀφροδίτην τιν' ἡδεῖαν θεόν; Habent venerem, suavem deam quandam B 402. — 396: Heirath A B C D M.

Polynices.
Manchmal hatt' ich
auf einen Tag zu leben, manchmal nicht.
Jokaste.
Nahm denn kein alter Gastfreund deines Vaters,
400 kein andrer Freund sich deiner an?
Polynices.
Sei glücklich!
Mit Freunden ist's vorbei in schlimmen Tagen.
Jokaste.
Auch deine Herkunft half dir nicht empor?
Polynices.
Ach Mutter! Mangel ist ein hartes Loos!
Mein Adel machte mich nicht satt.
Jokaste.
Die Heimat
405 ist also wohl das Theuerste, was Menschen
besitzen!
Polynices.
O, und theurer als die Zunge
aussprechen kann!
Jokaste.
Wie kamst du denn nach Argos?
Was für ein Vorsatz führte dich dahin?
Polynices.
Adrasten ward von Phöbus das Orakel:
410 ein Eber und ein Löwe würden seine
Eidame werden.
Jokaste.
Sonderbar! Was heißt das?
Wie konntest du mit einem dieser Nahmen
gemeinet seyn?

<sub>400—401: Feliciter rem gere; amicorum enim res in calamitatibus nihil sunt.
B 406. — 402: Non extulit te nobilitas ad magnum gradum? B 407. —
412: Bezeichnet seyn? G.M. —</sub>

Polynices.
Das weiß ich selbst nicht, Mutter.
Das Schicksal hatte mir dieß Glück beschieden.
Jokaste.
415 Voll Weisheit sind des Schicksals Fügungen!
Wie aber brachtest du's bis zur Vermählung?
Polynices.
Es war Nacht. Ich kam zur Halle des Adrast —
Jokaste.
Flüchtlingen gleich, ein Obdach da zu finden?
Polynices.
Das war mein Vorsatz. Bald nach mir kam noch
420 ein andrer Flüchtling.
Jokaste.
Wer war dieser Andre?
Auch ein Unglücklicher, wie du?
Polynices.
Er nannte sich Tydeus, Oeneus Sohn.
Jokaste.
Wie aber konnte Adrast mit wilden Thieren euch vergleichen?
Polynices.
Weil wir um's Lager handgemein geworden.
Jokaste.
425 Und darin fand der Sohn des Talaus
den Aufschluß des Orakels?
Polynices.
Jedem von uns
ward seiner Töchter eine zur Gemahlinn.
Jokaste.
Und diese Ehe — schlug sie glücklich aus?

416—417: Es | war Nacht A] Nacht war's. G·M. — 425: Ταλαοῦ παῖς, filius Talai, B 425. — 426—427: Einem jeden | Gab er der Töchter eine zur Gemahlinn. | G·M.

Die Phönizierinnen.

Polynices.
Bis diesen Tag hab' ich sie nicht bereuet.
Jokaste.
430 Wodurch bewogst du aber die Argiver,
mit dir herauf zu ziehn?
Polynices.
Adrastus schwor
es mir und diesem Tydeus zu, der jetzt
mein Bruder ist, jedweden Eidam in
sein vaterländisch Reich zurückzuführen,
435 und mich zuerst. Es sind der argischen
und griech'schen Fürsten viel im Heer, mir diesen
nothwendigen, doch traur'gen Dienst zu leisten;
denn wider meine Heimat führ' ich sie
herauf. Doch die Unsterblichen sind Zeugen,
440 wie ungern' ich die Waffen gegen meine
Geliebtesten ergriff. Dir, Mutter, kommt es
nun zu, den thränenvollen Zwist zu heben,
zwei gleich geliebte Brüder zu versöhnen,
und dir und mir und unserm Vaterland
445 viel Drangsal, viele Leiden zu ersparen.
Es ist ein altes Wort, doch bring' ich's wieder:
Die Ehre wohnt bei'm Reichthum. Reichthum übt
die größte Herrschaft über Menschenseelen.
Ihn zu erlangen, komm' ich an der Spitze
450 so vieler Tausende. Der Arme, sei
er noch so groß gebohren, gilt für nichts.
Chor.
Sieh! Eben naht sich Eteokles selbst
zur Friedenshandlung. Königinn, nun ist's an dir
der Ueberredung kräft'ges Wort zu führen,
455 das deine Kinder zur Versöhnung neige.

431–434: Mit dir zu ziehen gegen Thebens Thore? | Polynices. | Adrast
gelobt' es mir und diesem Tydeus | Der jetzt mein Bruder ist, jedweden Eidam |
Zurückzuführen in sein heimisch Reich, | G. M. — 440: ungern K B O W M
vgl. 377. — 441–442: Mutter, nun | Kommts zu G. M.

Vierter Auftritt.

Eteokles zu den Vorigen.

Eteokles.

Da bin ich Mutter. Dir zu lieb' erschein ich.
Was soll ich hier? Man lasse hören. Eben
hab' ich mein Volk und meine Wagen vor den Mauren
in Schlachtordnung gestellt — noch hielt ich sie
60 zurück, das Wort des Friedens erst zu hören,
um deſſentwillen dem vergönnet ward,
mit ſicherem Geleit' hier zu erſcheinen.

Jokaſte.

Gelaß'ner. Uebereilung thut nicht gut,
Bedachtſamkeit macht alle Dinge beſſer.
65 Nicht dieſen finſtern Blick! Nicht dieſes Schnauben
verhaltner Wuth! Es iſt kein abgerißnes
Meduſenhaupt, was du betrachten ſollſt,
dein Bruder iſt's, der zu dir kam — Auch du,
Polynices, gönn' ihm dein Angeſicht;
470 weit beſſer ſpricht ſich's, weit eindringender,
wenn deine Blicke ſeinem Blick begegnen,
weit beſſer wirſt du ihn verſtehn. Hört Kinder!
Ich will euch eine kluge Lehre geben.
Wenn Freunde, die einander zürnen, ſich
475 von Angeſicht zu Angeſicht nun wieder
zuſammen finden, ſeht, ſo müſſen ſie,
uneingedenk jedweder vorigen
Beleidigung, ſich einzig deſſen nur,
weßwegen ſie beiſammen ſind, erinnern!

(Zu Polynices.)

480 Du haſt das erſte Wort, mein Sohn. Weil dir
Gewalt geſchehen, wie du ſagſt, biſt du
mit dem Argiverheer heraufgezogen.

---

445 a: Vierter ... Eteokles. A] Eteokles (kommt.) G·M. — 456: Lieb' C. —
457—458: hier? Laß hören. Eben hab ich | Mein Volk G·M. — 457: Mauren
L B C M R. — 469: Gönn' ihm dein Angeſicht, mein Polynices, G·M.

und möchte einer der Unsterblichen
nun Schiedsmann seyn, und eure Zwietracht tilgen!
Polynices.
485 Wahrheit liebt Einfalt. Die gerechte Sache
hat künstlich schlauer Wendung nicht vonnöthen.
Sie selbst ist ihre Schutzwehr. Nur die schlimme,
siech in sich selbst, braucht die Arznei des Witzes.
Weil ich es gut mit ihm und mir und mit
490 dem Vaterland gemeint, verbannt' ich mich,
den Flüchen zu entgehen, die der Greis
auf uns gewälzt, freiwillig aus dem Reiche,
ließ ihm den Thron, den er nach Jahresfrist
abwechselnd mich besteigen lassen sollte,
495 noch damals weit entfernt, mit Blut und Mord
zurückzukehren, Böses zuzufügen,
und Böses zu empfangen. Ihm gefiel
die Auskunft, er beschwor sie bei den Göttern,
nun hält er nichts von allem, was er schwor,
500 und fähret fort, den Thron und meinen Theil
am väterlichen Reich sich zuzueignen.
Doch selbst noch jezt bin ich bereit — gibt man
was mein ist, mir zurück — der Griechen Heer
aus diesem Land' in Frieden wegzuführen,
505 mein Jahr, wie es mir zukommt, zu regieren,
und ihm ein Gleiches wieder zu gestatten.
So bleibt mein Vaterland von Drangsal frei,
und keine Leiter naht sich diesen Thürmen.
Verschmäht man das — Nun! So entscheide denn
510 das Schwert! Doch meine Zeugen sind die Götter,
wie billig ich es meinte, und wie höchst
unbillig man der Heimat mich beraubet!
Das ist es, Mutter, Wort für Wort, was ich
zu sagen habe, kurz und ungeschraubt,
515 doch klar und überzeugend, wie mir däucht,
dem schwachen Kopf, wie dem Verständigsten!

516: verständigsten! B O H M.

Chor.

Ich finde diese Rede voll Verstand,
wiewohl mich Griechenland nicht auferzogen.

Eteokles.

Ja wenn, was Einem schön und löblich dünkt,
520 auch jedem andern schön und löblich dünkte,
kein Streit noch Zwist entzweite dann die Welt!
So aber sind's die Nahmen nur, worüber
man sich versteht; in Sachen denkt man anders.
Sieh, Mutter! Zu den Sternen dort — ich sag'
525 es ohne Scheu — dort, wo der Tag anbricht,
stieg ich hinauf, vermöchten's Menschenkräfte,
und in der Erde Tiefen taucht' ich unter,
die höchste der Göttinnen, die Gewalt,
mir zu erringen! Mutter, und dieß Gut
530 sollt' ich in andern Händen lieber sehn,
als in den meinigen? Der ist kein Mann,
der, sich des Größern entäußernd, an
dem Kleinern sich genügen läßt — Und wie
erniedrigend für mich, wenn dieser da
535 mit Feu'r und Schwert, was er nur will, von mir
ertrotzen könnte! Wie beschimpfend selbst
für Theben, wenn die Speere der Argiver
das Scepter mir abängstigten! Nein, Mutter!
Nein! Nicht die Waffen in der Hand, hätt' er
540 von Frieden sprechen sollen! Was ein Schwert
ausrichten mag, thut auch ein Wort der Güte.
Will er im Lande sonst sich niederlassen?
Recht gern! Doch König wird er nicht! So lange
ich es zu hindern habe, nicht! — Ihm dienen,

521: entzweihte A, entzweite R B O B M, entweihte G g. *Εἰ πᾶσι ταὐτὸν καλὸν ἔφυ, σοφόν θ᾽ ἅμα | Οὐκ ἦν ἂν ἀμφίλεκτος ἀνθρώποις ἔρις.* Si omnibus idem esset pulchrum, egregiumque simul, Non esset utique ambigua dissensio inter homines. B 502—503. — Si ce qui semble honnête aux uns le paroissoit aux autres, il n'y auroit plus de dissentions parmi les humains. b 193. „entweihte" ist also nur Conjectur. — 532—533: Der, wo das Größre zu gewinnen ist, | Am Kleinern sich genügen läßt — G.M.

545 da ich sein Herr seyn kann? — Nur zu! Er rücke
mit Schwert und Feuer auf mich an, er decke
mit Rossen und mit Wagen das Gefilde!
Mein König wird er niemals! Nie und nimmer!
Muß Unrecht seyn, so sei's um eine Krone,
550 in allem andern sei man tugendhaft *).

Chor.

Zu schlimmer That schön reden ist nicht gut.
Das heißt Gerechtigkeit und Tugend höhnen.

Jokaste.

Mein Sohn! Mein Eteokles! Alles ist
nicht schlimm am Alter. Die Erfahrung krönt's
555 mit mancher Weisheit, die der Jugend mangelt.
Warum von der Göttinnen schlimmster, von
der Ehrbegierde dich beherrschen lassen?
O meide die Abscheuliche! In manch
glückselig Haus, in manch glückselig Land
560 schlich sie sich ein, doch wo man sie empfieng,
zog sie nie anders aus, als mit Verderben.
Sieh, und nach dieser rasest du! Wie viel
vortreflicher ist Gleichheit! Gleichheit knüpft
den Bundsverwandten mit dem Bundsverwandten,
565 den Freund zusammen mit dem Freund, und Länder
mit Ländern! Gleichheit ist das heilige Gesetz
der Menschheit. Dem Vermögenderen lebt
ein ew'ger Gegner in dem Aermern, stets
bereit, ihn zu bekriegen. Gleichheit gab
570 den Menschen Maaß, Gewicht und Zahl. Das Licht
der Sonne und die strahlenlose Nacht

---

*) Nam si violandum est jus, regnandi gratia violandum est; in aliis rebus pietatem colas. Cic. Offic. L. III. Cap. 21. Capitalis Eteocles, vel potius Euripides, setzt er hinzu, qui id unum, quod omnium sceleratissimum fuerat, exceperit. Es ist immer zu verwundern, daß diese ganze starke Rede des Eteokles, wenn gleich der Chor sie nachher tadelt, auf einem griechischen Theater hat gesagt werden dürfen. [Schiller] A; fehlt G·M. — „Nam ... L. III" B, die übrigen Worte des Cicero hat Schiller hinzugefügt].

556—557: schlimmster dich | Dich von der Ehrbegier beherrschen lassen? | G·M.

läßt sie in gleichem Zirkelgange wechseln —
und, keines neidisch auf des andern Sieg,
wetteifern beide nur, der Welt zu dienen.
575 Und dich befriedigt nicht der gleiche Theil
am Throne, du mißgönnst ihm auch den seinen?
Ist das gerecht, mein Sohn? Was ist so großes
denn an der Macht, der glücklichen Gewaltthat,
daß du so übermäßig sie vergötterst?
580 Der Menschen Augen auf sich ziehn? Ist das
das Herrliche? Das ist ja nichts! Bei vielen
Besitzungen viel Müh' und Angst empfinden?
Denn was ist Ueberfluß? Sprich selbst. Ein Nahme!
Just haben, was er braucht, genügt dem Weisen.
585 Und Schätze sind kein Eigenthum des Menschen,
der Mensch verwaltet nur, was ihm die Götter
verliehn, und, wenn sie wollen, wieder nehmen.
Ein Tag macht den Begüterten zum Bettler.
Nun laß ich unter Zweien dir die Wahl.
590 Was willst du lieber? Deine Vaterstadt
erhalten oder herrschen? — Du willst herrschen!
Wie aber, wenn der Sieger wird, und seiner
Argiver Scharen deine Heere schlagen,
willst du dann Zeuge seyn, wie Thebens Stadt
595 zu Grunde stürzet, seine Jungfrauen,
ein Raub des Siegers, in die Knechtschaft wandern?
Ehrgeiziger, das leg' ich dir an's Herz,
so theu'r muß Thebe deinen Goldburst zahlen!

(sich zu Polynices wendend)

Und du, mein Sohn Polynices — dir hat
600 Abrastus einen unverständ'gen Dienst
erzeigt und von dir selbst ist's unverständig,
dein Vaterland mit Krieg zu überziehn!

594: Thebens A] Kadmus G·M. ἄστυ Θηβαίων τόδε, Thebanorum civitatem hanc, B 566 — cette même Thèbes b, 196. — 599—603: Und dir, mein Polynices, hat Abrast | Unklug gedient und unklug bist du selbst, | Daß du der Heimat nahst mit Kriegesnoth. [Kriegsnoth. g]. | Gesetzt G·M.

Gesezt (wofür die Götter uns bewahren!)
du unterwärfest dir die Stadt, was für
605 Trophäen willst du deinem Sieg errichten?
Mit welchen Opfern den Unsterblichen
für deines Vaterlandes Umsturz danken?
Mit welcher Aufschrift die gemachte Beute
am Inachus aufstellen? „Diese Schilde
610 weiht nach Einäscherung der Vaterstadt
Polynices den Göttern?" — Das verhüte
der Himmel, mein geliebter Sohn, daß je
ein solcher Ruhm dich bei den Griechen preise!
Wirst du besiegt, und krönet den das Glück,
615 sag' an, mit welcher Stirne willst du dich,
nach so viel tausend hier gelaßnen Todten,
in Argos sehen lassen, wo man deinem
Adrast entgegen schreien wird: „Verfluchtes
Ehebündniß, das du stiftetest! Um einer
620 Vermählten willen muß dein Volk verderben!"
So rennst du in die doppelte Gefahr,
den Preis sowohl, um den du kämpfen willst,
als der Argiver Beistand zu verlieren.
O zähmet, Kinder, dieß unbänd'ge Feuer!
625 Kann wohl was ungereimter seyn, als zwei
Unsinnige, die um dasselbe buhlen!

Chor.

O wendet Götter dieses Unheil ab,
und stiftet Frieden unter Oedips Kindern!

Eteokles
(aufbrechend.)

Mit Worten wird hier nichts entschieden, Mutter,
630 die Zeit geht ungenüzt vorbei und dein
Bemühen, siehst du, ist umsonst — Ich Herr

603: wofür A G, wovor g K B C. W G. — 604: unterwärfest A G g K B C. W M;
vgl. Iphig. in Aul 364: daß deine Kinder stärben. — 611: Den Göttern Polynices?" G. M. — 619: Ehbündniß G. M.

von diesem Land', sonst kein Gedank' an Frieden!
Verschone mich mit längerer Ermahnung!
(zu Polynices)
Du, räume Theben oder stirb!
Polynices.
Durch wen?
635 Wer ist der Unverlezliche, der mich
mit mörderischem Stahl anfallen darf,
und nicht von meinen Händen gleiches fürchtet?
Eteokles.
Er steht vor deinen Augen. Siehst du hier?
(er streckt seinen Arm aus.)
Polynices.
Ich sehe — doch der Ueberfluß ist feig,
640 und eine böse Sache liebt das Leben.
Eteokles.
Drum rücktest du mit so viel Tausenden
herauf? Um eine Memme zu bekriegen!
Polynices.
Weil kluge Vorsicht mehr als toller Muth
den Feldherrn ziert.
Eteokles.
Wie übermüthig! Dank'
645 es dem Vertrag, der dir das Leben fristet.
Polynices.
Noch einmal fordr' ich mein ererbtes Reich
und meinen Thron von dir zurück.
Eteokles.
Es ist
hier nichts zurückzufordern. Ich bewohne
mein Haus, und fahre fort es zu bewohnen.
Polynices.
650 Wie? Mehr als deines Antheils ist?

644: Dem Feldherrn ziemt. G.M. — 644-645: Wie frech, wie übermüthig?
Dank's dem Vertrag G.M.

Die Phönizierinnen.

Eteokles.
So sagt' ich.
Und nun brich auf.
Polynices.
O ihr Altäre meiner Heimat!
Eteokles.
Die du zu schleifen kamst.
Polynices.
O höret mich!
Eteokles.
Dich hören, der sein Vaterland bekrieget!
Polynices.
Ihr Tempel meiner heim'schen Götter!
Eteokles.
Sie
655 verwerfen dich.
Polynices.
Man treibt mich aus der Heimat!
Eteokles.
Weil du gekommen bist, sie zu verheeren.
Polynices.
Höchst ungerecht verstößt man mich, ihr Götter!
Eteokles.
Hier nicht, in deinem Argos ruf' sie an!
Polynices.
Ruchloser!
Eteokles.
Doch kein Feind des Vaterlandes
660 wie du!
Polynices.
Gewaltsam treibst du mich hinaus!
Gewaltsam raubst du mir mein Erbe!

---

⁶⁵⁴: Ihr Tempel meiner Götter! Eteokles. Deine Götter | G.M. — ⁶⁵⁹ bis ⁶⁶¹: Ruchloser Lästrer! Eteokles. Doch kein Feind wie du | Des Vaterlands. Polynices. Gewaltsam treibst du mich | Hinaus, gewaltsam raubst G.M. —

Eteokles.
Und auch das Leben hoff' ich dir zu rauben.
Polynices.
O hörst du, was ich leiden muß, mein Vater?
Eteokles.
Er hört auch wie du handelst.
Polynices.
          Und du, Mutter?
Eteokles.
665 Du hast's verscherzt, der Mutter heilig Haupt
zu nennen.
Polynices.
Vaterstadt!
Eteokles.
          Geh in dein Argos
und bethe zu der Lerna Strom!
Polynices.
          Ich gehe.
Sei unbesorgt — Dir tausend, tausend Dank,
geliebte Mutter —
Eteokles.
          Geh von hinnen, sag' ich.
Polynices.
670 Ich gehe. Meinen Vater nur vergönne
mir noch zu sehen.
Eteokles.
          Nichts.
Polynices.
          Die Schwestern doch?
Die zarten Schwestern!
Eteokles.
          Nie und nimmermehr!
Polynices.
O meine Schwestern!

Eteokles.
Du erfrecheft dich,
ihr ärgfter Feind, bei'm Nahmen fie zu rufen?
Polynices.
675 Leb' froh und glücklich Mutter.
Jokafte.
Froh mein Sohn?
Sind's etwa frohe Dinge, die ich leide?
Polynices.
Dein Sohn? — Ich bin es nicht mehr!
Jokafte.
O ihr Götter!
Zu schwerem Drangfal spartet ihr mich auf!
Polynices.
Du haft gehört, wie graufam er mich kränkte!
Eteokles.
680 Du hörft und fiehft, wie reichlich er's vergalt!
Polynices.
Wo wird dein Poften feyn vor diefen Thürmen?
Eteokles.
Was fragft du diefes?
Polynices.
Weil ich im Gefechte
dir gegenüber ftehen will.⁷
Eteokles.
Den Wunsch
nahmst du aus meiner Seele.
Jokafte.
O ich Arme!
685 O meine Kinder! meine Kinder! Was
beginnet ihr?

⁷) Pour m'y trouver et t'y percer le coeur. Brumoy. [Schiller in A. — Der Satz steht nicht im Brumoy; nur: Vous m'y verrez.] fehlt G·M.
⁶⁸⁵⁻⁶⁸⁷: O meine Kinder! Was beginnet ihr? | Eteokles. | Die That wird's lehren! Jokafte. Wehe! Fürchtet ihr | Des Vaterfluches Furien nicht mehr? G·M. — ⁶⁸⁶: „Die That wird's lehren!" ift in A fo gedruckt, als ob ein neuer Vers beginne, daher in G die Aenderung, um den scheinbar zu kurzen Vers zu vervollständigen].

                    Eteokles.
            Die That wird's lehren!
                    Jokaste.
                            Fürchtet
ihr eures Vaters Furien nicht mehr?
                    Polynices. ³
688 Sei's drum! Des Lajus ganzes Haus verderbe!

---

³) „Andre Ausleger geben diese Rede dem Eteokles, weil sie ihnen dem sanftern Charakter des Polynices zu widerstreiten scheint. Es kann ein Fehler des Abschreibers seyn, aber warum es einer seyn muß, sehe ich nicht ein; und man raubt dem Dichter vielleicht eine Schönheit, um ihn von einem anscheinenden Widerspruch zu befreien." [Schiller in A, fehlt G-M. Weder Barnes noch Brumoy theilt diesen Vers einem Andern als Eteokles zu, und keiner von Beiden erwähnt einer andern Zutheilung. Es ist im Euripides der 627.; die ganze Tragödie beträgt, nach Barnes, 1754 Verse.]

XVI. Iphigenie in Aulis.

übersetzt aus dem Euripides.

Personen:

Agamemnon.
Menelaus.
5 Achilles.
Clytemnestra, Agamemnons Gemahlinn.
Iphigenie, Agamemnons Tochter.
Ein alter Sclave Agamemnons.
Ein Bote.
10 Chor, fremde Frauen aus Chalcis, einer benachbarten Landschaft, die gekommen sind, die Kriegs- und Flottenrüstung der Griechen in Aulis zu sehen.

Die Scene ist das griechische Lager in Aulis, vor dem Zelt Agamemnons.

XVI. A: Thalia. Heft 6 (erschien im Febr. 1789. An Körner 2, 48). S. 1—58. Heft 7 (1789). S. 1—69. — B: Theater von Schiller. Vierter Band. Tüb. 1807. S. 499—604. — K: Friedrich von Schillers sämmtliche Werke. Vierter Band. Stuttg. u. Tüb. 1813. S. 8—118. — D: Schillers sämmtliche Werke. Dritter Band. Stuttg. u. Tüb. 1835. S. 3—104. O: Schillers sämmtliche Werke in Einem Bande. Stuttg. 1840. S. 214—235. — W: Schillers sämmtl. Werke in zehn Bänden. Dritter Band. Stuttg. u. Tüb. 1844. S. 3—84. — M: Schillers sämmtliche Werke in zwölf Bänden. Sechster Band. Stuttgart 1860. S. 171—264. — B: Evripidis tragoediae ex editione Iosvae Barnesii nvnc recvsa et avcta. tomvs I. Lips. CIƆ IƆCC LXXVIII. 4º. p. 485—546. — b: Théatre des Grecs, par le P. Brumoy. Nouvelle édition, par M. Prevost. tome septième. A Paris, M. DCC. LXXXVI. p. 199—295.

⁵: Klytämnestra O W M. Κλυταιμήστρα B, Clytemnestre b. — ⁸: Sklave K B D W. — ¹²: Zelte B O W.

Scenarium. 1. Agamemnon. Greis [V. 1 ff.]. — 2. Chor [178]. — 3. Menelaus. Greis. Chor [296]. — 4. Agamemnon. Menelaus Chor [316]. — 5. Agamemnon. Menelaus. Bote. Chor [482]. — 6. Agamemnon. Menelaus. Chor [514]. — 7. Chor [642]. — 8. Clytemnestra. Iphigenie. Orest. Begleiter. Chor [715]. — 9. Agamemnon. Clytemnestra. Iphigenie. Chor [742]. — 10. Agamemnon. Clytemnestra. Chor [828]. — 11. Chor [916]. — 12. Achilles. Chor [968]. — 13. Clytemnestra. Achilles. Chor [993]. — 14. Clytemnestra. Achilles. Greis. Chor [1041]. — 15. Clytemnestra. Achilles. Chor [1110]. — 16. Chor [1290]. — 17. Clytemnestra. Chor [1366]. — 18. Agamemnon. Chor. Clytemnestra [1395]. — 19. Clytemnestra. Iphigenie. Clytemnestra. Chor [1510]. — 20. Clytemnestra. Iphigenie. Chor. Orest [1589]. — 21. Clytemnestra. Iphigenie. Orest. Achilles. Chor [1640]. — 22. Clytemnestra. Iphigenie. Orest. Chor (1780—1857]. B K B O W M, fehlt in A.

Erster Akt.

Erste Scene.

Agamemnon. Der alte Sclave.

Agamemnon ruft in das Zelt.
Hervor aus diesem Zelte, Greis.
Sclave
(indem er herauskommt)
Hier bin ich.
Was sinnst du neues, König Agamemnon?
Agamemnon.
Du wirst es hören. Komm.
Sclave.
Ich bin bereit.
Mein Alter flieht der Schlummer und noch frisch
5 sind meine Augen.
Agamemnon.
Das Gestirn dortoben!
wie heißts?
Sclave.
Du meinst den Sirius, der nächst
dem Siebensterne der Pleiaden rollt?
Noch schwebt er mitten in dem Himmel.
Agamemnon.
Auch
läßt noch kein Vogel sich vernehmen, kein
10 Geräusch des Meeres und der Winde. Stumm liegt alles
um den Euripus her.

Erster Auftritt O W M; A hat in den folgenden Akten immer: Auftritt. — Sclave L B C W M, und so immer. — Die Abweichungen, welche lediglich die Schreibung, Apostroph und die gleichgültige Interpunction betreffen, sind unerwähnt gelassen. B · M beginnen jeden Vers mit großem Anfangsbuchstaben.

Sclave.
Und doch verlässest
du dein Gezelt, da überall noch Ruhe
in Aulis herrscht und auch die Wachen sich
nicht rühren? König Agamemnon, komm.
15 Laß uns hineingehn.
Agamemnon.
Ich beneide dich,
und jeden Sterblichen beneid' ich, der
ein unbekanntes unberühmtes Leben
frey von Gefahren lebt. Weit weniger
beneid' ich den, den hohe Würden krönen.
Sclave.
20 Doch sind es diese, die das Leben zieren.
Agamemnon.
Zweideutge Zier! Verrätherische Hoheit!
dem Wunsche süß, doch schmerzhaft dem Besitzer!
Jezt ist im Dienst der Götter was versehn,
das uns das Leben wüste macht — Jezt ists
25 der Meinungen verhaßtes Mancherley,
die Menge, die es uns verbittert.
Sclave.
Herr
von einem Hochgewaltigen, von dir,
hör' ich das ungern. Hat denn Atreus nur
zu thränenlosen Freuden dich gezeuget?
30 O Agamemnon! Sterblicher, wir wir,
bist du mit Lust und Leiden ausgestattet.
Du magst es anders wollen — also wollen es
die Himmlischen. Schon diese ganze Nacht
seh' ich der Lampe Licht von dir genährt,
35 den Brief, den du in Händen hast zu schreiben.
Du löschest das Geschriebne wieder aus,
jezt siegelst du den Brief und gleich darauf

26—28: Von dir, o Herr, dem Hochgewaltigen | Hör' ich B-M. — 29: gezeugt? B-M.

eröfnest du ihn wieder, wirfst die Lampe
zu Boden, und aus deinen Augen bricht
40 ein Thränenstrom. Wie wenig fehlt, daß dich
nicht Herzensangst der Sinne gar beraubet!
Was drückt dich Herr? O sage mirs! Was ist
so außerordentliches dir begegnet?
Komm sage mirs. Du sagst es einem guten
45 getreuen Mann, den Tyndar deiner Gattinn
im Heurathsgut mit übermacht, den er
der Braut zum sichern Wächter mitgegeben.

Agamemnon.
Drei Jungfraun hat die Tochter Thestias
dem Tyndarus gebohren. Phöbe hieß
50 die Aelteste, die zweite Clytemnestra
mein Weib, die jüngste Helena. Es warben
um Helenas Besitz mit reichen Schätzen
die Fürsten Griechenlands und blutger Zwist
war von dem Heere der verschmähten Freier
55 dem Glücklichen gedroht. Lang zauderte,
dieß fürchtend, bang und ungewiß der König,
den Ehgemahl der Tochter zu entscheiden,
dieß Mittel sinnt er endlich aus. Es müssen
die Freier sich mit hohen Schwüren binden,
60 Trankopfer gießen auf den flammenden
Altar, und freundlich sich die Rechte bieten.
Ein fürchterlich Gelübd' entreißt er ihnen,
das Recht des Glücklichen — sei auch wer wolle
der Glückliche! — einträchtig zu beschützen,
65 Krieg und Verheerung in die beste Stadt
des Griechen oder des Barbaren, der

41: beraubt! B·M. — 46: Heirathsgut B O W M. — 48: Thestias A B x B]
Thestius O W M. Ἐγένοντο Λήδα Θεστιάδι τρεῖς παρθένοι, Faerunt Ledae Thestiadi tres virgines B 49. Léda, fille de Thestias, avoit trois filles. b 126,
hiedurch verleitet, nahm Schiller die patronymische Bildung für die Form des
Vaternamens und schrieb Thestias. Die allerdings richtige Aenderung Thestius
macht den Dichter gelehrter, als er war, und ist deshalb zu verwerfen.

von Haus und Bette die Gemahlinn ihm
gewaltsam rauben würde, zu verbreiten.
Als nun gegeben war der Schwur, durch ihn
70 der Freier Sinn mit schlauer Kunst gebunden,
verstattet Tyndarus der Jungfrau, selbst
den Gatten sich zu wählen, dem der Liebe
gelinder Hauch das Herz entgegen neigte.
Sie wählt — o hätte nie und nimmermehr
75 so die Verderbliche gewählt! — sie wählt
den blonden Menelaus zum Gemahle.
Nicht lang, so läßt in Lacedämons Mauern,
in reichem Kleiderstaate blühend, blitzend
von Gold, im ganzen Prunke der Barbaren,
80 der junge Phrygier sich sehen, der,
wie das Gerücht verbreitet, zwischen drei
Göttinnen einst der Schöne Preis entschieden,
gibt Liebe und empfängt und flüchtet nach
des Ida fernen Triften die Geraubte.
85 Es ruft der Zorn des Schwerbeleidigten
der Fürsten alte Schwüre jetzt heraus.
Zum Streite stürzt ganz Griechenland. In Aulis
versammelt sich mit Schiffen, Rossen, Wagen
und Schilden schnell ein fürchterlicher Mars.
90 Mich, des Erzürnten Bruder, wählen sie
zu ihrem Oberhaupt. Unselges Zepter,
wärst du in andre Hände doch gefallen!
Nun liegt das ganze aufgebotne Heer,
weil ihm die Winde widerstreben, müßig
95 in Aulis Engen. Unter fürchterlichen
Beängstigungen bringt der Seher Kalchas
den Götterspruch hervor, daß, wenn die Winde
sich drehn und Trojas Thürme fallen sollen,
auf Artemis Altar der Schützerinn
100 von Aulis, meine Iphigenia, mein Kind,

77: Mauern K B O W M, vgl. 925.

als Opfer bluten müsse; blutete
sie nicht, dann weder Fahrt, noch Sieg. Sogleich
erhält Thalthybius von mir Befehl
mit lautem Heroldsruf das ganze Heer
105 der Griechen abzubanken. Nimmermehr
will ich zur Schlachtbank meine Tochter führen.
Durch seiner Gründe Kraft und Erd' und Himmel
bewegend reißt der Bruder endlich doch
mich hin, das Gräßliche geschehn zu lassen.
110 Nun schreib' ich an die Königinn, gebiet'
ihr, ungesäumt zur Hochzeit mit Achill
die Tochter mir nach Aulis herzusenden.
Hoch rühm' ich ihr des Bräutigams Verdienst,
sie rascher anzutreiben, setz' ich noch
115 hinzu, es weigre sich Achill, mit uns
nach Ilion zu ziehn, bevor er sie
als Gattin in sein Phthia heimgesendet.
In dieser fälschlich vorgegebnen Hochzeit
hab' ich des Kindes Opferung der Mutter
120 verhüllet. Außer Menelaus, Kalchas
und mir, weiß nur Ulyß um das Geheimniß.
Doch was ich damals schlimm gemacht, mach' ich
in diesem Briefe wieder gut, den du
im Dunkel dieser Nacht mich öfnen und
125 versiegeln hast gesehen — Nimm! Und gleich
damit nach Argos! — Halt — Der Königinn
und meinem Hause, weiß ich, warst du stets
mit Treu und Redlichkeit ergeben. Was
verborgen ist in dieses Briefes Falten,
130 will ich mit Worten dir zu wissen thun.
(er liest)
„Gebohrene der Leda, meinem ersten
„send' ich dieß zweite Schreiben nach" —
(er hält inne)

103: Thälthybius B R B, Ταλθύβιος B 95, Talthybie b 128. — 131: Gebohrne B.

Sclave.
                    Lies weiter,
verbirg mir ja nichts Herr, daß meine Worte
mit dem Geschriebenen gleich lauten.
        Agamemnon (fährt fort zu lesen)
                        „Sende
135 „die Tochter nicht zum wogensichern Aulis
    „Euböas Busen. Die Vermählung bleibt
    „gelegeneren Tagen aufgehoben."
            Sclave.
Und glaubst du daß der heftige Achill,
dem du die Gattinn wieder nimmst, nicht gegen
140 die Königinn und dich in wilder Wuth
ergrimmen werde? — Herr, von daher droht
Gefahr — Sag an, was hast du hier beschlossen?
            Agamemnon.
Unwissend leiht Achill mir seinen Nahmen,
verborgen wie der Götterspruch ist ihm
145 die vorgegebne Hochzeit. Ihm also
raubt dieses Opfer keine Braut.
            Sclave.
        O König
ein grausenvolles Unternehmen ists,
in das du dich verstricket hast. Du lockest
die Tochter, als des Göttinnsohnes Braut
150 ins Lager her, und deine Absicht war
den Danaern ein Opfer zuzuführen.
            Agamemnon.
Ach meine Sinne hatten mich verlassen! — Götter!
Versunken bin ich in des Jammers Tiefen!
Doch eile! Lauf! Nur jezt vergiß den Greis.
            Sclave.
155 Herr, fliegen will ich.
            Agamemnon.
        Laß nicht Müdigkeit

¹³⁹: dem] den A. — ¹⁵²: haben A B C.

nicht Schlaf an eines Baches Ufer, nicht
im Schatten der Gehölze dich verweilen.
      Sclave.
Denk' besser von mir König.
      Agamemnon.
       Gib besonders
wohl Acht, wo sich die Straßen scheiden, ob
160 nicht etwa schon voraus ist zu den Schiffen
der Wagen der sie bringen soll. Es ist
gar etwas schnelles, wie die Räder laufen.
      Sclave.
Sei meiner Wachsamkeit gewiß.
      Agamemnon.
       Ich halte
dich nun nicht länger. Eil' aus diesen Grenzen —
165 und — hörst du — trift sichs, daß dir unterwegs
der Wagen aufstößt, o so drehe du,
du selbst die Rosse rückwärts nach Mycene.
      Sclave.
Wie aber — sprich — wie find' ich Glauben bei
der Jungfrau und der Königinn?
      Agamemnon.
       Nimm nur
170 das Siegel wohl in Acht auf diesem Briefe.
Hinweg. Schon färbt die lichte Morgenröthe
den Himmel weiß und flammenwerfend steigen
der Sonne Räder schon herauf — Geh, nimm
die Last von meiner Seele!
     (Sclave geht ab)
      Ach, daß keiner
175 der Sterblichen sich selig nenne, keiner
sich glücklich bis ans Ende! — Leidenfrey
ward keiner noch gebohren!
      (er geht ab.)

167—169: (Es ist indessen Tag geworden.) B. M.

Zwischenhandlung.

Chor tritt auf.

Aus Chalcis, meiner Heimat, bin ich gezogen,
die mit Meeran treibenden Wogen
180 die ruhmreiche Arethusa benetzt.
Ueber den Euripus hab' ich gesetzt,
der Griechen herrliche Schaaren zu sehen,
und die Schiffe am lebendigen Strand,
die so rasch und gelehrig sich drehen
185 unter dieser Halbgötter Hand.

In der Trojer fernes Land
folgen sie, wie ich daheim erfahren,
Agamemnons fürstlichem Haupt,
und dem Bruder mit den blonden Haaren,
190 heimzuführen, die der Phrygier geraubt;
Helena vom Ufer der Barbaren.
Von des Eurotas schilfreichem Strand
führte sie Paris in Priamus Land,
Paris, dem am thauenden Bach,
195 ringend mit der göttlichen Athene
und mit Hären um den Preis der Schöne
Cypria das schöne Weib versprach.

Antistrophe.

Ich bin durch die heiligen Hayne gegangen,
wo sie Dianen mit Opfern erfreun,
200 junge Glut auf den schaamhaften Wangen
mischt' ich mich in die kriegrischen Reyhn,
an des Lagers eisernen Schätzen
an der Schilde furchtbarer Wehr'
meinen bewundernden Blick zu ergötzen,
205 an der Rosse streitbarem Heer.

179: meerantreibenden B C W R. — 196: Heren B C W R, *Her*, Juno B.

Erst sah ich die tapfern Zeltgenossen
der Ajaxe Heldenpaar, vereint
mit Protesilas dem Freund,
auf den Sitzen friedlich hingegossen;
210 des Oileus Sohn, und dich — die Krone
Salamis — furchtbarer Telamone!
An des Würfels wechselndem Glück
labte sich der Helden Blick.

Gleich nach diesen sah ich Diomeden.
215 Ares tapfern Sprößling Merion,
und Poseidons Enkel Palameden
und Laertes listenreichen Sohn,
seiner Felsenithaka entstiegen
Nireus dann, den schönsten aus dem Zug,
220 an des Discus mannichfachem Flug
lustig sich vergnügen.

Epode.

Auch der Thetis Sohn hab' ich gesehen
den der weise Chiron auferzog,
raschen Laufes, wie der Winde Wehen,
225 mit Erstaunen hab' ichs angesehen,
wie er flüchtig längs dem Ufer flog,
schwergeharnischt mit geschwinden Solen
eines Wagens Flug zu überhohlen
den die Schnelle von vier Rossen zog.
230 Uebergoldet waren ihre Zügel,
Bunte Schenkel, gelbes Mähnenhaar
schmückten das Gespann auf jedem Flügel,
weißgeflecket war das Deichselpaar.
Mit dem Stachel und mit lautem Rufen
235 trieb die Renner Pheres König an,
aber immer dicht an ihren Hufen,
gieng des waffenschweren Läufers Bahn.

235: Pherä's L. B. M.

Zweite Strophe.

Jezt sah ich — ein Schauspiel zum Entzücken!
ihrer Wimpel zahlenloses Wehn,
240 Nein, kein Mund vermag es auszubrücken,
was mein weiblich Auge hier gesehn.
Funfzig Schiffe tapfrer Myrmidonen —
Zevs glorreicher Enkel führt sie an —
zieren rechts der Flotte schönen Plan.
245 Auf erhabenem Verdecke thronen
Zeichen des unsterblichen Peliden,
goldne Nereiden.

Zweite Antistrophe.

Funfzig Schiffe zählt' ich, die, regieret
von Capaneus und Mecistens Sohn,
250 der Argiver Mars herangeführet.
Sechzig führt zum Streit nach Ilion
Theseus Sohn von der Athener Küste,
Pallas mit geflügeltem Gespann
ist ihr Zeichen — auf der Wasserwüste
255 eine Helferinn dem Steuermann!

Dritte Strophe.

Der Böoten funfzig Schiffe kamen,
kenntlich an des Stifters Schlangenbild.
König Leitus, aus der Erde Saamen,
bringt sie aus dem phocischen Gefild.
260 Funfzig Schiffe führte der Oilide,
Ajax, aus der Lokrier Gebiete.

Dritte Antistrophe.

Von Mycene kam mit hundert Masten
Agamemnon, Atreus Sohn,
seinen Scepter theilend mit Abrasten,
265 dem Gewaltigen von Sicyon.

Treu und dienstlich seines Freundes Harme
folgt' auch er der Griechen Heldenzug,
heimzuhohlen, die in Räubers Arme
des geflohnen Hymens Freuden trug.
270 Nestors Flotte hab ich jezt begrüßet;
Alpheus schönen Stromgott sieht man hier,
der die Heimat nachbarlich umfließet,
Oben Mensch und unten Stier.

Dritte Epode.

Mit zwölf Schiffen schließt an die Achäer
275 Guneus, Fürst der Enier sich an.
Elis Herrscher folgen, die Epeer,
des Eurytus Scepter unterthan.
Von den Echinaden, wo zu wagen
keine Landung, führt der Taphen Macht,
280 die das Meer mit weißen Rudern schlagen,
Meges, Sohn des Phyleus, in die Schlacht.
Beide Flügel bindend, schließt der Telamone,
den die stolze Salamis gebahr,
mit zwölf Schiffen — dieses Zuges Krone.
285 So erfragt' ichs, und so nahm ichs wahr.

Dieses Volk, im Ruderschlag erfahren,
mit Verwundrung hab' ich's nun erblickt.
Weh' dem kühnen Fahrzeug der Barbaren,
das die Parze ihm entgegenschickt!
290 In die Bucht der väterlichen Laren
hoffe keines freudig einzufahren!

Auch das Schlachtgeräthe und der Schiffe Menge,
(vieles wußt' ich schon) hab' ich gesehn,
die Erinnerung an diese Dinge,
295 nimmer, nimmer wird sie mir vergehn.

Zweiter Akt.

Erster Auftritt.

Menelaus. Der alte Sclave
(kommen in heftigem Wortwechsel.)

Sclave.
Das ist Gewalt! Gewalt ist das! du wagest,
was du nicht wagen sollst Atride!

Menelaus.
Geh!
das heißt zu treu an seinem Herrn gehandelt.

Sclave.
Ein Vorwurf, der mir Ehre bringt.

Menelaus.
Du sollst
300 mir heulen Alter, thust du deine Pflicht
nicht besser.

Sclave.
Du hast keine Briefe zu
erbrechen, die ich trage.

Menelaus.
Du hast keine
zu tragen, die ganz Griechenland verderben!

Sclave.
Das mache du mit andern aus. Mir gib
305 den Brief zurücke.

Menelaus.
Nimmermehr.

Sclave.
Ich lasse
nicht eher ab —

Menelaus.
Nicht weiter, wenn dein Kopf
nicht unter meinem Scepter bluten soll.

Sclave.

Mag's! Es ist ehrenvoll für seinen Herrn
zu sterben.

Menelaus.

Her den Brief! Dem Sclaven ziemen
310 so viele Worte nicht.

(er entreißt ihm den Brief.)

Sclave (rufend.)

O mein Gebieter!
Gewalt, Gewalt geschieht uns, Agamemnon.
Gewaltsam reißt er deinen Brief mir aus
den Händen. Menelaus will die Stimme
der Billigkeit nicht hören, und entreißt
315 mir deinen Brief.

Zweiter Auftritt.

Agamemnon zu den Vorigen.

Agamemnon.

Wer lermt so vor den Thoren?
Was für ein unanständig Schreyn?

Sclave.

Mich Herr,
nicht diesen mußt du hören*).

Agamemnon (zu Menelaus.)

Nun was schiltst
du diesen Mann und zerrst ihn so gewaltsam
herum?

Menelaus.

Erst sieh' mir ins Gesicht. Antworten
320 werd ich nachher.

Agamemnon.

Ich — ein Sohn Atreus — soll
etwa die Augen vor dir niederschlagen?

---

*) „Es muß angenommen werden, daß der Sclave sich hier zurück zieht oder
auch ganz entfernt." ABRBOWR. Le vieillard se retire après ce mot.
Il ne lui convient pas d'être témoin de la querelle des deux rois. b. 142. —

Menelaus.

Siehst du dieß Blatt, das ein verdammliches
Geheimniß birgt?

Agamemnon.

Gib es zurück, dann sprich.

Menelaus.

Nicht eher bis das ganze Heer erfahren,
325 wovon es handelt.

Agamemnon.

Was? Du unterfiengst dich,
das Siegel zu erbrechen? zu erfahren,
was nicht bestimmt war dir bekannt zu werden?

Menelaus.

Und, dich noch schmerzlicher zu kränken, sieh',
da deck' ich Ränke auf, die du im stillen
330 verübtest.

Agamemnon.

Eine Frechheit ohne Gleichen!
Wo — o ihr Götter! — wo kam dieser Brief
in deine Hände?

Menelaus.

Wo ich deine Tochter
von Argos endlich kommen sehen wollte.

Agamemnon.

Wer hat zu meinem Hüter dich bestellt?
335 Ist das nicht frech?

Menelaus.

Ich übernahm es, weil's
mir so gefiel, denn deiner Knechte bin
ich keiner[1]).

Agamemnon.

Unerhörte Dreistigkeit!
Bin ich nicht Herr mehr meines Hauses?

Menelaus.

Höre
Sohn Atreus. Festen Sinnes bist du nicht;

310 heut' willst du dieses, gestern war es jen's
und etwas anders ist es morgen.

Agamemnon.

Scharfflug

das bist du! Unter vielen schlimmen Dingen ist
das schlimmste eine scharfe Zunge.

Menelaus.

Ein schlimm'res ist ein wankelmüth'ger Sinn,
345 denn der ist ungerecht und undurchschaulich
den Freunden. Den Beweis will ich gleich führen.
Laß nicht, weil jezt der Zorn dich übermeistert,
die Wahrheit dir zuwider seyn. Groß Lob
erwarte nicht. Ist jene Zeit dir noch
350 erinnerlich, da du der Griechen Führer
in den Trojanerkrieg zu heissen branntest?
Sehr ernstlich wünschtest du, was du in schlauer
Gleichgültigkeit zu bergen dich bemühtest.
Wie demuthsvoll, wie kleinlaut warst du da!
355 Wie wurden alle Hände da gedrücket!
Da hatte, wer es nur verlangte, wer's
auch nicht verlangte, freien Zugang, freies
und ofnes Ohr bei Atreus Sohn! Da standen
geöfnet allen Griechen deine Thore!
360 So kauftest du mit schmeichlerischem Wesen
den hohen Rang, zu dem man dich erhoben.
Was war dein Dank? Des Wunsches kaum gewährt,
sieht man dich plötzlich dein Betragen ändern.
Der Freunde wird nicht mehr gedacht, schwer hält's
365 nur vor dein Angesicht zu kommen, selten
erblickt man dich vor deines Hauses Thoren.
Die alte Denkart taugt kein Ehrenmann
auf einem höhern Posten. Mehr als je,
hebt ihn das Glück, denkt seiner alten Freunde
370 der Ehrenmann, denn nun erst kann er ihnen

340: jenes K B W, Jenes O. — 341: Andres O B. — 367: alte R B O D.

vergangne Dienste kräftiglich vergelten.
Sieh'! Damit fiengst du's an! das war's, was mich
zuerst von dir verdroß! Du kommst nach Aulis,
das Heer der Danaer mit dir. Der Zorn
375 der Himmlischen verweigert uns die Winde.
Gleich bist du weg. Der Streich schlägt dich zu Boden.
Es bringt in dich der Griechen Ungeduld,
der Schiffe müß'ge Last zurückgesandt,
in Aulis länger unnütz nicht zu rasten!
380 Wie kläglich stand es da um deine Feldherrnschaft!
Was für ein Leiden, keine tausend Schiffe
mehr zu befehligen, auf Trojas Feldern
nicht mehr der Griechen Schaaren auszubreiten!
Da kam man zu dem Bruder „Was zu thun?
385 Wo Mittel finden, daß die süße Herrschaft
und die erworbne Herrlichkeit mir bleib'?"
Es kündigt eine günst'ge Fahrt den Schiffen
der Seher Kalchas aus dem Opfer an,
wenn du dein Kind Dianen schlachtetest.
390 Wie fiel dir plötzlich da die Last vom Herzen!²)
gleich, gleich bist du's zufrieden, sie zu geben.
Aus freiem Antrieb, ohne Zwang (daß man
dich zwang, kannst du nicht sagen) sendest du
der Königinn Befehl, dir ungesäumt
395 zum hochzeitlichen Band mit Peleus Sohn
(so gabst du vor) die Tochter herzusenden.
Nun hast du plötzlich eines andern dich
besonnen, sendest heimlich widersprechenden
Befehl nach Argos; nun und nimmermehr
400 willst du zum Mörder werden an dem Kinde.
Doch ist die Luft, die jezo dich umgibt,
die nehmliche, die deinen ersten Schwur
vernommen. Doch so treiben es die Menschen!
Zu hohen Würden sieht man Tausende

380: [Alexandriner.] — 396: bleibe? K B C W R.

406 aus freier Wahl sich drängen, in vermeß'nen
Entwürfen schwindelnd sich versteigen, doch
bald legt den Wahn des Haufens Flattersinn,
und ihres Unvermögens stiller Wink
bringt schimpflich sie zum Widerruf. Nur um
410 die Griechen thut mir's leid, voll Hofnung schon
vor Troja hohen Heldenruhm zu erndten,
jetzt deinetwegen, deiner Tochter wegen,
das Hohngelächter niedriger Barbaren!
Nein! eines Heeres Führung, eines Staates
415 Verwaltung sollte Reichthum nie vergeben.
Kopf macht den Herrn. Es sei der Erste Beste
der Einsichtsvolle! Er soll König seyn!

Chor.

Zu was für schrecklichen Gezänken kommt's,
wenn Streit und Zwist entbrennet zwischen Brüdern!

Agamemnon.

420 Die Reih' ist nun an mir, dich anzuklagen.
Mit kürzern Worten will ich's thun — ich will's
mit sanftern Worten thun, als du dem Bruder
zu hören gabst. Vergessen darf sich nur
der schlechte Mensch, der kein Erröthen kennt.
425 Sag' an, was für ein Dämon spricht aus deinem
entflammten Aug'? Was tobest du? Wer that
dir wehe? Wornach steht dein Sinn? Die Freuden
des Ehebettes wünschest du zurücke?
Bin ich's, der dir sie geben kann? Ist's recht,
430 wenn du die Heimgeführte schlecht bewahrtest,
daß ich Unschuldiger es büßen soll?
Mein Ehrgeiz bringt dich auf? — Wie aber nennst
du das, Vernunft und Billigkeit verhöhnen,
um eine schöne Frau im Arm zu haben?
435 O wahrlich! Eines schlechten Mannes Freuden
sind Freuden die ihm ähnlich seyn! Weil ich
ein rasches Wort nach beßrer Ueberlegung

zurücknahm, bin ich darum gleich rasend?
Ist's einer, wer ist's mehr als du, der wieder
440 zu haben die Abscheuliche, die ihm
ein gnäd'ger Gott genommen, keine Mühe
zu groß und keinen Preis zu theuer achtet?
Um deinetwillen, meinst du, haben Tyndarn
durch tollen Schwur die Fürsten sich verpflichtet?
445 Der Hofnung süße Göttin riß, wie dich,
die Liebestrunkenen dahin. So führe
sie denn zum Krieg nach Troja diese Helfer!
Es kommt ein Tag, schon seh' ich ihn, wo euch
des nichtigen, gewaltsam ausgepreßten
450 Gelübdes schwer gereuen wird. Ich werde
nicht Mörder seyn an meinen eignen Kindern.
Tret' immerhin, wie deine Leidenschaft es heischt,
Gerechtigkeit und Billigkeit mit Füßen,
der Rächer einer Elenden zu seyn.
455 Doch mit verruchten Mörderhänden gegen
mein theures Kind, mein eigen Blut zu rasen —
Abscheulich! Nein! Das würde Nacht und Tag
in heissen Thränenfluten mich verzehren.
Hier meine Meinung, kurz und klar und faßlich.
460 Wenn du Vernunft nicht hören willst, so werb'
ich meine Rechte wissen zu bewahren.

Chor.

Ganz von dem jezigen verschieden klang,
was Agamemnon ehedem verheissen.
Doch welcher Billige berargt es ihm,
465 möcht' er des eignen Blutes gerne schonen?

Menelaus.

So bin ich denn — ich unglückselger Mann!
um alle meine Freunde!

Agamemnon.

Fodre nicht

439: Zurücke nahm B·M, zurücknahm A (Druckfehler, da der Vers gestört ist).
— 452: Tret' A B] Tritt K B O W M. — 467: Fordre K B O W M.

der Freunde Untergang — so werden sie
bereit seyn, dir zu dienen.
Menelaus.
Und woran
470 erkenn' ich, daß ein Vater uns gezeuget?
Agamemnon.
In allem, was du Weises mit mir theilest,
in deinen Rasereien nicht.
Menelaus.
Es macht
der Freund des Freundes Kummer zu dem seinen.
Agamemnon.
Dring' in mich, wenn du Liebes mir erweisest,
475 nicht, wenn du Jammer auf mich häufst.
Menelaus.
Du könntest
doch der Achiver wegen etwas leiden!
Agamemnon.
In den Achivern raset, wie in dir,
ein schwarzer Gott.
Menelaus.
Auf deinen König stolz,
verräthst du Untheilnehmender den Bruder.
480 Wohlan! So muß ich andre Mittel suchen,
und andre Freunde für mich wirken lassen.

Dritter Auftritt.
Ein Bote zu den Vorigen.
Bote.
Ich bringe sie — o König aller Griechen!
ich bringe, Hochbeglückter, dir die Tochter,
die Tochter Iphigenia. Es folgt
485 die Mutter mit dem kleinen Sohn, gleich wirst du
den langentbehrten lieben Anblick haben.

470: ein B. M.

Jezt haben sie, vom weiten Weg erschöpft,
am klaren Bach ausruhend sich gelagert,
auf naher Wiese gras't das losgebundene
490 Gespann. Ich bin vorausgeschritten, daß
du zum Empfange dich bereiten möchtest,
denn schon im ganzen Lager ist's bekannt,
sie sei's!' — Kann deine Tochter still erscheinen?
Zu ganzen Schaaren drängt man sich herbei,
495 dein Kind zu sehn — Es sind der Menschen Augen
mit Ehrfurcht auf die Glücklichen gerichtet.
Was für ein Hymen, fragt man dort und hier,
was für ein andres Fest wird hier bereitet?
Rief König Agamemnon, nach der lang'
500 Abwesenden Umarmungen verlangend,
die Tochter in das Lager? Ganz gewiß,
versetzt ein Anderer, geschieht's, der Göttinn
von Aulis die Verlobte vorzustellen.
Wer mag der Bräutigam wohl seyn? — Doch eilt,
505 zum Opfer die Gefäße zu bereiten!
bekränzt mit Blumen euer Haupt!

(Zu Menelaus.)
Du ordne
des Festes Freuden an. Es halle von
der Saiten Klang und von der Füße Schlag
der ganze Pallast wieder. Siehe da
510 für Iphigenien ein Tag der Freude!

Agamemnon (zum Boten).

Laß es genug seyn. Geh'. Das übrige
sei in des Glückes gute Hand gegeben.

Bote geht ab.

Vierter Auftritt.

Agamemnon. Menelaus. Chor.

Agamemnon.

Unglücklichster was nun? — Wen — wen bejammr' ich
zuerst? Ach bei mir selbst muß ich beginnen!

515 In welche Schlingen hat das Schicksal mich
verstrickt — ein Dämon, listiger als ich,
vernichtet alle meine Künste. Auch
nicht einmal weinen darf ich. Seliges Loos
der Niedrigkeit, die sich des süßen Rechtes
520 der Thränen freuet, und der lauten Klage!
Ach! das wird unser einem nie! Uns hat
das Volk zu seinen Sclaven groß gemacht.
Es ist unköniglich zu weinen — Ach
und h i e r nicht weinen, ist unväterlich!

525 Wie vor die Mutter treten? Was ihr sagen?
Wie ihr in's Auge sehen? — Mußte sie,
mein Elend zu vollenden, ungeladen
die Tochter hergeleiten? — Doch wer nimmt's
der Mutter, das geliebte Kind der süßen
530 Vermählung zuzuführen? — Nur zu sehr
Trueloser! hat sie dir gedient, da sie,
was sie auf Erden theures hat, dir liefert!

Und sie — die unglückfel'ge Jungfrau — Jungfrau?
Ach nein, nein! Bald wird Hades sie umfangen.
535 Erbarmungswürdige! Da liegt sie mir
zu Füßen — „Vater! Morden willst du mich?
Ist das die Hochzeit, die du mir bereitet?
So gebe Zevs, daß du und alles, was
du theures hast, nie eine beßre feire!"
540 Orest der Knabe steht dabei und jammert
unschuldig mit, unwissend was er weinet,
ach von dem Vater nur zu gut verstanden!
O Paris! Paris! Paris! Welchen Jammer
hat deine Hochzeit auf mein Haupt geladen!

Chor.
545 Er jammert mich der unglücksvolle Fürst.
So sehr ich Frembling bin, sein Leiden geht mir nahe.

522: zu seinem B M. — 538: Zevs C W M. — 546: [Alexandriner].

Menelaus.

Mein Bruder. Laß mich deine Hand ergreifen.

Agamemnon.

Da hast du sie. Du bist der Hochbeglückte,
ich der Geschlagene.

Menelaus.

Bei Pelops, deinem
550 und meinem Ahnherrn, Bruder, und bei deinem
und meinem Vater Atreus sei's geschworen!
Ich rede wahr und ohne Winkelzug
mit dir, gerad' und offen, wie ich's meine.
Wie dir die Augen so von Thränen flossen,
555 da Bruder — sieh' ich will dir's nur gestehn!
da ward mein inn'res Mark bewegt, da konnt' ich
mich selbst der Thränen länger nicht erwehren.
Ich nehme, was ich vorhin sprach, zurück.
Ich will nicht grausam an dir handeln. Nein,
560 ich denke nunmehr ganz wie du. Ermorde
die Tochter nicht, ich selber rath' es dir.
Mein Glück geh' deinem Glück nicht vor. Wär's billig,
daß mir's nach Wunsche gienge, wenn du leidest?
Daß deine Kinder stärben, wenn die meinen
565 des Lichts sich freun? Um was ist mir's denn auch
zu thun? Laß sehn! Um eine Ehgenossinn?
Und find' ich die nicht aller Orten, wie's
mein Herz gelüstet? Einen Bruder soll ich
verlieren, um Helenen heimzuhohlen?
570 Das hieße Gutes ja für Böses tauschen!
Ein Thor, ein heisser Jünglingskopf war ich
vorhin, jezt, da ich's reifer überdenke,
jezt fühl' ich, was das heißt — sein Kind erwürgen!
Die Tochter meines Bruders am Altar
575 um meiner Heurat willen hingeschlachtet,
nein, das erbarmt mich, wenn ich nur dran denke!

564: stärben A B O] stürben L B W W; vgl. Phöniz. 604: „du unterwärfest dir die Stadt", und das Wortverzeichniß Thl. V, 1.

Was hat dein Kind mit dieser Helena
zu schaffen? Die Armee der Griechen mag
nach Hause gehn! Drum, lieber Bruder, höre
580 doch auf, in Thränen dich zu baden und
auch mir die Thränen in das Aug' zu treiben.
Will ein Orakel an dein Kind — das hat
mit mir nichts mehr zu schaffen. Meinen Antheil
erlaß' ich dir. Es siegt die Bruderliebe.
585 Entsag' ich einem grausamen Begehren,
was hab' ich mehr als meine Pflicht gethan?
Ein guter Mann wird stets das Beßre wählen.

Chor.
Das nenn' ich brav gedacht und schön — und wie
man denken soll in Tantalus Geschlechte!
590 Du zeigst dich deiner Ahnherrn werth Atride!

Agamemnon.
Jezt redest du, wie einem Bruder ziemt.
Du überraschest mich. Ich muß dich loben.

Menelaus.
Lieb' und Gewinnsucht mögen oft genug
die Eintracht stören zwischen Brüdern. Mich
595 hat's jederzeit empört, wenn Blutsverwandte
das Leben wechselseitig sich verbittern.

Agamemnon.
                      Wahr!
Doch ach! Dieß wendet die entsetzliche
Nothwendigkeit nicht ab. Ich muß, ich muß
die Hände tauchen in ihr Blut.

Menelaus.
                      Du mußt?
600 Wer kann dich nöthigen, dein eigen Kind
zu morden?

Agamemnon.
Die versammelte Armee
der Griechen kann es.

Menelaus.
   Nimmermehr, wenn du
nach Argos sie zurücke sendest.
         Agamemnon.
            Laß
auch seyn, daß mir's von dieser Seite glückte,
605 das Heer zu hintergehn — von einer andern —
         Menelaus.
Von welcher andern? Allzusehr muß man
den großen Haufen auch nicht fürchten.
         Agamemnon.
               Bald
wird er von Kalchas das Orakel hören.
         Menelaus.
Laß dein Geheimniß mit dem Priester sterben,
610 nichts ist ja leichter.
         Agamemnon.
            Eine ehrbegier'ge
und schlimme Menschenart sind diese Priester.
         Menelaus.
Nichts sind sie und zu nichts sind sie vorhanden.
         Agamemnon.
Und — eben fällt mir's ein — was wir am meisten
zu fürchten haben — davon schweigst du ganz.
         Menelaus.
615 Entdecke mir's, so weiß ich's.
         Agamemnon.
                  Da ist ein
gewisser Sohn des Sisyphus — der weiß
schon um die Sache.
         Menelaus.
      Der kann uns nicht schaden!

616: ein gewisser Sohn des Sisyphus] Odysseus, dem vorgeworfen wurde, seine Mutter Antikleia sei von dem räuberischen Sisyphus überwältigt und, schwanger, von ihrem Vater Antolykus dem Laertes zur Ehe gegeben. B 524, vgl. 1679.

Agamemnon.

Du kennst sein listig überredend Wesen,
und seinen Einfluß auf das Volk.

Menelaus.

Und was
620 noch mehr ist, seinen Ehrgeiz ohne Grenzen.

Agamemnon.

Nun denke dir Ulyssen, wie er laut
vor allen Griechen das Orakel offenbart,
das Kalchas uns verkündigt, offenbart,
wie ich der Göttin meine Tochter erst
625 versprach und jezt mein Wort zurücke nehme.
Durch mächt'ge Rede reißt der Plauderer
das ganze Lager wüthend fort, erst mich,
dann dich und dann die Jungfrau zu erwürgen.
Laß auch nach Argos mich entkommen, mit
630 vereinten Schaaren fallen sie auf mich,
zerstören feindlich die Cyclopenstadt
und machen meinem Reiche dort ein Ende.
Du weißt mein Elend — Götter, wozu bringt
ihr mich in diesem fürchterlichen Drange!

635 Den einzgen Dienst noch, lieber Menelaus,
erweise mir — gehst du durch's Lager, suche
ja zu verhüten, daß der Mutter nicht
kund werde, was hier vorgehn soll, bevor
der Erebus sein Opfer hat — So bin ich
640 doch mit der kleinsten Thränensumme elend!

(zum Chor.)

Ihr aber, fremde Frau'n — Verschwiegenheit!

(Agamemnon und Menelaus gehen.)

622: [Trimeter].

Zweite Zwischenhandlung.
Chor.
Strophe.

Selig selig sei mir gepriesen,
dem an Hymens schaamhafter Brust
in gemäßigter Lust
sanft die Tage verfließen.

Wilde wüthende Triebe
weckt der reizende Gott.
Zweierlei Pfeile der Liebe
führt der goldlockigte Gott!

Jener bringt selige Freuden,
dieser mordet das Glück.
Reizende Göttinn, den zweiten
wehre vom Herzen zurück.

Sparsame Reize verleih' mir, Dione,
Keusche Umarmungen, heiligen Kuß,
deiner Freuden bescheidnen Genuß,
Göttinn! mit deinem Wahnsinn verschone!

Gegenstrophe.

Verschieden ist der Sterblichen Bestreben
und ihre Sitten mancherlei.
Doch eine That wird ewig leben,
genug, daß sie vortreflich sei.
Zucht und Belehrung lenkt der Jugend
bildsame Herzen früh zur Tugend.

Wenn Schaam und Weisheit sich vereinen,
sieht man die Grazien erscheinen,

649: goldlockige K B O.

und Sittlichkeit, die sein entscheidet,
was ehrbar ist, und edel kleidet —
Das gibt den hohen Ruhm des Weisen,
der nimmer altert mit dem Greisen.

670 Groß ist's, der Tugend nachzustreben.
Das Weib dient ihr im stillen Leben
und in der Liebe sanftem Schooß.
Doch in des Mannes Thaten mahlen
sich prangend ihre tausend Stralen,
675 da macht sie Städt' und Länder groß³).

Epode.

O Paris! Paris! Wärest du geblieben,
wo du das Licht zuerst gesehn,
wo du die Heerde still getrieben,
auf Idas triftenreichen Höhn!
680 Dort ließest du auf grünem Rasen
die silberweißen Rinder grasen,
und buhltest auf dem phryg'schen Kiele
mit dem Olymp im Flötenspiele,
und sangest dein barbarisch Lied.
685 Dort war's, wo zwischen drei Göttinnen,
dein richterlicher Spruch entschied.
Ach! der nach Hellas dich geführet
und in den glänzenden Pallast,
mit prächt'gem Elfenbein gezieret,
690 den du mit Raub entweihet hast.
Helenens Auge kam dir da entgegen,
und liebewund zog sie's zurück.
Helenen kam dein Blick entgegen
und liebetrunken zogst du ihn zurück.
695 Da erwachte die Zwietracht, die Zwietracht entbrannte,

---

⁶⁶⁹: mit den Greisen. B L U O W M. — ⁶⁷⁷: gesehen, A B. — ⁶⁸⁰: grünen B (Druckfehler) K F O W M. — ⁶⁸³–⁶⁸⁴ fehlen B.

und führte der Griechen versammeltes Heer,
bewaffnet mit dem tödtenden Speer,
in Schiffen heran gegen Priamus Lande.

Dritter Akt.

Erster Auftritt.

Chor.

(Man sieht von Weitem Clytemnestren und ihre Tochter noch im Wagen, nebst einem Gefolge von Frauen.)

Wie das Glück doch den Mächtigen lachet!
700 Auf Iphigenien werft euren Blick!
Auf Clytemnestren, die Königlichgroße,
Tyndars Tochter! — Wie herrlich geboren!
Wie umleuchtet vom lieblichen Glück!
Ha diese Reichen — Wie göttliche Wesen
705 stehn sie vor armer Sterblichen Blick!
Stehet still! Sie steigen vom Sitze.
Kommt, sie mit Ehrfurcht zu grüßen! Zur Stütze
reicht ihnen freundlich die helfende Hand.
Empfanget sie mit erheiterter Wange,
710 schreckt mit keinem traur'gen Klange
ihren Tritt in dieses Land.
Keine Furcht, kein unglückbringend Zeichen
soll der Fürstinn Antlitz bleichen,
fremd wie wir an Aulis Strand.

Zweiter Auftritt.

Clytemnestra mit dem kleinen Orestes. Iphigenie. Gefolge. Chor.

Clytemnestra.
(noch im Wagen, zum Chor.)

715 Ein glücklich Zeichen, schöne Hofnungen
und eines frohen Hymens Unterpfand,

700: werfet den Blick! B A B O M (vermuthlich von Schiller gebessert, um den daktylischen Vers leichter zu machen).

dem ich die Tochter bringe, nehm' ich mir
aus eurem Gruß und freundlichem Empfange.
So hebet denn die hochzeitlichen Gaben,
720 die ich der Jungfrau mitgebracht, vom Wagen,
und bringt sie sorgsam nach des Königs Zelt.
Du, meine Tochter, steige aus. Empfanget
sie sanft in euren jugendlichen Armen.
Wer reicht auch mir nun seines Armes Hülfe,
725 daß ich vom Wagensitz gemächlich steige?
(zu ihren Sclavinnen.)
Ihr andern tretet vor das Joch der Pferde,
denn wild und schreckhaft ist der Pferde Blick.
Auch diesen Kleinen nehmet mit — Es ist
Orestes, Agamemnons Sohn. Dein Alter
730 kann noch nicht von sich geben, was es meinet.
Wie? Schläfst du süßes Kind? Der Knabe schläft,
des Wagens Schaukeln hat ihn eingeschläfert.
Wach' auf mein Sohn zum Freudentag der Schwester!
So groß du schon und edel bist geboren,
735 so höher wird der neue schöne Bund
mit Thetis göttergleichem Sohn dich ehren.
Du, meine Tochter, gehe ja nicht weg,
daß diese fremden Frauen dort, die dich
an meiner Seite sehen, mir's bezeugen,
740 wie glücklich deine Mutter ist — Sieh' da!
Dein Vater! Auf ihn zu begrüßen!

Dritter Auftritt.

Agamemnon zu den Vorigen.

Iphigenie.

Wirst
du zürnen Mutter, wenn ich meine Brust
an seine Vaterbrust zu drücken ihm
entgegen eile?

718: freundlichen K (Druckfehler) BOWR. — 724: Hilfe, R. — 733: Freuden
tanz B (Druckfehler), ὑμέναιον, nuptias B 624, l'hymen &c b 167.

Clytemnestra.
O mir über alles
745 verehrter König und Gemahl! — Hier sind
wir angelangt, wie du gebot'st.

Iphigenie.
O laß
mich nach so langer Trennung, Brust an Brust
geschlossen, dich umarmen, Vater! Laß
mich deines lieben Angesichts genießen!
750 Doch zürnen mußt du nicht.

Agamemnon.
Genieß' es Tochter.
Ich weiß, wie zärtlich du mich liebst — du liebst
mich zärtlicher als meine andern Kinder.

Iphigenie.
Dich nach so langer langer Trennung wieder
zu haben — wie entzückt mich das mein Vater!

Agamemnon.
755 Auch mich — auch mich entzückt es. Was du sagst,
gilt von uns beiden.

Iphigenie.
Sei mir tausendmal
gegrüßt! Was für ein glücklicher Gedanke,
mein Vater, mich nach Aulis zu berufen.

Agamemnon.
Ein glücklicher Gedanke — Ach! das weiß
760 ich doch nicht —

Iphigenie.
Wehe mir! Was für
ein kalter freudenleerer Blick, wenn du
mich gerne siehst!

Agamemnon.
Mein Kind! Für einen König
und Feldherrn gibt's der Sorgen so gar viele!

759: Gedanke? — K B C B M.

Iphigenie.
Laß diese Sorgen jetzt, und sei bei mir.
Agamemnon.
765 Bei dir bin ich und warlich nirgends anders!
Iphigenie.
O so entfalte deine Stirn'! Laß mich
dein liebes Auge heiter sehen.
Agamemnon.
Ich
entfalte meine Stirne. Sieh'! So lang'
ich dir ins Antlitz schaue bin ich froh.
Iphigenie.
770 Doch seh' ich Thränen deine Augen wässern.
Agamemnon.
Weil wir auf lange von einander gehn.
Iphigenie.
Was sagst du? — Liebster Vater, ich verstehe
dich nicht — ich soll es nicht verstehn!
Agamemnon.
So klug
ist alles, was sie spricht! — Ach! das erbarmt
775 mich desto mehr!
Iphigenie.
So will ich Thorheit reden,
wenn das dich heiter machen kann.
Agamemnon.
(vor sich.)
Ich werde
mich noch vergessen — — Ja doch meine Tochter —
ich lobe dich — ich bin mit dir zufrieden.
Iphigenie.
Bleib' lieber bei uns Vater! Bleib' und schenke
780 dich deinen Kindern!
Agamemnon.
Daß ich's könnte! Ach!

773: verstehen! L. — 776: (für sich.) L B W R.

Ich kann es nicht — ich kann nicht, wie ich wünsche —
das ist es eben, was mir Kummer macht.
Iphigenie.
Verwünscht sey'n alle Kriege, alle Uebel
die Menelaus auf uns lud!
Agamemnon.
Dein Vater
785 wird nicht der Letzte seyn, den sie verderben.
Iphigenie.
Wie lang' ist's nicht schon, daß du, fern von uns,
in Aulis Busen müßig liegst!
Agamemnon.
Und auch
noch jezt sezt sich der Abfahrt meiner Flotte
ein Hinderniß entgegen!
Iphigenie.
Wo, sagt man,
790 daß diese Phryger wohnen Vater?
Agamemnon.
Wo —
Ach! wo der Sohn des Priamus nie hätte
geboren werden sollen!
Iphigenie.
Wie? So weit
schiffst du von dannen, und verläffest mich?
Agamemnon.
Wie weit es auch seyn möge — Du, mein Kind,
795 wirst immer mit mir gehen! [4)]
Iphigenie.
Wäre mir's
anständig, lieber Vater, dir zu folgen,
wie glücklich würd' ich seyn!
Agamemnon.
Was für ein Wunsch!
Auch dich erwartet eine Fahrt, wo du
an deinen Vater denken wirst.

Iphigenie.
Reis' ich
800 allein, mein Vater, oder von der Mutter
begleitet?
Agamemnon.
Du allein. Dich wird kein Vater
begleiten, keine Mutter.
Iphigenie.
Also willst
du in ein frembes Haus mich bringen lassen?
Agamemnon.
Laß gut seyn! Forsche nicht nach Dingen, die
805 Jungfrauen nicht zu wissen ziemt.
Iphigenie.
Komm du
von Troja uns recht bald und siegreich wieder!
Agamemnon.
Erst muß ich noch ein Opfer hier vollenden.
Iphigenie.
Das ist ein heiliges Geschäft, worüber
du mit den Priestern dich berathen mußt.
Agamemnon.
810 Du wirst's mit ansehn, meine Tochter. Gar
nicht weit vom Becken wirst du stehn.
Iphigenie.
So werden
wir einen Reigen um den Altar führen?
Agamemnon.
Die Glückliche in ihrer kummerfreien
Unwissenheit! — Geh' jezt in's Vorgemach,
815 den Jungfraun dich zu zeigen.
(sie umarmt ihn.)
Eine schwere
Umarmung war das und ein bitt'rer Kuß!

811: Lecken A (Druckfehler), χερνιβον γαρ ἑστηξη πέλας, adstabis enim prope lavacrum B 675, vous y serez et peu loin de l'autel. b 174.

Es ist ein langer Abschied, den wir nehmen.
O Lippen — Busen — blondes Haar! Wie theuer
kommt dieses Troja mir und diese Helena
820 zu stehen! — Doch genug der Worte — Geh'!
Geh'! Unfreiwillig bricht aus meinen Augen
ein Thränenstrom, da dich mein Arm umschließet.
Geh' in das Zelt.

(Iphigenie entfernt sich.)

Vierter Auftritt.

Agamemnon. Clytemnestra. Chor.

Agamemnon.

O Tochter Tyndars, wenn
du allzuweich mich fandest, sieh' dem Schmerz
825 des Vaters nach, der die geliebte Tochter
jezt zu Achillen scheiden sehen soll!
Ich weiß es. Ihrem Glück geht sie entgegen.
Doch welchen Vater schmerzt es nicht, die er
mit Müh und Sorgen auferzog, die Lieben,
830 an einen Fremden hinzugeben!

Clytemnestra.

Mich
soll man so schwach nicht finden. Auch der Mutter
— kommt's nun zur Trennung — wird es Thränen kosten,
und ohne dein Erinnern — doch die Ordnung
und deiner Tochter Jahre heischen sie.
835 Laß auf den Bräutigam uns kommen. Wer
er ist, weiß ich bereits. Erzähle mir
von seinen Ahnherrn jezt und seinem Lande.

Agamemnon.

Aegina kennest du, Asopus Tochter.

Clytemnestra.

Wer freite sie, ein Sterblicher, ein Gott?

819: [Alexandriner].

Agamemnon.

840 Zevs selbst, dem sie den Aeakus, den Herrscher
Oenopiens gebar.

Clytemnestra.

Wer folgte diesem
auf seinem Königsthrone nach?

Agamemnon.

Derselbe,
der Nereus Tochter freite, Peleus.

Clytemnestra.

Mit
der Götter Willen freit' er diese, oder
845 geschah' es wider ihren Rathschluß?

Agamemnon.

Zevs
versprach sie, und der Vater führte sie ihm zu.

Clytemnestra.

Wo war die Hochzeit? In des Meeres Wellen?

Agamemnon.

Die Hochzeit war auf dem erhabnen Sitze
des Pelion, dem Auffenthalte Chirons.

Clytemnestra.

850 Wo man erzählt, daß die Centauren wohnen?

Agamemnon.

Dort feierten die Götter Peleus Fest.

Clytemnestra.

Den jungen Sohn — hat ihn der Vater, oder
die Göttliche erzogen?

Agamemnon.

Sein Erzieher
war Chiron, daß der Bösen Umgang nicht
855 des Knaben Herz verderbe.

Clytemnestra.

Ihn erzog

---

840. 845: Zevs O.W.R. — 849: Aufenthalte B.R.

ein weiser Mann! Und weiser noch war der,
der einer solchen Aufsicht ihn vertraute.

     Agamemnon.

Das ist der Mann, den ich zu deinem Eidam
bestimme.

     Clytemnestra.

  An dem Mann ist nichts zu tadeln.
860 Und welche Gegend Griechenlands bewohnt er?

     Agamemnon.

Die Gränzen von Phthiotis, die der Strom
Apidanus durchfließt, ist seine Heimat.

     Clytemnestra.

So weit wird er die Tochter von uns führen?

     Agamemnon.

Das überlaß' ich ihm. Sie ist die Seine.

     Clytemnestra.

865 Das Glück begleite sie! — Wann aber soll
der Tag seyn?

     Agamemnon.

  Wenn der segensvolle Kreis
des Mondes wird vollendet seyn.

     Clytemnestra.

  Hast du
das hochzeitliche Opfer für die Jungfrau
der Göttinn schon gebracht?

     Agamemnon.

  Ich werd' es bringen.
870 Das Opfer ist es, was uns jezt beschäftigt.

     Clytemnestra.

Ein Hochzeitmahl gibst du doch auch?

     Agamemnon.

  Wenn erst
die Himmlischen ihr Opfer haben werden.

861—862: Gränzen A B L W, Grenzen M, Grenze B, Gränze O. Gewiß ist hier mehr Verstand und Absichten. 2, 140. Sie und mein Sohn soll sterben. 5, 193. Bei denen seine Vernunft und sein Herz wenig gebessert war. 4, 266.

Clytemnestra.
Wo aber gibst du dieses Mahl den Frauen?
Agamemnon.
Hier bei den Schiffen.
Clytemnestra.
Wohl. Es läßt sich anders
875 nicht thun. Ich seh's. Ich muß mich drein ergeben.
Agamemnon.
Jezt aber höre, was von dir dabei
verlangt wird — Doch, daß du mir ja willfahrest!
Clytemnestra.
Sag' an, Du weißt, wie gern' ich dir gehorche.
Agamemnon.
Ich freilich kann mich an dem Orte, wo
880 der Bräutigam ist, finden lassen —
Clytemnestra.
Was?
Ich will nicht hoffen, daß man ohne mich
vollziehen wird, was nur der Mutter ziemet.
Agamemnon.
Im Angesicht des ganzen griech'schen Lagers
geb' ich dem Sohn des Peleus deine Tochter.
Clytemnestra.
885 Und wo soll dann die Mutter seyn?
Agamemnon.
Nach Argos
zurückkehren soll die Mutter — dort
die Aufsicht führen über ihre Kinder.
Clytemnestra.
Nach Argos? Und die Tochter hier verlassen?
Und wer wird dann die Hochzeitfackel tragen?
Agamemnon.
890 Der Vater wird sie tragen.

882: ziemt. B.M.

Clytemnestra.
                    Nein, das geht nicht!
Du weißt, daß dir die Sitten dieß verbieten.
            Agamemnon.
Daß sie der Frau verbieten, in's Gewühl
von Kriegern sich zu mengen, weiß ich.
                Clytemnestra.
Es heischt die Sitte, daß aus Mutterhänden
895 die Braut der Bräutigam empfange.
                    Agamemnon.
Sie heischt, daß deine andern Töchter in
Mycen der Mutter länger nicht entbehren.
                    Clytemnestra.
Wohl aufgehoben und verwahrt sind die
in ihrem Frauensaal.
            Agamemnon.
                Ich will Gehorsam.
                Clytemnestra.
                            Nein!
900 Bei Argos königlicher Göttinn! Nein!
Du hast dich weggemacht in's Ausland! Dort
mach' dir zu thun!³) Mich laß im Hause walten,
und meine Töchter wie sich's ziemt vermählen.
                (sie geht ab.)
            Agamemnon allein.
Ach! zu entfernen hofft' ich sie! — Ich habe
905 umsonst gehofft. Umsonst bin ich gekommen.
So häuff ich Trug auf Trug, berücke die,
die auf der Welt das Theuerste mir sind,
durch schnöde List und alles spottet meiner!
Nun will ich gehn und was der Göttinn wohl
910 gefällt und mir so wenig Segen bringet,
und allen Griechen so belastend ist,
vom Seher Kalchas näher auskundschaften.

³⁾: wagen, dieses weiß ich. B·M.

Wer's aber mit sich selbst gut meint, der nehme
ja eine Gattinn, die gefällig ist
915 und sanften Herzens — oder lieber keine!
(Er geht ab.)

Dritte Zwischenhandlung.

Chor.

Strophe.

Sie sehen des Simois silberne Strudel,
der griechischen Schiffe versammelte Macht;
mit dem Geräthe zur blutigen Schlacht
betreten sie Phöbus heilige Erde,
920 wo Kassandra mit wilder Gebärde
die Schläfe mit grünendem Lorbeer umlaubt,
das goldene Haar, wie die Sagen erzählen,
wallen läßt um das begeisterte Haupt,
wenn die Triebe des Gottes sie wechselnd beseelen.

Gegenstrophe.

925 Sie rennen auf die Mauern!
Sie steigen auf die Burg!
Sie erblicken mit Schauern,
hoch herunter von Pergamus Burg,
den unsre schnellen Schiffe brachten,
930 den fürchterlichen Gott der Schlachten,
der, in tönendes Erzt eingekleidet, *v. 347 ~.*
sich um den Simois zahllos verbreitet,
Helenen, die Schwester des himmlischen Paars
unter den Lanzen und krieg'rischen Schilden
935 heimzuführen nach Sparta's Gefilden.

Epode.

Einen Wald von eh'rnen Lanzen
seh' ich sie um deine Felsenthürme pflanzen,

<hr>

925: vgl. 77. — 931: Erz B.M, vgl. 1159. 1570.

Stadt der Phryger, hohe Pergamus!
Deiner Männer Häupter, deiner Frauen
940 unerbittlich von dem Nacken hauen,
Leichen über Leichen häufen,
deine stolze Veste schleifen,
unglücksvolle Pergamus!
Da wird's Thränen kosten deinen Bräuten
945 und der Gattinn Priamus!

Wie wird nach dem geflohenen Gemahl
die Tochter Jovis jetzt zurücke weinen!
Ihr Götter! solche Angst und Quaal,
entfernet sie von mir und von den Meinen!
950 Wie wird die reiche Lydierinn
den Busen jammernd schlagen,
und wird's der stolzen Phrygerinn
am Webestuhle klagen!

Ach! wenn nun die Sagen schallen,
955 daß die hohe Stadt gefallen,
die die Wehre meiner Heimat war!
Wer, wenn es herum erschollen,
schneidet wohl der Thränenvollen
von dem Haupt das schön gekämmte Haar?

960 Helene! die der hochgehalste Schwan
gezeuget — das hast du gethan!
Sei's nun, daß in einem Vogel
Leda, wie die Sage gieng,
Zevs verwandelte Gestalt umfieng,
965 Sei's, daß eine Fabel aus dem Munde
der Kamönen sehr zur schlimmen Stunde
das Geschlecht der Menschen hintergieng!

942: Feste M. — 964: Zeus O B M. — 966: Kamenen O W, Camönen M.
— 967: „Die Fortsetzung im nächsten Heft. A.

Vierter Akt.

Erster Auftritt.

Achilles. Der Chor.

Achilles.

Wo find' ich hier den Feldherrn der Achiver?
(Zu einigen Sclaven)
Wer von euch sagt ihm, daß Achill ihn hier
970 vor dem Zelt erwarte? — Müßig liegt
an des Euripus Mündung nun das Heer;
ein jeder freilich nimmt's auf seine Weise.
Der, noch durch Hymens Bande nicht gebunden,
ließ öde Wände nur zurück und weilet
975 geruhig hier an Aulis Strand. Ein andrer
entwich von Weib und Kindern. So gewaltig
ist diese Kriegeslust, die zu dem Zug
nach Ilion ganz Hellas aufgebothen,
nicht ohne eines Gottes Hand! — Nun will ich,
980 was mich angeht, zur Sprache kommen lassen,
wer sonst was vorzubringen hat, verfecht'
es für sich selbst! — Ich habe Pharsalus
verlassen und den Vater — Wie? Etwa,
daß des Euripus schwache Winde mich
985 an diesem Strand verweilen? Kaum geschweig'
ich meine Myrmidonen, die mich fort
und fort bestürmen — „Worauf warten wir
denn noch Achill? Wie lang' wird noch gezaubert,
bis wir nach Troja unter Segel gehn?
990 Willst du was thun, so thu' es bald, sonst führ'
uns lieber wieder heim, anstatt noch länger
ein Spiel zu seyn der zögernden Atriden."

Thalia. 7. Heft (erschien in der Ostermesse 1789). S. 1—64.

Zweiter Auftritt.

Clytemnestra zu den Vorigen.

Clytemnestra.

Glorwürd'ger Sohn der Thetis! Deine Stimme
vernahm ich drinnen im Gezelt, drum komm' ich
995 heraus und dir entgegen —

        Achilles (betroffen.)
        Heilige
Schamhaftigkeit! — Ein Weib — von diesem Anstand —
        Clytemnestra.
Kein Wunder, daß Achill mich nicht erkennet,
der mich vordem noch nie gesehn — Doch Dank ihm,
daß ihm der Scham Gesetze heilig sind!
        Achilles.
1000 Wer bist du aber? Sprich! Was führte dich
in's griech'sche Lager, wo man Männer nur
und Waffen sieht?
        Clytemnestra.
        Ich bin der Leda Tochter,
und Clytemnestra heiß' ich. Mein Gemahl
ist König Agamemnon.
        Achilles.
        Viel und genug
1005 mit wenig Worten! Ich entferne mich.
Nicht wohlanständig wäre mir's, mit Frauen
Gespräch zu wechseln.
        Clytemnestra.
        Bleib. Was fliehest du?
Laß, deine Hand in meine Hand gelegt,
das neue Bündniß glücklich uns beginnen.
        Achilles.
1010 Ich dir die Hand? Was sagst du Königinn?
Zu sehr verehr' ich Agamemnons Haupt,

999: daß ihn der A (Druckfehler). — 1004: gnug B·M.

als daß ich wagen sollte, zu berühren,
was mir nicht ziemt.

Clytemnestra.
Warum dir nicht geziemen,
da du mit meiner Tochter dich vermählest?

Achilles.
1015 Vermählen — Warlich — Ich bin voll Erstaunen —
Doch nein, du redest so, weil du dich irrest.

Clytemnestra.
Auch dieß Erstaunen find' ich sehr begreiflich.
Uns alle pflegt — ich weiß nicht welche — Scheu
bei'm Anblick neuer Freunde anzuwandeln.
1020 wenn sie von Heurath sprechen sonderlich.

Achilles.
Nie, Königinn, hab' ich um deine Tochter
gefreit — und nie ist zwischen den Atriden
und mir ein solches unterhandelt worden.

Clytemnestra.
Was für ein Irrthum muß hier seyn? Gewiß,
1025 wenn meine Rede dich bestürzt, so sezt
die deine mich nicht minder in Erstaunen.

Achilles.
Denk' nach, wie das zusammenhängt! Dir muß,
wie mir, dran liegen es herauszubringen.
Vielleicht, daß wir nicht beide uns betrügen!

Clytemnestra.
1030 O der unwürdigen Begegnung! — Eine
Vermählung, fürcht' ich, läßt man mich hier stiften,
die nie seyn wird und nie hat werden sollen.
O wie beschämt mich das!

Achilles.
Ein Scherz vielleicht,
den jemand mit uns beiden treibt! Nimm's nicht
1035 zu Herzen edle Frau. Veracht' es lieber.

1022: dem Atriden ℛ ℬ ℒ; 'Ἀτρειδῶν, Atridis B 842, les Atrides b 190.

Clytemnestra.

Leb' wohl. In deine Augen kann ich ferner
nicht schaun, da ich zur Lügnerinn geworden,
da ich erniedrigt worden bin.

Achilles.

    Mich laß
vielmehr so reden! — Doch ich geh' hinein,
1040 den König, deinen Gatten, aufzusuchen.

    (wie er auf das Zelt zugeht, wird es geöffnet.)

Dritter Auftritt.

Der alte Sclave zu den Vorigen.

Sclave.
   (in der Thüre des Gezelts.)

Halt Aeacide! Göttinnsohn, mit dir
und auch mit dieser hier hab' ich zu reden.

Achilles.

Wer reißt die Pforten auf und ruft — Er ruft
wie außer sich.

Sclave.

  Ein Knecht. Ein armer Nahme,
1045 der mir den Dünkel wohl vergehen läßt,
mich —

Achilles.

   Wessen Knecht? Er ist nicht mein, der Mensch.
Ich habe nichts gemein mit Agamemnon.

Sclave.

Des Hauses Knecht, vor dem ich stehe. Tyndar,
   (auf Clytemnestra zeigend)
ihr Vater hat mich drein gestiftet.

Achilles.

    Nun!
1050 Wir stehn und warten. Sprich, was dich bewog,
mich aufzuhalten.

1041ᵃ: Gezeltes B.M.

Sclave.
Ist kein Zeuge weiter
vor diesen Thoren? Seid ihr ganz allein?
Clytemnestra.
So gut als ganz allein. Sprich dreist — erst aber
verlaß das Königszelt und komm hervor.
Sclave.
(kommt heraus.)
1055 Jezt, Glück und meine Vorsicht, helft mir die
erretten, die ich gern erretten möchte!
Achilles.
Er spricht von etwas, das noch kommen soll,
und von Bedeutung scheint mir seine Rede.
Clytemnestra.
Verschieb's nicht länger, ich beschwöre dich,
1060 mir, was ich wissen soll, zu offenbaren.
Sclave.
Ist dir bekannt, was für ein Mann ich bin,
und wie ergeben ich dir stets gewesen,
dir und den Deinigen?
Clytemnestra.
Ich weiß, du bist
ein alter Diener schon von meinem Hause.
Sclave.
1065 Daß ich ein Theil des Heurathsgutes war,
das du dem König zugebracht — Ist dir
das noch erinnerlich?
Clytemnestra.
Recht gut. Nach Argos
bracht' ich dich mit, wo du mir stets gedienet.
Sclave.
So ist's. Drum war ich dir auch jederzeit
1070 getreuer zugethan als ihm.

1065: Heurathsgutes K B C W M.

Clytemnestra.
          Zur Sache.
Heraus mit dem, was du zu sagen hast.
          Sclave.
Der Vater will — mit eigner Hand will er —
— das Kind ermorden, das du ihm gebohren.
          Clytemnestra.
Was? Wie? — Entsetzlich! — Mensch! du bist von Sinnen.
          Sclave.
1075 Den weißen Nacken der Bejammernswerthen
will er mit mörderischem Eisen schlagen.
          Clytemnestra.
Ich Unglückseligste! — Rast mein Gemahl?
          Sclave.
Sehr bei sich selbst ist er — Nur gegen dich
und gegen deine Tochter mag er rasen.
          Clytemnestra.
1080 Warum? Welch böser Dämon gibt's ihm ein?
          Sclave.
Ein Götterspruch, der nur um diesen Preis,
wie Kalchas will, den Griechen freie Fahrt
versichert.
          Clytemnestra.
     Fahrt! Wohin? — Beweinenswerthe Mutter!
Beweinenswürdigeres Kind, das in
1085 dem Vater seinen Henker finden soll!
          Sclave.
Die Fahrt nach Ilion, Helenen heim
zu hohlen.
          Clytemnestra.
     Daß Helene wiederkehre
stirbt Iphigenie?
          Sclave.
     Du weißt's. Dianen
will Agamemnon sie zum Opfer schlachten.

Clytemnestra.

1090 Und diese vorgegebene Vermählung,
 die mich von Argos rief — Wozu denn die?

Sclave.

Daß du so minder säumtest, sie zu bringen,
im Wahn, sie ihrer Hochzeit zuzuführen.

Clytemnestra.

O Kind! Zum Tode kamest du. Wir kamen
1095 zum Tode!

Sclave.

Ja, bejammernswürdig, schrecklich
ist euer Schicksal. Schreckliches begann
der König.

Clytemnestra.

Weh mir! Weh! Ich bin verloren.
Ich kann nicht mehr. Ich halte meine Thränen
nicht mehr.

Sclave.

Ein armer, armer Trost sind Thränen
1100 für eine Mutter, der die Tochter stirbt!

Clytemnestra.

Sprich aber: Woher weißt du das? Durch wen?

Sclave.

Ein zweiter Brief ward mir an dich gegeben.

Clytemnestra.

Mich abzumahnen oder anzutreiben,
daß ich die Tochter dem Verderben brächte?

Sclave.

1105 Dir abzurathen, daß du sie nicht brächtest.
Der Herr war Vater wiederum geworden.

Clytemnestra.

Unglücklicher! Warum mir diesen Brief
nicht überliefern?

Sclave.

Menelaus fieng
ihn auf. Ihm dankst du alles was du leidest.

(er geht ab.)

Clytemnestra
(wendet sich an Achilles.)
1110 Sohn Peleus! Sohn der Thetis! Hörst du es?
Achilles.
Bejammernswerthe Mutter! — — Aber mich
hat man nicht ungestraft mißbraucht.
Clytemnestra.
Mit dir
vermählen sie mein Kind um es zu würgen!
Achilles.
Ich bin entrüstet über Agamemnon,
1115 und nicht so leicht werd' ich es hingehn lassen.
Clytemnestra
(fällt ihm zu Füßen.)
Und ich erröthe nicht, mich vor dir nieder
zu werfen, ich, die Sterbliche, vor dir,
den eine Himmlische gebahr. Weg eitler Stolz!
Kann sich die Mutter für ihr Kind entehren?
1120 O Sohn der Göttinn! Hab' Erbarmen mit
der Mutter, mit der Unglückseligen Erbarmen
die deiner Gattinn Nahmen schon getragen!
Mit Unrecht trug sie ihn! Doch hab' ich sie
als deine Braut hieher geführt, dir hab' ich
1125 mit Blumen sie geschmückt — Ach! ein Opfer
hab' ich geschmückt, ein Opfer hergeführt!
O! das wär' schändlich, wenn du sie verließest:
War sie durch Hymens Bande gleich die Deine
noch nicht — Du warbst als der geliebteste
1130 Gemahl der Unglücksel'gen schon gepriesen!
Bei dieser Wange, dieser Rechte, bei
dem Leben deiner Mutter sei beschworen!
Verlaß uns nicht! Dein Nahme ist's, der uns
in's Elend stürzt — Drum rette du uns wieder.
1135 Dein Knie, o Sohn der Göttinn! ist der einz'ge

1121: [dreizehnsilbiger Vers]. — 1131: Rechte A-M; vgl. 1, 398.

Altar, zu dem ich Aermste fliehen kann.
Hier lächelt mir kein Freund. Du hast gehört,
was Agamemnon gräßliches beschlossen.
Da steh ich unter rohem Volk — ein Weib,
1140 und unter wilden, meisterlosen Banden,
zu jedem Bubenstück bereit — auch brav,
gewiß recht brav und werth, sobald sie mögen!⁵)
Versichre du uns deines Schutzes, und
gerettet sind wir! Ohne dich verloren.
     Chor.
1145 Gewaltsam ist der Zwang des Bluts! Mit Quaal
gebiert das Weib, und quält sich für's Gebohrne!
     Achilles.
Mein großes Herz kam deinem Wunsch entgegen.
Er weiß zu trauern mit dem Gram und sich
des Glücks zu freuen mit Enthaltsamkeit.
     Chor.
1150 Die Klugheit sich zur Führerinn zu wählen,
das ist es, was den Weisen macht!
     Achilles.
Es kommen Fälle vor im Menschenleben,
wo's Weisheit ist, nicht allzuweise seyn,
es kommen andre, wo nichts schöner kleidet,
1155 als Mäßigung. Geraden Sinn schöpf' ich
in Chirons Schule, des Vortrefflichen.
Wo sie gerechtes mir befehlen, finden
gehorsam die Atriden mich, die Stirne
von Erzt, wo sie unbilliges gebiethen.
1160 Frei kam ich her, frei will ich Troja sehn,
und den Achiverkrieg, was an mir ist,
mit meines Armes Heldenthaten zieren.
Du jammerst mich. Zu viel erleidest du
von dem Gemahl, von Menschen deines Blutes.
1165 Was diesem jungen Arme möglich ist,

              7,14

1156: Stirn B B, Stirn' C. — 1159: Erz B·M; vgl. 931. 1569.

erwart's von mir! — Er soll dein Kind nicht schlachten.
An eine Jungfrau, die man mein genannt,
soll kein Atride Mörderhände legen.
Es soll ihm nicht so hingehn, meines Nahmens
1170 zu seinem Mord mißbraucht zu haben!
Mein Rahme, der kein Eisen aufgehoben,
mein Nahme wär' der Mörder deiner Tochter,
und Er, der Vater, hätte sie erschlagen.
Doch theilen würd' ich seines Mordes Fluch,
1175 wenn meine Hochzeit auch den Vorwand nur
gegeben hätte, so unwürdig, so
unmenschlich, ungeheuer, unerhört
die unschuldsvolle Jungfrau zu mißhandeln.
Der Griechen lezter müßt' ich seyn, der Menschen
1180 verächtlichster, ja hassenswerther selbst
Als Menelaus müßt' ich seyn.¹) Mir hätte
nicht Thetis, der Erinnen eine hätte
das Leben mir gegeben, wenn ich mich
des Königs Mordbegier zum Werkzeug borgte.
1185 Nein bei des Meerbewohners Haupt, bei'm Vater
der Göttlichen, die mich zur Welt gebohren!
Er soll sie nicht berühren — nicht ihr Kleid
mit seines Fingers Spitze nur berühren.
Eh' dieß geschiehet, decke ewige
1190 Vergessenheit mein Phthia, mein Geburtsland,
wenn der Atriden Stammplatz, Sipylus,
im Ohr der Nachwelt unvergänglich lebet.
Es mag der Seher Kalchas das Geräthe
zum Opfer nur zurücke tragen — Seher?
1195 Was heißt ein Seher? — Der auf gutes Glück
für eine Wahrheit zehen Lügen sagt.
Geräth es? Gut. Wo nicht, ihm geht es hin.
Es gibt der Jungfraun Tausende, die mich
zum Gatten möchten — Davon ist auch jetzt
1200 die Rede nicht! Beschimpft hat mich der König.
In meinen Willen hätt' er's stellen sollen;

7,13

ob mir's gefiele, um sein Kind zu frein?
Gern' und mit Freuden würde Clytemnestra
in dieses Bündniß eingewilligt haben.
1205 Und hätte Griechenland aus meinen Händen
alsdann zum Opfer sie verlangt, ich würde
sie meinen Kriegsgenossen, würde sie
dem Wohl der Griechen nicht verweigert haben.
So aber gelt' ich nichts vor den Atriden,
1210 nichts, wo was großes soll verhandelt werden.
Doch dürfte, eh' wir Ilion noch sehn,
dieß Schwerdt von Blut und Menschenmorde triefen,
wenn man's versuchte, mir sie zu entreissen.
Sei du getrost. Ein Gott erschien ich dir.
1215 Ich bin kein Gott. Dir aber will ich's werden.

Chor.

An dieser Sprache kennt man dich, Achill,
und die Erhabene, die dich gebohren.

Clytemnestra.

O Herrlichster, wie stell ich's an, wie muß
ich reden, um zu sparsam nicht zu seyn
1220 in deinem Preis, und deine Gunst auch nicht
durch mein ausschweifend Rühmen zu verscherzen.
Zu vieles Loben, weiß ich wohl, macht dem,
der edel denkt, den Lober nur zuwider.
Doch schäm' ich mich mit ew'ger Jammerklage,
1225 mit Leiden, die nur ich empfinde, dich,
den Glücklichen, den Fremdling zu ermüden.
Doch Fremdling oder nicht — wer Leidenden
beispringen kann, wird auch mit ihnen trauern.
Drum hab' mit uns Erbarmen. Unser Schicksal
1230 verdient Erbarmen. Meine Hofnung war
dich Sohn zu nennen — ach sie war vergebens!
Auch schreckt vielleicht dein künftig Ehebette
mein sterbend Kind mit schwarzer Vorbedeutung,

1214: erschein' B.

und du wirst eilen, sie zu fliehn!*) Doch nein,
1235 was du gesagt, war alles wohl gesprochen,
und willst du nur, so lebt mein Kind. Soll sie
etwa selbst flehend deine Knie umfassen?
So wenig dieß der Jungfrau ziemt, gefällt
es dir, so mag sie kommen, züchtiglich,
1240 das Aug' mit edler Freiheit aufgeschlagen.
Wo nicht, so laß an ihrer Statt mich der
Gewährung süßes Wort von dir vernehmen.
     Achilles.
Die Jungfrau bleibe, wo sie ist. Daß sie
verschämt ist, bringt ihr Ehre.
     Clytemnestra.
        Auch verschämt seyn
1245 hat sein gehörig Maß und seine Stunde.
     Achilles.
Ich will es nicht. Ich will nicht, daß du sie
vor meine Augen bringest, und wir beide
boshaftem Tadel Preis gegeben werden.
Ein zahlreich Heer, der heimathlichen Sorgen
1250 entschlagen, trägt sich gar zu gern, das kenn' ich,
mit häm'schen, ehrenrührigen Gerüchten.
Und mög't ihr flehend oder nicht vor mir
erscheinen, ihr erhaltet weder mehr
noch minder — denn beschlossen ist's bei mir,
1255 kost's was es wolle, euer Leid zu enden.
Das laß dir gnügen. Glaub', ich rede ernstlich.
Und sterben mög' ich, hab' ich deine Hofnung
mit eitler Rede nur getäuscht. Rett' ich
die Jungfrau — nein, da werd' ich leben.
     Clytemnestra.
        Lebe
1260 und rette immer Leidende!
     Achilles.
       Nun höre,
wir wir's am besten einzurichten haben.

7,19

                    Clytemnestra.
Laß hören. Dir gehorch' ich gern.
                    Achilles.
                            Zuvor erst
muß man es mit dem Vater noch versuchen.
                    Clytemnestra.
Ach, der ist feig und zittert vor der Menge!
                    Achilles.
1265 Vernünft'ge Gründe können viel.
                    Clytemnestra.
Ich hoffe nichts. Doch sprich, was muß ich thun?
                    Achilles.
Fall' ihm zu Füßen! Fleh' ihn an, daß er
sein Kind nicht tödte! Bleibt er unerbittlich,
dann komm zu mir! — Erweichst du ihn, noch besser.
1270 Dann braucht er meines Armes nicht, die Jungfrau
bleibt leben, ich erhalte mir den Freund,
auch bei dem Heer vermeid' ich Tadel, hab' ich
durch Gründe mehr als durch Gewalt gestritten.
Und so wird alles glücklich abgethan,
1275 zu deinem und der Freunde Wohlgefallen,
und meines Armes braucht es nicht.
                    Clytemnestra.
                            Du räthst
verständig. Es geschehe, wie du meinest.
Mißlingt mir's aber — wo seh' ich dich wieder?
Wo find' ich Aermste diesen Heldenarm,
1280 die lezte Stütze noch in meinen Leiden?
                    Achilles.
Wo's meiner Gegenwart bedarf, werd' ich
dir nahe seyn, und dir's ersparen, vor
dem Heer der Griechen dich und deine Ahnherr'n
durch Jammer zu erniedrigen. So tief

1280: meinem A B C.

1285 herunter müßte Tyndars Blut nicht sinken:
— ein großer Nahme in der Griechen Land!
Clytemnestra.
Wie dir's gefällt. Ich unterwerfe mich.
Und, gibt es Götter, Treflichster! Dir muß
es wohl ergehn! Gibt's keine — Warum leid' ich?*)
(Achilles und Clytemnestra gehen ab.)

Vierte Zwischenhandlung.
Chor.

1290   Wie lieblich erklang
       der Hochzeitgesang,
       den zu der Zitter tanzlustigen Tönen,
       zur Schalmei und zum libyschen Rohr,
       sang der Kamönen
1295   versammelter Chor
       auf Peleus Hochzeit und Thetis der Schönen!

       Wo die Becher des Nektars erklangen
       auf des Pelion wolkichtem Kranz,
       kamen die zierlich gelockten und schwangen
1300   goldene Solen im flüchtigen Tanz.
       Mit dem melodischen Jubel der Lieder
       feierten sie der Verbundenen Glück.
       Der Berg der Centauren hallte sie wieder,
       Pelions Wald gab sie schmetternd zurück.

1305   Unter den Freuden des festlichen Mahls   7,21
       schöpfte des Nektars himmlische Gabe
       Jovis Liebling, der phrygische Knabe
       in die Bäuche des goldnen Pokals.

1290—1343: in den Gedichten als: „Die Hochzeit der Thetis." G: 1, 327—329.
— g: 1, 327—329. — 1292: Cither A B C W M G g. — 1294: Kamenen C B,
Camönen M. — 1298: wolkichtem B] wolkichten A, wolkigtem W M, wolkigten
C g, wolkigem K B D. — 1305: in K B C W M abgetheilt: Unter den Freuden |
Des festlichen Mahls.

  Funfzig Schwestern der Göttlichen hüpften
1310 luftig daneben im glänzenden Sand,
  tanzten den Hochzeitreigen, und knüpften
  reitzende Ring' mit verschlungener Hand.

     Gegenstrophe.

  Grüne Kronen in dem Haar,
  und mit fichtenem Geschosse,
1315 Menschen oben, unten Rosse,
  kaum auch der Centauren Schar,
  angelockt von Bromius Pokale
  kamen sie zum Göttermahle.

  Heil dir, hohe Nereide!
1320 sang mit lautem Jubelliede
  der Thessalierinnen Chor,
  Heil dir! sang der Mädchen Chor.
  Heil dir! Heil dem schönen Sterne,
  der aus deinem Schooß ersteht!
1325 Und Apoll, der in die Ferne
  der verborgnen Zukunft späht,
  und der auf den unbekannten
  Stamm der Musen sich versteht,
  Chiron der Centaure — nannten   7,22
1330 beide schon mit Nahmen ihn,
  der zu Priams Königsitze
  kommen würde an der Spitze
  seiner Myrmidonenscharen
  in des Speeres Wurf erfahren,
1335 wüthen dort mit Mord und Brand
  in des Räubers Vaterland —
  auch die Rüstung, die er würde tragen,
  künstlich von Hephästos Hand

1309: Fünfzig B O W M G. — 1310: Sand B·M G g] Band A, ψάμαδον, arenam B 1055. — 1313: Grünen A. — 1321: Thessalierinnen K B O B M G g. 1324: das aus A. — 1325: Mit diesem Verse machen K B O B M G g einen Absatz. — in der Ferne B K B O. — 1331: Königsitze B·M G g.

    aus gebiegnem Gold geschlagen,
1340 ein Geschenk der Seligen,
    die den Seligen empfangen.
    So ward von den Himmlischen
    Thetis Hochzeitfest begangen!

      Epode.

    Dir, Agamemnons thränenwerthem Kinde,
1345 nicht bei der Hirten Feldgesang
    erzogen, und der Pfeife Klang,
    still aufgeblüht im mütterlichen Schooß,
    dem Tapfersten der Inachiden
    dereinst zur süßen Braut beschieden,
1350 dir, Arme, fällt ein ander Loos!
    Dir flechten einen Kranz von Blüthen
    die Griechen in das schöngelockte Haar.
    Gleich einem Rinde, das der wilde Berg gebahr,
    das, unberührt vom Joch, aus Felsenhöhlen,
1355 unfern dem Meer, gestiegen war,
    wird dich der Opferstahl entseelen.
    Dann rettet dich nicht deine Jugend,
    nicht das Erröthen der verschämten Tugend,
    nicht deine reizende Gestalt!
1360 Das Laster herrscht mit siegender Gewalt.
    Es spricht mit frechem Angesichte
    den heiligen Gesetzen Hohn.
    Die Tugend ist aus dieser Welt geflohn,
    und dem Geschlecht der Menschen drohn
1365 nicht ferne mehr die göttlichen Gerichte.

                          7,23

1340. 1341: Seligen A B] Göttlichen G g R D W M.

Fünfter Akt.

Erster Auftritt.

Clytemnestra kommt. Der Chor.

Clytemnestra.

Ich komme, meinen Gatten aufzusuchen,
noch immer bleibt er aus, es ist schon lange,
daß er das Zelt verließ — und drinnen weint
und jammert die Unglückliche, nun sie
1370 erfuhr, was für ein Schicksal sie erwartet.
Er nähert sich, den er genannt. Der ist's,
das ist der Agamemnon, den man bald
verrucht wird handeln sehn an seinen Kindern.

Zweiter Auftritt.

Agamemnon. Vorige.

Agamemnon.

Gut, Clytemnestra, daß ich außerhalb
1375 des Zelts dich treffe und allein. Ich habe
mich über Dinge mit dir zu besprechen,
die einer Jungfrau, die bald Braut seyn wird,
nicht wohl zu hören ziemt.

Clytemnestra.
Und was ist das
wozu die Zeit sich dir so günstig zeiget?

Agamemnon.

1380 Laß deine Tochter mit mir gehen! — Alles
ist in Bereitschaft, das geweihte Wasser,
das Opfermahl, das heil'ge Feu'r, die Rinder,
die vor der Hochzeit am Altar Dianens,
in schwarzem Blute röchelnd, fallen sollen.

1373 ¹: Die Vorigen. K B C B N.

Clytemnestra.

1385 Gut redest du. Daß ich von deinem Thun
ein Gleiches rühmen könnte! — Aber komm'
du selbst heraus mein Kind!
(Sie geht und öfnet die Thür des Gezelts)
Was dieser da
mit dir beschlossen hat, weißt du ausführlich.
Nimm unter deinem Mantel auch den Bruder
1390 Orestes mit dir.
(Zu Agamemnon, indem Iphigenie heraustritt.)
Sieh'. Da ist sie, deine
Befehle zu vernehmen. Was noch sonst
für sie und mich zu sagen übrig bleibt,
werd' ich hinzuzusetzen wissen.

Dritter Auftritt.

Iphigenie mit dem kleinen Orestes zu den Vorigen.

Agamemnon.

Was ist dir Iphigenie? — — — Du weinst?
1395 Du siehst nicht heiter aus — du schlägst die Augen
zu Boden und verbirgst dich in den Schleier?

Iphigenie.

Ich Unglückselige! Wo fang' ich an?
bei welchem unter allen meinen Leiden?
Verzweiflung, wo ich nur beginnen mag,
1400 Verzweiflung, wo ich enden mag. [10])

Agamemnon.

Was ist das?
Hat alles hier zusammen sich verstanden,
mich zu bestürzen — Kind und Mutter außer sich
und Unruh' im Gesichte —

Clytemnestra.

Mein Gemahl,
antworte mir auf das, was ich dich frage,
1405 aufrichtig aber!

Agamemnon.
Braucht's dazu Ermahnung?
Zur Sache.

Clytemnestra.
Ist's an dem — willst du sie wirklich
ermorden, deine Tochter und die meine?

Agamemnon.
(fährt auf)
Unglückliche! Was für ein Wort hast du gesprochen!
Was argwöhnst du? — Du sollst es nicht!

Clytemnestra.
Antworte
1410 auf meine Frage.

Agamemnon.
Frage was sich ziemt,
so kann ich dir antworten, wie sich's ziemet.

Clytemnestra.
So frag' ich. Sage du mir nur nichts anders.

Agamemnon.
Furchtbare Göttinnen des Glücks und Schicksals
und du mein böser Genius!

Clytemnestra.
Und meiner —
1415 und dieser hier! Ihn theilen drei Elende!

Agamemnon.
Worüber klagst du?

Clytemnestra.
Dieses fragst du noch?
O dieser List gebricht es an Verstande.

Agamemnon.
Ich bin verloren. Alles ist verrathen.

Clytemnestra.
Ja, alles ist verrathen. Alles weiß ich
1420 und alles hört' ich, was du uns bereitest.

1407: [Vers von 13 Silben]. — 1411: ziemt B K B C.

Dieß Schweigen, dieses Stöhnen ist Beweises
genug. Das Reden magst du dir ersparen.

Agamemnon.

Ich schweige. Reden was nicht wahr ist, hieße
mein Elend auch durch Frechheit noch erschweren.

Clytemnestra.

1425 Gib mir Gehör. Die räthselhafte Sprache
bei Seit'. Ich will jetzt offen mit dir reden.
Erst drangst du dich — das sei mein erster Vorwurf —
gewaltsam mir zum Gatten auf, entführtest
mich räuberisch, nachdem du meinen ersten
1430 Gemahl erschlagen, Tantalus, — den Säugling
von seiner Mutter Brust gerissen, mit
grausamem Wurf am Boden ihn zerschmettert.
Als meine Brüder drauf, die Söhne Zevs,
die Herrlichen mit Krieg dich überzogen,
1435 entriß dich Tyndar, unser Vater, den
du knieend flehtest, ihrem Zorn, und gab
die Rechte meines Gatten dir zurücke.
Seit diesem Tag — kannst du es anders sagen?
fand'st du in mir die lenksamste der Frauen,
1440 im Hause fromm, im Ehebette keusch,
untadelhaft im Wandel. Sichtbar wuchs
der Segen deines Hauses — Lust und Freude,
wenn du hineintratst! Wenn du öffentlich
erschienst, der frohe Zuruf aller Menschen!
1445 Solch eine Eh'genossinn zu erjagen,
ist wenigen beschert. Desto gemeiner sind
die schlimmen! Ich gebähre dir drei Töchter
und diesen Sohn — und dieser Töchter eine
willst du jetzt so unmenschlich mir entreißen!
1450 Fragt man, warum sie sterben soll — was kannst du
hierauf zur Antwort geben? Sprich! Soll ich's
in deinem Nahmen thun? Daß Menelaus

1433: Zevs C. W M. — 1437: zurück. K B C. — 1443: hereintratst K B C.

Helenen wieder habe, soll sie sterben!
O treflich! Deine Kinder also sind
1455 der Preis für eine Buhlerinn! Und mit
dem Theuersten, das wir besitzen, wird
das Hassenswürdigste erkauft! — Wenn du
nun fort seyn wirst nach Troja, lange, lange,
ich im Pallast indessen einsam sitze,
1460 leer die Gemächer der Gestorbenen,
und alle jungfräulichen Zimmer öde,
wie glaubst du, daß mir da zu Muth seyn werde?
Wenn ungetrocknet, unversiegend um
die Todte meine Thränen rinnen, wenn
1465 ich ewig, ewig um sie jamm're. „Er,
der dir das Leben gab, gab dir den Tod!
Er selbst, kein and'rer, er mit eig'nen Händen!"
Sieh' zu, daß dir von deinen andern Töchtern,
von ihrer Mutter, wenn du wiederkehrst,
1470 nicht ein Empfang dereinst bereitet werde,
der solcher Thaten würdig ist. O um
der Götter willen! Zwinge mich nicht, schlimm
an dir zu handeln! Handle du nicht so
an uns! — Du willst sie schlachten! Wie? Und welche
1475 Gebethe willst du dann zum Himmel richten?
Was willst du, rauchend von der Tochter Blut,
von ihm erflehen? Fürchterliche Heimkehr
von einem schimpflich angetret'nen Zuge!
Werd' ich für dich um Segen flehen dürfen?
1480 Um Segen für den Kindermörder flehn,
das hieße, Göttern die Vernunft abläugnen!
Und sei's, daß du nach Argos wiederkehrst,
denkst du dann, deine Kinder zu umarmen?
O dieses Recht hast du verscherzt! Wie könnten
1485 sie dem in's Auge sehn, der Eins von ihnen
mit kaltem Blut erschlug? — Darüber sind

1458: lange, lange | Ich B.

wir einverstanden. — Mußtest du als König,
als Feldherr dich betragen — kam es dir
nicht zu, bei den Achivern erst die Sprache
1490 der Weisheit zu versuchen? „Ihr verlangt
nach Troja, Griechen? Gut. Das Loos entscheide,
weß' Tochter sterben soll!" Das hätte einem
gegolten wie dem andern! Aber nicht,
nicht dir von allen Danaern allein
1495 kam's zu, dein Kind zum Opfer anzubiethen!
Da! deinem Menelaus, dem zu Lieb'
ihr streitet, dem hätt' es gebührt, sein Kind,
Hermione, der Mutter aufzuopfern!
Und ich, die immer keusch dein Bett' bewahrte
1500 soll nun der Tochter mich beraubet sehn,
wenn jene Lasterhafte, glücklicher
als ich, nach Sparta heimzieht mit der Ihren!
Bestreit' mich, wenn ich Unrecht habe! Hab'
ich recht — O so geh' in dich! — Bring' sie nicht
1505 um's Leben deine Tochter und die meine.

Chor.

Laß dich erweichen, Agamemnon! Denk',
wie schön es ist, sich seines Bluts erbarmen!
Das wird von allen Menschen eingestanden!

Iphigenie.

Mein Vater, hätt' ich Orpheus Mund, könnt' ich
1510 durch meiner Stimme Zauber Felsen mir
zu folgen zwingen, und durch meine Rede
der Menschen Herzen, wie ich wollte, schmelzen,
jezt würd' ich diese Kunst zu Hülfe rufen.
Doch meine ganze Redekunst sind Thränen,
1515 die hab' ich und die will ich geben! Sieh',
statt eines Zweigs der Flehenden leg' ich
mich selbst zu deinen Füßen — Tödte mich

1499: ich, der immer A (Druckf.). — 1503: Unrecht B·M. — 1504: Recht B C W M. — 1513: Hilfe M.

nicht in der Blüthe! — Diese Sonne ist
so lieblich! Zwinge mich nicht, vor der Zeit,
1520 zu sehen, was hierunten ist! — Ich war's
die dich zum erstenmale Vater nannte,
die erste, die du Kind genannt, die erste,
die auf dem väterlichen Schooße spielte,
und Küsse gab, und Küsse dir entlockte.
1525 Da sagtest du zu mir: „O meine Tochter,
werd' ich dich wohl, wie's deiner Herkunft ziemt,
im Hause eines glücklichen Gemahles
einst glücklich und gesegnet sehn?" — Und ich,
an diese Wangen angedrückt, die flehend
1530 jetzt meine Hände nur berühren, sprach:
„Werd' ich den alten Vater alsdann auch
in meinem Haus mit süßem Gastrecht ehren,
und meiner Jugend sorgenlose Pflege
dem Greis mit schöner Dankbarkeit belohnen?"
1535 So sprachen wir. Ich hab's recht gut behalten.
Du hast's vergessen, du, und willst mich tödten.
O nein! bei Pelops, deinem Ahnherrn! Nein!
bei deinem Vater Atreus und bei dieser,
die mich mit Schmerzen dir gebahr, und nun
1540 auf's neue diese Schmerzen um mich leidet!
Was geht mich Paris Hochzeit an? Kam er
nach Griechenland mich Arme zu erwürgen?
O gönne mir dein Auge! Gönne mir
nur einen Kuß, wenn auch nicht mehr Erhörung,
1545 daß ich Ein Denkmal deiner Liebe doch
mit zu den Todten nehme! Komm, mein Bruder!
Kannst du auch wenig thun für deine Lieben,
hinknien und weinen kannst du doch. Er soll
die Schwester nicht um's Leben bringen, sag' ihm.

7,38

1533: sorgenlose A B] sorgenvolle K V C W M; πόνον εὐθηνοὺς ἀποδιδοῦσά
σοι τροφάς; reddens tibi gratiam laboriosae nutritionis B 1230; et de rendre
à votre vieillesse la reconnoissance d'une pénible éducation. b 222. — 1538:
dieser A] ihr V K C B M.

1550 Gewiß! Auch Kinder fühlen Jammer nach.
Sieh' Vater! Eine stumme Bitte richtet er
an dich — Laß dich erweichen! Laß mich leben!
Bei deinen Wangen flehen wir dich an,
zwei deiner Lieben, der unmündig noch,
1555 ich eben kaum erwachsen! Soll ich dir's
in ein herzrührend Wort zusammenfassen?
Nichts süßers gibt es, als der Sonne Licht
zu schaun! Niemand verlanget nach da unten.
Der raset, der den Tod herbeiwünscht! Beßer
1560 in Schande leben, als bewundert sterben! [1]

Chor.
Dein Werk ist dieß, verderbenbringende
Helene! Deine Lasterthat empöret
die Söhne Atreus gegen ihre Kinder!

Agamemnon.
Ich weiß, wo Mitleid gut ist, und wo nicht.
1565 Liebt' ich mein eigen Blut nicht, rasen müßt' ich.
Entsezlich ist mir's, solches zu beschließen,
entsezlich mich ihm zu entziehn — Seyn muß es.
Seht dort die Flotte Griechenlandes! Seht!
Wie viele Könige in Erzt gewaffnet!
1570 Von diesen allen sieht nicht Einer Troja,
und nimmer fällt die Burg des Priamus,
du sterbest denn, wie es der Seher fordert.
Von wüthendem Verlangen brennt das Heer,
nach Phrygien die Segel auszuspannen,
1575 und der Achiver Gattinnen auf ewig
von diesen Räubern zu befrein. Umsonst,
daß ich dem Götterspruch mich widersetze,
ich — du — und du — und unsre Töchter in
Mycene würden Opfer ihres Grimmes.
1580 Nein Kind! Nicht Menelaus Sclave bin ich.
Nicht Menelaus ist's, der aus mir handelt.

1551: [Trimeter]. — 1556: zusammenraffen K B C. — 1569: vgl. 931. 1159.

Dein Vaterland will deinen Tod — ihm muß ich,
gern oder ungern, dich zum Opfer geben.
Das Vaterland geht vor! — Die Griechen frei
1585 zu machen, Kind, die Frauen Griechenlandes,
was an uns ist, vor räubrischen Barbaren
zu schützen — das ist deine Pflicht und meine!
(er geht ab.)

Vierter Auftritt.

Clytemnestra. Iphigenie. Der Chor.

Clytemnestra.
Er geht! Er flieht dich! — Tochter — Fremdlinge —
Er flieht! — Ich Unglückselige! Sie stirbt!
1590 Er hat sein Kind dem Orkus hingegeben!

Iphigenie.
O weh' mir! — Mutter! Mutter! Gleiches Leid
berechtigt mich zu gleicher Jammerklage! [12]
Kein Licht soll ich mehr schauen! Keine Sonne
mehr scheinen sehn! — O Wälder Phrygiens!
1595 Und du, von dem er einst den Nahmen trug,
erhab'ner Ida, wo den zarten Sohn,
der Mutter Brust entrissen, Priamus
zu grausenvollem Tode hingeworfen!
O hätt' er's nimmermehr gethan! den Hirten
1600 der Rinder, diesen Paris, nimmermehr
am klaren Wasser hingeworfen, wo
durch grüne, blüthenvolle Wiesen, reich
beblümt mit Rosen, würdig von Göttinnen
gepflückt zu werden, und mit Hyazinthen,
1605 der Nymphen Silberquelle rauscht — wohin,
mit Hermes, Zevs geflügeltem Gesandten,
zu ihres Streits unseliger Entscheidung,
Athene kam, auf ihre Lanze stolz,

1606: Zeus O.W.M.

und stolz auf ihre Reize Cypria
1610 die Schlaue, und Saturnia die Hohe
auf Jovis königliches Bette stolz!
O dieser Streit führt Griechenland zum Ruhme,
Jungfrauen, mich führt er zum Tod!
                    Chor.
                              Du fällst
für Ilion Dianens erstes Opfer.
                    Iphigenie.
1615 Und er — o meine Mutter — Er, der mir
das jammervolle Leben gab, er flieht!
Er meidet sein verrathnes Kind! Weh' mir,
daß meine Augen sie gesehen haben,
die traurige Verderberinn! Ihr muß
1620 ich sterben — unnatürlich muß ich sterben,
durch eines Vaters frevelhaften Stahl!
O Aulis, hättest du der Griechen Schiffe
in deinem Hafen nie empfangen! Hätte
ein günst'ger Wind nach Troja sie beflügelt,
1625 kein Zeus hier am Euripus sie verweilt!
Ach! Er verleiht die Winde nach Gefallen,
dem schwellt er mit gelindem Wehn die Segel,
dem sendet er das Leid, die Angst dem andern,
den läßt er glücklich aus dem Hafen steuern,
1630 den führt er leicht durch's hohe Meer dahin,
den hält er in der Mitte seines Laufes.
War's nicht schon leidenvoll genug, nicht etwa
schon thränenwerth genug, des Menschen Loos,
daß er dem Tod noch rief, es zu erschweren?
                    Chor.
1635 Ach! wie viel Unheil, wie viel Elend brachte
die Tochter Tyndars über Griechenland!
Du aber, Aermste, jammerst mich am meisten.
O hättest du solch Schicksal nie erfahren!

1625: Zeus C. W M.

Fünfter Auftritt.

Achilles mit einigen Bewaffneten, erscheint in der Ferne. Die Vorigen.

Iphigenie
(erschrocken.)
O Mutter! Mutter! Eine Schar von Männern
1640 kommt auf uns zu.
Clytemnestra.
Der Göttinnsohn ist drunter,
für den ich dich hieher gebracht.
Iphigenie.
(eilt nach der Thür und ruft ihren Jungfrauen.)
Macht auf!
Macht auf die Pforten, daß ich mich verberge.
Clytemnestra.
Was ist dir? Vor wem fliehest du?
Iphigenie.
Vor ihm —
vor dem Peliden — ich erröthe, ihn
1646 zu sehn —
Clytemnestra.
Warum erröthen, Kind?
Iphigenie.
Ach! die
beschämende Entwicklung dieser —
Clytemnestra.
Laß
die Glücklichen erröthen! — Diese züchtge
Bedenklichkeiten jetzt bei Seite, wenn
wir was vermögen sollen —
Achilles (tritt näher.)
Arme Mutter!
Clytemnestra.
1650 Du sagst sehr wahr.

1647: zücht'ge A B R, züchtigen C W [Trimeter], zücht'gen M.

Achilles.
Ein fürchterliches Schreien
hört man im Lager.

Clytemnestra.
Ueber was? Wem gilt es?

Achilles.
Hier deiner Tochter.

Clytemnestra.
O das weißagt mir
nichts Gutes.

Achilles.
Alles bringt auf's Opfer.

Clytemnestra.
Alles?
Und niemand ist, der sich dagegen sezte?

Achilles.
1655 Ich selbst kam in Gefahr —

Clytemnestra.
Gefahr —

Achilles.
Gesteinigt
zu werden.

Clytemnestra.
Weil du meine Tochter
zu retten strebtest?

Achilles.
Eben darum.

Clytemnestra.
Was?
Wer durft' es wagen, Hand an dich zu legen?

Achilles.
Die Griechen alle.

Clytemnestra.
Wie? Wo waren denn
1660 die Scharen deiner Myrmidonen?

Achilles.
Die empörten sich zuerst.

Clytemnestra.
Weh' mir! Wir sind verloren, Kind!

Achilles.
Die Hochzeit habe mich bethöret, schrie'n sie.

Clytemnestra.
Und was sagtest du darauf?

Achilles.
Man solle die nicht würgen,
1665 die zur Gemahlinn mir bestimmt gewesen.

Clytemnestra.
Da sagtest du, was wahr ist.

Achilles.
Die der Vater mir zugedacht.

Clytemnestra.
Und die er von Mycene ausdrücklich hatte kommen lassen.

Achilles.
Vergebens! Ich ward überschrie'n.

Clytemnestra.
Die rohe
1670 barbar'sche Menge!

Achilles.
Dennoch rechne du auf meinen Schutz.

Clytemnestra.
So vielen willst du's biethen ein Einziger?

1668: ausdrücklich darum hatte B. M. — 1671: willst A P W] wirst R (Druckfehler) B C W.

Achilles.
Siehst du die Krieger dort?
Clytemnestra.
O möge dir's bei diesem Sinn gelingen!
Achilles.
Es wird.
Clytemnestra.
So wird die Tochter mir nicht sterben?
Achilles.
1675 So lang' ich Athem habe, nicht!
Clytemnestra.
Kommt man
etwa, sie mit Gewalt hinweg zu führen?
Achilles.
Ein ganzes Heer. Ulysses führt es an.
Clytemnestra.
Der Sohn des Sisyphus etwa?
Achilles.
Derselbe.
Clytemnestra.
Führt eigner Antrieb oder Pflicht ihn her?
Achilles.
1680 Die Wahl des Heers, die ihm willkommen war.
Clytemnestra.
Ein traurig Amt, mit Blut sich zu besudeln!
Achilles.
Ich werd' ihn zu entfernen wissen.
Clytemnestra.
Sollte
er wider Willen sie von hinnen reissen?
Achilles.
Er? — Hier bei diesem blonden Haar!
Clytemnestra.
Was aber
1685 muß ich dann thun?

₁₆₇₈: vgl. 616.

Achilles.
Du hältst die Tochter.
Clytemnestra.
Wird
das hindern können, daß man sie nicht schlachtet?
Achilles.
Das wird dieß Schwerdt alsdann entscheiden!¹³)
Iphigenie.
Höre
mich an, geliebte Mutter. Hört mich beide.
Was tobst du gegen den Gemahl? Kein Mensch
1690 muß das Unmögliche erzwingen wollen.
Das größte Lob gebührt dem wohlgemeinten,
dem schönen Eifer dieses Fremden Freundes,
du aber, Mutter, lade nicht vergeblich
der Griechen Zorn auf dich, und stürze mir
1695 den großmuthsvollen Mann nicht in's Verderben.
Vernimm jezt, was ein ruhig Ueberlegen
mir in die Seele gab. Ich bin entschlossen
zu sterben — aber ohne Widerwillen
aus eig'ner Wahl, und ehrenvoll zu sterben!
1700 Hör' meine Gründe an, und richte selbst.
Das ganze große Griechenland hat jezt
die Augen auf mich Einzige gerichtet.
Ich mache seine Flotte frei — durch mich
wird Phrygien erobert. Wenn fortan
1705 kein griechisch Weib mehr zittern darf, gewaltsam
aus Hellas sel'gem Boden weggeschleppt
zu werden von Barbaren, die nunmehr
für Paris Frevelthat so fürchterlich
bezahlen müssen — aller Ruhm davon
1710 wird mein seyn Mutter. Sterbend schütz' ich sie.
Ich werde Griechenland errettet haben,
und ewig selig wird mein Nahme strahlen.

1692: fremden B. M. ξένου δίκαιον, hospitem aequum B 1371, vgl. I, 123,
96. 102.

Wozu das Leben auch so ängstlich lieben?
Nicht dir allein — du hast mich allen Griechen
1715 gemeinschaftlich gebohren. Sieh' dort! Sieh'
die Tausende, die ihre Schilde schwenken,
dort andre Tausende, des Ruders kundig,
entbrannt von edelm Eifer kommen sie,
die Schmach des Vaterlands zu rächen, gegen
1720 den Feind durch tapfre Kriegesthat zu glänzen,
zu sterben für das Vaterland. Dieß alles
macht' ich zu nichte, ich, ein einzig's Leben?
Wo, Mutter, wäre das gerecht? Was kannst
du hierauf sagen? — Und alsdann —

(sich gegen Achilles wendend.)

Soll der's
1725 mit allen Griechen, eines Weibes wegen
aufnehmen und zu Grunde gehn? Nein doch!
Das darf nicht seyn!¹⁴) Der einz'ge Mann verdient
das Leben mehr, als hunderttausend Weiber.
Und will Diana diesen Leib, werd' ich,
1730 die Sterbliche, der Göttinn widerstreben?
Umsonst! Ich gebe Griechenland mein Blut.
Man schlachte mich, man schleife Trojas Veste!
Das soll mein Denkmal seyn auf ew'ge Tage,
das sei mir Hochzeit, Kind, Unsterblichkeit!
1735 So will's die Ordnung und so sei's: Es herrsche
der Grieche und es diene der Barbare!
denn der ist Knecht, und jener frei gebohren!

Chor.

Dein großes Herz zeigst du — doch grausam ist
dein Schicksal, und ein hartes Urtheil sprach Diana!

Achilles.

1740 Wie glücklich machte mich der Gott, der dich
mir geben wollte, Tochter Agamemnons!
Glückjel'ges Griechenland, so schön errettet!
Glücklich du, durch ein so großes Opfer
geehrt! Wie edel hast du da gesprochen!

1745 Wie deines Vaterlandes werth! Der starken
Nothwendigkeit willst du nicht widerstreben,
was einmal seyn muß, muß vortreflich seyn.
Je mehr dieß schöne Herz sich mir entfaltet,
ach desto feuriger lebt's in mir auf,
1750 dich als Gemahlinn in mein Haus zu führen.
O sinn' ihm nach. So gern thät' ich dir Liebes,
und führte dich als Braut in meine Wohnung.
Kann ich im Kampfe mit den Griechen dich
nicht retten — o bei'm Leben meiner Mutter!
1755 es wird mir schrecklich seyn. Erwäg's genau.
Es ist nichts kleines um das Sterben!

Iphigenie.

Meinen
Entschluß bringt kein Beweggrund mehr zum Wanken.
Mag Tyndars Tochter, herrlich vor uns allen,
durch ihre Schönheit Männer gegen Männer
1760 im blut'gem Kampf bewaffnen — meinetwegen
sollst du nicht sterben, Fremdling! Meinetwegen
soll niemand durch dich sterben! Ich vermag's
mein Vaterland zu retten. Laß mich's immer.

Achilles.

Erhab'ne Seele — Ja! Ist dieß dein ernster
1765 Entschluß, ich kann dir nichts darauf erwiedern.
Warum, was Wahrheit ist, nicht eingestehn?
Du hast die Wahl des Edelsten getroffen!
Doch dürfte die gewaltsame Entschließung
dich noch gereun, drum halt' ich Wort, und werde
1770 mit meinen Waffenbrüdern am Altar
dir nahe stehn — kein müß'ger Zeuge deines Todes,
dein Helfer vielmehr und dein Schutz. Wer weiß,
wenn nun der Stahl an deinem Halse blinkt,
ob dich des Freundes Nähe nicht erfreuet?
1775 Denn nimmer werd' ich's dulden, daß dein Leben

1771: [Vers von 13 Silben wie auch 1739]. — kein A.

ein allzurasch gefaßter Vorsatz kürze.
Jetzt führ' ich diese —
(auf seine Bewaffneten zeigend.)
nach der Göttinn Tempel,
dort findest du mich, wenn du kommst.
(er geht ab.)

Sechster Auftritt.

Iphigenie. Clytemnestra. Der Chor.

Iphigenie.

Nun Mutter? —
Es netzen stille Thränen deine Augen?

Clytemnestra.

1780 Und hab' ich etwa keinen Grund zu weinen?
O ich Unglückliche!

Iphigenie.

Nicht doch! Erweichen
mußt du mich jetzt nicht, Mutter. Eine Bitte
gewähre mir.

Clytemnestra.

Entdecke sie, mein Kind.
Die Mutter findest du gewiß.

Iphigenie.

Versprich mir,
1785 dein Haar nicht abzuschneiden, auch kein schwarzes
Gewand um dich zu schlagen —

Clytemnestra.

Wenn ich dich
verloren habe? Kind, was forderst du?

Iphigenie.

Du hast mich nicht verloren — Deine Tochter
wird leben und mit Glorie dich krönen.

Clytemnestra.

1790 Ich soll mein Kind im Grabe nicht betrauern?

Iphigenie.

Nein Mutter! Für mich gibt's kein Grab.

Clytemnestra.
                    Wie das?
Führt nicht der Tod zum Grab?
          Iphigenie.
                    Der Tochter Zeus
geheiligter Altar dient mir zum Grabe.
          Clytemnestra.
Du hast mich überzeugt. Ich will dir folgen.
          Iphigenie.
1795 Beneide mich als eine Selige,
die Segen brachte über Griechenland.
          Clytemnestra.
Was aber hinterbring' ich deinen Schwestern?
          Iphigenie.
Auch sie laß keinen Trauerschleier tragen.
          Clytemnestra.
Darf ich die Schwestern nicht mit einem Worte
1800 der Liebe noch von dir erfreuen?
          Iphigenie.
                    Mög'
es ihnen wohlergehen! — Diesen da
          (auf Orestes zeigend)
erziehe mir zum Mann!
          Clytemnestra.
                    Küß' ihn noch einmal,
zum leztenmale!
          Iphigenie.
          (ihn umarmend.)
          Liebstes Herz! Was nur
in deinen kleinen Kräften hat gestanden,
1805 das hast du redlich heut' an mir gethan!
          Clytemnestra.
Kann ich noch etwas Angenehmes sonst
in Argos dir erzeigen?

1792: Zeus O. B M.

Iphigenie.
Meinen Vater
und deinen Gatten — haß' ihn nicht!
Clytemnestra.
O! der
soll schwer genug an dich erinnert werden!
Iphigenie.
1810 Ungern läßt er für Griechenland mich bluten.
Clytemnestra.
Sprich, hinterlistig, niedrig, ehrenlos,
nicht, wie es einem Sohn des Atreus ziemet!
Iphigenie.
(sich umschauend.)
Wer führt mich zum Altar? — Denn an den Locken
möcht' ich nicht hin gerissen seyn.
Clytemnestra.
Ich selbst.

7,51

Iphigenie.
1815 Nein! Nimmermehr!
Clytemnestra.
Ich fasse deinen Mantel.
Iphigenie.
Sei mir zu Willen, Mutter! Bleib! — Das ist
anständiger für dich und mich! — Hier, von
des Vaters Dienern findet sich schon einer,
der zu Dianens Wiese mich begleitet,
1820 wo ich geopfert werden soll.
(Sie wendet sich zum Gefolge.)
Clytemnestra.
(folgt ihr mit den Augen.)
Du gehst,
mein Kind?
Iphigenie.
Um nie zurück zu kehren!
Clytemnestra.
Verlässest beine Mutter?

Iphigenie.
Und unwürdig
von ihr gerissen, wie du siehst.
Clytemnestra.
O bleib!
Verlaß mich nicht!
(will auf sie zu eilen.)
Iphigenie (tritt zurück.)
Nein! Keine Thränen mehr!
(sie redet den Chor an, mit dem sie gekommen ist.)

1825 Ihr Jungfraun, stimmt der Tochter Jupiters
ein hohes Loblied an aus meinem Leiden,
zum frohen Zeichen für ganz Griechenland!
Das Opfer fange an — Wo sind die Körbe?
Die Flamme lodre um den Opferkuchen!
1830 Mein Vater fasse den Altar! Ich gehe,
Heil und Triumph zu bringen den Achivern!.
Kommt! Führt mich hin! Der Phrygier und Trojer
fruchtbare Ueberwinderinn! Gebt Kronen,
gebt Blumen, diese Locken zu bekränzen!
1835 Erhebt den Tanz um den besprengten Tempel,
um den Altar der Königinn Diana,
der Göttlichen! der Seligen! Denn, nun
es einmal seyn muß, will ich das Orakel
mit meinem Blut und Opfertode tilgen.

Chor.
(wendet sich gegen Clytemnestra, die in stumme Traurigkeit versenkt steht.)
1840 Bald, bald, ehrwürd'ge Mutter, weinen wir mit dir,
die heil'ge Handlung duldet keine Thränen.

Iphigenie.
Helft mir Dianen preisen, Jungfrauen,
die, Chalcis nahe Nachbarinn, in Aulis
gebiethet, wo die Flotte Griechenlands
1845 im engen Hafen meinetwegen weilet!

1824: Thräne B L B Q. — 1833: furchtbare B·M; im Griechischen hat ἱλάσκολις
(B 1476) kein Epitheton. — 1840: [Trimeter].

O Argos! Mütterliches Land! Und du,
der frühen Kindheit Pflegerinn, Mycene!
    Chor.
Die Stadt des Perseus rufst du an, von den
Cyclopen für die Ewigkeit gegründet!
    Iphigenie.
1850 Ein schöner Stern gieng den Achivern auf
in deinem Schooß — Doch nein. Ich will ja freudig sterben.
    Chor.
Im Ruhm wirst du unsterblich bei uns leben.
    Iphigenie.
O Fackel Jovis! Schöner Strahl des Tages!
Ein ander Leben thut sich mir jezt auf,
1855 zu einem andern Schicksal scheib' ich über.
Geliebte Sonne, fahre wohl *).
    (sie geht ab.)

Anmerkungen.

Diese Tragödie ist vielleicht nicht die tadelfreieste des Euripides, weder im Ganzen noch in ihren Theilen. Agamemnons Charakter ist nicht fest gezeichnet, und durch ein zweideutiges Schwanken zwischen Unmensch und Mensch, Ehrenmann und Betrüger, nicht wohl fähig,
5 unser Mitleiden zu erregen. Auch bei dem Charakter des Achilles bleibt man zweifelhaft, ob man ihn tadeln oder bewundern soll. Nicht zwar, weil er neben dem racinischen Achilles zu ungalant, zu unempfindsam erscheint; der französische Achilles ist der Liebhaber Iphigeniens, was jener nicht ist und nicht seyn soll; diese kleine eigen=
10 nützige Leidenschaft würde sich mit dem hohen Ernst und dem wichtigen Interesse des griechischen Stücks nicht vertragen. Hätte sich Achilles wirklich überzeugt, daß Griechenlands Wohl dieses Opfer erheische, so

---

1851: [Vers von 13 Silben.]
*) „Hier schließt sich die dramatische Handlung. Was noch folgt, ist die Erzählung von Iphigeniens Betragen bei'm Opfer und ihrer wunderbaren Errettung." A·W.
Die „Anmerkungen" fehlen in B.

möchte er sie immer bewundern, beklagen und sterben lassen. Er ist ein Grieche und selbst ein großer Mensch, der dieses Schicksal eher beneidet als fürchtet; aber Euripides nimmt ihm selbst diese Entschuldigung, indem er ihm Verachtung des Orakels, wenigstens Zweifel in den Priester, der es verkündigt hat, in den Mund legt. Man sehe die dritte Scene des vierten Akts; und selbst sein Anerbiethen, Iphigenien mit Gewalt zu erretten, beweis't seine Geringschätzung des Orakels, denn wie ' könnte er sich gegen das auflehnen, was ihm heilig ist? Wenn aber das Heilige wegfällt, so kann er in ihr nichts mehr sehen, als ein Opfer der Gewalt und priesterlichen Künste, und kann sich dieser großmüthige Göttersohn auch alsdann noch so ruhig dabei verhalten? Muß er sie nicht vielmehr, wenn sie mit thörigtem Fanatismus gleich selbst in den Tod stürzen will, mit Gewalt davon zurückhalten, als daß er ihr erlauben könnte, ein Opfer ihrer Verblendung zu werden? Man nehme es also wie man will, so ist entweder sein Versuch zu retten thöricht, oder seine nachfolgende Ergebung unverzeihlich, und inconsequent bleibt in jedem Falle sein Betragen. Der Chor in diesem Stücke, wenn ich seine erste Erscheinung ausnehme, ist ein ziemlich überflüßiger Theil der Handlung, und wo er sich in den Dialog mischt, geschieht es nicht immer auf eine geistvolle Weise; das ewige monotonische Verwünschen des Paris und der Helene muß endlich jeden ermüden. Was gegen die, durch ein Wunder bewirkte, Entwicklung des Stücks zu sagen wäre, übergeh' ich; überhaupt aber ist zwischen der dramatischen Fabel dieses Dichters und seiner Moral oder den Gesinnungen seiner Personen zuweilen ein seltsamer Widerspruch sichtbar, den man, soviel ich weiß, noch nicht gerügt hat. Die abenteuerlichsten Wunder- und Göttermährchen verschmäht er nicht, aber seine Personen glauben nur nicht an ihre Götter, wie man ' häufige Beispiele bei ihm findet. Ist es dem Dichter erlaubt, seine eigenen Gesinnungen in Begebenheiten einzuflechten, die ihnen so ungleichartig sind, und handelt er nicht gegen sich selbst, wenn er den Verstand seiner Zuschauer in eben dem Augenblicke aufklärt oder stutzen macht, wo er ihren Augen einen höhern Grad von Glauben zumuthet? Sollte er nicht vielmehr die so

---

6: vgl. V. 1194—97. — 24: übergehe A B C W M.

leicht zu zerstörende Illusion durch die genaueste Uebereinstimmung von Gesinnungen und Begebenheiten zusammen zu halten, und dem Zuschauer den Glauben, der ihm fehlt, durch die handelnde Personen unvermerkt mitzutheilen beflissen seyn?

Was einige hingegen an dem Charakter Iphigeniens tadeln, wäre ich sehr versucht, dem Dichter als einen vorzüglich schönen Zug anzuschreiben; diese Mischung von Schwäche und Stärke, von Zaghaftigkeit und Heroismus ist ein wahres und reizendes Gemählde der Natur. Der Uebergang von einem zum andern ist sanft und zureichend motiviret. Ihre zarte Jungfräulichkeit, die zurückhaltende Würde, womit sie den Achilles selbst da, wo er alles für sie gethan hat oder zu thun bereit ist, in Entfernung hält, die Bescheidenheit, alle Neugier zu unterdrücken, die das räthselhafte Betragen ihres Vaters bei ihr rege machen muß, selbst einige hie und da hervorblickende Strahlen von Muthwillen und Lustigkeit, ihr heller Verstand, der ihr so glücklich zu Hülfe kommt, ihr schreckliches Schicksal noch selbst von der lachenden Seite zu sehen, die sanft wiederkehrende Anhänglichkeit an Leben und Sonne — der ganze Charakter ist vortreflich. Clytemnestra — mag sie anderswo eine noch so lasterhafte Gattinn, eine noch so grausame Mutter seyn, darum kümmert sich der Dichter nicht — hier ist sie eine zärtliche Mutter, und nichts als Mutter; mehr wollte und brauchte der Dichter nicht. Die mütterliche Zärtlichkeit ist's, die er in ihren sanften Bewegungen, wie in ihren heftigen Ausbrüchen schildert. Aus diesem Grunde finde ich die Stelle im fünften Akt, wo sie Iphigenien auf die Bitte: sie möchte ihren Gemahl nicht hassen: zur Antwort gibt: „O, der soll schwer genug an dich erinnert werden!" eine Stelle, worin ihre künftige Mordthat vorbereitet zu seyn scheint, eher zu tadeln, als zu loben — zu tadeln, weil sie dem Zuschauer (dem griechischen wenigstens, der in der Geschichte des Hauses Atreus sehr gut bewandert war; und für den doch der Dichter schrieb) plötzlich die andre Clytemnestra, die Ehebrecherinn und Mörderinn, in den Sinn bringt, an die er jezt gar nicht denken soll, mit der er die Mutter, die zärtliche Mutter gar nicht vermengen

---

3: handelnden A B C W M. — 14: hier und da A B C W M. — 16: Hilfe M. — 26: B. 1809–1810. — 31: andere B C W M.

foll. So glücklich und schön der Gedanke ist, in demjenigen Stücke, worin Clytemnestra als Mörderinn ihres Gemahls erscheint, das Bild der beleidigten Mutter und die Begebenheit in Aulis dem Zuschauer wieder in's Gedächtniß zu bringen, (wie es z. B. im Agamemnon des Aeschylus geschieht) so schön dieses ist, und aus eben dem Grunde, warum dieses schön ist, ist es fehlerhaft, in dasjenige Stück, das uns die zärtliche, leidende Mutter zeigt, die Ehebrecherinn und Mörderinn aus dem andern herüber zu ziehen; jenes nehmlich diente dazu; den Abscheu gegen sie zu vermindern, dieses kann keine andre Wirkung haben, als unser Mitleiden zu entkräften. Ich zweifle auch sehr, ob Euripides bei der oben angeführten Stelle diesen unlautern Zweck gehabt hat, den ihm viele geneigt seyn dürften, als eine Schönheit unterzuschieben.

Die Gesinnungen in diesem Stücke sind groß und edel, die Handlung wichtig und erhaben, die Mittel dazu glücklich gewählt und geordnet. Kann etwas wichtiger und erhabener seyn, als die — zuletzt doch freiwillige — Aufopferung einer jungen und blühenden Fürstentochter für das Glück so vieler versammelten Nationen? Konnte die Größe dieses Opfers in ein volleres und schöneres Licht gestellt werden, als durch das prächtige Gemählde, das der Dichter durch den Chor (in der Zwischenhandlung des ersten Aktes) von der glänzenden Ausrüstung des Griechischen Heeres gleichsam im Hintergrunde entwerfen läßt? Wie groß endlich und ' wie einfach mahlt er uns Griechenlands Helden, denen dieses Opfer gebracht werden soll, in ihrem herrlichen Repräsentanten Achilles?

Die gereimte Uebersetzung der Chöre giebt dem Stücke vielleicht ein zwitterartiges Ansehen, indem sie lyrische und dramatische Poesie mit einander vermengt; vielleicht finden einige sie unter der Würde des Drama. Ich würde mir diese Neuerung auch nicht erlaubt haben, wenn ich nicht geglaubt hätte, die in der Uebersetzung verloren gehende Harmonie der griechischen Verse — ein Verlust, der hier um so mehr gefühlt wird, da in dem Inhalte selbst nicht immer der größte Werth liegt — im Deutschen durch etwas ersetzen zu müssen, wovon ich gerne glaube, daß es jener Harmonie nicht nahe kommt, was aber,

---

8: nämlich K. M.

wär' es auch nur der überwundenen Schwürigkeit wegen, vielleicht einen Reiz für diejenigen Leser hat, die durch eine solche Zugabe für die Chöre des griechischen Trauerspiels erst gewonnen werden müssen. Kann mich dieses bei unsern griechischen Zeloten nicht entschuldigen, so sind sie hinlänglich durch die Schwürigkeiten gerächt, die ich bei diesem Versuche vorgefunden habe. In einigen wenigen Stellen hab' ich mir erlaubt, von der gewöhnlichen Erklärungsart abzugehen, wovon hier meine Gründe.

1) [V. 337.] **Weil es mir so gefiel — denn deiner Knechte bin ich keiner.**) Dieser Sinn schien mir den Worten des Textes angemessener und überhaupt **griechischer** zu seyn, als welchen Brumoy und andre Uebersetzer dieser Stelle geben. Ma volonté est mon droit. Est-ce à vous, à me donner la loi. Nicht doch! So konnte Menelaus nicht auf den Vorwurf antworten, den ihm Agamemnon macht, was er nöthig habe, **seine (Agamemnons) Angelegenheiten zu beobachten, zu bewachen?** (φυλασσειν). Ich hab' es nicht nöthig, antwortet Menelaus, denn ich bin nicht dein Knecht. Ich hab' es gethan, weil es mir so gefiel, quia voluntas me vellicabat. Auch mußte Brumoy in der Frage schon dem griechischen Texte Gewalt anthun, um seine Antwort heraus zu bringen. De quel droit, je vous prie, entrez-vous dans mes sécrets sans mon aveu? Im Text heißt es bloß: **Was hast du meine Angelegenheiten zu beobachten?** Im Französischen ist die Antwort trotzig, im Griechischen ist sie naiv.

2) [V. 390.] **Wie fiel dir plötzlich da die Last vom Herzen.**) Im Griechischen klingt es noch stärker: **Du freutest dich in deinem Herzen.** Erleichtert konnte sich Agamemnon allenfalls fühlen, daß ihm durch Kalchas ein Weg gezeigt wurde, seine Feldherrnwürde zu erhalten, und seine ehrgeizigen Absichten durchzusetzen; freuen konnte er sich aber doch nicht, daß dieses durch die Hinrichtung seiner Tochter geschehen mußte.

1: wäre *L B O B R*. — L 5: Schwierigkeit *L·R*. — 11: Brumoy S. 144; Quid vero te res meas (ταμα) observare (φυλάσσειν) oportet? nonne impudentis hoc est? Menel. Quia voluntas me vellicabat: tuus enim servus non sum. B 329—330. — 26—27: ἡσθείς φρένας, gavisus animo. B 359.

3) [V. 675.] Diese ganze Antistrophe, die zwei ersten Absätze besonders, sind mit einer gewissen Dunkelheit behaftet, die Moral, die sie enthalten, ist zu allgemein, man vermißt den Zusammenhang mit dem übrigen. Prévot hält den Text für verdorben. Diese allgemeinen Reflexionen des Chors über seine Sitten und Anständigkeit, dünkt mir, könnten eben so gut durch das unartige Betragen beider Brüder gegen eine der vorhergehenden Scenen, davon der Chor Zeuge gewesen ist, veranlaßt worden seyn, als durch den Frauenraub des Paris. Die Schwürigkeit, den eigentlichen Sinn des Textes herzustellen, wird die Freiheit entschuldigen, die ich mir bei der Uebersetzung genommen habe.

4) [V. 795.] Du wirst immer mit mir gehen!) Wörtlich müßte übersetzt werden: Meine Tochter, du kommst eben dahin, wo dein Vater! oder: Es kommt mit dir eben dahin, wo mit deinem Vater. Wenn dieser Doppelsinn nicht auf den Gemeinplatz hinauslaufen soll, daß eines sterben müsse, wie das andre, welches Euripides doch schwerlich gemeint haben konnte, so scheint mir der Sinn, den ich in der Uebersetzung vorgezogen habe, der angemessenere zu seyn. Dein Bild wird mich immer begleiten. Die Erklärungsart des französischen Uebersetzers ist etwas weit hergeholt und gibt einen frostigen Sinn: Dich erwartet ein ähnliches Schicksal. Auch du wirst eine weite Seereise machen.

5) [V. 902.] Du hast dich weggemacht in's Ausland. Dort mach' dir zu thun.) Ἐλθὼν δέ, τἄξω πρᾶσσε. In diesem

---

4: Prevost in b p. 163 Note. — 4—9: Die sämmtlichen Ausgaben stimmen in diesem sinnlosen Satze überein (nur lesen R B: seine Sitten). Wenn nicht „gegen eine der vorhergehenden Scenen" bedeuten soll: in einer der vorhergehenden Scenen, wie man sagt: gegen den Anfang, die Mitte, das Ende, so ist mit Regis höchstl. Nachlaß (im Besitz der Cotta'schen Buchh.) zu bessern: gegen einander in einer der vorhergehenden. — 9: Schwierigkeit R·M. — 19: Εἰς ταυτόν, ὦ θύγατερ, σὺ θ'ἥκεις τῷ πατρί; Eodem, o mea filia, tu quoque venis cum patre. B 665. — 20: „Non, ma fille, vous m'accompagnerez." Ce mot est à double sens en grec, et ne dit point clairement: „Vous m'accompagnerez." Iphigenie doit l'entendre ainsi: mais Agamemnon dit: „Tu vas éprouver un sort semblable au mien en cela." C'est-à-dire, tu vas faire une longue navigation. b 173; aber Brumoy setzt hinzu: Il entend les eaux de Styx. Cette équivoque est plus agréable dans le grec. — 24: τοῖσα A. — δέ] δὴ B, vgl. B 740.

ἐλθών liegt, dünkt mir, ein bestimmterer und schärferer Sinn, als
andre Uebersetzer darein gelegt haben. Clytemnestra nehmlich macht
ihrem Gemahl den versteckten Vorwurf, daß er die Seinigen verlassen
habe, um sich einer auswärtigen Unternehmung zu widmen. Er
habe sich seiner Hausrechte dadurch begeben, will sie sagen. Er sei
ein Fremder. Du hast dich hinaus gemacht, so bekümmre dich um
Dinge, die draußen sind!

6) [V. 1142.] Gewiß recht brav, sobald sie mögen.)
Diese Stelle hat Brumoy zwar sehr gut verstanden, auch den Sinn,
durch eine Umschreibung freilich, sehr richtig in's Französische über
getragen, aber ihre wirkliche Schönheit scheint er doch nicht erkannt
zu haben, wenn er sagen kann: je crains, de n'avoir été que trop
fidelle à mon original, à ses dépens et aux miens. Die Stelle
ist voll Wahrheit und Natur. Clytemnestra, ganz erfüllt von ihrer
gegenwärtigen Bedrängniß, schildert dem Achilles ihren verlassenen
Zustand im Lager der Griechen, und in der Hitze ihres Affekts kommt
es ihr nicht darauf an, in ihre Schilderung des griechischen Heers
einige harte Worte mit einfließen zu lassen, die man ihr als einer
Frau, die sich durch ein außerordentliches Schicksal aus ihrem Gynä=
ceum plötzlich in eine ihr so fremde Welt versetzt, und der Discretion
eines trotzigen Kriegsheers überlassen sieht, gerne zu gute halten wird.
Mitten im Strom ihrer Rede aber fällt es ihr ein, daß sie vor dem
Achilles steht, der selbst einer davon ist; dieser Gedanke, vielleicht auch
ein Stirnrunzeln des Achilles, bringt sie wieder zu sich selbst. Sie
will einlenken, und je ungeschickter desto wahrer! Im Griechischen sind
es vier kurze hinein geworfene Worte: χρήσιμον δ', ὅταν θέλωσιν,
woraus im Deutschen freilich noch einmal soviel geworden sind.
Prévot, dessen Bemerkungen sonst voll Scharfsinn sind, verbessert
seine Vorgänger hier auf eine sehr unglückliche Art: Clytemnestre,
sagt er, veut dire et dit, à ce qu'il me semble, auffi clairement
qu'il étoit nécessaire, qu'Achille peut se servir de son ascendant
sur l'armée pour prévenir les desseins d'Agamemnon. Le P.
Brumoy n'eût point trahi son auteur en ' exprimant cette

2: nämlich K·M. — 9: b 199. — 15: Bedrängniß A. — 25: B 915. —
26: θέχοσιν A (Druckfehler). — 28 ff: b 199.

pensée. Nein! Ein so gesuchter Gedanke kann höchstens einem eiskalten Kommentator, nie aber dem Euripides oder seiner Clytemnestra eingekommen seyn!

7) [V. 1181.] Ja, hassenswerther selbst als Menelaus mußt' ich seyn.) Der griechische Achilles drückt sich beleidigender aus. „Ich wäre gar nichts und Menelaus lief in der Reihe der Männer." Hassen konnte man den Menelaus als den Urheber dieses Unglücks, aber Verachtung verdiente er darum nicht.

8) [V. 1234.] Und du wirst eilen sie zu fliehn!) Ich weiß nicht, ob ich in dieser Stelle den Sinn meines Autors getroffen habe. Wörtlich heißt sie: „Erstlich betrog mich meine Hofnung, dich meinen Eidam zu nennen; alsdann ist dir meine sterbende Tochter vielleicht eine böse Vorbedeutung bei einer künftigen Hochzeit, wovor du dich hüten mußt. Aber du hast wohl gesprochen am Anfang wie am Ende." Der französische Uebersetzer erlaubt sich einige Freiheiten, um die Stelle zusammenhängender zu machen. Mais d'un autre côté, quel funeste présage pour votre hymen, que la mort de l'épouse, qui vous fut destinée; ce second malheur intéresse l'époux aussi bien que la ' mère. Enfin qu'ajouterois-je à vos paroles etc. Hier und nach dem Buchstaben des Textes ist es nur eine Warnung; ich nahm es als einen Zweifel, eine Besorgniß der Clytemnestra. So sehr diese durch Achilles Versicherungen beruhigt seyn könnte, so liegt es doch ganz in dem Charakter der ängstlichen Mutter, immer Gefahr zu sehen, immer zu ihrer alten Furcht zurück zu kehren. Auch das, was folgt, wird dadurch in einen natürlichen Zusammenhang mit dem vorhergehenden gebracht. „Aber alles, was du sagtest, war ja wohl gesprochen," d. i. ich will deinen Versicherungen trauen.

9) [V. 1283.] Gibt's keine Götter — warum leid' ich?) Gewöhnlich übersetzt man diese Stelle: εἰ δὲ μή, τί δεῖ πονεῖν; als

---

6 ff.: Ἐγὼ τὸ μηδέν, Μενέλαως δ᾽ ἐν ἀνδράσιν, Ego homo nullius pretii, Menelaus vero in virorum numero haberetur. B 945. — liese K B C W M. — 11 ff.: Quae primum quidem existimans, me habituram te generum, Habui vanam spem: deinde tibi fortassis Omen fuerit nuptiis futuris, Moriens mea filia, quod te cavere oportet: Sed bene quidem initio dixisti, bene etiam in fine. B 986—990. — 15 ff.: b 204. — 18: ce b] le A-M. — 19: l'épous A.

eine allgemeine moralische Reflexion: gibt's keine Götter — wozu
unser mühsames Streben nach Tugend? Moralische Reflexionen sind
zwar sehr im Geschmack des Euripides, diese aber scheint mir im
Mund der Clytemnestra, die zu sehr auf ihr gegenwärtiges Leiden
geheftet ist, um solchen allgemeinen Betrachtungen Raum geben zu
können, nicht ganz schicklich zu seyn. Der Sinn, in dem ich diese
Stelle nahm, wird durch seine nähere Beziehung auf ihre Lage ge-
rechtfertigt, und der Buchstabe des Textes schließt ihn nicht aus.
„Gibt es keine Götter, warum muß ich leiden, d. h. warum muß
meine Iphigenie einer Diana wegen sterben?"

10) [V. 1401.] Verzweiflung wo ich nur beginnen
mag! Verzweiflung wo ich enden mag!) Josua Barnes übersetzt: Quodnam malorum meorum sumam exordium? Omnibus
enim licet uti primis, et postremis et mediis ubique. Angenommen, daß dieser Sinn der wahre ist, so liegt ihm vielleicht eine
Anspielung auf irgend eine griechische Gewohnheit zum Grunde, dergleichen man im Euripides mehrere findet. Da der Reiz, den eine
solche Anspielung für ein griechisches Publikum haben konnte, bei
uns wegfällt, so würde man dem Dichter durch eine treue Uebersetzung einen schlechten Dienst erweisen.

11) [V. 1561.] Besser in Schande leben, als bewundert sterben.) Der französische Uebersetzer mildert diese Stelle:
une vie malheureuse est même plus prisée qu'une glorieuse
mort. Wozu aber diese Milderung? Iphigenie darf und soll, in
dem Zustand worin sie ist, und in dem Affekt, worin sie redet, den
Werth des Lebens übertreiben.

12) [V. 1593.] Gleiches Leid berechtigt mich zu gleicher
Jammerklage.) Wehe mir! ruft die Mutter. Wehe mir! ruft die
Tochter, denn das nehmliche Lied schickt sich zu beider Schicksal. Der
P. Brumoy nimmt es in der That etwas zu scharf, wenn er dem
Euripides Schuld gibt, als habe er mit dem Wort μέλος die Versart
bezeichnen wollen, und bei dieser Gelegenheit die weise Bemerkung macht,
daß ein Akteur niemals von sich selbst sagen müsse, er rede in Versen.

13: B 1124. — 21 ff.: κακῶς ζῆν κρεῖσσον, ἢ θανεῖν καλῶς, Melius male vi-
vere, quam bene mori. B 1252; — b 224. — 30: b 226; aber Prevost wendet
daselbst schon dasselbe ein, was Schiller hier gegen Brumoy geltend macht.

13) [V. 1688.] **Das wird dieß Schwert alsdann entscheiden.**) Wörtlich heißt es: Es wird (oder er wird) aber doch dazu kommen! — Nun kann es freilich auch so verstanden werden. „**Clytemnestra.** Wird darum mein Kind nicht geopfert werden? **Achilles.** Darum wird er wenigstens kommen" oder es kann heißen: **Achilles.** Du hältst deine Tochter fest. **Clytemnestra.** Wird das hindern können, daß man sie nicht opfert? **Achilles.** Nein, er wird aber dort seinen Angriff thun." — Die angenommene Erklärungsart scheint die natürlichste zu seyn.

14) [V. 1728.] Dieß ist eine von den Stellen, die dem Euripides den Nahmen des Weiberfeindes zugezogen hat. Wenn man sie aber nur auf den Achilles deutet, so verliert sie das Anstößige; und diese Erklärungsart schließt auch der Text nicht aus.

XVII. Ueber die Iphigenie auf Tauris.

Göthes Schriften. Dritter Band. Leipzig bei G. J. Göschen 1787. 8.

Dieser dritte Band der Göthischen Werke enthält ausser dem schon bekannten Trauerspiel Clavigo zwey neue Dramen: Iphigenie auf Tauris ein Schauspiel in fünf Akten und ein kleineres Stück: die Geschwister. Wir schränken uns hier allein auf das Zweyte ein, eine ganz neue und merkwürdige Erscheinung in der dramatischen Litteratur der Deutschen, die in allem Betracht die genaueste Erörterung verdienet.

Als der berühmte Verfasser mit seinem Götz von Berlichingen zum erstenmal in der litterarischen Welt auftrat, widerfuhr ihm von dem großen Haufen seiner Kritiker was jedem Schriftsteller, der sich auf eine ausserordentliche Art ankündigt, von dem Haufen gewöhnlich widerfährt. Aus seinem ersten Produkte wies man ihm sein Fach

---

XVII. A: Kritische Ueberficht der neuesten schönen Litteratur der Deutschen. Zweyten Bandes Zweytes Stück. Leipzig, bey Georg Joachim Göschen, 1789. S. 72—. 112. — „Schiller übernahm [für die „Kritische Ueberficht"] eine Recension der Iphigenie von Göthe, die er aber leider nicht zu Ende führte, weil die „kritische Ueberficht" aus Mangel an Absatz mit dem zweiten Stücke des zweiten Bandes geschlossen warb. Schwerlich hat er mehr ausgearbeitet, als man im letzten Stücke, S. 72 bis 112 abgedruckt findet. Das Bruchstück gibt freilich nur eine Inhaltsanzeige der Tragödie des Euripides, Iphigenie unter den Tauriern, und dann der neueren: die Beurtheilung selbst — er versprach die „genaueste Erörterung" — sollte nachfolgen. Indessen enthält die erste Abtheilung doch im Allgemeinen ein Urtheil über Göthes Werk, und mehrere Bemerkungen über das Euripideische. Deshalb möchte dies Fragment wohl auch eines Platzes unter Schillers sämmtlichen Schriften werth seyn. — Die Richtigkeit dieser Angabe darf ich verbürgen, da ich selbst an der Ueberficht gearbeitet habe, und Schillers Handschrift muß sich noch unter meinen Papieren befinden. Auch kann ich mich deshalb auf unsern Göschen, als Verleger jenes Journals, berufen. Leipzig, im Februar 1820. Blümner." Zeitung für die elegante Welt 1820. Nr. 38. 24. Februar. — Schiller an Körner, Weimar 17. Mai 1788 (Briefw. 1, 297): „Göschen giebt auch ein periodisches Werk heraus, an dem ich auch Antheil nehmen werde, weil ich darin an kein Buch und an keinen Raum gebunden bin."

⁵: einer ganz neuen und merkwürdigen A.

an; man zog daraus den Schluß auf alle folgende, man setzte seinem Genie Regel und Gränze. Seine damals noch muthwilligere Phantasie hatte die Schranken der Regel zu eng gefunden und übertreten; daraus wurde gefolgert, daß dieser Schriftsteller sich Shakespear zum Muster gewählt, und aller Kritik den tödlichsten Haß geschworen habe; und alle die engen Köpfe, die sich nicht anders, als nach der Regel interessiren und vergnügen lassen, triumphirten im Stillen, daß sie dadurch überhoben würden, gerecht gegen sein Genie zu seyn. An dieser Klasse von Lesern, hätte der Verfasser schwerlich eine ehrenvollere und schönere Rache nehmen können, als durch gegenwärtiges Stück, das zum lebendigsten Beweise dienet, wie groß sein schöpferischer Geist auch im größten Zwange der Regel bleibt, ja wie er diesen Zwang selbst zu einer neuen Quelle des Schönen zu verarbeiten verstehet. Hier sieht man ihn eben so, und noch weit glücklicher mit den griechischen Tragikern ringen, als er in seinem Götz von Berlichingen mit dem brittischen Dichter gerungen hat. In griechischer Form, deren er sich ganz zu bemächtigen gewußt hat, die er bis zur höchsten Verwechslung erreicht hat, entwickelt er hier die ganze schöpferische Kraft seines Geistes, und läßt seine Muster in ihrer eignen Manier hinter sich zurücke.

Man kann dieses Stück nicht lesen, ohne sich von einem gewissen Geiste des Alterthums angeweht zu fühlen, der für eine bloße auch die gelungenste Nachahmung viel zu wahr, viel zu lebendig ist. Man findet hier die imponirende große Ruhe, die jede Antike so unerreichbar macht, die Würde, den schönen Ernst, auch in den höchsten Ausbrüchen der Leidenschaft — dieß allein rückt dieses Produkt aus der gegenwärtigen Epoche hinaus, daß der Dichter gar nicht nöthig gehabt hätte, die Illusion noch auf andere Art — die fast an Kunstgriffe gränzt — zu suchen, nehmlich durch den Geist der Sentenzen, durch eine Ueberladung des Dialogs mit Epitheten, durch eine oft mit Fleiß schwerfällig gestellte Wortfolge und dergleichen mehr — die freilich auch an Alterthum, und oft allzustark an seine Muster erinnern, deren Er aber um so eher hätte entübrigt seyn können, da sie wirklich nichts zur Vortreflichkeit des Stücks beytragen, und ihm ohne Nothwendigkeit den Verdacht zuziehen, als wenn er sich mit den Griechen in ihrer ganzen Manier hätte messen wollen.

Vielleicht dürfte es dem größern Theile des Publikums der mit den Griechischen Tragikern wenig Bekanntschaft hat, nicht unangenehm seyn, wenn wir die deutsche Iphigenie neben die griechische des Euripides stellen, und diesen Weg einschlagen, ihm eine richtige Idee von der erstern zu geben.

Iphigenie eröfnet das griechische Trauerspiel mit einem Selbstgespräch vor dem Tempel Dianens, worinn sie uns mit ihrer Geschichte bis auf den gegenwärtigen Augenblick, ihren Auffenthalt im Tempel der taurischen Göttinn, kürzlich bekant macht. Man erfährt von ihr die Gewohnheit dieses barbarischen Volks, alle Fremdlinge, die an dieser Küste landen, der Diana zu opfern, und daß sie selbst als Priesterinn dieses Amt zu übernehmen habe. Sie schließt mit Erzählung eines schreckhaften Traumes, der ihr den Tod ihres Bruders Orest zu verkündigen scheint, im Grunde aber die nachfolgende Entwicklung ihres Schicksals von ferne andeutet. Voll Glauben an diesen Traum geht sie, dem Verstorbenen mit ihren Jungfrauen die letzte Ehre zu erweisen.

Jezt erscheint Orest mit seinem Freund Pylades auf der Scene. Ein Orakel des delphischen Apolls hat dem flüchtigen, von Furien verfolgten Orest im Tempel der taurischen Diana Rettung und Genesung versprochen, wenn er der Göttinn Bild dort entwenden und nach Griechenland bringen würde. Unerkannt langen beyde Freunde im Vorhof dieses Tempels an, den sie mit Schauern betrachten, und noch die Spuren von Menschenblut darinn zu erblicken glauben. Orest entsezt sich und will fliehen. (Man erfährt nicht, woher er diesen Gebrauch der Menschenopfer erfahren, da er diesen Augenblick erst landet, noch mit niemand gesprochen, auch vorher nichts darum gewußt haben kann, wie sein jetziger Schrecken und seine vorhabende Flucht beweisen.) Pylades stellt ihm das Schändliche dieser Flucht vor Augen und bringt in ihn, das Orakel zu erfüllen. Sie kommen überein die Nacht zu erwarten, um mit deren Begünstigung das Bild zu entwenden. Jezt gehen sie, eine Grotte am Meer aufzusuchen, worinn sie sich verbergen können.

Nun erscheint Iphigenie wieder in Gesellschaft des Chors, der aus gefangenen Griechinnen besteht. Sie bringt mit ihnen ihrem Bruder das Todtenopfer. Sie weint über die Unfälle ihres Hauses, die sie noch einmal wiederholt, und betrauert ihr eigenes Schicksal an diesem unwirthbaren Ufer fremd und freudelos zu wohnen ἄγαμος, ἄτεκνος, ἄπολις, ἄφιλος, ohne Gemahl, ohne Kinder, ohne Vaterland, ohne Freunde.

Ein Schäfer kommt und bringt Nachricht von Gefangennehmung zweyer Fremden, die man am Ufer entdeckt, und, als sie sich zur Wehr gesetzt, durch die Menge überwältigt habe. Er beschreibt einen fürchterlichen Furienanfall, den der eine von ihnen gehabt habe. Iphigenie will wissen, wer diese Fremden seyen. Er weiß nichts zu sagen, als daß sie Griechen seyn müssen, daß einer den andern Pylades gerufen, den Namen des andern aber habe er nicht gehört (Wozu dieser kleinliche Kunstgriff? Soll er das Interesse vermehren? Soll er Iphigenien in der Folge eine Frage ersparen? so ist er gewiß nicht zum glücklichsten gewählt, weil er den Zufall in den Plan mischt, den der tragische Dichter sorgfältig vermeiden muß. Hätte der Schäfer den Namen Orest noch aussprechen hören, so wars um den ganzen folgenden Gang der Tragödie geschehen. Leser und Zuschauer fühlen dieß, und empfinden es widrig, daß es nur an einem dünnen Faden gehangen hat, ob der Rest des Stücks so oder anders würde.) Der Schäfer erzählt, daß der König die Fremden bereits zum Opfer bestimmt habe, und wünscht der Priesterinn Glück und noch recht viel solche Opfer, damit sie an Griechenland für die in Aulis erlittne Grausamkeit gerochen werde! Sie schickt ihn hinweg mit dem Befehl, ihr die Gefangenen herzuführen.

Iphigenie wirft sich ihre Unempfindlichkeit vor, und giebt ihrem finstern Traume davon die Schuld. Unglückliche, sagt sie, wollen den Glücklichen nicht wohl, weil es ihnen selbst übel gehet. Sie wünscht Helena und Menelaus an diese taurische Küste: „Wie wollte ich sie ein Aulis hier finden lassen!" Sie erinnert sich der Grausamkeit ihres Vaters, der sie Dianen geschlachtet, und nun vielleicht auch den Orest durch ein ähnliches Schicksal hingerafft habe. Sie kann nicht glauben, daß Menschenopfer einem göttlichen Wesen gefallen. „Die barbarischen Bewohner dieser Küste sind es, die die Schuld ihres eigenen Blutdurstes auf die Götter wälzen."

2: B. 220 Barnes: sans hymen, sans enfans, sans patrie, sans amis: Brumoy 7. 312.

Der Chor unterredet sich von der Ankunft der Fremden; von dem Weg den sie wohl genommen haben möchten, und von den Gefahren dieser Reise. Er moralisirt über die Habsucht, welche die Menschen dahinbringe, Meere und barbarische Städte zu durchirren, und beschließt mit dem Wunsche, daß doch einmal ein griechisches Schiff sich hier zeigen möchte, seine Gefangenschaft zu endigen, und ihn nach dem lieben Griechenland heimzubringen.

Dritter Aufzug. Die gefangenen Griechen werden vor die Priesterinn geführt. Sie läßt ihnen die Hände losbinden. „Sie sind heilig, sagt sie, sie müssen frey sein." Jezt, nachdem sie die Wächter entfernt hat, beginnt eine Unterredung mit den Griechen, die wir darum ganz hieher setzen wollen, um dem Leser das Vergnügen zu verschaffen, sie mit einer ähnlichen des deutschen Dichters, die alsdann folgen wird zu vergleichen.

„Arme Fremdlinge, redet Iphigenie sie an, welche Mutter, welcher Vater gab euch das Leben? Welche Schwester, habt ihr eine Schwester, wird sich dieses brüderlichen Paares beraubt sehen? — Ach! Wer kennt den Ausgang der Dinge? Dunkel sind die Wege der Götter, und niemand ahndet das nahe Verderben! Unsern Augen verhüllt es das Schicksal — Aber sagt an — Von wannen kommt ihr, bedauernswürdige Fremdlinge? Was für eine weite Reise habt in diese Gegend gemacht, und wie lange werdet ihr von euerm Vaterlande ausbleiben? Ihr werdet auf immerdar ausbleiben.

Orest. Wer du auch seyn magst, unbekannte Frau — was weinest du und trauerst über Leiden, die uns bedrohen? Die Furcht des Todes mit eiteln Thränen bekämpfen wollen, ist nicht weise. Wer ein Verhängniß, daß er nicht abwenden kann, beweinet, macht aus

---

⁸: Dritter Aufzug. A; der zweite (immer nach der Eintheilung Brumoys,) begann mit dem Auftreten des Schäfers, oben S. 242, 5; der Recensent hatte die Anzeige vergessen. — ⁹: ὄντες ἱεροί, μηκέτ᾿ ὦδε δέσμιοι; existentes sacri, non sint amplius vincti. Barn. 469. — Ils sont consacrés à la déesse; les chaines ne leur conviennent plus. Brum. 7, 330. — ¹⁵: Der Recens. folgt in der Regel Brumoy, doch mit Vergleichung der lateinischen Uebersetzung des Jesua Barnes; so sind die „Armen Fremdlinge," von denen Eurip. an dieser Stelle nichts weiß, aus Brumoy (déplorables étrangers) und einige Zeilen weiter die „bedauernswürdigen Fremdlinge" aus Euripides (ταλαίπωροι ξένοι, o miseri hospites), während Brumoy nur o étrangers bietet, zusammengestellt.

einem Uebel zwey, und wird darum nicht weniger sterben. Laß immer dem Schicksale seinen Lauf, und höre auf uns zu betrauern. Was für Opfer man in diesem Lande bringt, wissen wir und haben wir erfahren.

Iphigenie. Wer von euch beyden nennt sich Pylades? Dieß laßt mich zuerst wissen.

Orest. Dieser hier — Was kann es dir aber für Freude machen, dieses zu wissen?

Iphigenie. Aus welcher Gegend Griechenlands gebürtig?

Orest. Wenn du dies auch erfährest — Was frommt dir das Jungfrau?

Iphigenie. Brüder von Einer Mutter?

Orest. Freundschaft, nicht Geburt macht uns zu Brüdern.

Iphigenie (zu Orest). Aber du — welchen Nahmen gab Dir dein Vater?

Orest. Ich bin unglücklich. Das ist mein Nahme.

Iphigenie. Das ists nicht was ich frage. Halte dich an dein Schicksal.

Orest. Laß mich unerkannt sterben, so wird niemand meines Unglücks spotten.

Iphigenie. Hast du solche Gesinnungen? denkst du so edel?

Orest. Du opferst meinen Leib, nicht meinen Nahmen.

Iphigenie. Darf ich nicht wenigstens die Stadt wissen, die dir das Leben gab?

Orest. Jezt empfang' ich den Tod — was kann mir jenes mehr nützen?

Iphigenie. Willst du mir diesen Dienst nicht erweisen?

Orest. Das glorreiche Argos ist mein Geburtsland.

Iphigenie. Fremdling! Um der Götterwillen! Ist das wahr! Daher wärst du gebürtig?

Orest. Ja aus Mycene, die einst so beglückt war.

Iphigenie. Verliessest du dein Vaterland als ein Flüchtling, oder was für ein Schicksal entriß dich demselben?

Orest. Wider Willen mußt' ich es fliehen, und doch war es mein eigener Vorsatz.

Iphigenie. Wirst du mir gerne beantworten, was ich dich fragen möchte?

Orest. Wenn du dich hüten willst, nach meinem Unglück zu fragen.

Iphigenie. Frembling du weißt nicht, wie willkommen du mir bist aus Mycene?

Orest. Desto besser für dich! Von mir kann ich dasselbe nicht sagen.

Iphigenie. Du hast doch von Troja gehört, die in Jedermanns Munde ist.

Orest. Daß ich nie davon gehört hätte! daß ich sie auch im Traum nie gesehen hätte!

Iphigenie. Sie stehe nicht mehr, sagt man. Sie sey mit Sturm erobert.

Orest. Man hat dir die Wahrheit gesagt.

Iphigenie. Helena ist also mit Menelaus zurück gekehrt?

Orest. Sie ist zurückgekehrt — und einem der Meinigen zum Verderben.

Iphigenie. Wo ist sie jetzt? Auch mir war sie einst zum Verderben!

Orest. Zu Sparta wohnt sie bey ihrem ersten Gemahle.

Iphigenie. Allen Griechen ein Abscheu wie mir!

Orest. Auch ich weiß davon zu erzählen.

Iphigenie. Und sind die Griechen zurückgekehrt, wie die Sage verbreitet?

Orest. Wieviel fragst du mit dieser einzigen Frage?

Iphigenie. Ehe du stirbst, gönne mir diese Erzählung.

Orest. Frage, was dir gefällt. Ich will dir antworten.

Iphigenie. Kehrte Kalchas der Priester von Troja zurücke?

Orest. Das Gerüchte sagte ihn todt in Mycene.

Iphigenie. Heilige Vergelterinn! — Und der Sohn des Laertes?

Orest. Sah seine Heimath noch nicht wieder — doch am Leben soll er noch seyn.

Iphigenie. Verderben über ihn! Mög er sie nie wieder sehen!

Orest. Wünsch ihm nichts Böses! Er hat der Leiden genug.

Iphigenie. Aber jener Sohn der Thetis — lebt Achilles noch?

Orest. Er ist nicht mehr — und seine Hochzeit in Aulis war nichts!

Iphigenie. Betrug war sie! Laß die davon sprechen, die es zu ihrem Verderben erfuhren.

Orest. Aber sage mir, wer bist du, die nach den Schicksalen Griechenlands so genau und so wohl unterrichtet sich erkundigt?

Iphigenie. Ich bin selbst eine Griechinn — aus Griechenland gerissen in der Blüthe meiner Jugend.

Orest. Nun freilich ist deine Neugierde löblich.

Iphigenie. Was ward aber aus dem Feldherrn der Griechen dem Glücklichgepriesenen?

Orest. Von welchem Feldherrn redest du? Denn wahrlich der, den ich kenne, kann nimmermehr damit gemeynt seyn?

Iphigenie. Agamemnon nannten sie ihn, den Sohn des Atreus.

Orest. Von diesem weiß ich nichts. Enthalte dich solcher Fragen.

Iphigenie. Um der Götter willen, Fremdling! Antworte mir. Richte meine Seele auf.

Orest. Der Unglückliche ist todt, und noch ein andrer folgt ihm ins Verderben.

Iphigenie. Todt! O ich Aermste! — Todt! — Und wie fiel er?

Orest. Was seufzest du über ihn? Er gehörte Dir ja nicht an.

Iphigenie. — — — Sein voriges Glück erpreßte mir diese Thräne.

Orest. Ja. Schrecklich war sein Schicksal, Sein Weib brachte ihn ums Leben.

Iphigenie. O! dann ist sie beweinenswürdig wie er!

Orest. Jezt aber höre auf und forsche nicht weiter.

Iphigenie. Noch diese einzige Frage — Lebt sie noch die Gattinn des Unglückseligen?

Orest. Sie ist nicht mehr. Ihr Sohn, sein Sohn hat sie getödet.

Iphigenie. O des jammervollen Hauses! Getödet? Wissentlich getödet?

3: ὥς γε φασὶν οἱ πεπονθότες, ut dicunt illi, qui suo damno sciunt. Barn. 539. On peut en croire ceux qui l'apprirent à leurs dépens. Brum. 7, 337.

Orest. Als der Rächer seines Vaters.

Iphigenie. Entsetzlich! — Gerecht und entsetzlich!

Orest. So gerecht es war — die Götter verfolgen ihn.

Iphigenie. Hinterließ Agamemnon sonst noch Kinder?

5 **Orest.** Eine einzige Tochter, Elektra.

Iphigenie. Wie! Und von jener, die in Aulis geopfert ward, hört man nichts mehr?

Orest. Nichts, als daß sie todt sey, und das Licht der Sonne nicht mehr genieße.

10 **Iphigenie.** Sie ist zu beweinen, wie ihr Vater, der sie tödtete.

Orest. Und um einer Nichtswürdigen willen tödtete.

Iphigenie. Aber der Sohn des Ermordeten — lebt der noch in Argos?

15 **Orest.** Der Unglückliche lebt. Nirgends und überall.

Iphigenie. Er lebt! Hinweg mit euch betrügerische nichtige Träume u. s. f.

Nun verfällt Iphigenie auf den Gedanken, einen dieser Griechen dem Opfertode zu entziehen, und durch ihn einen Brief nach Argos
20 zu schicken. Ihre Wahl fällt auf Oresten, sein Freund soll sterben für beyde, weil der Staat es einmal so gebiete. Dagegen aber setzt sich Orest, er allein will sterben, sein Freund soll den Brief bestellen, 84 und sein Leben davon bringen. Diese Großmuth rührt die Priesterinn. „Möchte der einzige übriggebliebene Zweig meines Hauses dir gleichen!
25 — Denn wisse, auch mir lebt ein Bruder, nur sein Anblick ist mir versagt. Weil du es denn so willst, so mag der gehen und den Brief bestellen; du aber bleibst und stirbst, denn dich verlangt ja zu sterben. (Man begreift nicht, warum sie nicht beyde rettet. Ist es ihr bey einem möglich, warum nicht auch bey dem andern? Ist es
30 Gewissenhaftigkeit gegen das Gesetz? Sie verabscheut es und überdieß will sie es ja zum Vortheil des Pylades — oder vielmehr zu ihrem eigenen — übertreten.) Orest erkundigt sich nun, wer das abscheuliche Opfer an ihm vollziehen werde?

Iphigenie. Ich selbst, als Priesterin der Diana.

35 **Orest.** Ein unwürdiges, ein trauriges Amt für eine Jungfrau wie du bist.

Iphigenie. Die Nothwendigkeit legt es mir auf. Der Nothwendigkeit muß man gehorchen.

Orest. Du ein junges Weib, willst Männer mit dem Eisen erwürgen?

Iphigenie. Nicht erwürgen. Mein Amt ist, das heilige Wasser über dein Haupthaar zu gießen.

Orest. Wer aber wird der Opferer seyn, wenn mir erlaubt ist es zu wissen?

Iphigenie. Drinnen im Tempel sind welche, die dieses Amt übernehmen werden.

Orest. Und welche Grabstätte wird meinen Leichnam empfangen?

Iphigenie. Das heilige Feuer im Tempel und die dunkle Steinkluft.

Orest. Ach! daß keine schwesterliche Hand es hier schmücken wird!

Iphigenie. Ein eitler Wunsch, armer Frembling, wer du auch seyn magst — denn deine Schwester wohnt ferne von dieser barbarischen Küste. Doch, weil du aus Argos stammest, so will ich selbst, was an mir ist, diesen letzten Dienst dir erzeigen. Ich werde deine Grabstätte schmücken und süßen Honig auf den Holzstoß gießen. An mir sollst du keine Feindinn finden u. s. f. Und nunmehr geht sie in den Tempel, den Brief zu hohlen, die Gefangenen übergibt sie den Wächtern, mit dem Befehl sie wohl zu hüten, aber nicht zu binden.

Der Chor, der ein wichtiges Interesse hat, Iphigenien nicht zu verrathen, weil sein eigenes Schicksal an ihres fest gebunden ist, beklagt Oresten, und wünscht dem Pylades Glück zu seiner Errettung. Er geht und läßt beyde Freunde allein. (Dieß Weggehen des Chors ist gegen das Herkommen auf der griechischen Bühne, aber Euripides mußte ihn wegschaffen, um ihn bei der folgenden Scene nicht zum Zeugen zu haben, wodurch die Erkennungsscene zu Grunde gegangen seyn würde.)

„Wer ist diese Jungfrau, fragt Orest seinen Freund ganz verwundert. Wie ganz Griechinn sie war! wie wohl berichtet und wie genau sie sich nach dem Trojanerkriege erkundigte, nach der Heimkehr der Griechen, nach Kalchas dem Priester und nach dem Achilles? Wie sie den unglücklichen Agamemnon beklagte, ja seine Gemahlinn selbst

seine Kinder selbst nicht vergaß! Gewiß! diese Fremde ist aus Argos
gebürtig, wie hätte sie ' sonst Briefe dahin zu schicken und mit so
nahem Antheil nach den Begebenheiten in Mycene zu fragen!

  Pylades. Du nimmst diesen Gedanken aus meiner Seele —
Doch wem, der nur einige Neugierde nach diesen Dingen hat, sollte
das Schicksal so großer Könige unbekannt bleiben? — aber Orestes
— die Priesterinn sagte noch etwas anders —

  Orest. Was ist das? Theile mirs mit so können wir vielleicht
zusammen herausbringen.

  Pylades. Wenn du stirbst Orest, kann ich das Licht nicht
mehr schauen. Zusammen schifften wir und zusammen müssen wir
auch sterben. Wie schändlich, wenn ich ohne dich nach Argos, nach
Phozis zurückkäme! Du kennst die bösen Zungen der Menschen. Würde
es nicht heißen ich hätte dich als Verräther verlassen? oder dich gar
ermordet, um mich als deiner Schwester Gemahl in den Besitz deines
Erbes und deiner Herrschaft zu setzen? Nein! davor graut mir. Dieser
Argwohn brächte mir Schande! Miteinander müssen wir erblassen,
miteinander erwürgt werden! Meine Asche muß sich mit der deinigen
vermischen, denn ich bin dein Freund, und ich fürchte mich vor dem
Tadel." (Diese Stelle ist ein merkwürdiges Beyspiel von den Ge=
sinnungen auf der griechischen Bühne. Wie sehr vermeidet der Dichter,
seinen Pylades eine reine idealische Großmuth zeigen zu lassen, wie
wenig erlaubt er ihm, sich über die Menschheit zu erheben! Auch
gibt Pylades (wie sehr es auch der P. Brumoy zu verstecken sucht)
den Gründen seines Freundes nach, und verspricht ihm, am Leben
zu bleiben, ihm in Argos ein Grabmal zu ' errichten und der Freund
des Todten zu seyn, wie des Lebenden.

  Vierter Aufzug. Iphigenie kommt mit dem Briefe aus dem
Heiligthum zurück, und läßt sich von Pylades erst einen Eid schwören,
daß er ihn ja übergeben wolle. „Denn, sagt sie, der Unglückliche ist
sich nicht mehr ähnlich, wenn er von der Furcht zur Sicherheit über=
geht; darum besorg ich, wenn er nur erst den Fuß aus diesem Lande
hat, wird er sich wenig um meine Briefe bekümmern." Aber auch
von ihr fodert Orest einen Eid, daß sie seinen Freund ja lebendig
von bannen bringen wolle. „Sehr billig, sagt sie. Denn wie könnte
er sonst meinen Botschafter machen?" Nun fällt aber dem Pylades

ein, daß ihn ein Sturm überfallen, und der Brief zu Grunde gehen könnte. In diesem Falle bedingt er sich aus, seines Eides quitt und ledig zu seyn. "Weißt du, was ich thun will? sagt Iphigenie. Niemand kann für Zufälle stehen. Ich will dir mündlich sagen, was in dem Briefe enthalten ist, so kannst du alles selbst an die Freunde bestellen, und wir sind dann sicher. Rettest du den Brief, so wird er schweigend seinen Inhalt melden. Geht er im Meer verloren und du kommst mit dem bloßen Leben davon, so wirst du meine Worte bewahren." Nun weiß man nicht ob sie den Brief abließt, oder seinen Inhalt bloß auswendig meldet. Dem Texte nach scheint das erste zu seyn, das zweyte aber ist wahrscheinlicher, weil nicht zu vermuthen ist, daß sie den Brief wieder erbrochen haben werde. "Die lebendige Iphigenie, lautet der Brief, die man in Argos nicht mehr lebendig glaubt, sendet dem Orest diesen Brief — Wo ist diese Iphigenie? Ist die Todte wieder erstanden? unterbricht sie der erstaunte Orest — "Die du vor Augen siehst, ists, gibt sie zur Antwort, aber störe mich jezt nicht in meiner Rede. — Führe mich hinein nach Argos, fährt sie fort, eh ich sterbe — Führe mich aus diesem barbarischen Lande, aus dem Tempel der Göttinn, der ich Menschenopfer bringen muß. Sonst werd ich dich und dein ganzes Haus mit Verwünschungen verfolgen. — Orestes — ich wiederhole dir den Namen, sagt sie zu Pylades, damit du ihn besser behaltest." Der Schluß des Briefs ist die Geschichte ihrer wundervollen Rettung in Aulis.

Pylades überreicht den Brief sogleich dem Orest. "Ich brauche wenig Zeit, sagt er, um mich meines Eides zu entledigen. Hier Orest übergeb ich dir den Brief deiner Schwester." Dieser fällt Iphigenien um den Hals. "O meine Schwester, meine theuerste Schwester, die jezt so bestürzt da steht! Meine Arme umschlingen dich und doch kann ich es noch nicht glauben." Der Chor mischt sich nun ein, und bedeutet Oresten, daß er die Hand nicht legen soll an den Schleyer der Priesterinn. Noch steht Iphigenie sprachlos und entzieht sich seiner Umarmung. "Du mein Bruder? ruft sie endlich aus. Wirst du nicht aufhören, solche Reden zu führen? Mein Bruder ist zu Nauplia in Argos.

Orest. Unglückliche! Nein! Da ist er nicht.
Iphigenie. Du der Sohn Clytemnestrens?

Orest. Ja und Pelops Enkel.

Iphigenie. Was sagst du? Kannst du mir das beweisen?

Orest. Das kann ich. Höre mich an. Ich will dir vom väterlichen Hause erzählen.

Iphigenie. Das mußt du, und ich muß hören.

Orest. Zuerst also höre. Die Zwietracht ist dir bekannt zwischen Thyest und Atreus.

Iphigenie. Wegen des goldenen Bließes? Ja. Davon hört ich erzählen.

Orest. Und diese Geschichte sticktest du in ein kostbares Gewebe? Erinnerst du dich dessen?

Iphigenie. Liebster! — Ja — ich fange an dir zu glauben.

Orest. In diesem Gewebe zeigtest du noch die untergehende Sonne.

Iphigenie. Ja. Die webt ich darein mit zarten Fäden.

Orest. Und die Mutter besprengte dich in Aulis mit heiligem Wasser.

Iphigenie. Ach! Ich weiß es. Das war jene traurige Hochzeit.

Orest. Wozu schicktest du der Mutter die abgeschnittene Locke?

Iphigenie. Daß man sie mit mir begrübe!

Orest. Nun will ich dir auch Zeichen nennen, die ich selbst gesehen habe. Du kennst die alte Lanze des Pelops, womit er den Oenomaus tödtete und sich Hippodamien von Pisa erwarb. Ich sah sie in deinem Gemache.

Iphigenie. Genug. O mein Geliebtester — Mein Theuerster — Mein Orest! Du bists. Ich ' habe dich, den Fernen! den mein Vaterland, mein Argos gebahr, den Geliebtesten!

Orest. Und ich die Todtgeglaubte! Und Thränen, Thränen süßer Wehmuth fließen aus deinen Augen, wie aus den meinigen.

Iphigenie. Sieh doch! Das lag noch als Kind in den Armen der Wärterinn, als ich mein Haus verließ! — O Wonne die keine Worte aussprechen! Was sag ich? Es geht über alle Wunder, über alles was sich denken läßt.

Orest. Wir sind wieder vereinigt. Vereinigt wollen wir glücklich seyn.

Iphigenie (zum Chor). Eine unverhoffte Wonne ist mir geworden, meine Gespielinnen! Aber mir ist bange, daß sie mir nicht unter den Händen in die Lüfte entschlüpfe u. s. f.

Nun fährt sie fort sich nach der Geschichte ihres Hauses zu erkundigen, nach der Ermordung und dem Verbrechen ihrer Mutter.

„Laß uns davon schweigen, antwortet ihr Orest. Dir steht es nicht an, solches zu hören." Er erzählt seinen verlassenen fürchterlichen Zustand nach vollbrachtem Mord, und das Gericht das unter dem Vorsitz Apolls und Minervens zu Athen von den Furien über ihn gehalten worden. Apoll ist sein Vertheidiger und Minerva sammelt die Stimmen, die durch ihre Vermittlung zu seinem Vortheile ausfallen. Er wird losgesprochen, aber die andern Furien, mit diesem Spruch nicht zufrieden, werfen sich auf ihn und jagen ihn flüchtig von einem Orte zum andern. In dieser Angst eilt er nach Delphi und fodert Hülfe von Apollo, der ihm ' auflegt, nach Tauris zu gehen und das vom Himmel gefallene goldne Bild dort zu entwenden, wozu ihm Iphigenie jetzt verhelfen soll. Aber hier liegt die Schwürigkeit! Wie kann diese Flucht und dieser Diebstahl dem Beherrscher von Tauris verborgen bleiben? Wird Iphigenie es nicht mit ihrem Leben bezahlen müssen? Sie ist großmüthig genug, das letzte in Gefahr zu setzen, wenn Orest nur gerettet wird, dieser aber will lieber in Tauris sterben als seine Schwester verlassen. Er bringt in Vorschlag, den Thoas zu ermorden, was sie aber aus Furcht und Achtung für die gastfreundlichen Gesetze verwirft. Er will sich irgendwo verbergen und die Nacht abwarten „denn die Nacht, sagt er ist für Räuber, das Licht für die Wahrheit." Auch dieß findet Schwürigkeiten. — Nun fällt ihr ein, daß sich die Raserey des Orest selbst zu ihrer gemeinschaftlichen Rettung vielleicht benutzen ließe.

„Das Weib, ruft Orest aus, ist doch gar sinnreich und erfahren in allerley Listen.

Iphigenie. Ich will deine Mordthat bekannt machen.

Orest. Benutze meine Verbrechen wozu du sie gut findest.

Iphigenie. Solche Opfer, werde ich sagen, verschmähe die Göttinn.

Orest. Und wozu soll dir dieser Vorwand dienen? Ich ahnde etwas.

Iphigenie. Du seyst unrein, du bedürfest der Reinigung werde ich sagen.

Orest. Wie kann uns dieß dazu helfen, das Bild der Göttinn zu entwenden?

Iphigenie. Ich werde dich im Meerwasser baden.

Orest. Aber das Bild, warum es uns zu thun ist, bleibt drinnen im Tempel.

Iphigenie. Du habest es berührt, werde ich vorgeben. Auch das Bild müsse gereinigt werden.

Orest. Und wo soll dieß geschehen? In welcher Meeres Gegend?

Iphigenie. Eben dort, wo dein Schiff vor Anker liegt.

Orest. Wird man dieses Amt aber keinem dritten übergeben?

Iphigenie. Ich allein übernehm es. Ich allein habe das Recht das Bild der Göttinn zu berühren.

Orest. Was geben wir aber diesem (auf Pylades zeigend) dabey zu thun?

Iphigenie. Er sey mit demselben Verbrechen befleckt, werde ich vorgeben.

Orest. Kannst du alles dieses heimlich vollbringen, oder muß der König davon wissen?

Iphigenie. Ich muß ihn durch Ueberredung dazu zu bringen suchen. Ihn kann ich nicht täuschen.

Orest. Und dann retten wir uns durch geschwindes Rudern?

Iphigenie. Das ist alsdann deine Sache" u. s. f.

Nun beschwört sie noch den Chor, sie nicht zu verrathen. Wenn sie erst in Griechenland sey, wolle sie auch für ihre hier zurückgelassenen Gespielinnen sorgen. Der Chor sagt es ihr zu und beschließt diesen Akt mit einer wehmüthigschönen Erinnerung an sein Vaterland und seine verlorene Freyheit. Er preißt Iphigenien selig, die nun mit schwellenden Segeln davon eilen, und ihre Gespielinnen an diesem barbarischen Ufer weinend zurücklassen werde!

Fünfter Aufzug. Thoas kommt in den Tempel, gerade in dem Augenblick da Iphigenie, der Göttinn Bild in den Armen tragend, herauskommt. Hier kommt es nun zu einer Unterredung, worinn Iphigenie allen Doppelsinn und alle Künste aufbietet, um den Thoas zu betrügen, der sich denn auch wirklich in frommer Einfalt und vollem Glauben an ihre Redlichkeit dadurch hintergehen läßt. Sie befiehlt ihm, unterdessen die Gefangenen im Meere gebadet würden, sich im Tempel aufzuhalten, um ihn zu reinigen; auch nicht unruhig zu werden, wenn sie etwas lange ausbleiben sollte. Wenn man die Griechen herausführe, solle er sein Gesicht mit dem Mantel verhüllen, um sich durch den Anblick dieser Verbrecher nicht zu besudeln. Seinem Volke muß er gleichfalls Befehl geben, sich weit von dieser unreinen Gegend zu entfernen, und um ihn recht sicher zu machen, bittet sie ihn selbst darum, die Gefangenen binden zu lassen, damit ihnen die Lust nicht ankäme, sich in Freyheit zu setzen, „denn sagt sie, bey den Griechen ist weder Treu noch Glaube zu finden." Während daß die Griechen ihren Anschlag am Ufer ausführen, bleibt der Chor auf der Bühne und richtet eine Hymne an Apoll und Minerven. Bald darauf erscheint ein eilender Bote, der den Thoas herausruft, und ihm die Flucht der Griechen verkündigt. Der erzürnte König will schon sein ganzes Volk aufbieten, den Fliehenden nachzusetzen, die er vom Fels herabstürzen oder **pfählen** lassen will, sobald sie wieder in seiner Gewalt sind, als — Minerva dazwischen tritt und ihm Einhalt thut; Orest, sagt sie, ist nicht ohne Zuthun der Götter an dieß Ufer gekommen. Sie wendet sich darauf an Orest selbst, „denn, sagt sie, so weit er auch entfernt ist, die Stimme einer Göttinn hört er doch." — (Man muß gestehen, daß dieß Mittel, die Einheit des Orts zu retten, und etwas sagen zu lassen, was mit keiner physischen Möglichkeit gesagt werden kann, possierlich genug ist. Es ist etwas bequemes um die Götter, und die alten Tragiker hatten hierinn große Vortheile vor den Neuern voraus. — Wie kann man darum von den leztern verlangen, sich eben dem strengen Gesetz der **Orteinheit** zu unterwerfen, da sie dieses Gesetz nicht so **geschickt** wie ihre Vorgänger umgehen können.) Sie giebt ihm und Iphigenien Befehle, wie sie sich den Göttern bey ihrer Nachhausekunft dankbar erzeigen sollen und legt ihnen noch einige Einrichtungen auf, die den Stolz der Athenienser schmeicheln konnten, denen hier überhaupt etwas angenehmes gesagt werden sollte. Thoas fügt sich dem Willen der Göttinn — denn welcher Sterbliche, sagt er, wird gegen die Götter ankämpfen?

Das deutsche Schauspiel wird, wie das griechische, mit einem Selbstgespräch Iphigeniens eröfnet, das im Ganzen denselben Inhalt hat — stillen Widerwillen gegen ihr priesterliches Amt und Sehnsucht nach ihrem Vaterlande. [V. 7—12.]

So manches Jahr bewahrt mich hier verborgen
ein hoher Wille dem ich mich ergebe,
doch immer bin ich, wie im ersten, fremd.
Denn ach mich trennt das Meer von den Geliebten
und an dem Ufer steh ich lange Tage
das Land der Griechen mit der Seele suchend u. s. f.

Arkas ein redlicher Diener des Thoas tritt auf, ihr die siegreiche Heimkehr des Königs von einem Feldzuge zu verkündigen; zugleich kommt er auf einen alten Wunsch seines Herrn zu reden, sie als Gattinn zu besitzen, dem sie immer ausgewichen ist und abermals ausweicht. Der König erscheint gleich darauf selbst und erneuert seinen Antrag. Er hat einen einzigen Sohn verloren; die Oede seiner Wohnung und ein kinderloses Alter wecken den alten Wunsch lebhafter in ihm auf. Die Priesterinn hüllt sich, wie bisher, in ein geheimnißvolles Wesen, worüber ihr Thoas sanfte Vorwürfe macht. Sie entschuldigt diese Zurückhaltung mit der Furcht, durch Bekanntmachung ihres Geschlechts den bisher genossenen Schutz zu verlieren, und ein Gegenstand seines Abscheus zu werden. Er kann sich nicht überreden, daß er an ihr ein schuldvolles Haupt beschütze; seitdem sie in Tauris wohne und des Gastrechts da genieße, sey er sichtbar gesegnet worden. Er verspricht ihr, wenn sie Rückkehr hoffen könne, ihr kein Hinderniß in den Weg zu legen, sie in Frieden ziehen zu lassen.

Nun entdeckt sie ihm ihren Ursprung und giebt ihm die Geschichte ihrer Ahnherrn bis auf Thyest und Atreus, wo sie abbricht. Er ermahnt sie, fortzufahren. [V. 351—364.]

Wohl dem, der seiner Väter gern gedenkt,
der froh von ihren Thaten, ihrer Größe
den Hörer unterhält, und still sich freuend
an's Ende dieser schönen Reyhe sich
geschlossen sieht! Denn es erzeugt nicht gleich
ein Haus den Halbgott, noch das Ungeheuer;
Erst eine Reyhe Böser oder Guter
bringt endlich das Entsetzen, bringt die Freude
Der Welt hervor — Nach ihres Vaters Tode
gebiethen Atreus und Thyest der Stadt
gemeinsam herrschend. Lange konnte nicht
die Eintracht dauern. Bald entehrt Thyest
des Bruders Bette. Rächend treibet Atreus
ihn aus dem Reiche.

(Diese vier Jamben klingen ganz unerträglich monotonisch, weil alle vier ihre Cadenz nach der fünften Silbe haben, und aus drey Perioden bestehen, die gleichviel Silben haben. Dazu kommt daß die vier Anfänge Lange, Bald, Rächend, Tückisch auch zu eintönig lauten. Schon das Auge stößt sich daran und noch weit mehr das Ohr.) [V. 364—397.]

    Tückisch hatte schon
Thyest, auf schwere Thaten sinnend, lange
dem Bruder einen Sohn entwandt und heimlich
ihn als den seinen schmeichelnd auferzogen.
Dem füllet er die Brust mit Wuth und Rache
und sendet ihn zur Königsstadt, daß er
im Oheim seinen eignen Vater morde.
Des Jünglings Vorsatz wird entdeckt; der König
straft grausam den gesandten Mörder, wähnend,
er tödte seines Bruders Sohn. Zu spät
erfährt er wer vor seinen trunknen Augen
gemartert stirbt; und die Begier der Rache
aus seiner Brust zu tilgen, sinnt er still
auf unerhörte That. Er scheint gelassen,
gleichgültig und versöhnt, und lockt den Bruder
mit seinen beyden Söhnen in das Reich
zurück, ergreift die Knaben, schlachtet sie
und setzt die elle schaudervolle Speise
dem Vater bei dem ersten Mahle vor.
Und da Thyest an seinem Fleische sich
gesättigt, eine Wemuth ihn ergreift
er nach den Kindern fragt, den Tritt, die Stimme
der Knaben an des Saales Thüre schon
zu hören glaubt, wirft Atreus grinsend
ihm Haupt und Füße der Erschlagnen hin.
Du wendest schaudernd dein Gesicht, o König:
so wendete die Sonn' ihr Antlitz weg
und ihren Wagen aus dem ewgen Gleise.
Das sind die Ahnherrn deiner Priesterinn;
und viel unseliges Geschick der Männer,
viel Thaten des verworrenen Sinnes deckt
die Nacht mit schweren Fittigen und läßt
uns nur in grauenvolle Dämmerung sehn.
    Chor.
Verbirg sie schweigend auch.

Wie sie geendigt hat, wiederholt der König seinen Antrag, aber eben so fruchtlos. Ihr hartnäckiges Weigern bringt ihn auf; um sich

nicht gegen sie zu vergessen, bricht er lieber ab, erklärt aber, daß er
von jetzt an die Menschenopfer wieder ihren Gang wolle gehen lassen,
die er, durch ihre Reden bezaubert, bis jetzt unterlassen habe. Eben
sehen zwey Fremde eingebracht, mit denen die Göttinn ihr erstes lang
entbehrtes Opfer wieder empfangen solle. Ein schöner Monolog 98
Iphigeniens schließt diesen Akt.

Orest und Pylades — sie sind die eingebrachten Fremden —
eröfnen den zweyten Aufzug. Orest hofft nichts mehr und sieht dem
Tod als seinem einzigen Retter entgegen, nur das gleiche Loos seines
Freundes macht ihm Kummer. Pylades kann noch nicht von bessern
Aussichten scheiden, und glaubt auch jetzt noch fest an die Aufrichtig-
keit des delphischen Gottes. Er bemüht sich auch in der Seele seines
Freundes Hofnung und Muth lebendig zu erhalten, und seinen Blick
auf heitre Scenen zu ziehen. Sie verlieren sich in den Scenen ihrer
Kindheit.

Pylades gründet seine Hofnung auf die Nachricht, daß ein fremdes göttergleiches Weib das blutige Gesetz gefesselt halte. „Ein Mann,
sagt er, auch der beste, gewöhnt seinen Geist an Grausamkeit, und
wird hart aus Gewohnheit; allein ein Weib bleibt stät auf einem
Sinne, den sie gefaßt — Du rechnest sicherer auf sie im guten als
im bösen." Sie sehen sie eben kommen und Pylades entfernt Oresten,
um sich vorläufig allein mit ihr zu unterreden.

Iphigenie nimmt ihm die Ketten ab, und befragt ihn um seine
Person und Heimat. Pylades erkennt sie mit froher Bestürzung als
eine Griechinn [V. 803—808]:

> O süße Stimme! Vielwillkommner Ton
> der Muttersprach in einem fremden Lande!
> des väterlichen Hafens blaue Berge
> seh ich Gefangner neu willkommen wieder
> vor meinen Augen. Laß dir diese Freude
> versichern, daß auch ich ein Grieche bin.

Er erzählt ihr eine erdichtete Geschichte, in die er das Wahre 99
von den Schicksalen seines Freundes hüllt. Es geschieht darinn der
Stadt Troja Erwähnung, und mit Ungeduld bringt Iphigenie in ihn,
ihr die Geschichte vom Erfolg dieses Krieges zu geben [V. 856—869].

So groß dein Unglück ist, beschwör ich dich,
— — — — — — —
— — — — — — —
Ich werd ihn sehn. O hoffe, liebes Herz!

Sie erfährt hier zum Erstenmal Agamemnons Ermordung durch seine Gemahlin und ihren Buhler, und, was ihr wie ein Pfeil durch die Seele fliegt, auch die entfernte Ursache davon [V. 903—918].

    Iphigenie   100
  So trieb zur Schandthat eine böse Lust?
— — — — — — —
    Iphigenie (schnell abgehend und sich verhüllend)
  Es ist genug. Du wirst mich wiedersehn.

Dritter Aufzug. Iphigenie und Orest, beyde einander noch unbekannt. Sie läßt sich die Erzählung seines Freundes von ihm bestätigen, und bittet ihn fortzufahren. Aber man muß dieses mit den eigenen Worten des Dichters hören; ihres Vaters Ermordung hat sie erfahren [V. 973—984].

     Enthülle
  was von der Rede deines Bruders schnell
  die Finsterniß des Schreckens mir verdeckte.   101
— — — — — — —
  vor Jovis Thron! denn ich bin arm und stumm.

Orest will ihre aufwallende Freude niederschlagen, weil noch schreckliche Nachrichten zurück seyen. Sie scheint für alles andre gleichgültig. Er erzählt ihr nunmehr Clytemnestrens Ermordung — wieder ein meisterhaftes Gemählde! Iphigenie fährt fort zu fragen, und will nun auch Orests Schicksal wissen. Er macht ihr eine fürchterliche Beschreibung von dem Zustand dieses Unglücklichen nach vollbrachtem Morde und von den Verfolgungen der Furien. Dieß erinnert sie an die erdichtete Erzählung, die ihr Pylades im vorigen Akte von dem Zustand seines Gefährten gemacht hat. „Unseliger, sagt sie zu ihm, du bist in gleichem Falle. Dich drückt ein Brudermord wie jenen."

     Orest
[1076:] Ich kann nicht leiden, daß du, große Seele,
— — — — — — —   102
[1081:] Ich bin Orest.

*: In A sind die Verse, deren ersten und letzten ich angebe, ganz abgedruckt.

Er bittet sie, sich seines Freundes anzunehmen, mit diesem zu entfliehen, weil auch sie ungern hier zu verweilen scheine. Er wolle den Tod hier erwarten, sie beyde sollen gehen und im schönen Griechenlande ein neues Leben anfangen. Er geht ab in dieser Aufwallung von Verzweiflung.

Iphigenie gießt ihre Freude in einem Dank an die Götter aus: Eine äußerst glückliche Stelle [V. 1100—1114]

> Wie man den König an dem Uebermaaß
> der Gaben kennt; — — — —
> — — — — — — — —
> ertroßend, saure Speise sich zum Tod
> genießt. u. s. :.

(Es geschieht nicht allein ihrer vorzüglichen Schönheit wegen, daß ich diese Stelle hier anführe; der Platz und die Situation wo sie angebracht ist, scheinen eine so wort- und allegorien-reiche Freude nicht wohl zu gestatten. Iphigenie hat eben auf die überraschendste Weise ihren Bruder kennen lernen, — kann ihr Blut unmittelbar auf diese — ihr die allerwichtigste — Entdeckung ruhig genug seyn, um ihre Empfindung in so zusammenhängenden Bildern und so schön periodirten Reden auszumahlen? Fast während der ganzen Rede, woraus wir nur den größern Theil angeführt haben, wird ihres eignen Zustands so gut als gar nicht erwähnt, sie ist eine philosophische Betrachterinn der göttlichen Weißheit in Rücksicht auf die Erfüllung menschlicher Wünsche — sollte sie auch nicht einmal durch das, ihr sich aufbringende Gefühl ihres eigenen Zustands in dieser ruhigen Betrachtung gestört werden?)

Orest kommt zurück. Die ihm abgedrungene Erzählung seines Schicksals hat alle Furien wieder bey ihm aufgeweckt, und macht ihn jetzt ganz und gar unfähig, sich einer freudigen Empfindung hinzugeben — und doch sieht man Iphigenien auf der andern Seite von ihrem seligen Geheimniß gleichsam belastet, von ihrer zurückgepreßten Freude gequält, dem Augenblicke mit Ungeduld entgegenharren, wo sie sich ihm als Schwester entdecken kann. Wie schön ist diese Situation herbey geführt, und wie tragischrührend behandelt! Aber man muß den Dichter selbst hören. Die Entdeckung ist geschehen, aber Orest will nicht hören [V. 1180—1201].

> **Iphigenie**
> O daß ich nur
> ein ruhig Wort von dir vernehmen könnte! —
> ‒ ‒ ‒ ‒ ‒ ‒ ‒ ‒ ‒ ‒ ‒ ‒ ‒ ‒ ‒
> Orest! Orest! Mein Bruder! u. s. f.

Aber die Verfinsterung des Letztern geht so weit, daß er die reinste Freude der Schwester verkennt und sie einer strafbaren Flamme zuschreibt, bis ihn endlich Iphigeniens Reden ganz überweisen. Anstatt aber sich nun der Freude zu öfnen, ergreift er diese glückliche Begebenheit selbst von ihrer schrecklichen Seite [V. 1223—1249].

> So mag die Sonne denn
> Die letzten Gräuel unsers Hauses sehn!
> ‒ ‒ ‒ ‒ ‒ ‒ ‒ ‒ ‒ ‒ ‒ ‒ ‒ ‒ ‒
> die liebevolle Schwester wird zur That
> gezwungen!"

Von diesem heftigen Ausbruch der Wuth erschöpft sinkt er in einen Zustand der Ermattung. Iphigenie, gepreßt zwischen Schmerz und Freude, eilt hinweg, um in dieser drangvollen Lage bey Pylades Trost zu suchen.

Ein Selbstgespräch folgt, das einzige in seiner Art auf der tragischen Bühne. Es ist der letzte Wahnsinn des Orests, mit welchem auch seine Furien von ihm Abschied nehmen. Hätte die neuere Bühne auch nur dieses einzige Bruchstück aufzuweisen, so könnte sie damit über die alte triumphiren. Hier hat das Genie eines Dichters, der die Vergleichung mit keinem alten Tragiker fürchten darf, durch den Fortschritt der sittlichen Kultur und den mildern Geist unsrer Zeiten unterstützt, die feinste edelste Blüthe moralischer Verfeinerung mit der schönsten Blüthe der Dichtkunst zu vereinigen gewußt, und ein Gemählde entworfen, das mit dem entschiedensten Kunstsiege auch den weit schönern Sieg der Gesinnungen verbindet, und den Leser mit der höhern Art von Wollust durchströmt, an der der ganze Mensch Theil nimmt, deren sanfter wohlthätiger Nachklang ihn lange noch im Leben begleitet. Die wilden Dissonanzen der Leidenschaft, die uns bis jetzt im Karakter und in der Situation des Orest zuweilen widrig ergriffen haben, lösen sich hier mit einer unaussprechlichen Anmuth und Delikatesse in die süßeste Harmonie auf, und der Leser

glaubt mit Oresten aus der kühlen'den Lethe zu trinken. Es ist ein
Elysiumsstück im eigentlichen wie im uneigentlichen Verstande.

[1258:] Noch einen! Reiche mir aus Lethe's Fluthen
— — — — — — — —
    und das Geschlecht des alten Tantalus
[1299:] hat seine Freuden jenseits der Nacht u. s. f.

(Iphigenie und Pylades treten auf. Er gesellt dieses Bild noch zu seinem Traume.)

[1310:] Seid ihr auch schon herabgekommen?
   Wohl Schwester dir! Noch fehlt Elektra,
   Ein gütger Gott send' uns diese Eine
[1313:] mit sanften Pfeilen auch schnell herab u. s. f.

Was für ein glücklicher Gedanke den einzig möglichen Platz, den Wahnsinn, zu benutzen, um die schönere Humanität unsrer neueren Sitten in eine griechische Welt einzuschieben, und so das Maximum der Kunst zu erreichen, ohne seinem Gegenstand die geringste Gewalt anzuthun! — Vor und nach dieser Scene sehen wir den edlen Griechen, nur in dieser einzigen Scene erlaubt sich der Dichter, und mit allem Rechte, eine höhere Menschheit uns gleichsam zu avanciren!

Sobald Orest zu sich selbst gebracht ist, umarmt er Iphigenien, und genießt jetzt die erste reine natürliche Freude. Seine Raserey hat ihn verlassen. Die Schilderung die er uns davon macht ist des Vorhergehenden ganz würdig:

[1343:] „Ihr Götter, die mit flammender Gewalt
[1361:] die ehrnen Thore fernabdonnernd zu.

Nun gehen sie ab, um die Anstalten zu ihrer Flucht zu machen.

Der vierte Aufzug wird durch Iphigenien eröfnet, die uns von dem Anschlag unterrichtet, welchen Pylades zu ihrer Flucht und Rettung ersonnen hat. Ihr hat man auch eine Rolle dabey aufgetragen, die ihr aber sehr schwer wird:

[1398:] „Sie haben kluges Wort mir in den Mund
   ein losgedrückter Pfeil von einem Gotte
   gewendet und versagend, sich zurück
[1411:] und trift den Schützen.

Indeß kommt Arkas als des Königs Bote, sie sieht mit schlagendem Herzen den Mann, dem sie eine Unwahrheit sagen soll. Die Ausflucht selbst ist die nämliche, wie beym Euripides; das Bild der Göttinn nehmlich sey durch Orests Raserey verunreinigt und müsse im Meere gewaschen werden. Arkas aber erhält von ihr, daß er den König erst von diesem Hinderniß unterrichten dürfe. Er legt ihr das Anliegen seines Herrn noch einmal ans Herz; bey ihr stehe es die Fremden vom Tode zu erretten. Aber sie bleibt standhaft, so sehr ihr Herz auch durch die Vorstellungen des redlichen Mannes erschüttert wird.

Wie er fort ist, regen sich neue Zweifel in ihrem Herzen, welche Pylades durch die Stärke seiner Beredsamkeit und seiner Gründe mit Mühe noch zerstreut. Sie ist in die schreckliche Alternative gesetzt, entweder ihren Bruder und Freund aufzuopfern, oder ihren Wohlthäter zu betrügen [V. 1677 ff.]

O! (ruft sie endlich aus) trüg ich doch ein männlich Herz in mir,
das, wenn es einen kühnen Vorsatz hegt,
vor jeder andern Stimme sich verschließt!

Nachdem Pylades fort ist, fällt ihr diese schmerzhafte Situation noch mehr auf die Seele, so daß sie der Bitterkeit nahe ist.

[1712:] O daß in meinem Busen nicht zuletzt

[1717:] und rettet euer Bild in meiner Seele!

Fünfter Aufzug. Thoas kommt mit Arkas zum Tempel, und weil ihm diese Ausflucht der Priesterinn mit einigen Gerüchten verbunden, verdächtig vorkommt, so schickt er diesen ab, das ganze Ufer scharf zu durchsuchen, ob man nicht das Schiff der beyden Fremden irgendwo versteckt fände.

Iphigenie tritt nun heraus und versucht noch alle Gründe der Menschlichkeit den König zu einem Widerruf seines grausamen Befehls zu bewegen, aber vergeblich. Von ferne läßt sie den Wink fallen, daß ein Misbrauch der Gewalt zur List einlade. Das lebhafte Weigern Iphigeniens macht Thoas, der überhaupt schon argwohnt, noch mehr aufmerksam, und da er sie merken läßt, daß er Mißtrauen in sie habe, so wird ihre Standhaftigkeit überwältigt, die sie dem Pylades versprochen hat. Nach einem sehr schönen Eingang — den man aber doch etwas zu weit ausgeholt und auch etwas zu weit gedehnt finden

dürfte — entdeckt sie ihm treuherzig selbst, daß ein Betrug gegen
ihn geschmiedet werde und was für einer, daß Einer dieser beyden
Fremden Orest sey, daß beyde gekommen seyen, das Bild der Göttinn
zu entwenden, und kurz das ganze des Anschlags und seine Gründe.
5 Und nun, schließt sie, verdirb uns, wenn du darfst.

Thoas
[1936:]   Du glaubst, es höre
der rohe Scythe, der Barbar, die Stimme
der Wahrheit und der Menschlichkeit, die Atreus,
10   der Grieche, nicht vernahm?

Doch hat diese edelmüthige Handlung Iphigeniens das Herz des
edeln Scythen gerührt und seinen Zorn schon beynahe entwaffnet, als
Orest mit entblößtem Schwerdt hereintritt, Iphigenien zur Flucht
wegzureißen, weil Arkas ihnen indeß auf die Spur gekommen ist.
15 Der König, der nicht gleich von ihm bemerkt wird, zieht gleichfalls
das Schwerdt. Iphigenie vermittelt eine friedliche Unterredung, zu
der sich auch noch Pylades gesellt, und deren Ausgang ist, daß Thoas
durch die Wahrheit ihrer Gründe und seine eigene Gerechtigkeit bezwungen endlich nachgiebt, und beyde mit Iphigenien friedlich ziehen
20 läßt. Das Bild der Göttinn, das Orest zu entwenden gekommen
ist, hätte noch alles verderben können, wenn der Dichter nicht durch
eine eben so einfache als scharfsinnige Wendung sich aus der Sache
gezogen hätte. Der Beschluß krönt das ganze Stück, und läßt einen
tiefen Nachhall in der Seele zurück.

Iphigenie
25
[2151:]   Ohne Segen
in Widerwillen scheid' ich nicht von dir.

                 Leb wohl! und reiche mir
30 zum Pfand der alten Freundschaft deine Rechte.

Thoas
[2174:] Lebt wohl!

(Die Fortsetzung künftig.)

XVIII. Die Künstler.

Wie schön, o Mensch, mit deinem Palmenzweige
stehst du an des Jahrhunderts Neige,
in edler stolzer Männlichkeit,
mit aufgeschloßnem Sinn, mit Geistesfülle,
5 voll milden Ernsts, in thatenreicher Stille,
der reifste Sohn der Zeit,
frey durch Vernunft, stark durch Gesetze,
durch Sanftmuth groß, und reich durch Schätze
die lange Zeit dein Busen dir verschwieg,
10 Herr der Natur, die deine Fesseln liebet,
die deine Kraft in tausend Kämpfen übet,
und prangend unter dir aus der Verwildrung stieg!

XVIII. A: Der Teutsche Merkur. 1789. (März) I, 283—302. — G: II. 1808. S. 41—65. — g: II. 1805. S. 41—65. — K: 3 (1812). S. 411—428. — B: Schillers s. Werke. Erster Band. Stuttg. u. Tüb. 1835. S. 115—131. — C: Schillers Werke in Einem Bande. Stuttg. u. Tüb. 1840. S. 22—26. — W: Schillers s. Werke in zehn Bänden. Stuttg. u. Tüb. 1844. S. 122—185. — M: Schillers s. Werke. Stuttg. 1860. 1, 85—100. — G bis M beginnen jede Zeile mit großem Buchstaben und haben die gesperrten Worte in der Regel nicht gesperrt; Abweichungen der Schreibung, Apostroph und gleichgültige Interpunktion sind nicht angezeigt. Die erste, doch nicht ausdrückliche Beziehung auf das Gedicht fällt in den Oct. 1788. (An Körner 20. Oct. 1788. 1, 354): „Im nächsten Heft der Thalia wird ein Gedicht erscheinen, das ich einem alten Versprechen nach schuldig war. Ich denke, es wird dich sehr interessiren." Es erschien nicht. Am 14. Nov. 1788 (1, 370) schreibt Schiller an Körner: „Mein Gedicht sollst du lesen und beurtheilen, ehe ich es drucken lasse. Jetzt hat es seine Rundung noch nicht." In Rudolstadt las Schiller das Gedicht am 9. Nov. 1788 vor (K. v. Wolzogen, liter. Nachlaß 1, 196, eine Stelle, die sehr willkürlich auf das s. g. Octobergedicht gedeutet ist). Am 25. Dec. theilte Schiller B. 458—465 an Körner mit, am 12. Jan. 1789 das ganze Gedicht, ohne die dritte Strophe; am 3. Febr. war es vollendet (Körner 2, 18. Lotte 236), wurde dann wieder umgeändert (K. 2, 25 ff.), 12 neue Strophen wurden hinzugethan (Lotte 251) und am 5. März heißt es: die Künstler erscheinen nächste Woche im Merkur. (Lotte 270). — Ueber Einzelnes vgl. Körner 2, 8 ff. 71 ff.

Berauscht von dem errungnen Sieg,
verlerne nicht die Hand zu preisen,
die an des Lebens ödem Strand
den weinenden verlaßnen Waisen
des wilden Zufalls Beute fand,
die frühe schon der künftgen Geisterwürde
dein junges Herz im Stillen zugekehrt,
und die befleckende Begierde
von deinem zarten Busen abgewehrt,
die Gütige, die deine Jugend
in hohen Pflichten spielend unterwieß,
und das Geheimniß der erhabnen Tugend
in leichten Räthseln dich errathen ließ,
die, reifer nur ihn wieder zu empfangen,
in fremde Arme ihren Liebling gab,
o falle nicht mit ausgeartetem Verlangen
zu ihren niedern Dienerinnen ab!

Im Fleiß kann dich die Biene meistern,
in der Geschicklichkeit ein Wurm dein Lehrer seyn,
dein Wissen theilest du mit vorgezognen Geistern,
die Kunst, o Mensch, hast du allein.

Nur durch das Morgenthor des Schönen
drangst du in der Erkenntniß Land.
An höhern Glanz sich zu gewöhnen,
übt sich am Reize der Verstand.
Was bey dem Saitenklang der Musen
mit süßem Beben dich durchdrang,
erzog die Kraft in deinem Busen,
die sich dereinst zum Weltgeist schwang.

34: Morgenthor] vgl. Haller, Morgen-Gedanken (Gedichte. Bern 1734. S. 22): „Durchs rohte Morgen-Thor der heitern Sternen-Bühne Naht das verklärte Aug der Welt." — An Körner 12. Jan. 1789 (2, 7): „die dritte Strophe fehlt nur [in der übersandten Abschrift], weil ich zwischen der zweiten und vierten zwei ganze Blätter ausgestrichen habe, da mir das Gedicht zu sehr anschwoll. Der Inhalt dieser fehlenden Strophe ist der: daß die Kunst zwischen der Sinnlichkeit und Geistigkeit des Menschen das Bindungsglied ausmache." — F: Seitenklang G.

Was erst, nachdem Jahrtausende verflossen,
die alternde Vernunft erfand,
lag im Symbol des Schönen und des Großen
45 voraus geoffenbart dem kindischen Verstand.
Ihr holdes Bild hieß uns die Tugend lieben,
ein zarter Sinn hat vor dem Laster sich gesträubt,
eh noch ein Solon das Gesetz geschrieben,
das matte Blüthen langsam treibt.
50 Eh vor des Denkers Geist der kühne
Begriff des ew'gen Raumes stand,
wer sah hinauf zur Sternenbühne,
der ihn nicht ahnend schon empfand?

Die, eine Glorie von Orionen
55 um's Angesicht, in hehrer Majestät,
nur angeschaut von reineren Dämonen,
verzehrend über Sternen geht,
geflohn auf ihrem Sonnenthrone,
die furchtbar herrliche Urania,
60 mit abgelegter Feuerkrone
steht sie — als Schönheit vor uns da.
Der Anmuth Gürtel umgewunden,
wird sie zum Kind, daß Kinder sie verstehn:
was wir als Schönheit hier empfunden,
65 wird einst als Wahrheit uns entgegen gehn.

Als der Erschaffende von seinem Angesichte
den Menschen in die Sterblichkeit verwies,
und eine späte Wiederkehr zum Lichte
auf schwerem Sinnenpfad ihn finden hieß,
70 als alle Himmlischen ihr Antlitz von ihm wandten,
schloß sie, die Menschliche, allein
mit dem verlassenen Verbannten
großmüthig in die Sterblichkeit sich ein.

⁴³: alternde G g K B C. W M. — ⁵¹: vgl. Körner 2, 9. 13. — ⁵²: Sternenbühne] vgl. zu 34. — ⁵³: ahnend K B C W M. — ⁵⁷: Körner 2, 9. 13. — ⁶³: Körner 2, 9. 13. — ⁶⁵: wird dort als Körner 2, 13. — ⁷²: Verlassenen G g.

Hier schwebt sie, mit gesenktem Fluge,
75 um ihren Liebling, nah am Sinnenland,
und mahlt mit lieblichem Betruge
Elysium auf seine Kerkerwand.

Als in den weichen Armen dieser Amme
die zarte Menschheit noch geruht,
80 da schürte heil'ge Mordsucht keine Flamme,
da rauchte kein unschuldig Blut.
Das Herz, das sie an sanften Banden lenket,
verschmäht der Pflichten knechtisches Geleit;
ihr Lichtpfad, schöner nur geschlungen, senket
85 sich in die Sonnenbahn der Sittlichkeit.
Die ihrem keuschen Dienste leben
versucht kein niedrer Trieb, bleicht kein Geschick;
wie unter heilige Gewalt gegeben
empfangen sie das reine Geisterleben,
90 der Freyheit süßes Recht, zurück.

Glückselige, die sie — aus Millionen
die reinsten — ihrem Dienst geweiht,
in deren Brust sie würdigte zu thronen,
durch deren Mund die Mächtige gebeut,
95 die sie auf ewig flammenden Altären
erkohr das heil'ge Feuer ihr zu nähren,
vor deren Aug' allein sie hüllenloß erscheint,
die sie in sanftem Bund um sich vereint!
Freut euch der ehrenvollen Stufe,
100 worauf die hohe Ordnung euch gestellt:
In die erhabne Geisterwelt
war't ihr der Menschheit erste Stufe.

Eh ihr das Gleichmaas in die Welt gebracht,
dem alle Wesen freudig dienen —
105 ein unermeßner Bau, im schwarzen Flor der Nacht
nächst um ihn her mit mattem Strahle nur beschienen,

78: Körner 2, 9. — 106: Strahl beschienen G g K B C B M.

268

ein streitendes Gestaltenheer,
die seinen Sinn in Sklavenbanden hielten,
und ungesellig, rauh wie er,
110   mit tausend Kräften auf ihn zielten,
— so stand die Schöpfung vor dem Wilden.
Durch der Begierde blinde Fessel nur
an die Erscheinungen gebunden,
entfloh ihm, ungenossen, unempfunden,
115   die schöne Seele der Natur.

Und wie sie fliehend jetzt vorüber fuhr,
ergriffet ihr die nachbarlichen Schatten
mit zartem Sinn, mit stiller Hand,
und lerntet in harmonschem Band
120   gesellig sie zusammen gatten.
Leichtschwebend fühlte sich der Blick
vom schlanken Wuchs der Ceder aufgezogen;
gefällig strahlte der Krystall der Wogen
die hüpfende Gestalt zurück.
125   Wie konntet ihr des schönen Winks verfehlen,
womit euch die Natur hilfreich entgegen kam?
Die Kunst, den Schatten ihr nachahmend abzustehlen,
wies euch das Bild, das auf der Woge schwamm.
Von ihrem Wesen abgeschieden,
130   ihr eignes liebliches Phantom,
warf sie sich in den Silberstrom,
sich ihrem Räuber anzubieten.
Die schöne Bildkraft ward in eurem Busen wach.
Zu edel schon, nicht müßig zu empfangen,
135   schuft ihr im Sand — im Thon den holden Schatten nach,
im Umriß ward sein Daseyn aufgefangen.
Lebendig regte sich des Wirkens süße Lust —
die erste Schöpfung trat aus eurer Brust.

Von der Betrachtung angehalten,
140   von eurem Späheraug' umstrickt,

¹²⁶: hilfreich 𝔄 𝔊 g 𝔎 𝔐, hülfreich 𝔅 𝔒 𝔚.

verriethen die vertraulichen Gestalten
den Talisman, wodurch sie euch entzückt.
Die wunderwirkenden Gesetze,
des Reizes ausgeforschte Schätze
145   verknüpfte der erfindende Verstand
in leichtem Bund in Werken eurer Hand.
Der Obeliske stieg, die Pyramide,
die Herme stand, die Säule sprang empor,
des Waldes Melodie floß aus dem Haberrohr,
150   und Siegesthaten lebten in dem Liede.

    Die Auswahl einer Blumenflur
mit weiser Wahl in einen Strauß gebunden,
so trat die erste Kunst aus der Natur;
jetzt wurden Sträuße schon in einen Kranz gewunden,
155   und eine zweyte höh're Kunst erstand
aus Schöpfungen der Menschenhand.
Das Kind der Schönheit, sich allein genug,
vollendet schon aus eurer Hand gegangen,
verliert die Krone, die es trug,
160   sobald es Wirklichkeit empfangen.
Die Säule muß, dem Gleichmaas unterthan,
an ihre Schwestern nachbarlich sich schließen,
der Held im Heldenheer zerfließen,
des Mäoniden Harfe stimmt voran.

165   Bald drängten sich die staunenden Barbaren
zu diesen neuen Schöpfungen heran.
Seht, riefen die erfreuten Schaaren,
seht an, das hat der Mensch gethan!
In lustigen geselligeren Paaren
170   riß sie des Sängers Zitter nach,
der von Titanen sang und Riesenschlachten,
und Löwentödtern, die, so lang der Sänger sprach,
aus seinen Hörern Helden machten.

154: werden g K B O. — 157—160: vgl. Körner 2, 71. — 170: Zitter A] Leyer
G K B O W, Leier g M.

  Zum erstenmal genießt der **Geist**;
175 erquickt von ruhigeren Freuden,
  die aus der Ferne nur ihn weiden,
  die seine Gier nicht in sein Wesen reißt,
  die im Genusse nicht verscheiden.

  Jetzt wand sich von dem Sinnenschlafe
180 die freye schöne Seele los,
  durch euch entfesselt, sprang der Sklave
  der Sorge in der Freude Schoos.
  Jetzt fiel der Thierheit dumpfe Schranke,
  und Menschheit trat auf die entwölkte Stirn,
185 und der erhabne Fremdling, der Gedanke
  sprang aus dem staunenden Gehirn.
  Jetzt stand der Mensch, und wies den Sternen
  das königliche Angesicht,
  schon dankte in erhabnen Fernen
190 sein sprechend Aug' dem Sonnenlicht.
  Das Lächeln blühte auf der Wange,
  der Stimme seelenvolles Spiel
  entfaltete sich zum Gesange,
  im feuchten Auge schwamm Gefühl,
195 und Scherz mit Huld in anmuthsvollem Bunde
  entquollen dem beseelten Munde.

  Begraben in des Wurmes Triebe,
  umschlungen von des Sinnes Lust,
  erkanntet ihr in seiner Brust
200 den edlen Keim der Geisterliebe.
  Daß von des Sinnes niederm Triebe
  der Liebe beßrer Keim sich schied,
  dankt er dem ersten Hirtenlied.
  Geadelt zur Gedankenwürde,
205 floß die verschämtere Begierde

_{177: vgl. Körner 2, 73. — 189: in A] nach G g K B C W M. — 201: niedrem G K B W.}

melodisch aus des Sängers Mund.
Sanft glühten die bethauten Wangen,
das überlebende Verlangen
verkündigte der Seelen Bund.

210 Der Weisen weisestes, der Milden Milde,
der Starken Kraft, der Edeln Grazie,
vermählet ihr in Einem Bilde
und stellet es in eine Glorie.
Der Mensch erbebte vor dem Unbekannten,
215 er liebte seinen Wiederschein;
und herrliche Heroen brannten
dem großen Wesen gleich zu seyn.
Den ersten Klang vom Urbild alles Schönen
Ihr ließet ihn in der Natur ertönen.

220 Der Leidenschaften wilden Drang
des Glückes regellose Spiele,
der Pflichten und Instinkte Zwang
stellt ihr mit prüfendem Gefühle,
mit strengem Richtscheid nach dem Ziele.
225 Was die Natur auf ihrem großen Gange
in weiten Fernen auseinander zieht,
wird auf dem Schauplatz, im Gesange
der Ordnung leicht gefaßtes Glied.
Vom Eumenidenchor geschrecket,
230 zieht sich der Mord, auch nie entdecket,
das Loos des Todes aus dem Lied.
Lang, eh die Weisen ihren Ausspruch wagen,
löst eine Ilias des Schicksals Räthselfragen
der jugendlichen Vorwelt auf;
235 still wandelte von Thespis Wagen
die Vorsicht in den Weltenlauf.

Doch in den großen Weltenlauf
ward euer Ebenmaas zu früh getragen.

213: eine ist Körners Zusatz, vgl. Körner 2, 9 f. — 220—236: vgl. Körner 2, 73.

  Als des Geschickes dunkle Hand,
240 was sie vor eurem Auge schnürte,
  vor eurem Aug' nicht auseinander band,
  das Leben in die Tiefe schwand,
  eh' es den schönen Kreis vollführte —
  Da führtet ihr aus kühner Eigenmacht
245 den Bogen weiter durch der Zukunft Nacht;
  da stürzet ihr euch ohne Beben
  in des Avernus schwarzen Ozean,
  und trafet das entflohne Leben
  jenseits der Urne wieder an:
250 Da zeigte sich mit umgestürztem Lichte,
  an Kastor angelehnt, ein blühend Polluxbild;
  der Schatten in des Mondes Angesichte,
  eh sich der schöne Silberkreis erfüllt.

  Doch höher stets, zu immer höhern Höhen
255 schwang sich der schaffende Genie.
  Schon sieht man Schöpfungen aus Schöpfungen erstehen,
  aus Harmonien Harmonie.
  Was hier allein das trunkne Aug' entzückt,
  dient unterwürfig dort der höhern Schöne;
260 der Reiz, der diese Nymphe schmückt,
  schmilzt sanft in eine göttliche Athene:
  Die Kraft, die in des Fechters Muskel schwillt,
  muß in des Gottes Schönheit lieblich schweigen;
  das Staunen seiner Zeit, das stolze Jovisbild
265 im Tempel zu Olympia sich neigen.

  Die Welt, verwandelt durch den Fleiß,
  das Menschenherz, bewegt von neuen Trieben
  die sich in heißen Kämpfen üben,
  erweitern euren Schöpfungskreis.
270 Der fortgeschrittne Mensch trägt auf erhobnen Schwingen
  dankbar die Kunst mit sich empor,

232: vgl. Körner 2, 74. — 255: der schaffende Genie A G g L M] das schaffende Genie B O W. — 262: Fechters A] Ringers G g K B O W M.

und neue Schönheitswelten springen
aus der bereicherten Natur hervor.

Des Wissens Schranken gehen auf,
275 Der Geist, in euren leichten Siegen
geübt mit schnell gezeitigtem Vergnügen
ein künstlich All von Reizen zu durcheilen,
stellt der Natur entlegenere Säulen,
ereilet sie auf ihrem dunkeln Lauf.
280 Jetzt wägt er sie mit menschlichen Gewichten,
mißt sie mit Maßen, die sie ihm geliehn;
verständlicher in seiner Schönheit Pflichten,
muß sie an seinem Aug' vorüber ziehn.
In selbstgefäll'ger jugendlicher Freude
285 leiht er den Sphären seine Harmonie,
und preiset er das Weltgebäude,
so prangt es durch die Symmetrie.

In allem was ihn jetzt umlebet
spricht ihn das holde Gleichmaas an.
290 Der Schönheit goldner Gürtel webet
sich mild in seine Lebensbahn;
die selige Vollendung schwebet
in euren Werken siegend ihm voran.
Wohin die laute Freude eilet,
295 wohin der stille Kummer flieht,
wo die Betrachtung denkend weilet,
wo er des Elends Thränen sieht,
wo tausend Schrecken auf ihn zielen,
folgt ihm ein Harmonienbach,
300 sieht er die Huldgöttinnen spielen,
und ringt in stillverfeinerten Gefühlen
der lieblichen Begleitung nach.
Sanft, wie des Reizes Linien sich winden,
wie die Erscheinungen um ihn

274: Kein Absatz S g L D O B R.

305 in weichem Umriß in einander schwinden
flieht seines Lebens leichter Hauch dahin.
Sein Geist zerrinnt im Harmonienmeere
das seine Sinne wollustreich umfließt,
und der hinschmelzende Gedanke schließt
310 sich still an die allgegenwärtige Cythere.
Mit dem Geschick in hoher Einigkeit,
gelassen hingestützt auf Grazien und Musen,
empfängt er das Geschoß, das ihn bedräut,
mit freundlich dargebotnem Busen,
315 vom sanften Bogen der Nothwendigkeit.

Vertraute Lieblinge der sel'gen Harmonie,
erfreuende Begleiter durch das Leben,
das Edelste, das theuerste, was sie
die Leben gab, zum Leben uns gegeben!
320 Daß der entjochte Mensch jetzt seine Pflichten denkt,
die Fessel liebet, die ihn lenkt,
kein Zufall mehr mit eh'rnem Zepter ihm gebeut,
dieß dankt euch — eure Ewigkeit,
und ein erhabner Lohn in eurem Herzen.
325 Daß um den Kelch, worin uns Freyheit rinnt,
der Freude Götter lustig scherzen,
der holde Traum sich lieblich spinnt,
dafür seyd liebevoll umfangen!

Dem prangenden, dem heitern Geist
330 der die Nothwendigkeit mit Grazie umzogen,
der seinen Ether, seinen Sternenbogen
mit Anmuth uns bedienen heißt,
der, wo er schreckt, noch durch Erhabenheit entzücket,
und zum Verheeren selbst sich schmücket,
335 Dem großen Künstler ahmt ihr nach.
Wie auf dem spiegelhellen Bach
die bunten Ufer tanzend schweben,

320: seiner B O. — 328: Der Reim auf umfangen fehlt; wahrscheinlich hat Schiller auch hier mehre Verse getilgt. — 331: Aether K D O B R.

das Abendroth, das Blüthenfeld,
so schimmert auf dem dürft'gen Leben
der Dichtung muntre Schattenwelt.
Ihr führet uns im Brautgewande
die fürchterliche Unbekannte,
die unerweichte Parze vor.
Wie eure Urnen die Gebeine,
deckt ihr mit holdem Zauberscheine
der Sorgen schauervollen Chor.
Jahrtausende hab ich durcheilet,
der Vorwelt unabsehlich Reich:
wie lacht die Menschheit, wo ihr weilet,
wie traurig liegt sie hinter euch!

Die einst mit flüchtigem Gefieder
voll Kraft aus euren Schöpferhänden stieg,
in eurem Arm fand sie sich wieder,
als durch der Zeiten stillen Sieg,
des Lebens Blüthe von der Wange,
die Stärke von den Gliedern wich,
und traurig, mit entnervtem Gange,
der Greis an seinem Stabe schlich.
Da reichtet ihr aus frischer Quelle
dem Lechzenden die Lebenswelle.
Zweymal verjüngte sich die Zeit,
zweymal von Saamen, die ihr ausgestreut.

Vertrieben von Barbarenheeren,
entrisset ihr den letzten Opferbrand
des Orients entheiligten Altären,
und brachtet ihn dem Abendland.
Da stieg der schöne Flüchtling aus dem Osten,
der junge Tag, im Westen neu empor,
und auf Hesperiens Gefilden sproßten
verjüngte Blüthen Joniens hervor.
Die schönere Natur warf in die Seelen
des Lichtes große Göttin ein.

<pre>
375   Da sah man Millionen Ketten fallen,
       und über Sklaven sprach jetzt Menschenrecht,
       wie Brüder friedlich mit einander wallen,
       so mild erwuchs das jüngere Geschlecht.
       Mit innrer hoher Freudenfülle
380   genießt ihr das gegebne Glück,
       und tretet in der Demuth Hülle
       mit schweigendem Verdienst zurück.

       Wenn auf des Denkens frey gegebnen Bahnen
       der Forscher jetzt mit kühnem Glücke schweift,
385   und, trunken von siegrufenden Päanen,
       mit rascher Hand schon nach der Krone greift;
       wenn er mit niederm Söldnerslohne
       den edeln Führer zu entlassen glaubt,
       und neben dem geträumten Throne
390   der Kunst den ersten Sklavenplatz erlaubt:
       verzeiht ihm — der Vollendung Krone
       schwebt glänzend über eurem Haupt.
       Mit euch, des Frühlings erster Pflanze,
       begann die Seelenbildende Natur,
395   mit euch, dem freud'gen Aerntekranze,
       schließt die vollendende Natur.

       Die von dem Thon, dem Stein bescheiden aufgestiegen,
       die schöpferische Kunst, umschließt mit stillen Siegen
       des Geistes unermeßnes Reich.
400   was in des Wissens Land Entdecker nur ersiegen,
       entdecken sie, ersiegen sie für euch.
       Der Schätze, die der Denker aufgehäufet,
       wird er in euren Armen erst sich freun,
       wenn seine Wissenschaft, der Schönheit zugereifet,
405   zum Kunstwerk wird geadelt seyn —
       wenn er auf einen Hügel mit euch steiget,
       und seinem Auge sich, in mildem Abendschein,
       das mahlerische Thal — auf einmal zeiget.

388: edlen G g K B.
</pre>

Je reicher ihr den schnellen Blick vergnüget,
410 je höh're schön're Ordnungen der Geist
in einem Zauberbund durchflieget,
in einem schwelgenden Genuß umkreis't;
je weiter sich Gedanken und Gefühle
dem üppigeren Harmonienspiele
415 dem reichern Strom der Schönheit aufgethan —
je schön're Glieder aus dem Weltenplan,
die jetzt verstümmelt seine Schöpfung schänden,
sieht er die hohen Formen dann vollenden,
je schönre Räthsel treten aus der Nacht,
420 je reicher wird die Welt, die er umschließet,
je breiter strömt das Meer mit dem er fließet,
je schwächer wird des Schicksals blinde Macht,
je höher streben seine Triebe,
je kleiner wird er selbst, je größer seine Liebe.

425 So führt ihn, in verborgnem Lauf,
durch immer reinre Formen, reinre Töne,
durch immer höh're Höhn und immer schön're Schöne
der Dichtung Blumenleiter still hinauf —
zuletzt, am reifen Ziel der Zeiten,
430 noch eine glückliche Begeisterung,
des jüngsten Menschenalters Dichterschwung,
und — in der **Wahrheit** Arme wird er gleiten.

Sie selbst, die sanfte Cypria,
umleuchtet von der Feuerkrone
435 steht dann vor ihrem mündgen Sohne
entschleyert — als Urania;
so schneller nur von ihm erhaschet,
je schöner er von ihr geflohn!
So süß so selig überraschet
440 stand einst Ulyssens edler Sohn,

409: Kein Absatz G g R B C B R. — 414: Harmonieenspiele, B R. — 425: Kein Absatz G g R B C B R. — 426: reine Töne G g.

da seiner Jugend himmlischer Gefährte
zu Jovis Tochter sich verklärte.

Der Menschheit Würde ist in eure Hand gegeben,
bewahret sie!
445 Sie sinkt mit euch! Mit euch wird die Gesunkene sich heben!
Der Dichtung heilige Magie
dient einem weisen Weltenplane,
still lenke sie zum Ozeane
der großen Harmonie!

450 Von ihrer Zeit verstoßen, flüchte
die ernste Wahrheit zum Gedichte,
und finde Schutz in der Camönen Chor.
In ihres Glanzes höchster Fülle,
furchtbarer in des Reizes Hülle,
455 erstehe sie in dem Gesange
und räche sich mit Siegesklange
an des Verfolgers feigem Ohr.
Der freysten Mutter freye Söhne
schwingt euch mit festem Angesicht
460 zum Strahlensitz der höchsten Schöne,
um andre Kronen buhlet nicht.
Die Schwester, die euch hier verschwunden,
hohlt ihr im Schooß der Mutter ein;
was schöne Seelen schön empfunden
465 muß treflich und vollkommen seyn.
Erhebet euch mit kühnem Flügel
hoch über euren Zeitenlauf;
fern dämmre schon in euerm Spiegel
das kommende Jahrhundert auf.

443: Mit euch wird sie sich heben! G g K B O W M. — 452: Camönen B W, Camenen O. — 458—461: „Der Freiheit freie Söhne | Erhebet euch zur höchsten Schöne, | Um andre Kronen buhlet nicht!" An Körner. 25. Dec. 1788. 1, 397 (wo auch V. 462—465 übereinstimmend mitgetheilt wird). — 468: euerm G g K B O W M.

Die Künstler.

470	Auf tausendfach verschlungnen Wegen
	der reichen Mannigfaltigkeit
	kommt dann umarmend euch entgegen
	am Thron der hohen Einigkeit.
	Wie sich in sieben milden Strahlen
475	der weiße Schimmer lieblich bricht,
	wie sieben Regenbogenstrahlen
	zerrinnen in das weiße Licht:
	so spielt in tausendfacher Klarheit
	bezaubernd um den trunknen Blick,
480	so fließt in Einen Bund der Wahrheit
	in Einen Strohm des Lichts zurück!

480: Wahrheit g. — 474—477: Diese Farbentheorie Newtons liegt auch IV, 49 f. zum Grunde. — 481: In A mit „Sch." unterzeichnet.

XIX. Der versöhnte Menschenfeind.

Einige Scenen.

Gegend in einem Park.

Erste Scene.

5 **Angelika von Hutten. Wilhelmine von Hutten,** ihre Tante und Stiftsdame, kommen aus einem Wäldchen; bald darauf **Gärtner Biber.**

Angelika.

Hier wollten wir ihn ja erwarten, liebe Tante. Sie setzen sich so lange ins Kabinet und lesen. Ich hohle mir meine Blumen beim
10 Gärtner. Unterdessen wirds neun Uhr und er kommt. — Sie sinds doch zufrieden?

Wilhelmine.

Wie es dir Vergnügen macht, meine Liebe.

(geht nach der Laube.)

15 #### Gärtner Biber.
(bringt Blumen.)

Das beste was ich heute im Vermögen habe, gnädiges Fräulein. Meine Hyazinthen sind alle.

Angelika.

20 Recht schönen Dank auch für dieses.

XIX. **A**: Thalia. Heft 11 (1790 Dec.), S. 100—140. — **B**: Kleinere pros. Schriften. Vierter Theil. 1802. S. 326—388. — **b**: Kl. pros. Schr. Vierter Theil. Leipzig 1802. S. 326—388 (Doppeldruck). — **K**: Schillers Werke. 3. Bd. 1812. S. 349—388. — **B**: Schillers Werke. Stuttg. 1835. 2. Bd. S. 529—564. — **L**: Schillers Werke in Einem Bande. Stuttg. 1840. S. 310—317. — **W**: Schillers Werke in zehn Bänden. Zweiter Band. Stuttgart 1844. S. 375—400. — **M**: Schillers Werke in zwölf Bänden. Dritter Band. Stuttg. 1860. S. 281—309.

1—2: Der Menschenfeind. Ein Fragment. A-M (d. i. A b K B L W M). — Abweichungen, die nur Schreibung, Apostroph und gleichgültige Interpunction betreffen, sind nicht angezeigt. Nur gelegentlich sind kleine Verschiedenheiten zwischen B und b bemerkt.

Biber.

Aber eine Rose sollen Sie morgen haben, die erste vom ganzen Frühling, wenn sie mir versprechen wollen —

Angelika.

Was wünschen sie guter Biber?

Biber.

Sehen sie gnädiges Fräulein, meine Aurikeln sind nun auch fort, und mein schöner Levkojenflor geht zu Ende, und der gnädige Herr haben mir wieder nicht ein Blatt angesehen. Da hab ich voriges Jahr den großen Sumpf lassen austrocknen gegen Mitternacht und einige tausend Stück Bäume darauf gezogen. Die junge Welt treibt sich und schießt empor — es ist ein Seelenvergnügen, drunter hinzuwandeln — Ich bin da, wie die Sonne kommt, und freue mich schon im voraus der Herrlichkeit, wenn ich den gnädigen Herrn einmal werde herein führen. Es wird Abend — und wieder Abend — und der Herr hat sie nicht bemerkt. Sehen Sie mein Fräulein, das schmerzt mich. Ich kanns nicht läugnen.

Angelika.

Es geschieht noch, gewiß geschiehts noch — haben sie indeß Geduld guter Biber.

Biber.

Der Park kostet ihm, Jahr aus Jahr ein, seine baaren Zweitausend Thaler, und ich werde bezahlt, wie ' ichs nicht verdiene — wozu nütz ich denn, wenn ich dem Herrn für sein vieles Geld nicht einmal eine fröhliche Stunde gebe? Nein gnädiges Fräulein. Ich kann nicht länger das Brod ihres Herrn Vaters essen, oder er muß mich ihm beweisen lassen, daß ich ihn nicht drum bestehle.

Angelika.

Ruhig, ruhig lieber Mann. Das wissen wir alle, daß sie das, und noch weit mehr, verdienen.

Biber.

Mit ihrer Erlaubniß mein Fräulein. Davon können sie nicht

32: können Sie nicht A B C D E F (A schreibt die Anredefürwörter in der Regel mit kleinen Anfangsbuchstaben, während die übrigen sich eines großen bedienen; vgl. Schiller an Körner 1, 91: „auch das fällt (im Karlos) schlecht in die Augen, daß das Sie und Ihr und Du u. dgl. immer mit großen Anfangsbuchstaben gedruckt ist, wie in einem Briefe oder Memorial."

sprechen. Daß ich meine zwölf Stunden des Tags seinen Garten beschicke, daß ich ihm nichts veruntreue und Ordnung unter meinen Leuten erhalte, das bezahlt mir der gnädige Herr mit Geld. Aber daß ich es mit Freuden thue, weil ich es ihm thue, daß ich des Nachts davon träume, daß es mich mit der Morgensonne heraustreibt — das mein Fräulein, muß er mir mit seiner Zufriedenheit lohnen. Ein einziger Besuch in seinem Park thut hier mehr als alle sein Mammon — und sehen sie mein gnädiges Fräulein — das eben wars, warum ich sie jetzt habe —

Angelika.

Brechen sie davon ab, ich bitte. Sie selbst wissen, wie oft und immer vergeblich — Ach! sie kennen ja meinen Vater.

Biber.
(ihre Hand fassend und mit Lebhaftigkeit)

Er ist noch nicht in seiner Baumschule gewesen. Bitten sie ihn, daß er mir erlaube, ihn in seine Baumschule zu führen. Es ist nicht möglich, diesen Dank einzusammeln von der unvernünftigen Kreatur, und Menschen verloren geben. Wer darf sagen, daß er an der Freude verzweifle, so lange noch Arbeiten lohnen, und Hoffnungen einschlagen? —

Angelika.

Ich verstehe sie, redlicher Biber — vielleicht aber waren sie mit Gewächsen glücklicher, als mein Vater mit Menschen.

Biber.
(schnell und bewegt)

Und er hat eine solche Tochter? (er will mehr sagen, unterdrückt es aber, und schweigt einen Augenblick.) Der gnädige Herr mögen viel erfahren haben von Menschen — der schlecht belohnten Erwartungen viel, der gescheiterten Plane viel — aber (die Hand des Fräuleins mit Lebhaftigkeit ergreifend) eine Hofnung ist ihm aufgegangen — alles hat er nicht erfahren, was eines Mannes Herz zerreissen kann —

(er entfernt sich).

17: unvernünftigen A b R S O W M] vernünftigen B.

Zweite Scene.

Angelika, Wilhelmine.

Wilhelmine.
(steht auf und folgt ihm mit den Augen)

Ein sonderbarer Mann! Immer fällts ihm aufs Herz, wenn diese Saite berührt wird. Es ist etwas unbegreifliches in seinem Schicksal.

Angelika.
(sich unruhig umsehend)

Es wird sehr spät. Er hat sonst nie so lang auf sich warten lassen — Rosenberg.

Wilhelmine.

Er wird nicht ausbleiben. Wie ängstlich wieder und ungeduldig!

Angelika.

Und dießmal nicht ohne Grund, liebe Tante — Wenn es fehlschlagen sollte! Ich habe diesen Tag mit Herzensangst herannahen sehen.

Wilhelmine.

Erwarte nicht zuviel von diesem einzigen Tage.

Angelika.

Wenn er ihm mißfiele? — Wenn sich ihre Karaktere zurückstießen? — Wie kann ich hoffen, daß er mit ihm die erste Ausnahme machen werde? — wenn sich ihre Karaktere zurückstießen? — Meines Vaters kränkende Bitterkeit und Rosenbergs leicht zu reizender Stolz! Jenes Trübsinn und Rosenbergs heitre muthwillige Freude! — Unglücklicher konnte die Natur nicht spielen — und wer ist mir Bürge, daß er ihm einen zweyten Besuch nicht eben darum verweigert, weil er schon bei dem Ersten Gefahr lief, ihn hochzuschätzen?

Wilhelmine.

Leicht möglich meine Liebe — Doch von allem dem sagte dir noch gestern dein Herz nichts.

Angelika.

Gestern! So lang ich nur ihn sah, nur ihn fühlte, nichts wußte als ihn! Da sprach noch das leichtsinnig liebende Mädchen. Jezt

---

20. 22: Karaktere A b R] Charaktere B B C W M. — 27: bei b, bey B. —
29: dem A B b R C W M] den B.

ergreift mich das Bild meines Vaters und alle meine Hoffnungen verschwinden. O warum, konnte denn dieser liebliche Traum nicht fortdauern? Warum mußte die ganze Freude meines Lebens einem einzigen schrecklichen Wurf überlassen werden?

Wilhelmine.

Deine Furcht macht dich alles vergessen, Angelika. Von dem Tage an, da dir Rosenberg seine Liebe bekannte, da er deinetwegen alle Bande zerriß, die ihn an seinen Hof, an die Vergnügungen der Hauptstadt gefesselt hielten, da er sich freywillig in die traurige Einöde seiner Güter verbannte, um dir näher zu seyn — seit jenem Tage hat der Gedanke an deinen Vater deine Ruhe vergiftet. Warst du es nicht selbst, die an der Heimlichkeit dieses Verständnisses Anstoß nahm? Die ' mit unablässigen Bitten und Mahnungen so lange in ihn stürmte, bis er ungern genug, sein Versprechen gab, sich um die Gunst deines Vaters zu bewerben. Mein Vater sagtest du, hängt nur noch durch ein einziges Band an den Menschen, die Welt hat ihn auf ewig verloren, wenn er die Entdeckung macht, daß auch seine Tochter ihn hintergangen hat.

Angelika.
(mit reger Empfindung)

Nie, nie soll er das! — Erinnern sie mich noch oft liebe Tante. Ich fühle mich stärker, entschloßner. Alle Welt hat ihn hintergangen — aber wahr soll seine Tochter seyn. Ich will keinen Hofnungen Raum geben, die sich vor meinem Vater verbergen müßten. Bin ich es seiner Güte nicht schuldig? Er gab mir ja alles. Selbst für die Freuden des Lebens erstorben, was hat er nicht gethan, um mir sie zu schenken? Mir zur Lust schuf er diese Gegend zum Paradies, und ließ alle Künste wetteifern, das Herz seiner Angelika zu entzücken und ihren Geist zu veredeln. Ich bin eine Königinn in diesem Gebiet. An mich trat er das göttliche Amt der Wohlthätigkeit ab, das er mit blutendem Herzen selbst niederlegte. Mir gab er die süße Vollmacht, das verschämte Elend zu suchen, verhehlte Thränen zu trocknen, und der flüchtigen Armuth eine Zuflucht in diesen stillen Bergen zu öffnen.

14: gab sich, um A. — 24: meinen A. — 27: Paradiese B·M. — 29: zuveredeln. A. — 31: Blutendem A.

— Und für alles dieses, Wilhelmine, legt er mir nur die leichte Bedingung auf, eine Welt zu entbehren, die ihn von sich stieß.
Wilhelmine.
Und hast du sie nie übertreten, diese leichte Bedingung?
Angelika.
— Ich bin ihm ungehorsam geworden. Meine Wünsche sind über diese Mauern geflogen — Ich bereue es, aber ich kann nicht wieder umkehren.
Wilhelmine.
Ehe Rosenberg in diesen Wäldern jagte, warst du noch sehr glücklich.
Angelika.
Glücklich, wie eine Himmlische — aber ich kann nicht wieder umkehren.
Wilhelmine.
So auf einmal hat sich alles verändert? Auch deine sonst so traute Gespielin, diese schöne Natur, ist dieselbe nicht mehr?
Angelika.
Die Natur ist die nehmliche, aber mein Herz ist es nicht mehr. Ich habe Leben gekostet, kann mich mit der todten Bildsäule nicht mehr zufrieden geben. O wie jetzt alles verwandelt ist um mich herum. Er hat alle Erscheinungen um mich her bestochen. Die aufsteigende Sonne ist mir jetzt nur ein Stundenweiser seiner Ankunft, die fallende Fontaine murmelt mir seinen Namen, meine Blumen hauchen nur seinen Athem aus ihren Kelchen. — Sehen sie mich nicht so finster an, liebe Tante — Ist es denn meine Schuld, daß' der erste Mann, der mir ausserhalb unsrer Grenzsteine begegnete, gerade Rosenberg war?
Wilhelmine.
(gerührt sie ansehend)
Liebes unglückliches Mädchen — also auch du — ich bin unschuldig, ich hab es nicht hintertreiben können — Klage mich nicht an, Angelika, wenn du einst deinem Schicksale nicht entfliehen wirst.
Angelika.
Immer sagen sie mir das vor, liebe Tante. Ich verstehe sie nicht.

19: nehmliche A b R] nämliche B B O B M. — 22: bestochen. A.

In Weimar.

Wilhelmine.
— Der Park wird geöffnet.
Angelika.
Das Schnauben seiner Diana! — Er kommt. Es ist Rosenberg.
(ihm entgegen.)

Schluß der Dritten Scene.

Angelika.
Ach Rosenberg, was haben Sie gethan? Sie haben sehr übel gethan.
Rosenberg.
Das fürcht ich nicht meine Liebe, Es war ja ihr Wille, daß wir mit einander bekannt werden sollten, sie wünschten, daß ich ihn interessiren möchte.
Angelika.
Wie? Und das wollen sie dadurch erreichen, daß sie ihn gegen sich aufbringen?
Rosenberg.
Für jezt durch nichts anders. Sie haben mir selbst erzählt, wie viele Versuche auf seine Gemüthskrankheit schon mißlungen sind. Alle jene unbestellten feierlichen Sachwalter der Menschheit haben ihn nur seine Ueberlegenheit fühlen lassen und sind schlecht genug gegen die verfängliche Beredsamkeit seines Kummers bestanden. Ihm mag es einerley seyn, ob wir übrigen an die Gerechtigkeit dieses Haßes glauben, aber nie wird er's dulden, daß wir geringschäzig davon denken. Dieser Demüthigung fügt sich sein Stolz nicht. Uns zu wiederlegen war ihm freilich nicht der Mühe werth, aber in seinem Unwillen kann er sich wohl entschließen, uns zu beschämen — Es kommt zum Gespräch — das ist alles, was wir fürs erste wünschten.
Angelika.
Sie nehmen es zu leicht lieber Rosenberg. — Sie getrauen sich mit meinem Vater zu spielen. Wie sehr fürchte ich —
Rosenberg.
Fürchten sie nichts meine Angelika. Ich fechte für Wahrheit und Liebe. Seine Sache ist so schlimm, als die meinige gut ist.

6: dritten B. R. M. — 26: wiederlegen B. M. — freilich A b B O B M] freylich B R.

Wilhelmine.
(welche diese ganze Zeit über wenig Antheil an der Unterredung zu nehmen geschienen hat.)

Sind sie dessen würcklich so gewiß, Herr von Rosenberg?

Rosenberg.
(der sich rasch zu ihr wendet, nach einem kurzen Stillschweigen, ernsthaft.)

Ich denke, daß ichs bin, mein gnädiges Fräulein.

Wilhelmine.
(steht auf)

Dann schade um meinen armen Bruder. Es ist ihm so schwer gefallen, der unglückliche Mann zu werden, der er ist, und, wie ich sehe, ist es etwas so leichtes, ihm das Urtheil zu sprechen.

Angelika.

Lassen sie uns nicht zu voreilig richten, Rosenberg. Wir wissen so wenig von den Schicksalen meines Vaters.

Rosenberg.

Mein ganzes Mitleid soll ihm dafür werden, liebe Angelika — aber nie meine Achtung, wenn sie ihn wirklich zum Menschenhasser machten. — Es ist ihm schwer gefallen, sagen sie (zu der Stiftsdame) dieser unglückliche Mann zu werden — aber wollten sie wohl die Rechtfertigung eines Menschen übernehmen, der dasjenige an sich vollendet, was ein schreckliches Schicksal ihm noch erlassen hat? Dem Rasenden wohl das Wort reden, der auch den einzigen Mantel noch von sich wirft, den ihm Räuber gelassen haben? — Oder wissen sie mir einen ärmern Mann zwischen Himmel und Erde, als den Menschenfeind?

Wilhelmine.

Wenn er in der Verfinsterung seines Jammers nach Giften greist, wo er Linderung suchte, was geht das sie Glücklichen an? Ich möchte den blinden Armen nicht hart anlassen, dem ich kein Auge zu schenken habe.

Rosenberg.
(mit aufsteigender Röthe, und etwas lebhafter Stimme)

Nein, bei Gott! Nein, — aber meine Seele entbrennt über den Undankbaren, der sich die Augen muthwillig zudrückt, und dem Geber

---

4: würklich B·M.

des Lichtes flucht — Was kann er gelitten haben, das ihm durch
den Besitz dieser Tochter nicht unendlich erstattet wird? Darf er einem
Geschlechte fluchen, das er täglich, stündlich in diesem Spiegel sieht?
Menschenhaß, Menschenfeind! Er ist keiner. Ich will es beschwören,
er ist keiner. Glauben sie mir Fräulein von Hutten, es giebt keinen
Menschenhasser in der Natur, als wer sich allein anbetet, oder sich
selbst verachtet.

Angelika.

Gehen sie Rosenberg. Ich beschwöre sie, gehen sie. In dieser
Stimmung dürfen sie sich meinem Vater nicht zeigen.

Rosenberg.

Recht gut, daß sie mich erinnern Angelika. — Wir haben hier
ein Gespräch angefangen, wobey ich' immer versucht bin, allzulebhaft
Partey zu nehmen — Verzeihen sie meine Fräulein. — Auch möcht
ich nicht gern Gefahr laufen, vorschnell zu seyn, und soll doch erst
heute mit dem Vater meiner Angelika bekannt werden. — Von etwas
anderm denn, — Dieses Gesicht wird so ernsthaft und die Wangen
der Tochter muß ich erst heiter sehen, wenn ich Muth haben soll, bei
dem Vater für meine Liebe zu kämpfen — das ganze Städtchen war
ja geschmückt, wie an einem Festtag, als ich vorbei kam. Wozu diese
Anstalt?

Angelika.

Meinen Vater zu seinem Geburtstage zu begrüßen.

Vierte Scene.

Julchen in Angelikas Diensten, zu den Vorigen.

Julchen.

Der Herr hat geschickt gnädiges Fräulein. Er will sie vor
Mittag noch sprechen. — Sie auch da Herr von Rosenberg? Sie
will er auch sprechen.

Angelika.

Uns beyde! beyde zusammen — Rosenberg — Uns beyde! Was
bedeutet das?

4: Menschenhasser K B D M. — 9: Gehen Sie A·M. — 19: bey A B b K. —
20: vorbey A B b K. — 25: Rosenberg! B·M.

Julchen.
Zusammen? Nein, davon weiß ich nichts.

Rosenberg.
(im Begriff wegzugehen, zu Angelika)

Ich lasse sie vorangehen gnädiges Fräulein. Sanfter werd ich ihn aus ihren Händen empfangen.

Angelika.
(ängstlich)

Sie verlassen mich Rosenberg — Wohin? — Ich muß sie noch etwas wichtiges fragen.

Rosenberg.
(führt sie bey Seite. Wilhelmine und Julchen verlieren sich im Hintergrunde)

Julchen.
Kommen sie mit gnädiges Fräulein, den festlichen Aufzug zu sehen.

Angelika.
Das ist ein banger fürchterlicher Morgen für uns, Rosenberg — Es gilt Trennung, ewige Trennung! — Sind sie auch vorbereitet — gefaßt auf alles, was geschehen kann? — Wozu sind sie entschlossen, wenn sie meinem Vater mißfallen.

Rosenberg.
Ich bin entschlossen, ihm nicht zu mißfallen.

Angelika.
Jetzt nicht diesen leichten Sinn, wenn ich Ihnen jemals theuer war, Rosenberg — Es steht nicht bei ihnen, wie die Würfel fallen — Wir müssen das schlimmste erwarten, wie das erfreulichste — Ich darf sie nicht mehr sehen, wenn sie unfreundlich von einander scheiden — was haben sie beschlossen zu thun, wenn er ihnen Achtung verweigert?

Rosenberg.
Gute Liebe! — sie ihm abzunöthigen.

Angelika.
O wie wenig kennen sie den Mann, dem sie so zuversichtlich entgegen gehen! Sie erwarten einen Menschen, den Thränen rühren,

---

S. 14: Sie A. M. — 25: bey A S b R.

weil er weinen kann — hoffen, daß die sanften Töne ihres Herzens wiederhallen werden in dem seinigen? — Ach es ist zerrissen dieses Saitenspiel, und wird ewig keinen Klang mehr geben. Alle ihre Waffen können fehlen, alle Stürme auf sein Herz mißlingen — Rosenberg! noch einmal! Was beschließen sie, wenn sie alle mißlingen?

Rosenberg.
(ruhig ihre Hand faßend)

Alle werden's nicht, alle gewiß nicht! Faßen sie Herz liebe Furchtsame. Mein Entschluß ist gefaßt. Ich habe mir diesen Menschen zum Ziele gemacht, habe mir vorgesetzt, ihn nicht aufzugeben, also hab ich ihn ja gewiß.

(sie gehen ab)

Fünfte Scene.

Ein Saal.

von Hutten, aus einem Kabinet. Abel sein Haushofmeister, folgt ihm mit einem Rechnungsbuch.

Abel.
(liest)

Herrschafftlicher Vorschuß an die Gemeine nach der großen Waßersnoth vom Jahr 1784. Zweytausend, neunhundert Gülden —

Hutten.
(hat sich niedergesetzt und durchsieht einige Papiere, die auf dem Tisch liegen)

Der Acker hat sich erholt, der Mensch soll nicht länger leiden, als seine Felder. Streich' er aus, diesen Posten. Ich will nicht mehr daran erinnert seyn.

Abel.
(durchstreicht mit Kopfschütteln die Rechnung)

Ich muß mir's gefallen laßen — blieben also noch zu berechnen die Interessen von sechsthalb Jahren —

v. Hutten.

Interessen! — Mensch?

21: Gulden B C O B M. — 22: von Hutten B b (beide schreiben die Präposition aus, die übrigen: v. Hutten).

Abel.

Hilft nichts, Ihr Gnaden. Ordnung muß seyn in den Rech=
nungen eines Verwalters.
(will weiter lesen)

v. Hutten.

Den Rest ein andermal. Jetzt ruf er den Jäger, ich will meine
Doggen füttern.

Abel.

Der Pachter vom Holzhof hätte Lust zu dem Polaken, mit dem
Euer Gnaden neulich verunglückten. Man soll ihm die Mähre hin=
geben, meynt der Reitknecht, ehe ein zweytes Unheil geschehe.

von Hutten.

Soll das edle Thier darum vor dem Pfluge altern, weil es in
zehen Jahren einmal falsch gegen mich war? So hab ich es mit
keinem gehalten, der mir mit Undank lohnte. Ich werde es nie
mehr reiten.

Abel.
(nimmt das Rechnungsbuch und will gehen)

von Hutten.

Es fehlten ja neulich wichtige Empfangscheine in der Kasse, sagt
er mir, und der Rentmeister sey ausgeblieben?

Abel.

Ja, das war vorigen Donnerstag.

von Hutten.
(steht auf)

Das freut mich, freut mich — daß er doch endlich noch zum
Schelm geworden ist, dieser Rentmeister. Er hat mir eilf Jahre ohne
Tadel gedient — Setz er das nieder, Abel. Erzähl er mir mehr
davon.

Abel.

Schade um den Mann, Ihr Gnaden. Er hatte einen unglück=
lichen Sturz mit dem Pferde gethan, und ist heute morgen mit einem
gebrochenen Arm hereingebracht worden. Die Quittungen fanden sich
unter andern Papieren.

20: sagt' er B C D R.

von Hutten. (mit Heftigkeit)

Und er war also kein Betrüger! — Mensch, warum hast du mir Lügen berichtet?

Abel.

Gnädiger Herr, man muß immer das schlimmste von seinem Nächsten denken.

von Hutten. (nach einem düstern Stillschweigen)

Er soll aber ein Betrüger seyn, und die Quittungen soll man ihm zahlen.

Abel.

Das war mein Gedanke auch, Ihr Gnaden. Steckbriefe waren einmal ausgefertigt, und das Nachsetzen hat mir gewaltiges Geld gekostet. Es ist verdrießlich, daß dieß alles nun so weg geworfen ist.

von Hutten. (sieht ihn lang verwundernd an)

Theurer Mann! Ein wahres Kleinod bist du mir — wir dürfen nie von einander.

Abel.

Das wollte Gott nicht — und wenn mir gewisse Leute auch noch so große Versprechungen

von Hutten.

Gewisse Leute! Was?

Abel.

Ja Ihr Gnaden. Ich weiß auch nicht, warum ich länger damit hinter dem Berge halte. Der alte Graf —

von Hutten.

Regt der sich auch wieder? Nun?

Abel.

Zweyhundert Pistolen ließ er mir bieten und doppelten Gehalt auf Zeitlebens, wenn ich ihm seine Enkelin Fräulein Angelika, ausliefern wollte.

von Hutten.

(steht schnell auf und macht einen Gang durch das Zimmer. Nachdem er sich wieder gesetzt hat, zum Verwalter)

Und dieses Gebot hat er ausgeschlagen?

16: Das wolle. B.M.

Abel.

Bey meiner armen Seele, ja! Das hab ich.

von Hutten.

Zweyhundert Pistolen Mensch, und doppelten Gehalt auf Zeit=
lebens! — wo denkt er hin? hat er das wohl erwogen?

Abel.

Reiflich erwogen, Ihr Gnaden, und rundweg ausgeschlagen. Schelmerey gedeyht nicht, bey Euer Gnaden will ich leben und sterben.

von Hutten. (kalt und fremd)

Wir taugen nicht für einander. —

(Man hört von ferne eine muntere ländliche Musik, mit vielen Menschenstimmen untermischt. Sie kommt dem Schloß immer näher)

Ich höre da Töne, die mir zuwider sind. Folg er mir in ein andres Zimmer.

Abel.

(ist auf den Altan getreten, und kommt eine Weile darauf wieder)

Das ganze Städtchen, Ihr Gnaden, kommt angezogen im Sonn=
tagsschmuck, und mit klingendem Spiel, und hält unten vor dem Schloß. Der Gnädige Herr, rufen sie, möchten doch auf den Altan treten, und sich ihren getreuen Unterthanen zeigen.

Hutten.

Was wollen sie von mir? Was haben sie anzubringen?

Abel.

Euer Gnaden vergessen —

Hutten.

Was?

Abel.

Sie kommen dießmal nicht so leicht los, wie im vorigen Jahre —

Hutten. (steht schnell auf)

Weg! Weg! Ich will nichts weiter hören.

Abel.

Das hab ich ihnen schon gesagt, Ihr Gnaden — aber sie kämen aus der Kirche hieß es, und Gott im Himmel habe sie gehört.

Hutten.

Er hört auch das Bellen des Hundes und den falschen Schwur

7: ausgeschlagen. A.

in der Kehle des Heuchlers, und muß wissen, warum er beides gewollt hat — (indem das Volk hineindringt) O Himmel! Wer hat mir das gethan? (er will in ein Kabinet entweichen, viele halten ihn zurück, und fassen den Saum seines Kleides.)

Sechste Scene.

Die Vorigen. Die Vasallen und Beamten Huttens, Bürger und Landleute welche Geschenke tragen, junge Mädchen und Frauen, die Kinder an der Hand führen oder auf den Armen tragen. Alle einfach aber anständig gekleidet.

Vorsteher.

Kommt alle herein, Väter, Mütter und Kinder. Fürchte sich keines. Er wird Graubärte keine Fehlbitte thun lassen. Er wird unsre Kleinen nicht von sich stoßen.

Einige Mädchen.
(welche sich ihm nähern.)

Gnädiger Herr, dieses wenige bringen ihnen ihre dankbaren Unterthanen, weil sie uns alles gaben.

Zwei andre Mädchen.

Diesen Kranz der Freude flechten wir ihnen, weil sie das Joch der Leibeigenschaft zerbrachen.

Ein drittes und viertes Mädchen.

Und diese Blumen streuen wir ihnen, weil sie unsre Wildniß zum Paradies gemacht haben.

Erstes und zweites Mädchen.

Warum wenden sie das Gesicht weg, lieber gnädiger Herr? Sehen sie uns an. Reden sie mit uns. Was thaten wir ihnen, daß sie unsern Dank so zurückstoßen?

(eine lange Pause.)

Hutten.
(ohne sie anzusehen, den Blick auf den Boden geschlagen.)

Werf er Geld unter sie Verwalter — Geld so viel sie mögen — Schon' er meine Kasse nicht — Er sieht ja, die Leute warten auf ihren Lohn.

13: Ihnen A·M und so auch in den folgenden Sätzen häufig große Anfangsbuchstaben in A.

Ein alter Mann.
(der aus der Menge hervortritt.)

Das haben wir nicht verdient gnädiger Herr. Wir sind keine Lohnknechte.

Einige Andre.

Wir wollen ein sanftes Wort und einen gütigen Blick.

Ein Vierter.

Wir haben Gutes von ihrer Hand empfangen, wir wollen danken dafür, denn wir sind Menschen.

Mehrere.

Wir sind Menschen und das haben wir nicht verdient.

Hutten.

Werft diesen Nahmen von euch, und seyd mir unter einem schlechtern willkommen — Es beleidigt euch, daß ich euch Geld anbiete? Ihr seid gekommen, sagt ihr, mir zu danken? — Wofür anders könnt ihr mir denn danken, als für Geld? Ich wüßte nicht, daß ich einem von euch etwas beßeres gegeben. Wahr ists, eh ich Besitz von dieser Grafschaft nahm, kämpftet ihr mit dem Mangel und ein Unmensch häufte alle Lasten der Leibeigenschaft auf euch. Euer Fleiß war nicht euer, mit ungerührtem Auge sah't ihr die Saaten grünen, und die Halmen sich vergolden und der Vater verbot sich jede Regung der Freude, wenn ihm ein Sohn gebohren war. Ich zerbrach diese Fesseln, schenkte dem Vater seinen Sohn und dem Sämann seine Aernte. Der Seegen stieg herab auf eure Fluren, weil die Freiheit und die Hoffnung den Pflug regierten. Jetzt ist keiner unter euch so arm, der des Jahrs nicht seinen Ochsen schlachtet, ihr legt euch in geräumigen Häusern schlafen, mit der Nothdurft seid ihr abgefunden und habt noch übrig für die Freude. (indem er sich aufrichtet und gegen sie wendet.). Ich sehe die Gesundheit in euren Augen und den Wohlstand auf euern Kleidern. Es ist nichts mehr zu wünschen übrig. Ich hab euch glücklich gemacht.

Ein alter Mann.
(aus dem Haufen)

Nein gnädiger Herr. Geld und Gut ist ihre geringste Wohlthat

21: Halme L B O.

gewesen. Ihre Vorfahren haben uns dem Vieh auf unsern Feldern gleich gehalten. Sie haben uns zu Menschen gemacht.
Ein Zweiter.
Sie haben uns eine Kirche gebaut und unsre Jugend erziehen lassen.
Ein Dritter.
Und haben uns gute Gesetze und gewissenhafte Richter gegeben.
Ein Vierter.
Ihnen danken wir, daß wir menschlich leben, daß wir uns unsers Lebens freuen.
Hutten.
(in Nachdenken vertieft.)

Ja, ja — das Erdreich war gut, und es fehlte nicht an der milden Sonne, wenn sich der kriechende Busch nicht zum Baume aufrichtete. — Es ist meine Schuld nicht, wenn ihr da liegen bliebet, wo ich euch hinwarf. Euer eigen Geständniß spricht euch das Urtheil. Diese Genügsamkeit beweißt mir, daß meine Arbeit an euch verloren ist. Hättet ihr etwas an eurer Glückseligkeit vermißt — es hätte euch zum erstenmal meine Achtung erworben. (indem er sich abwendet.) Seid, was ihr seyn könnt — Ich werde darum nicht weniger meinen Weg verfolgen.
Einer aus der Menge.
Sie gaben uns alles, was uns glücklich machen kann. Schenken sie uns noch ihre Liebe.
Hutten.
(mit finsterm Ernst.)

Wehe dir, der du mich erinnerst, wie oft meine Thorheit dieses Gut verschleuderte. Es ist kein Gesicht in dieser Versammlung, das mich zum Rückfall bringen könnte. — Meine Liebe — Wärme dich an den Strahlen der Sonne, preise den Zufall, der sie über deinen Weinstock dahin führte, aber den schwindlichten Wunsch untersage dir, dich in ihre glüende Quelle zu tauchen. Traurig für dich und sie, wenn sie von dir gewußt haben müßte, um dir zu leuchten, wenn sie, die Eilende, in ihrer himmlischen Bahn deinem Danke still halten müßte! Ihrer ewigen Regel gehorsam gießt sie ihren Strahlenstrom

---

31: schwindlichen R, schwindigen V O. — 32: glühende B·M.

aus — gleich unbekümmert um die Fliege, die sich darinn sonnt, und um dich, der ihr himmlisches Licht mit seinen Lastern besudelt — Was sollen mir diese Gaben? — Von meiner Liebe habt ihr euer Glück nicht empfangen. Mir gebührt nichts von der eurigen.

Der Alte.
O das schmerzt uns mein theurer Herr, daß wir alles besitzen sollen und nur die Freude des Dankens entbehren.

Hutten.
Weg damit. Ich verabscheue Dank aus so unheiligen Händen. Waschet erst die Verläumdung von euren Lippen, den Wucher von euren Fingern, die scheelsehende Mißgunst aus euren Augen. Reinigt euer Herz von Tücke, werft eure gleißnerischen Larven ab, lasset die Waage des Richters aus euren schuldigen Händen fallen. Wie? Glaubet ihr, daß dieses Gaukelspiel von Eintracht mir die neidische Zwietracht verberge, die auch an den heiligsten Banden eures Lebens nagt? Kenne ich nicht jeden Einzelnen aus dieser Versammlung, die durch ihre Menge mir ehrwürdig seyn will? — Ungesehen folgt euch mein Auge — Die Gerechtigkeit meines Hasses lebt von euren Lastern. (zu dem Alten) Du maßest dich an, mir Ehrfurcht abzufodern, weil das Alter deine Schläfe bleichte, weil die Last eines langen Lebens deinen Nacken beugt? — Desto gewisser weiß ich nun, daß du auch meiner Hoffnung verloren bist! Mit leeren Händen steigst du von dem Zenith des Lebens herunter, was du bei voller Mannkraft verfehltest, wirst du an der Krücke nicht mehr einhohlen. — War es eure Meynung, daß der Anblick dieser schuldlosen Würmer (auf die Kinder zeigend) zu meinem Herzen sprechen sollte? — O sie alle werden ihren Vätern gleichen, alle diese Unschuldigen werdet ihr nach eurem Bilde verstümmeln, alle dem Zweck ihres Daseyns entführen — O warum seid ihr hieher gekommen? — Ich kann nicht — Warum mußtet ihr mir dieses Geständniß abnöthigen? — Ich kann nicht sanft mit euch reden.

(er geht ab.)

---

¹: darinn A b] darin B L B O B R. — ¹⁹: maßest dich an A B b L B O B R, vgl: „Wann maßt' ich je mich an, mit dir mich zu vermählen?" Schiller Dido 499. — abzufordern L B O B R. — ²⁹: Ich kann nicht. — B b.

Siebende Scene.

Eine abgelegene Gegend des Parks, rings um eingeschlossen, von anziehendem etwas schwermüthigem Karakter.

Hutten.
(tritt auf, mit sich selbst redend)

Daß ihr dieses Nahmens so werth wäret, als er mir heilig ist! — Mensch! Herrliche, hohe Erscheinung! Schönster von allen Gedanken des Schöpfers! Wie reich, wie vollendet giengst du aus seinen Händen! Welche Wohllaute schliefen in deiner Brust, ehe deine Leidenschaft das goldene Spiel zerstörte!

Alles um dich und über dir sucht und findet das schöne Maaß der Vollendung — Du allein stehst unreif und mißgestaltet in dem untadelichen Plan. Von keinem Auge ausgespäht, von keinem Verstande bewundert ringt in der schweigenden Muschel die Perle, ringt der Kryftall in den Tiefen der Berge nach der schönsten Gestalt. Wohin nur dein Auge blickt, der einstimmige Fleiß aller Wesen, das Geheimniß der Kräfte zur Verkündigung zu bringen. Dankbar tragen alle Kinder der Natur der zufriedenen Mutter die gereiften Früchte entgegen, und wo sie gesäet hat, findet sie eine Aernte — Du allein, ihr liebster, ihr beschenktester Sohn bleibst aus — nur was sie dir gab, findet sie nicht wieder, erkennt sie in seiner entstellten Schönheit nicht mehr.

Sey vollkommen. Zahllose Harmonien schlummern in dir, auf dein Geheiß zu erwachen — Rufe sie heraus durch deine Vortreflichkeit. Fehlte je der schöne Lichtstrahl in deinem Auge, wenn die Freude dein Herz durchglühte, oder die Anmuth auf deinen Wangen, wenn die Milde durch deinen Busen floß? Kannst du es dulden, daß das Gemeine, das Vergängliche in dir das Edle, das Unsterbliche beschäme?

Dich zu beglücken ist der Kranz, um den alle Wesen buhlen, wornach alle Schönheit ringt — beine wilde Begierde strebt diesem

---

¹: Siebende A b] Siebente B L S O W M. — ³: Karakter. A b L] Charakter B S O W M. — ⁶: Nahmens A b] Namens B L S O W M. — ¹³: untadeligen B O W M. — ³¹: wornach A·M.

gütigen Willen entgegen, gewaltsam verkehrst du die wohlthätigen
Zwecke der Natur — Fülle des Lebens hat die Freundliche um dich
her gebreitet und Tod nöthigst du ihr ab. Dein Haß schärfte das
friedliche Eisen zum Schwerdte, mit Verbrechen und Flüchen belastet
5 deine Habsucht das schuldlose Gold, an deiner unmässigen Lippe wird
das Leben des Weinstocks zum Gifte. Unwillig dient das Vollkommene
deinen Lastern, aber deine Laster stecken es nicht an. Rein bewahrt
sich das mißbrauchte Werkzeug in deinem unreinen Dienste. Seine
Bestimmung kannst du ihm rauben, aber nie den Gehorsam, womit
10 es ihr dienet. Sey menschlich oder sey Barbar — mit gleich kunst-
reichem Schlage wird das folgsame Herz deinen Haß und deine Sanftmuth begleiten.

Lehre mich deine Genügsamkeit, deinen ruhigen Gleichmuth
Natur — Treu wie du habe ich an der Schönheit gehangen, von
15 dir laß mich lernen die verfehlte Lust des Beglückens verschmerzen. 128
Aber damit ich den zarten Willen bewahre, damit ich den freudigen
Muth nicht verliere — laß mich deine glückliche Blindheit mit dir
theilen. Verbirg mir in deinem stillen Frieden die Welt, die mein
Wirken empfängt. Würde der Mond seine strahlende Scheibe füllen,
20 wenn er den Mörder sähe, dessen Pfad sie beleuchten soll? — Zu
dir flüchte ich dieses liebende Herz — Tritt zwischen meine Menschlichkeit und den Menschen. — Hier wo mir seine rauhe Hand nicht
begegnet, wo die feindselige Wahrheit meinen entzückenden Traum
nicht verscheucht, abgeschieden von dem Geschlechte, laß mich die heilige
25 Pflicht meines Daseyns in die Hand meiner großen Mutter, an die
ewige Schönheit entrichten (sich umschauend) Ruhige Pflanzenwelt, in
deiner kunstreichen Stille vernehme ich das Wandeln der Gottheit,
deine verdienstlose Trefflichkeit trägt meinen forschenden Geist hinauf
zu dem höchsten Verstande, aus deinem ruhigen Spiegel strahlt mir
30 sein göttliches Bild. Der Mensch wühlt mir Wolken in den silber-
klaren Strom — wo der Mensch wandelt, verschwindet mir der
Schöpfer.
(er will aufstehen. Angelika steht vor ihm.)

2: freundliche B W M. — 8: in deinen unreinen A.

Achte Scene.
Hutten. Angelika.

Angelika.
(tritt schüchtern zurück)

Es war ihr Befehl, mein Vater — Aber wenn ich ihre Einsamkeit störe. —

Hutten.
(der sie eine Zeit lang stillschweigend mit den Augen mißt, mit sanftem Vorwurf)

Du hast nicht gut an mir gehandelt Angelika.

Angelika.
(betroffen)

Mein Vater —

Hutten.

Du wußtest um diesen Ueberfall — Gesteh es — du selbst hast ihn veranlaßt.

Angelika.

Ich darf nicht nein sagen, mein Vater.

Hutten.

Sie sind traurig von mir gegangen. Keiner hat mich verstanden. Sieh, du hast nicht gut gehandelt.

Angelika.

Meine Absichten verdienen Verzeyhung.

Hutten.

Du hast um diese Menschen geweint. Läugne es nur nicht. Dein Herz schlägt für sie. Ich durchschaue dich. Du mißbilligst meinen Kummer.

Angelika.

Ich verehre ihn, aber mit Thränen.

Hutten.

Diese Thränen sind verdächtig — Angelika — du wankst zwischen der Welt und deinem Vater — Du mußt Partey nehmen, meine Tochter, wo keine Vereinigung zu hoffen ist — Einem von beiden mußt du ganz entsagen oder ganz gehören — Sey aufrichtig. Du mißbilligst meinen Kummer?

4: schüchtern A. — 31. 33: mußt b. — 32: beyden B.

Angelika.

Ich glaube, daß er gerecht ist.

Hutten.

Glaubst du? Glaubst du wirklich? — Höre Angelika — Ich werde deine Aufrichtigkeit jetzt auf eine entscheidende Probe setzen — Du wankst und ich habe keine Tochter mehr — Setze dich zu mir.

Angelika.

Dieser feierliche Ernst —

Hutten.

Ich habe dich rufen lassen. Ich wollte eine Bitte an dich thun. Doch ich besinne mich. Sie kann ein Jahr lang noch ruhen.

Angelika.

Eine Bitte an ihre Tochter, und Sie stehen an, sie zu nennen?

Hutten.

Der heutige Tag hat mir eine ernstere Stimmung gegeben. Ich bin heute fünfzig Jahr alt. Schwere Schicksale haben mein Leben beschleunigt, es könnte geschehen, daß ich eines Morgens unverhofft ausbliebe, und ohne zuvor — (er steht auf) Ja, wenn du weinen mußt, so hast du keine Zeit, mich zu hören.

Angelika.

O halten sie ein mein Vater — Nicht diese Sprache. Sie verwundet mein Herz.

Hutten.

Ich möchte nicht, daß es mich überraschte, ehe wir miteinander in Richtigkeit sind — Ja, ich fühle es, ' ich hange noch an der Welt — Der Bettler scheidet eben so schwer von seiner Armuth, als der König von seiner Herrlichkeit — Du bist alles was ich zurück lasse.

(Stillschweigen)

Kummervoll ruhen meine letzten Blicke auf dir — Ich gehe und lasse dich zwischen zwey Abgründen stehen. Du wirst weinen, meine Tochter, oder du wirst beweinenswürdig seyn — — Biß jetzt gelang mirs, diese schmerzliche Wahl dir zu verbergen. Mit heiterm Blicke siehst du in das Leben, und die Welt liegt lachend vor dir.

8: feyerliche B R.

Angelika.

O möchte sich dieses Auge erheitern mein Vater — Ja, diese Welt ist schön.

Hutten.

Ein Widerschein deiner eignen schönen Seele Angelika — Auch ich bin nicht ganz ohne glückliche Stunden — Diesen lieblichen Anblick wird sie fortfahren, dir zu geben, so lange du dich hütest, den Schleyer aufzuheben, der dir die Wirklichkeit verbirgt, so lange du Menschen entbehren wirst, und dich mit deinem eigenen Herzen begnügen.

Angelika.

Oder dasjenige finde, mein Vater, das dem meinigen harmonisch begegnet.

Hutten.
(schnell und ernst)

Du wirst es nie finden — — — Aber hüte dich vor dem unglücklichen Wahn, es gefunden zu haben (nach einem Stillschweigen, wobey er in Gedanken verloren saß) Unsre Seele Angelika, erschafft sich zuweilen ' große bezaubernde Bilder, Bilder aus schöneren Welten, in eblern Formen gegossen. In fern nachahmenden Zügen erreicht sie zuweilen die spielende Natur, und es gelingt ihr, das überraschte Herz mit dem erfüllten Ideale zu täuschen. — Das war deines Vaters Schicksal Angelika. Oft sah ich diese Lichtgestalt meines Gehirnes von einem Menschenangesicht mir entgegenstrahlen, freudetrunken streckt' ich die Arme darnach aus, aber das Dunstbild zerfloß bei meiner Umhalsung.

Angelika.

Doch mein Vater —

Hutten.
(unterbricht sie)

Die Welt kann dir nichts darbieten, was sie von dir nicht empfienge. Freue dich deines Bildes in dem spiegelnden Wasser, aber stürze dich nicht hinab, es zu umfassen; in seinen Wellen ergreift dich der Tod. Liebe nennen sie diesen schmeichelnden Wahnsinn. Hüte

---

20: eblern A b] eblere B L B C B R.

dich, an dieses Blendwerk zu glauben, das uns die Dichter so lieblich mahlen. Das Geschöpf, das du anbetest, bist du selbst; was dir antwortet, ist deine eigene Echo aus einer Todtengruft, und schrecklich allein bleibst du stehen.

Angelika.

Ich hoffe, es gibt noch Menschen, mein Vater, die — von denen — —

Hutten.
(aufmerksam)

Du hoffest es? — Hoffest! — (er steht auf. Nachdem er einige Schritte auf und nieder gegangen) Ja meine ' Tochter — das erinnert mich, warum ich dich jetzt habe rufen lassen (indem er vor ihr stehen bleibt, und sie forschend betrachtet) Du bist schneller gewesen als ich, meine Tochter — Ich verwundere mich — ich erschrecke über meine sorglose Sicherheit: — So nahe war ich der Gefahr, die ganze Arbeit meines Lebens zu verlieren!

Angelika.

Mein Vater. Ich verstehe nicht, was sie meynen.

Hutten.

Das Gespräch kommt nicht zu frühe — Du bist neunzehn Jahr alt, du kannst Rechenschaft von mir fodern. Ich habe dich herausgerissen aus der Welt, der du angehörst, ich habe in dieses stille Thal dich geflüchtet. Dir selbst ein Geheimniß wuchsest du hier auf. Du weißt nicht, welche Bestimmung dich erwartet. Es ist Zeit, daß du dich kennen lernest. Du mußt Licht über dich haben.

Angelika.

Sie machen mich unruhig, mein Vater —

Hutten.

Deine Bestimmung ist nicht, in diesem stillen Thal zu verblühen — Du wirst mich hier begraben, und dann gehörst du der Welt an, für die ich dich schmückte.

Angelika.

Mein Vater, in die Welt wollen sie mich stoßen, wo sie so unglücklich waren?

3: dein eigenes Echo B b K B C B M. — 21: fodern K B C B M.

Hutten.

Glücklicher wirst du sie betreten (nach einem Stillschweigen) Auch wenn es anders wäre, meine Tochter —ʼ Deine Jugend ist ihr schuldig, was mein frühzeitiges Alter ihr nicht mehr entrichten kann. Meiner Führung bedarfst du nicht mehr. Mein Amt ist geendigt. In verschlossener Werkstätte reifte die Bildsäule still unter dem Meisel des Künstlers heran; die vollendete muß von einem erhabeneren Gestelle strahlen.

Angelika.

Nie nie, mein Vater, geben sie mich aus ihrer bildenden Hand.

Hutten.

Einen einzigen Wunsch behielt ich noch zurücke. Zugleich mit dir wuchs er groß in meinem Herzen, mit jedem neuen Reize, der sich auf diesen Wangen verklärte, mit jeder schönern Blüthe dieses Geistes, mit jedem höhern Klang dieses Busens sprach er lauter in meinem Herzen — Dieser Wunsch meine Tochter — reiche mir deine Hand.

Angelika.

Sprechen sie ihn aus. Meine Seele eilt ihm entgegen.

Hutten.

— Angelika! Du bist eines vermögenden Mannes Tochter. Dafür hält mich die Welt, aber meinen ganzen Reichthum kennt niemand. Mein Tod wird dir einen Schatz offenbaren, den deine Wohlthätigkeit nicht erschöpfen kann — — Du kannst den Unersättlichsten überraschen.

Angelika.

So tief, mein Vater, lassen sie mich sinken!

Hutten.

— Du bist ein schönes Mädchen Angelika. Laß deinen Vater dir gestehen, was du keinem andern ʼ Manne zu danken haben sollst. Deine Mutter war die schönste ihres Geschlechtes — du bist ihr geschontes veredeltes Bild. Männer werden dich sehen, und die Leidenschaft wird sie zu deinen Füßen führen. Wer diese Hand davon trägt —

---

⁶: Meißel B b O H R. — ¹²: zurück. B. R.

Angelika.

Ist das meines Vaters Stimme? — O ich höre es. Sie haben mich aus ihrem Herzen verstoßen.

Hutten.
(mit Wohlgefallen bei ihrem Anblick verweilend)

Diese schöne Gestalt belebt eine schönere Seele — Ich denke mir die Liebe in diese friedliche Brust — Welche Aernte blüht hier der Liebe — O dem Edelsten ist hier der schönste Lohn aufgehoben.

Angelika.
(tief bewegt, sinkt an ihm nieder und verbirgt ihr Gesicht in seinen Händen)

Hutten.

Mehr des Glückes kann ein Mann aus eines Weibes Hand nicht empfangen! — Weißt du, daß du mir alles dieß schuldig bist? Ich habe Schätze gesammelt für deine Wohlthätigkeit, deine Schönheit hab ich gehütet, dein Herz hab ich bewacht, deines Geistes Blüthe hab ich entfaltet. Eine Bitte gewähre mir für dieß alles — in diese einzige Bitte fasse ich alles zusammen, was du mir schuldig bist — wirst du sie mir verweigern?

Angelika.

O mein Vater! Warum diesen weiten Weg zum Herzen ihrer Angelika?

Hutten.

Du besitzest alles, was einen Mann glücklich machen kann (er hält hier inne, und mißt sie scharf mit den Augen) Mache nie einen Mann glücklich.

Angelika.
(Verblaßt, schlägt die Augen nieder.)

Hutten.

— Du schweigst? — diese Angst — dieses Zittern — Angelika!

Angelika.

Ach mein Vater —

Hutten.
(sanfter)

Deine Hand meine Tochter — Versprich mir — Gelobe mir — Was ist das? Warum zittert diese Hand? Versprich mir, nie einem Mann diese Hand zu geben.

Angelika.
(in sichtbarer Verwirrung)

Nie mein Vater — als mit Ihrem Beifall.

Hutten.

Auch wenn ich nicht mehr bin — schwöre mir, nie einem Mann diese Hand zu geben.

Angelika.
(kämpfend, mit bebender Stimme)

Nie — niemals, wenn nicht — wenn Sie nicht selbst dieses Versprechens mich entlassen.

Hutten.

Also niemals (er läßt ihre Hand los. Nach einem langen Stillschweigen) Sieh diese wellen Hände! Diese Furchen, die der Gram auf meine Wangen grub! Ein Greis steht vor dir, der sich zum Rande des Grabes hinunterneigt, und ich bin noch in den Jahren der Kraft und der Mannheit! — Das thaten die Menschen — Das ganze Geschlecht ist mein Mörder — Angelika — Begleite den Sohn meines Mörders nicht zum Altar. Laß meinen blutigen Gram nicht in ein Gaudelspiel enden. Diese Blume, gewartet von meinem Kummer, mit meinen Thränen bethaut, darf von der Freude Hand nicht gebrochen werden. Die erste Thräne, die du der Liebe weinst, vermischt dich wieder mit diesem niedern Geschlechte — die Hand, die du einem Mann am Altare reichst, schreibt meinen Nahmen an die Schandsäule der Thoren.

Angelika.

Nicht weiter mein Vater. Jetzt nicht weiter. Vergönne Sie, daß ich
(Sie will gehen, Hutten hält sie zurück.)

Hutten.

Ich bin kein harter Vater gegen dich meine Tochter. Liebt ich dich weniger, ich würde dich einem Mann in die Arme führen. Auch trag ich keinen Haß gegen die Menschen. Der thut mir Unrecht, der mich einen Menschenhasser nennt. Ich habe Ehrfurcht vor der menschlichen Natur — nur die Menschen kann ich nicht mehr lieben. Halte mich nicht für den gemeinen Thoren, der die Edeln entgelten

---

13: diesen wellen A.

läßt, was die Unedeln gegen ihn verbrachen. Was ich von den Un=
edeln litt, ist vergessen. Mein Herz blutet von den Wunden, die
ihm die Besten und Edelsten geschlagen.

Angelika.

Oeffnen sie es den Beßten und Edelsten — sie werden heilenden
Balsam in diese Wunden gießen. Brechen sie dieses geheimnißvolle
Schweigen.

Hutten
(nach einigem Stillschweigen)

Könnt' ich dir die Geschichte meiner Mißhandlungen erzählen,
Angelika! — Ich kann es nicht. Ich will es nicht. Ich will dir die
fröhliche Sicherheit, das süße Vertrauen auf dich selbst nicht entreißen.
— Ich will den Haß nicht in diesen friedlichen Busen führen. Ver=
wahren möcht ich dich gegen die Menschen, aber nicht erbittern.
Meine treue Erzählung würde das Wohlwollen auslöschen in deiner
Brust, und erhalten möchte ich diese heilige Flamme. Ehe sich eine
neue und schönere Schöpfung von selbst hier gebildet hat, möchte ich
die wirkliche Welt nicht von deinem Herzen reissen.

(Pause. Angelika neigt sich über ihn mit thränenden Augen.)

Ich gönne dir den lachenden Anblick des Lebens, den seligen
Glauben an die Menschen, die dich jetzt noch gleich holden Erschei=
nungen umspielen; er war heilsam, er war nothwendig, den göttlichsten
der Triebe in deinem Herzen zu entfalten. Ich bewundre die weise
Sorgfalt der Natur. Eine gefällige Welt legt sie um unsern jugend=
lichen Geist, und der aufkeimende Trieb der Liebe findet, was er er=
greife. An dieser hinfälligen Stütze spinnt sich der zarte Schößling
hinauf, und umschlingt die nachbarliche Welt mit tausend üppigen
Zweigen. Aber soll er, ein königlicher Stamm, in stolzer Schönheit
zum Himmel wachsen — o dann müssen alle diese Nebenzweige er=
sterben, und der lebendige Trieb, zurückgedrängt in sich selbst, in
gerader Richtung über sich streben. Still und sanft fängt die erstarrte
Seele jetzt an, den verirrten Trieb von der wirklichen Welt abzurufen,
und dem göttlichen Ideale, das sich in ihrem Innern verklärt, ent=
gegen zu tragen. Dann bedarf unser seliger Geist jener Hülfe der
Kindheit nicht mehr, und die gereinigte Glut der Begeisterung lodert
fort an einem innern unsterblichen Zunder.

Angelika.

Ach mein Vater! Wie viel fehlt mir zu dem Bilde, das Sie mir vorhalten! — Auf diesem erhabenen Fluge kann ihre Tochter sie nicht begleiten. Laßen Sie mich das liebliche Phantom verfolgen, bis es von selbst von mir Abschied nimmt. Wie soll ich — wie kann ich außer mir hassen, was Sie mich in mir selbst lieben lehrten! Was sie selbst in ihrer Angelika lieben?

Hutten.
(mit einiger Empfindlichkeit.)

Die Einsamkeit hat dich mir verborben, Angelika. — Unter Menschen muß ich dich führen, damit du sie zu achten verlernest. Du sollst ihm nachjagen deinem lieblichen Phantom — du sollst dieses Götterbild deiner Einbildung in der Nähe beschauen — Wohl mir, daß ich nichts dabey wage — Ich habe dir einen Maaßstab in dieser Brust mitgegeben, den sie nicht aushalten werden. (mit stillem Entzücken sie betrachtend) O noch eine schöne Freude blüht mir auf und die lange Sehnsucht naht sich ihrer Erfüllung. — Wie sie staunen werden, von nie empfundnen Gefühlen entglühen werden, wenn ich den vollendeten Engel in ihre Mitte stelle — Ich habe sie — Ja ich habe sie gewiß — ihre Besten und Edelsten will ich in dieser goldenen Schlinge verstricken — Angelika! (er naht sich ihr mit feierlichem Ernste und läßt seine Hand auf ihr Haupt niedersinken) Sey ein höheres Wesen unter diesem gesunknen Geschlechte! — Streue Segen um dich, wie eine beglückende Gottheit! — Uebe Thaten aus, die das Licht nie beleuchtet hat! — Spiele mit den Tugenden, die den Heldenmuth des Helden, die die Weißheit des Weisesten erschöpfen. Mit der unwiderstehlichen Schönheit bewaffnet wiederhohle du vor ihren Augen das Leben, das ich in ihrer Mitte unerkannt lebte, und durch deine Anmuth triumphiere meine verurtheilte Tugend. Milder strahle durch deine weibliche Seele ihr verzehrender Glanz, und ihr blödes Auge öffne sich endlich ihren siegenden Strahlen. Bis hieher führe sie — bis sie den ganzen Himmel sehen, der an diesem Herzen bereitet liegt, bis sie nach diesem unaussprechlichen Glück ihre glühenden Wünsche ausbreiten — und jetzt fliehe in deine Glorie hinauf — in schwind=

33: glühenden B·M. — 34: schwindlicher R, schwindliger B O.

lichter Ferne sehen sie über sich die himmlische Erscheinung! ewig unerreichbar ihrem Verlangen, wie der Orion unserm sterblichen Arm in des Aethers heiligen Feldern. — Zum Schattenbilde wurden sie mir, da ich nach Wesen dürstete, in Schatten zerfließe du ihnen
5 wieder. — So stelle ich dich hinaus in die Menschheit — Du weißt, wer du bist — Ich habe dich meiner Rache erzogen.*)

(er entfernt sich.)

---

*) Die hier eingerückten Scenen sind Bruchstücke eines Trauerspiels, welches schon vor mehrern Jahren angefangen wurde, aber aus verschiednen Ursachen un-
10 vollendet bleibt. Vielleicht dürfte die Geschichte dieses Menschenfeindes und dieses ganze Karaktergemählde dem Publikum einmal in einer andern Form vorgelegt werden, welche diesem Gegenstand günstiger ist, als die dramatische. d. V.

6—12: fehlt B b.

Schon in der Rede über die Wirkung der Bühne (III, 516) scheint dem Dichter die Idee eines Schauspiels vorgeschwebt zu haben, dessen Hauptperson ein Misanthrop sein sollte. Am 12. Sept. 1786 schreibt Schiller aus Dresden an Schröder, dem er den für die Bühne bearbeiteten Karlos angeboten, unter anderm: „Ein anderes Stück, das ich schon Jahre lang im Kopfe getragen, wird zu Anfang des nächsten Jahres fertig sein. Es heißt: der Menschenfeind, hat aber mit dem Shakespearschen Timon keinen Berührungspunkt als den Namen. Ein neuer Charakter fällt hier auf, den nur derjenige Künstler darstellen wird, der den Lear und den Hamlet in Deutschland erschaffen hat. Wenn Sie wünschen sollten eine Idee von diesem Stücke zu haben, so werde ich Ihnen den ersten Akt davon schicken können, welcher in Ordnung gebracht ist." (Hamburger Jahreszeiten 1853. No. 42.) Die Anfänge der Ausarbeitung fallen also, wie auch aus dem Folgenden hervorgeht, noch in die Zeit des Aufenthalts zu Dresden, blieben aber liegen, da andre Arbeiten anziehender wirkten.

Unter die Arbeiten, mit denen Schiller im Sommer zu Stande zu kommen wünschte, rechnete er am 26. Mai 1788 den Geisterseher, den zweiten Theil seiner niederländischen Rebellion und ein Theaterstück, aber es stand noch dahin, ob dies der Menschenfeind oder ein anderes sein würde, das er, wie der Schwabe sagt, an der Kunkel hatte. (An Körner 1, 300). — 12. Juni 1788: „Den Menschenfeind hab' ich auch wieder in den Vordergrund gerückt, und hoffe ihn auf den October geendigt zu haben. Ich will mich nicht mehr so sehr um Details bekümmern." (An Körner 1, 309). — 5. Juli 1788: „Ich arbeite fleißig an dem Plane zum Menschenfeind. Ich gedenke keine Feder mehr zu diesem Stück anzusetzen, bevor ich mit dem Plane in Richtigkeit bin. Hätte ich weniger zu thun, ich könnte glücklich sein; doch fühle ich meinen Genius wieder, und mein Menschenfeind, glaub' ich wird gut." (An Körner 1, 319). — Vollstädt 27. Juli 1788: „Huttens Geschichte ist noch nicht im Reinen; aber der erste Plan hat wichtige Veränderungen erlitten." (An Körner 1, 327). — Rudolstadt 20. Aug. 1788: „Meine Geschichte hat viel Dichterkraft in mir verdorben, und diese Journalarbeiten ziehen mich zu sehr auseinander. Die Zeiten sind nicht mehr, wo ich auf ein einziges Objekt alle meine Kräfte zusammenhäufte. Ich fühle diese Veränderung lebhaft bei meinem Menschenfeind — um ihn vorzunehmen, darf ich kein Nebengeschäft haben; auch lasse ich ihn jetzt wieder liegen. Ich habe einige kleine Schritte darin vorwärts gethan, und wenn ich noch dreimal daran gehe und ihn dreimal wieder weglege, so qualificirt sich endlich das Stück zu einer gewissen Vollkommenheit. Eher schreibe ich keine Zeile an der Ausführung, bis ich mit dem Plane ganz und aufs Genaueste in Ordnung bin, und bis dieser Plan alle meine Forderungen erfüllt." (An Körner 1, 334). — — Jena 14. Febr. 1790: „Da ich diese Zeit her alles Interesse an Arbeiten verloren, die nicht durch sich selbst es erzwingen, so bin ich darauf gefallen, ein altes Schauspiel wieder hervorzusuchen, wovon schon vor 8 Jahren Scenen fertig waren. Die Scenen mißfielen mir, aber ich habe eine davon mit vielem Glück retouchirt. In der Thalia werdet Ihr sie lesen, oder auch hier im Manuscript." (Literar. Nachl. v. Karoline Wolzogen 1, 378). — Rudolstadt, 18. Oct. 1790: „Einige Scenen vom Menschenfeind erscheinen vielleicht im zwölften Stücke der Thalia." (An Körner 2, 206). — [Körner an Schiller: „Gegen die Einrückung der Scenen aus dem Menschenfeind möchte ich protestiren. Du verlierst gewiß wieder die Lust an diesem Werke, wie beim Carlos, wenn ein Theil davon gedruckt ist. Ich habe noch immer große Erwartungen von diesem Menschenfeind." 2, 211]. — Jena, 26. Nov. 1790: „Das eilfte Stück der Thalia wird nun wohl in deinen Händen sein, und die Bogen von dem Menschenfeind. Hätte ich irgend noch den Gedanken gehabt, ihn auszuarbeiten, so wäre er nie in die Thalia eingerückt worden; aber diesen Gedanken habe ich nach der reifsten kritischen Ueberlegung und nach wiederholten verunglückten Versuchen aufgeben müssen. Für die tragische Behandlung ist diese Art Menschenhaß viel zu allgemein und philosophisch. Ich würde einen äußerst mühseligen und fruchtlosen Kampf mit dem Stoffe zu kämpfen haben, und bei aller Anstrengung doch verunglücken." (An Körner 2, 211 f.). — Körner an Charlotte v. Schiller, 20. Juni 1810: „Daß keine Papiere mehr vorhanden sind, ist sehr Schade. Ich finde in Schillers Briefen, daß er sich einigemale mit dem Menschenfeind beschäftigt hat und hoffte über den Plan wenigstens noch einige Aufschlüsse zu erhalten." (Charlotte von Schiller und ihre Freunde. Dritter Band. Stuttg. 1865. S. 57). — „Unter den nachgelassenen Papieren war über diesen Stoff nichts vorhanden. Die Ueberschrift in der Thalia: Der versöhnte Menschenfeind, gibt indessen schon einigen Aufschluß über den Plan. Auch erinnert sich der Herausgeber aus damaligen Unterredungen mit dem Verfasser, daß Rosenberg nach einem hartnäckigen Widerstande endlich siegen sollte, und daß die Erscheinungen einiger Menschenfeinde anderer Art bestimmt waren, diesen Erfolg zu begünstigen." (Körner in Friedrichs v. Schiller sämmtlichen Werken. Dritter Band. Stuttg. u. Tüb. 1812. S. 388).

XX. Für Jens Baggesens Stammbuch.

In frischem Duft, in ew'gem Lenze,
wenn Zeiten und Geschlechter fliehn,
sieht man des Ruhms verdiente Kränze
im Lied des Sängers unvergänglich blühn.
5 An Tugenden der Vorgeschlechter
entzündet er die Folgezeit.
Er sitzt, ein unbestochner Wächter,
im Vorhof der Unsterblichkeit.
Der Kronen schönste reicht der Richter
10 der Thaten — durch die Hand der Dichter.
Jena den 9. August 90.
Fridrich Schiller.

Schiller an Reinhold: „Hier liebster Freund schicke ich Ihnen das Blatt für Hrn. Baggesen — nebst meinem freundlichen Gruß an ihn und seine liebenswürdige Gattinn, wenn Sie ihm schreiben. Es hätte mir Freude gemacht ihn länger zu genießen." u. s. w.

XX. A: Abschrift vom Original durch Generalmajor August Baggesen, Kopenhagen 20. Juli 1868, an Joach. Meyer. — B: Aug. Baggesen, Jens Baggesens Biographie (dänisch). Kjöbenhavn 1844. Bd. 2. Tillæg S. 202. — C: Heidelberger Tschb. f. 1810. S. 12. — D: Dresdner Morgenzeitung 1827. Nr. 1. — E: Greiner, Nachlese 1829. S. 57. — F: Boas, Nachtr. 1, 70. — H: Hoffmeister, Nachlese 2, 280. — J: Herrigs Archiv 1862. Bd. 32. S. 254 (von J. Baggesen 1819 in das Stammbuch des Frhrn. Bernh. v. Beskow geschrieben, als Schillers; mitgetheilt von M. R.).

Ueberschrift fehlt im Original. A B. — In Baggesens Stammbuch C. — Dichter-Kranz. In Körners Garten, Schiller an Baggesen, beim Abschiede. D. — Der Dichter E. — Der Dichter. Stammbuchblatt F (1790) H. — Ein Gedicht von Schiller J.

1: Im frischen C D J. — im ew'gen C D E F J H. — 2: Zeiten A B C E F H J] Jugend D. — 4: unvergänglich A B C E F H] unverwelklich D J. — 8: Am Vorhof J. — 9: Kronen A B C E F H J] Kränze D. — 11: Jena, 1790. Friedrich Schiller. B. — Januar 1793. Fr. Schiller. C. — Loschwitz, bei Dresden. Friedrich von Schiller. D. — „Eingetragen durch Fr. v. Schillers eigne Hand zu Jena am 9. August 1790, nebst seiner Unterschrift." E H. — „1790. Aus dem Stammbuche Jens Baggesens, worein es Schiller am 9. August des genannten Jahres zu Jena eintrug." F. — „Schiller an Baggesen." J.

XXI. Erklärung des Herausgebers.

Den genannten und ungenannten Hrn. Verfassern dramatischer und lyrischer Produkte, welche seit etlichen Jahren bei mir eingesandt worden sind, um einen Platz in der Thalia einzunehmen, bezeige ich
5 meinen Dank für das Vertrauen, das sie in mich haben setzen wollen unter meinem Geleite sich bei dem Publikum einzuführen.

Unter diesen eingesandten Stücken befinden sich mehrere, welche mir die Erstlinge ihrer Autoren zu seyn scheinen, und über deren Werth oder Unwerth ich aufgefodert werde, ein entscheidendes Urtheil
10 zu fällen. Diesen also erkläre ich hier mit der Aufrichtigkeit, die ihr Vertrauen mir zur Pflicht macht und zum Theil die völlige Unwissenheit ihrer Nahmen und Personen mir erleichtert, daß die Nichterscheinung ihrer Aufsätze in meiner Thalia dieses entscheidende Urtheil nicht ist, und daß selbst die Achtung die das Talent ihrer
15 Verfasser mir einflößte, mit der Unterdrückung ihrer ersten Versuche sehr gut bestehen kann. So gern ich denselben durch Aufnahme ihrer Produkte in meine Thalia Gelegenheit zu geben gewünscht hätte, ein öffentliches Urtheil über sich zu hören, so wenig konnte dieses mit den Rücksichten bestehen, die ich den Lesern der Thalia schuldig zu
20 seyn glaube. Mein Urtheil, in kurzen Worten und ohne Beweis hingeworfen, würde die Absicht, wegen welcher es verlangt und gesagt wird, sehr schlecht erfüllen, und zu vielen Worten fehlte mir die Zeit. Von mehrern dieser HH. Verfasser werde ich, wie ich vermuthe, jetzt schon losgesprochen seyn. Zwischen Einsendung Ihrer Beiträge
25 und dieser meiner Erklärung ist bereits mehr als ein Jahr verflossen, und während eines Jahres pflegt sich bekanntlich in einem guten Kopfe gar vieles zu verändern. Sollte mir übrigens begegnet seyn, durch meine stillschweigende Verwerfung ein wirkliches Talent beleidigt

---

XXI. A: Thalia. Heft 11 (1790 Dec.). S. 143—144.

zu haben, so wird sich dieses Talent sicherlich einmal durch vortrefliche Werke an der Ungerechtigkeit meines Urtheils rächen; mir aber vergebe man, wenn ich glaube, daß bey der kritischen Wahl, entweder das wahre Genie abzuschrecken, oder das falsche zu ermuntern, in ersterm Falle am wenigsten gewagt werde. Das wahre Genie richtet sich zwar zuweilen an fremdem Urtheile auf, aber das entwickelte Gefühl seiner Kräfte macht ihm bald diese Krücke entbehrlich.

Schiller.

XXII. Ueber Bürgers Gedichte.

Schöne Künste. — Göttingen, b. Dieterich: Gedichte von G. A. Bürger. Mit Kupfern. 1789. Erster Theil. 272 S. Zweyter Theil. 296 S. 8. (1 Rthlr. 16 gr.).

Die Gleichgültigkeit, mit der unser philosophirendes Zeitalter auf die Spiele der Musen herabzusehen anfängt, scheint keine Gattung der Poesie empfindlicher zu treffen, als die lyrische. Der dramatischen Dichtkunst dient doch wenigstens die Einrichtung des gesellschaftlichen Lebens zu einigem Schutze, und der erzählenden erlaubt ihre freyere Form, sich dem Weltton mehr anzuschmiegen und den Geist der Zeit in sich aufzunehmen. Aber die jährlichen Almanache, die Gesellschaftsgesänge, die Musikliebhaberey unsrer Damen sind nur ein schwacher Damm gegen den Verfall der lyrischen Dichtkunst. Und doch wäre es für den Freund des Schönen ein sehr niederschlagender Gedanke, wenn diese jugendlichen Blüthen des Geists in der Fruchtzeit absterben, wenn die reifere Cultur auch nur mit einem einzigen Schönheitsgenuß erkauft werden sollte. Vielmehr ließe sich auch in unsern so unpoetischen Tagen, wie für die Dichtkunst überhaupt, also auch für die lyrische, eine sehr würdige Bestimmung entdecken; es ließe sich vielleicht darthun, daß, wenn sie von einer Seite höhern Geistesbeschäftigungen nachstehen muß, sie von einer andern nur desto nothwendiger geworden ist. Bey der Vereinzelung und getrennten Wirksamkeit unsrer Geisteskräfte, die der erweiterte Kreis des Wissens und die Absonderung der Berufsgeschäfte nothwendig macht, ist es die Dichtkunst beynahe allein, welche die getrennten Kräfte der Seele wieder in Vereinigung bringt, welche Kopf und Herz, Scharfsinn und Witz, Vernunft und Einbildungskraft in harmonischem Bunde beschäftigt, welche gleichsam den ganzen Menschen in uns wieder herstellt. Sie allein kann das Schicksal abwenden, das traurigste, das dem philosophirenden Verstande widerfahren kann, über dem Fleiß des Forschens den Preis seiner Anstrengungen zu verlieren, und in einer abgezognen Vernunftwelt für die Freuden der wirklichen zu ersterben. Aus noch so divergirenden Bahnen würde sich der Geist bey der Dichtkunst wieder zurecht finden, und in ihrem verjüngenden Licht der Erstarrung eines frühzeitigen Alters entgehen. Sie wäre die jugendlichblühende Hebe, welche in Jovis Saal die unsterblichen Götter bedient.

Dazu aber würde erfodert, daß sie selbst mit dem Zeitalter fortschritte, dem sie diesen wichtigen Dienst leisten soll; daß sie sich alle Vorzüge und Erwerbungen desselben zu eigen machte. Was Erfahrung und Vernunft an Schätzen für die Menschheit aufhäuften, müßte Leben und Fruchtbarkeit gewinnen und in Anmuth sich kleiden in ihrer schöpferischen Hand. Die Sitten, den Charakter, die ganze Weisheit ihrer Zeit müßte sie, geläutert und veredelt, in ihrem Spiegel sammeln, und mit idealisirender Kunst aus dem Jahrhundert selbst ein Muster für das Jahrhundert erschaffen. Dies aber setzte voraus, daß sie selbst in keine andre als reife und gebildete Hände fiele. Solange dies nicht ist, solange zwischen dem sittlich ausgebildeten, vorurtheilfreyen Kopf und dem Dichter ein andrer Unterschied stattfindet, als daß letzterer zu den Vorzügen des Erstern das Talent der Dichtung noch als Zugabe besitzt; so lange dürfte die Dichtkunst ihren veredelnden Einfluß auf das Jahrhundert verfehlen, und jeder Fortschritt wissenschaftlicher Cultur wird nur die Zahl ihrer Bewunderer

---

⁹: widerfahren A b·R] wiederfahren B. — ¹⁰: Anstrengungen A b·R, Anstrengung B. — ¹¹: in einer A] in der B·R. — abgezognen A b] abgezogenen B·R. — ¹²: ersterben A] sterben B·R. — ³¹: veredelnden A C D R] veredelten B b R.

vermindern. Unmöglich kann der gebildete Mann Erquickung für Geist und Herz bey einem unreifen Jüngling suchen, unmöglich in Gedichten die Vorurtheile, die gemeinen Sitten, die Geistesleerheit wieder finden wollen, die ihn im wirklichen Leben verscheuchen. Mit Recht verlangt er von dem Dichter, der ihm, wie dem Römer sein Horaz, ein theurer Begleiter durch das Leben seyn soll, daß er im intellectuellen und sittlichen auf einer Stufe mit ihm stehe, weil er auch in Stunden des Genusses nicht unter sich sinken will. Es ist also nicht genug, Empfindung mit erhöhten Farben zu schildern; man muß auch erhöht empfinden. Begeisterung allein ist nicht genug; man fodert die Begeisterung eines gebildeten Geistes. Alles, was der Dichter uns geben kann, ist seine Individualität. Diese muß es also werth seyn, vor Welt und Nachwelt ausgestellt zu werden. Diese seine Individualität so sehr als möglich zu veredeln, zur reinsten herrlichsten Menschheit hinaufzuläutern, ist sein erstes und wichtigstes Geschäft, ehe er es unternehmen darf, die Vortreflichen zu rühren. Der höchste Werth seines Gedichtes kann kein andrer seyn, als daß es der reine vollendete Abdruck einer interessanten Gemüthslage eines interessanten vollendeten Geistes ist. Nur ein solcher Geist soll sich uns in Kunstwerken ausprägen; er wird uns in seiner kleinsten Aeußerung kenntlich seyn, und umsonst wird, der es nicht ist, diesen wesentlichen Mangel durch Kunst zu verstecken suchen. Vom ästhetischen gilt eben das, was vom sittlichen; wie es hier der moralisch vortrefliche Charakter eines Menschen allein ist, der einer seiner einzelnen Handlungen den Stempel moralischer Güte aufdrücken kann; so ist es dort nur der reife, der vollkommene Geist, von dem das reife, das vollkommene ausfließt. Kein noch so großes Talent kann dem einzelnen Kunstwerk verleihen, was dem Schöpfer desselben gebricht, und Mängel, die aus dieser Quelle entspringen, kann selbst die Feile nicht wegnehmen.

Wir würden nicht wenig verlegen seyn, wenn uns aufgelegt würde, diesen Maaßstab in der Hand, den gegenwärtigen deutschen

---

18: Gemüthslage eines 𝔄 𝔅 b 𝔎] Gemüthslage, eines 𝔅 ℭ 𝔙 𝔐. (Diese schlechte quellenwidrige Interpunction scheidet den einheitlichen Begriff in zwei Bemerkungen, die Schillers Hauptsatz in dieser Recension geradezu aufheben). —
32: Maaßstab 𝔄 b] Maßstab 𝔅. — deutschen fehlt 𝔅 b 𝔎 𝔅 ℭ 𝔙.

Musenberg zu durchwandern. Aber die Erfahrung, däucht uns, müßte es ja lehren, wie viel der größere Theil unsrer, nicht ungepriesenen, lyrischen Dichter auf den bessern des Publikums wirkt; auch trifft es sich zuweilen, daß uns Einer oder der Andre, wenn
5 wir es auch seinen Gedichten nicht angemerkt hätten, mit seinen Bekenntnissen überrascht oder uns Proben von seinen Sitten liefert. Jetzt schränken wir uns darauf ein, von dem bisher gesagten die Anwendung auf Hn. Bürger zu machen.

Aber darf wohl diesem Maaßstab auch ein Dichter unterworfen
10 werden, der sich ausdrücklich als „Volkssänger" ankündigt und Popularität (S. Vorrede z. 1. Theil Seite 15 u. f.) zu seinem höchsten Gesetz macht? Wir sind weit entfernt, Hn. B. mit dem schwankenden Wort „Volk" schikaniren zu wollen; vielleicht bedarf es nur weniger Worte, um uns mit ihm darüber zu verständigen. Ein
15 Volksdichter in jenem Sinn, wie es Homer seinem Weltalter oder die Troubadours dem ihrigen waren, dürfte in unsern Tagen vergeblich gesucht werden. Unsre Welt ist die homerische nicht mehr, wo alle Glieder der Gesellschaft im 'Empfinden und Meynen' ungefähr dieselbe Stufe einnahmen, sich also leicht in derselben Schilderung
20 erkennen, in denselben Gefühlen begegnen konnten. Jetzt ist zwischen der Auswahl einer Nation und der Masse derselben ein sehr großer Abstand sichtbar, wovon die Ursache zum Theil schon darinn liegt, daß Aufklärung der Begriffe und sittliche Veredlung ein zusammenhängendes Ganze ausmachen, mit dessen Bruchstücken nichts
25 gewonnen wird. Außer diesem Culturunterschied ist es noch die Convenienz, welche die Glieder der Nation in der Empfindungsart und im Ausdruck der Empfindung einander so äußerst unähnlich macht. Es würde daher umsonst seyn, willkührlich in Einen Begriff zusammen zu werfen, was längst schon keine Einheit mehr ist. Ein
30 Volksdichter für unsre Zeiten hätte also bloß zwischen dem allerleichtesten und dem allerschwersten die Wahl; entweder sich ausschließend der Fassungskraft des großen Haufens zu bequemen und auf den Beyfall der gebildeten Klasse Verzicht zu thun, — oder den

9: Maaßstab A b] Maßstab B. — 22: darinn A b] darin B. — 24: Ganzes B·R. — 31: allerschwersten B·R. —

ungeheuern Abstand, der zwischen beiden sich befindet, durch die Größe seiner Kunst aufzuheben und beide Zwecke vereinigt zu verfolgen. Es fehlt uns nicht an Dichtern, die in der ersten Gattung glücklich gewesen sind und sich bey ihrem Publicum Dank verdient haben; aber nimmermehr kann ein Dichter von Hn. Bürgers Genie die Kunst und sein Talent so tief herabgesetzt haben, um nach einem so gemeinen Ziele zu streben. Popularität ist ihm, weit entfernt, dem Dichter die Arbeit zu erleichtern oder mittelmäßige Talente zu bedecken, eine Schwierigkeit mehr, und fürwahr eine so schwere Aufgabe, daß ihre glückliche Auflösung der höchste Triumph des Genies genannt werden kann. Welch Unternehmen, dem ekeln Geschmack des Kenners Genüge zu leisten, ohne dadurch dem großen Haufen ungenießbar zu seyn — ohne der Kunst etwas von ihrer Würde zu vergeben, sich an den Kinderverstand des Volks an'zuschmiegen. Groß, doch nicht unüberwindlich, ist diese Schwierigkeit; das ganze Geheimniß sie aufzulösen — glückliche Wahl des Stoffs und höchste Simplicität in Behandlung desselben. Jenen müßte der Dichter ausschließend nur unter Situationen und Empfindungen wählen, die dem Menschen als Menschen eigen sind. Alles, wozu Erfahrungen, Aufschlüsse, Fertigkeiten gehören, die man nur in positiven und künstlichen Verhältnissen erlangt, müßte er sich sorgfältig untersagen und durch diese reine Scheidung dessen, was im Menschen bloß menschlich ist, gleichsam den verlornen Zustand der Natur zurückrufen. In stillschweigendem Einverständniß mit den Vortreflichsten seiner Zeit würde er die Herzen des Volks an ihrer weichsten und bildsamsten Seite fassen, durch das geübte Schönheitsgefühl den sittlichen Trieben eine Nachhülfe geben, und das Leidenschaftsbedürfniß, das der Alltagspoet so geistlos und oft so schädlich befriedigt, für die Reinigung der Leidenschaft nutzen. Als der aufgeklärte verfeinerte Wortführer der Volksgefühle würde er dem hervorströmenden, Sprache suchenden, Affect der Liebe, der Freude, der Andacht, der Traurigkeit, der Hoffnung u. a. m. einen reinern und geistreichern Text unterlegen; er würde, indem Er ihnen den Ausdruck lieh, sich zum Herrn dieser Affecte machen und

---

1: ungeheuren B·M. — beiden A b] beyden B. — 2: beide A b] beyde B. — 4: bey A B] bei b. — 6: herabgesetzt A B] herab gesetzt b. — 26: Nachhilfe M.

ihren rohen, gestaltlosen, oft thierischen Ausbruch noch auf den Lippen des Volks veredeln. Selbst die erhabenste Philosophie des Lebens würde ein solcher Dichter in die einfachen Gefühle der Natur auflösen, die Resultate des mühsamsten Forschens der Einbildungskraft über-
5 liefern, und die Geheimnisse des Denkers in leicht zu entziffernder Bildersprache dem Kindersinn zu errathen geben. Ein Vorläufer der hellen Erkenntniß brächte er die gewagtesten Vernunftwahrheiten, in reizender und verdachtloser Hülle, lange vorher unter das Volk, ehe der Philosoph und Gesetzgeber sich erkühnen dürfen, sie in ihrem vollen
10 Glanze heraufzuführen. Ehe sie ein Eigenthum der Ueberzeugung geworden, hätten sie durch ihn schon ihre stille Macht an den Herzen bewiesen, und ein ungeduldiges einstimmiges Verlangen würde sie endlich von selbst der Vernunft abfodern.

In diesem Sinne genommen, scheint uns der Volksdichter, man
15 messe ihn nach den Fähigkeiten, die bey ihm vorausgesetzt werden, oder nach seinem Wirkungskreis, einen sehr hohen Rang zu verdienen. Nur dem großen Talent ist es gegeben, mit den Resultaten des Tiefsinns zu spielen, den Gedanken von der Form loszumachen, an die er ursprünglich geheftet, aus der er vielleicht entstanden war, ihn in
20 eine fremde Ideenreihe zu verpflanzen, so viel Kunst in so wenigem Aufwand, in so einfacher Hülle so viel Reichthum zu verbergen. Hr. B. sagt also keineswegs zu viel, wenn er Popularität eines Gedichts für das „Siegel der Vollkommenheit" erklärt. Aber indem er dies behauptet, setzt er stillschweigend schon voraus, was mancher, der ihn
25 liest, bey dieser Behauptung ganz und gar übersehen dürfte, daß zur Vollkommenheit eines Gedichts die erste unerläßliche Bedingung ist, einen von der verschiedenen Fassungskraft seiner Leser durchaus unabhängigen absoluten, innern Werth zu besitzen. „Wenn ein Gedicht, scheint er sagen zu wollen, die Prüfung des ächten Geschmacks aus-
30 hält und mit diesem Vorzug noch eine Klarheit und Faßlichkeit verbindet, die es fähig macht im Munde des Volks zu leben; dann ist ihm das Siegel der Vollkommenheit aufgedrückt." Dieser Satz ist

---

7: „er" fehlt B b W. — 13: abfordern K B C W M. — 22: B. 1, 16: „Popularität eines poetischen Werkes ist das Siegel seiner Vollkommenheit." — 25: ließt K, ließt B, ließ b. — 26: unerlaßliche A B b] unerläßliche K B C W M. — 29: echten C W M.

durchaus Eins mit diesem: Was den Vortreflichen gefällt, ist gut; was allen ohne Unterschied gefällt, ist es noch mehr.

Also weit entfernt, daß bey Gedichten, welche für das Volk bestimmt sind, von den höchsten Foderungen der Kunst etwas nachgelassen werden könnte, so ist vielmehr zu Bestimmung ihres Werths, (der nur in der glücklichen Vereinigung so verschiedner Eigenschaften besteht,) wesentlich und nöthig, mit der Frage anzufangen: Ist der Popularität nichts von der höhern Schönheit aufgeopfert worden? Haben sie, was sie für die Volksmasse an Interesse gewannen, nicht für den Kenner verloren?

Und hier müssen wir gestehen, daß uns die Bürgerischen Gedichte noch sehr viel zu wünschen übrig gelassen haben, daß wir in dem größten Theil derselben den milden, sich immer gleichen, immer hellen, männlichen Geist vermissen, der, eingeweiht in die Mysterien des Schönen, Edeln und Wahren, zu dem Volke bildend hernieder steigt, aber auch in der vertrautesten Gemeinschaft mit demselben nie seine himmlische Abkunft verläugnet. Hr. B. vermischt sich nicht selten, mit dem Volk, zu dem er sich nur herablassen sollte, und anstatt es scherzend und spielend zu sich hinaufzuziehen, gefällt es ihm oft, sich ihm gleich zu machen. Das Volk, für das er dichtet, ist leider nicht immer dasjenige, welches er unter diesem Nahmen gedacht wissen will. Nimmermehr sind es dieselben Leser, für welche er seine Nachtfeyer der Venus, seine Lenore, sein Lied an die Hoffnung, die Elemente, die göttingische Jubelfeyer, Männerkeuschheit, Vorgefühl der Gesundheit u. a. m. und eine **Frau Schnips, Fortunens Pranger, Menagerie der Götter,** an die **Menschengesichter** und ähnliche niederschrieb. Wenn wir anders aber einen Volksdichter richtig schätzen, so besteht sein Verdienst nicht darinn, jede Volksklasse mit irgend einem, ihr besonders genießbaren, Liede zu versorgen, sondern in jedem einzelnen Liede jeder Volksklasse genug zu thun.

Wir wollen uns aber nicht bey Fehlern verweilen, die eine unglückliche Stunde entschuldigen, und denen durch eine strengere Auswahl unter seinen Gedichten abgeholfen werden kann. Aber daß sich

---

4: Foderungen A B O W M. — 16: vertrautesten B·M. — 21: Nahmen A b] Namen B. — 23: Lenore A B] Leonore B·M. — 28: darinn A b] darin B.

diese Ungleichheit des Geschmacks sehr oft in demselben Gedichte findet, dürfte eben so schwer zu verbessern, als zu entschuldigen seyn. Rec. muß gestehen, daß er unter allen bürgerischen Gedichten (die Rede ist von denen, welche er am reichlichsten aussteuerte) beynahe keines zu nennen weiß, das ihm einen durchaus reinen, durch gar kein Miß= fallen erkauften, Genuß gewährt hätte. War es entweder die vermißte Uebereinstimmung des Bildes mit dem Gedanken, oder die beleidigte Würde des Inhalts, oder eine zu geistlose Einkleidung, war es auch nur ein unedles die Schönheit der Gedanken entstellendes, Bild, ein ins platte fallender Ausdruck, ein unnützer Wörterprunk, ein (was doch am seltensten ihm begegnet) unächter Reim oder harter Vers, was die harmonische Wirkung des Ganzen störte; so war uns diese Störung bey so vollem Genuß um so widriger, weil sie uns das Ur= theil abnöthigte, daß der Geist, der sich in diesen Gedichten dar'stellte, kein gereifter, kein vollendeter Geist sey; daß seinen Producten nur deßwegen die letzte Hand fehlen möchte, weil sie — ihm selbst fehlte.

Man begreift, daß hier nicht der Ort seyn kann, den Beweis für eine so allgemeine Behauptung im einzelnen zu führen; um jedoch im kleinen anschaulich zu machen, was die bürgerische Muse sich zu erlauben fähig ist, wollen wir ein einzelnes Lied, und zwar bloß in dieser einzigen Hinsicht, durchlaufen. I. Th. S. 163 u. f. Elegie, als Molly sich losreißen wollte:

    Auszuschreyen seinen Schmerz —   [S. 164]
    Schreyen! Ich muß aus ihn schreyen.

    Und sie sollte lügen können?   [166]
    Lügen nur ein einzig Wort?
    Nein! In Flammen will ich brennen,
    Zeitlich hier und ewig dort,
    Der Verzweiflung ganz zum Raube
    Will ich seyn, wofern ich nicht
    An das kleinste Wörtchen glaube u. s. f.

    O ich weiß wohl, was ich sage,   [166]
    Deutlich, wie mir See und Land

9: der Gedanken A] des Gedanken B b L, des Gedankens B C B R. — 17: Man begreift, .. seyn konnte? (S. 323 Z. 14.) fehlt B b A B C B R. — 20: Ver= dammniß B.

In Jena.

Hoch am Mittag liegt zu Tage,
So wird das von mir erkannt.

Rümpften tausend auch die Nasen — [167]
— — o ihr tausend seid nicht ich.
Ich, ich weiß es, was ich sage,
Denn ich weiß es, was sie ist,
Was sie wiegt auf rechter Wage.
Was nach rechtem Maaß sie mißt.

Doch lebendig darzustellen [170]
Das, was sie und ich gefühlt,
Fühl ich jetzt mich wie zum schnellen
Reigen sich der Lahme fühlt.

Es ist Geist, so rasch beflügelt, [170]
Wie der Specereyen Geist,
Der, hermetisch auch versiegelt,
Sich aus seinem Kerker reißt. —

Ich ich weiß dem keinen Tadel, [172]
Ob es gleich mich niederwürgt —

Wie wird mir so herzlich bange, [173]
Wie so heiß und wieder kalt! —

Herr mein Gott! Wie soll es werden? [174]
Herr mein Gott! Erleuchte mich!

Freylich freylich fühlt, was billig [175]
Und gerecht ist, noch mein Sinn —

Dient denn Gott ein Mensch zum Spiele, [175]
Wie des Buben Hand der Wurm?

O es keimt, wie lang es währe, [176]
Doch vielleicht uns noch Gewinst

Sinnig sitz ich oft und frage [177]
Und erwäg es herzlich treu
Auf des besten Wissens Wage,
Ob „uns lieben" Sünde sey?

Freyer Strom sey meine Liebe, [178]
Wo ich freyer Schiffer bin.

1: um Mittag B.

Zur Entschuldigung Hn. B. sey es übrigens gesagt, daß das gewählte Lied, dessen vier letzte Strophen jedoch von ungemeiner Schönheit sind, zu seinen mattesten Producten gehört; doch müssen wir zugleich hinzusetzen, daß wir nur die Hälfte dessen bezeichnet haben, was uns darinn mißfallen hat. Sollen wir nun noch aus Fortunens Pranger S. 186 die faulen Aepfel und Eyer — Mir nichts, dir nichts, — Lumpenkupfer — Schinderknochen — Schurken — Fuselbrenner — Galgenschwengel — Mit Treue umspringen, wie die Katze mit der Maus — Hui und Pfui — u. d. m. als Beweise unsrer Behauptung anführen, oder weiß der Leser es schon genug, um darinn uns beyzustimmen, daß ein Geschmack, der solche Cruditäten sich erlaubte, und bey wiederhohlter Durchsicht begnadigte, Hn. B. auch bey seinen gelungensten Producten unmöglich ein treuer und sichrer Führer gewesen seyn konnte?

Eine der ersten Erfordernisse des Dichters ist Idealisirung, Veredlung, ohne welche er aufhört, seinen Namen zu verdienen. Ihm kommt es zu, das Vortreffliche seines Gegenstandes, (mag dieser nun Gestalt, Empfindung oder Handlung seyn, in ihm oder außer ihm wohnen) von gröbern, wenigstens fremdartigen Beymischungen, zu befreyen, die in mehrern Gegenständen zerstreuten Strahlen von Vollkommenheit in einem einzigen zu sammeln, einzelne, das Ebenmaaß störende Züge der Harmonie des Ganzen zu unterwerfen, das Individuelle und Locale zum Allgemeinen zu erheben. Alle Ideale, die er auf diese Art im Einzelnen bildet, sind gleichsam nur Ausflüsse eines innern Ideals von Vollkommenheit, das in der Seele des Dichters wohnt. Zu je größerer Reinheit und Fülle er dieses innere allgemeine Ideal ausgebildet hat, desto mehr werden auch jene einzelnen sich der höchsten Vollkommenheit nähern. Diese Idealisirkunst vermissen wir bey Hn. Bürger. Außerdem, daß uns seine Muse überhaupt einen zu sinnlichen, oft gemeinsinnlichen Charakter zu tragen scheint, daß ihm Liebe

6: Die ausgehobnen Worte folgen in B nicht wie oben; nach Galgenschwengel (B S. 193) blätterte Schiller, um mehr dergleichen Cruditäten zu finden, zurück und begann die zweite Lese mit S. 188: Mit Treue umspringen, S. 189: Hui und Pfui! — 7: Der Bennswagen (I, 186 ff.) ist mit ebensolchen und ärgern Cruditäten gefüllt, aber freilich nicht — begnadigt. — 15: Eine nothwendige Operation des Dichters B·M. — Idealisirung seines Gegenstandes, ohne welche B·M. — 28: wir zu sehr bey B·M.

selten etwas anders, als Genuß oder sinnliche Augenweide, Schönheit oft nur Jugend, Gesundheit, Glückseligkeit nur Wohlleben ist, möchten wir die Gemälde, die er uns aufstellt, mehr einen Zusammmenwurf von Bildern, eine Compilation von Zügen, eine Art Mosaik, als
5 Ideale nennen. Will er uns z. B. weibliche Schönheit malen, so sucht er zu jedem einzelnen Reiz seiner Geliebten ein demselben correspondirendes Bild in der Natur umher auf, und daraus erschafft er sich seine Göttin. Man sehe 1. Th. S. 124: das Mädel, (?) das ich meine, das hohe Lied und mehrere andre. Will er sie
10 überhaupt als Muster von Vollkommenheit uns darstellen, so werden ihre Qualitäten von einer ganzen Schaar Göttinnen zusammengeborgt. S. 86: **die beiden Liebenden:**

              Im Denken ist sie Pallas ganz,   [S. 87]
              Und Juno ganz an edelm Gange,
15   Terpsichore beym Freudentanz,
              Euterpe neidet sie im Sange,
              Ihr weicht Aglaja, wenn sie lacht,
              Melpomene bey sanfter Klage,
              Die Wollust ist sie in der Nacht,
20   Die holde Sittsamkeit bey Tage. (?)

Wir führen diese Strophe nicht an, als glaubten wir, daß sie 106 das Gedicht, worinn sie vorkömmt, eben verunstalte, sondern weil sie uns das passendste Beyspiel zu seyn scheint, wie ungefähr Hr. B. **idealisirt**. Es kann nicht fehlen, daß dieser üppige Farbenwechsel auf
25 den ersten Anblick hinreißt und blendet; Leser besonders, die nur für das Sinnliche empfänglich sind, und, den Kindern gleich, nur das Bunte bewundern. Aber wie wenig sagen Gemälde dieser Art dem verfeinerten Kunstsinn, den nie der Reichthum, sondern die weise Oekonomie; nie die Materie, nur die Schönheit der Form; nie die
30 Ingredienzien, nur die Feinheit der Mischung befriedigt! Wir wollen nicht untersuchen, wie viel oder wenig Kunst erfodert wird, in dieser Manier zu erfinden; aber wir entdecken bey dieser Gelegenheit an uns

---

8: Göttin A B] Göttinn b. — Mädel, (?) das A, Mädel, das B-M. —
12: beiden A b] beyden B. — 14: am edlen B. — 15: Terpsichore A, Terpsitore B.
— 17: wann sie lacht, B. — 20: Tage. (?) A] Tage. B-M. — 22: worinn A b] worin B. — 31: erfordert A B C.

selbst, wie wenig dergleichen Matadorstücke der Jugend die Prüfung eines männlichen Geschmacks aushalten. Es konnte uns eben darum auch nicht sehr angenehm überraschen, als wir in dieser Gedichtsamm=
lung, einem Unternehmen reiferer Jahre, sowohl ganze Gedichte als
5 einzelne Stellen und Ausdrücke wieder fanden, (das Klinglingling, Hopp hopp hopp, Huhu, Sasa, Trallyrum larum u. dgl. m. nicht zu vergessen,) welche nur die poetische Kindheit ihres Verfassers ent=
schuldigen, und der zweydeutige Beyfall des großen Haufens so lange durchbringen konnte. Wenn ein Dichter, wie Hr. B., dergleichen
10 Spielereyen durch die Zauberkraft seines Pinsels, durch das Gewicht seines Beyspiels in Schutz nimmt; wie soll sich der unmännliche, kin=
dische Ton verlieren, den ein Heer von Stümpern in unsere lyrische Dichtkunst einführte? Aus eben diesem Grunde kann Rec. das sonst so lieblich gesungene Gedicht: Blümchen Wunderhold: nur mit
15 Einschränkung loben. Wie sehr sich auch Hr. B. in dieser Erfindung gefallen haben mag, so ist ein Zauberblümchen an der Brust kein ganz würdiges, und eben auch nicht sehr geistreiches Symbol der Bescheidenheit; es ist, frey herausgesagt, Tändeley. Wenn es von diesem Blümchen heißt:

20   Du theilst der Flöte weichen Klang   [265]
  Des Schreyers Kehle mit,
  Und wandelst in Zephyrengang
  Des Stürmers Poltertritt.

so geschieht der Bescheidenheit zuviel Ehre. Der unschickliche Aus=
25 druck: die Nase schnaubt nach Aether, und ein unechter Reim: blähn und schön, verunstalten den leichten und schönen Gang dieses Liedes.

 Am meisten vermißt man die Idealisirkunst bey Hn. B., wenn er Empfindung schildert; dieser Vorwurf trifft besonders die neuern Gedichte, größtentheils an Molly ' gerichtet, womit er diese Ausgabe
30 bereichert hat. So unnachahmlich schön in den meisten Diktion und Versbau ist, so poetisch sie gesungen sind, so unpoetisch scheinen sie uns empfunden. Was Lessing irgendwo dem Tragödiendichter

---

¹: Matadorstücke A] Kraftstü·le B, Kraftstü·de b, Kraftstücke S·M. — ¹¹: Beyspiels A B, Beispiels b. — ¹⁴: B. I, 263—268. — ¹⁶: an der Brust] B sagt:
in der Brust, 264, 268. — ²⁰: Es theilt .. wandelt B. I, 265. — ²⁵: B. I, 264.
— B. I, 264. — ²⁷: Empfindungen B·M.

zum Gesetz macht, keine Seltenheiten, keine streng individuellen Charaktere und Situationen darzustellen, gilt noch weit mehr von dem Lyrischen. Dieser darf eine gewisse Allgemeinheit in den Gemüthsbewegungen, die er schildert, um so weniger verlassen, je weniger Raum ihm gegeben ist, sich über das Eigenthümliche der Umstände, wodurch sie veranlaßt sind, zu verbreiten. Die neuern Bürgerschen Gedichte sind großentheils Producte einer solchen ganz eigenthümlichen Lage, die zwar weder so streng individuell, noch so sehr Ausnahme ist, als ein Heavtontimorumenos des Terenz, aber gerade individuell genug, um von dem Leser weder vollständig, noch rein genug aufgefaßt zu werden, daß das Unideale, welches davon unzertrennlich ist, den Genuß nicht störte. Indessen würde dieser Umstand den Gedichten, bei denen er angetroffen wird, bloß eine Vollkommenheit nehmen; aber ein anderer kommt hinzu, der ihnen wesentlich schadet. Sie sind nämlich nicht bloß Gemälde dieser eigenthümlichen (und sehr undichterischen) Seelenlage, sondern sie sind offenbar auch Geburten derselben. Die Empfindlichkeit, der Unwille, die Schwermuth des Dichters sind nicht bloß der Gegenstand, den er besingt; sie sind leider oft auch der Apoll, der ihn begeistert. Aber die Göttinnen des Reizes und der Schönheit sind sehr eigensinnige Gottheiten. Sie belohnen nur die Leidenschaft, die sie selbst einflößten; sie dulden auf ihrem Altar nicht gern ein ander Feuer, als das Feuer einer reinen, uneigennützigen Begeisterung. Ein erzürnter Schauspieler wird uns schwerlich ein edler Repräsentant des Unwillens werden; ein Dichter nehme sich ja in Acht, mitten im Schmerz den Schmerz zu besingen. So, wie der Dichter selbst bloß leidender Theil ist, muß seine Empfindung unausbleiblich von ihrer idealischen Allgemeinheit zu einer unvollkommenen Individualität herabsinken. Aus der sanftern und fernenden Erinnerung mag er dichten, und dann desto besser für ihn, je mehr er an sich erfahren hat, was er besingt; aber ja niemals unter der gegenwärtigen Herrschaft des Affects, den er uns schön versinnlichen soll. Selbst in Gedichten, von denen man zu sagen pflegt, daß die Liebe, die Freundschaft u. s. w., selbst dem Dichter den Pinsel dabey geführt habe, hatte er damit anfangen müssen, sich selbst fremd zu werden, den Gegenstand seiner Begeisterung von seiner Individualität los zu wickeln, seine Leidenschaft aus einer mildernden

Ferne anzuschauen. Das Idealschöne wird schlechterdings nur durch eine Freyheit des Geistes, durch eine Selbstthätigkeit möglich, welche die Uebermacht der Leidenschaft aufhebt.

Die neuern Gedichte Hn. B. charakterisirt eine gewisse Bitterkeit, eine fast kränkelnde Schwermuth. Das hervorragendste Stück in dieser Sammlung: Das hohe Lied von der Einzigen, verliert dadurch besonders viel von seinem übrigen unerreichbaren Werthe. Andre Kunstrichter haben sich bereits ausführlicher über dieses schöne Produkt der Bürgerischen Muse herausgelassen, und mit Vergnügen stimmen wir in einen großen Theil des Lobes mit ein, das sie ihm beygelegt haben. Nur wundern wir uns, wie es möglich war, dem Schwunge des Dichters, dem Feuer seiner Empfindung, seinem Reichthum an Bildern, der Kraft seiner Sprache, der Harmonie seines Verses so viele Versündigungen gegen den guten Geschmack zu vergeben; wie es möglich war, zu übersehen, daß sich die Begeisterung des Dichters nicht selten in die Grenzen des Wahnsinns verliert, daß sein Feuer oft Furie wird, daß eben deswegen die Gemüthsstimmung, mit der man dies Lied aus der Hand legt, durchaus nicht die wohlthätige harmonische Stimmung ist, in welche wir uns von dem Dichter versetzt sehen wollen. Wir begreifen, wie Hr. B., hingerissen von dem Affect, der dieses Lied ihm dictirte, bestochen von der nahen Beziehung dieses Lieds auf seine eigne Lage, die er in demselben, wie in einem Heiligthum, niederlegte, am Schlusse dieses Lieds sich zurufen konnte, daß es das Siegel der Vollendung an sich trage; — aber eben deswegen möchten wir es, seiner glänzenden Vorzüge ungeachtet, nur ein sehr vortrefliches Gelegenheitsgedicht nennen, — ein Gedicht nemlich, dessen Entstehung und Bestimmung man es allenfalls verzeiht, wenn ihm die idealische Reinheit und Vollendung mangelt, die allein den guten Geschmack befriedigt.

Eben dieser große und nahe Antheil, den das eigene Selbst des Dichters an diesem und noch einigen andern Liedern dieser Sammlung hatte, erklärt uns beyläufig, warum wir in diesen Liedern so übertrieben oft an ihn selbst, den Verfasser, erinnert werden. Rec.

2: Freyheit A B] Freiheit b. — 11: beygelegt A B] beigelegt b. — 27: nemlich A b] nämlich B.

kennt unter den neuern Dichtern keinen, der das *Sublimi feriam sidera vertice* des Horaz mit solchem Mißbrauch im Munde führte, als Hr. B. Wir wollen ihn deswegen nicht in Verdacht haben, daß ihm bey solchen Gelegenheiten das Blümchen Wunderhold aus dem
5 Busen gefallen sey; es leuchtet ein, daß man nur im Scherz so viel Selbstlob an sich verschwenden kann. Aber angenommen, daß an solchen scherzhaften Aeußerungen nur der zehente Theil sein Ernst sey, so macht ja ein zehenter Theil, der zehenmal wieder kömmt, einen ganzen und bittern Ernst. Eigenruhm kann selbst einem Horaz
10 nur verziehen werden, und ungern verzeiht der hingerißne Leser dem Dichter, den er so gern — nur bewundern möchte.

Diese allgemeinen Winke, den Geist des Dichters betreffend, scheinen uns alles zu seyn, was über eine Sammlung von mehr als 100 Gedichten, worunter viele einer ausführlichen Zergliederung werth
15 sind, in einer Zeitung gesagt werden konnte. Das längst entschiedne einstimmige Urtheil des Publicums überhebt uns, von seinen Balladen zu reden, in welcher Dichtungsart es nicht leicht ein deutscher Dichter Hn. B. zuvorthun wird. Bey seinen Sonneten, Mustern ihrer Art, die sich auf den Lippen des Declamateurs in Gesang verwandeln,
20 wünschen wir mit ihm, daß sie keinen Nachahmer finden möchten, der nicht gleich ihm und seinem vortreflichen Freund, Schlegel, die Leyer des pythischen Gottes spielen kann. Gerne hätten wir alle bloß witzigen Stücke, die Sinngedichte vor allen, in dieser Sammlung entbehrt, so wie wir überhaupt Hn. B. die leichte scherzende Gattung
25 möchten verlassen sehn, die seiner starken nervigten Manier nicht zusagt. Man vergleiche z. B., um sich davon zu überzeugen, das Zechlied 1. Th. S. 142 mit einem Anakreontischen oder Horazischen von ähnlichem Inhalt. Wenn man uns endlich auf Gewissen fragte, welchen von Hn. B. Gedichten, den ernsthaften oder den satyrischen,
30 den ganz lyrischen oder lyrischerzählenden, den frühern oder spätern,

---

7: zehnte B·M. — zehnter B·M. — 6: zehenmal A B b R] zehnmal B O M. — 10: hingerissene B O B M. — 17: deutscher A b] Deutscher B. — 18: Sonneten A b] Sonnetten B. — 25: nervichten B M, nervigen R B O. — 27: Zechlied. Ich will einst, bey Ja und Nein! Vor dem Zapfen sterben. (Nach Gualter Mapes: Mihi est propositum in taberna mori). — 29: aufs B b R B O. — 30: den frühern oder spätern fehlt B b R B O W.

wir den Vorzug geben, so würde unser Ausspruch für die ernsthaften, für die erzählenden und für die frühern ausfallen. Es ist nicht zu verkennen, daß Hr. B. an Kraft und Fülle, an Sprachgewalt und an Schönheit des Verses gewonnen hat; aber seine Manier hat sich
5 weder veredelt, noch sein Geschmack gereinigt.

Wenn wir bey Gedichten, von denen sich unendlich viel Schönes sagen läßt, nur auf die fehlerhafte Seite hingewiesen haben; so ist dies, wenn man will, eine Ungerechtigkeit, der wir uns nur gegen einen Dichter von Hn. B. Talent und Ruhm schuldig machen konnten.
10 Nur gegen einen Dichter, auf den so viele nachahmende Federn lauern, verlohnt es sich der Mühe, die **Parthey der Kunst** zu ergreifen; und auch nur das große Dichtergenie ist im Stande, den Freund des Schönen an die **höchsten** Foderungen der Kunst zu erinnern, die er bey dem mittelmäßigen Talent entweder freywillig unterdrückt oder
15 ganz zu vergessen in Gefahr ist. Gerne gestehen wir, daß wir das ganze Heer von unsern jetzt lebenden Dichtern, die mit Hn. B. um den lyrischen Lorbeerkranz ringen, gerade so tief unter ihm erblicken, als er unsrer Meynung nach, selbst unter dem höchsten Schönen geblieben ist. Auch empfinden wir sehr gut, daß vieles von dem, was
20 wir an seinen Producten tadelnswerth fanden, auf Rechnung äußrer Umstände kommt, die seine genialische Kraft in ihrer schönsten Wirkung beschränkten, und von denen seine Gedichte selbst so rührende Winke geben. Nur die heitre, die ruhige, Seele gebiert das Vollkommene. Kampf mit äußern Lagen und Hypochondrie, welche über-
25 haupt jede Geisteskraft lähmen, dürfen am allerwenigsten das Gemüth des Dichters belasten, der sich von der Gegenwart loswickeln, und frey und kühn in die Welt der Ideale emporschweben soll. Wenn es auch noch so sehr in seinem Busen stürmt, so müsse Sonnenklarheit seine Stirne umfließen.

30 Wenn indessen irgend einer von unsern Dichtern es werth ist, sich selbst zu vollenden, um etwas vollendetes zu leisten, so ist es Hr. Bürger. Diese Fülle poetischer Mahlerey, diese glühende energische Herzenssprache, dieser bald prächtig wogende, bald lieblich

---

1: der Vorrang gebühre B. M. — 15: Gern K B C. — 23: die ruhige, Seele A b] die ruhige Seele B K B C B M.

flötende Poesieſtrom, der ſeine Producte ſo hervorragend unterſcheidet, endlich dieſes biedre Herz, das, man möchte ſagen, aus jeder Zeile ſpricht, iſt es werth, ſich mit immer gleicher äſthetiſcher und ſittlicher Grazie, mit männlicher Würde, mit Gedankengehalt, mit hoher und ſtiller Größe zu gatten, und ſo die höchſte Krone der Claſſicität zu erringen.

Das Publicum hat eine ſchöne Gelegenheit, um die vaterländiſche Kunſt ſich dieſes Verdienſt zu erwerben. Hr. B. beſorgt, wie wir hören, eine neue verſchönerte Ausgabe ſeiner Gedichte, und von dem Maaße der Unterſtützung, die ihm von den Freunden ſeiner Muſe widerfahren wird, hängt es ab, ob ſie zugleich eine verbeſſerte, ob ſie eine vollendete ſeyn ſoll.

So urtheilte der Verfaſſer vor eilf Jahren über Bürgers Dichter-Verdienſt; er kann auch noch jetzt ſeine Meinung nicht ändern, aber er würde ſie mit bündigern Beweiſen unterſtützen, denn ſein Gefühl war richtiger als ſein Raiſonnement. Die Leidenſchaft der Partheyen hat ſich in dieſen Streit gemiſcht, aber wenn alles perſönliche Intereſſe ſchweigt, wird man der Intention des Recenſenten Gerechtigkeit widerfahren laſſen. [B b K V C W M].

Schiller an Körner. Jena, 17. Dec 1790 (2, 219): „Ich bin neugierig, was Du zu meiner Recenſion von Bürger ſagen wirſt, die in den nächſten Stücken der Literaturzeitung erſcheint. Freilich ſind's nur einige hingeworfene Winke, aber die mir zu ihrer Zeit geredet ſcheinen." (Vgl. Körner an Schiller 25. Februar 1791 [2, 230]: bin ſehr erbaut davon).

Schiller an Körner. Rudolſtadt, 10. Apr. 1791 (2, 242): „Bürger hat auf meine Recenſion eine Antikritik eingeſchickt, die Du nebſt meiner Antwort in der allgemeinen Literaturzeitung leſen wirſt."

Vorläufige Antikritik und Anzeige.

Das Urtheil über mich und meine Gedichte in der A. L. Z. Nr. 13 und 14 v. d. J. muß meine und meines Publicums Aufmerkſamkeit ganz vorzüglich erwecken. Denn mit der ehrwürdigen Miene des gründlichſten Tiefſinns, der geübteſten Urtheilskraft, des raffinirteſten Geſchmacks, kurz, mit der ganzen Herren- und Meiſtergeberde, vor welcher ſelbſt der kühnſte Geiſt des Widerſpruchs andachtsvoll verſtummen möchte, ſtrebt ſein Verfaſſer darzuthun, daß wir uns ſeit zwanzig Jahren ſehr übel geirret haben.

1: flötende A-M] ? gleitende (ein lieblich flötender Strom!!). — 13: Dichter Verdienſt b L, Dichterverdienſt V C W M. — 16: Partheyen A B] Partheien b, Parteyen K, Parteien B C W M. — 13: wiederfahren B b (die beide einige Zeilen früher „widerfahren" drucken).

27: A: Intelligenzblatt der Allgem. Literatur-Zeitung Numero 46. Mittwochs den 6ten April 1791. Sp. 383—387. — H: Hoffmeiſter, Nachleſe 4, 447—453.

Ich meines Theils wußte nun zwar längst, und werde es in keinem Moment meines Lebens vergessen, daß weder ich selbst ein gereifter und vollendeter Geist bin, noch daß ich einen solchen in meinen Werken ausgeprägt habe. Denn wie könnte mir wohl die triviale Wahrheit entfallen, daß kein endlicher
5 Geist, jemals zur Vollendung ausreife? Dennoch glaubte ich, mein Geist und wenigstens einige seiner Früchte, wären wohl so weit empor gediehen, um von dem reifern Ausschusse absolut unreifer und unvollendeter Geister, wie unterm Monde wir alle sind, ohne Mundverziehung genossen werden zu können. Das aber war grober Irrthum. Man muß, möglich oder nicht möglich, man muß ein
10 reifer und vollendeter Geist seyn, und nur reife, vollendete Producte liefern. Ich aber — ach! selbst für die Unreifen bin ich noch lange nicht reif genug.

Weit ärger noch als ich, war mein großgünstiges Publicum vom Irrthum befangen. Denn dieses hielt fast durchgehends meinen Genius für ein viel höheres Wesen, als ich selbst, sogar in den Stunden des jugendlichsten Dünkelrausches,
15 ihn jemals zu halten vermochte; ' und wahrlich! an weit mehrern seiner Producte, als mir lieb war, hatte es sein überaus großes Wohlgefallen. Mit Schaam und Unzufriedenheit erfüllte mich öfters dieser Glaube, dieser Feyertanz um manche meiner Pagoden. Nicht ohne Besorgniß dachte ich daher an die Miene, mit welcher es wohl aufgenommen werden dürfte, wenn ich ihm bey einer neuen,
20 strengern Musterung wenigstens seine unwürdigsten Lieblingspuppen entziehen müßte. Jetzt thäte es Noth, ich entzöge ihm sogar die wohlgerathensten Gestalten.

Denn siehe, aus einer höhern Sfäre ist ein reifer und vollkommener Kunstgeist auf die allgemeine Lit. Zeitung heruntergestiegen; aus einer Sfäre, wo die Poesieströme lieblich flöten; aus einer Sfäre, wo die jugendlichen Blüthen
25 des Geistes in der Fruchtzeit nicht absterben; das ist, wo das Vorhergehende und Nachfolgende als Eins und in Einem Zeitmoment gedacht, und im Bilde angeschaut werden kann; aus einer Sfäre, wo man nicht so genau und bestimmt, als hienieden, sich auszudrücken braucht, und die Redensarten, etwas mit einem einzigen Schönheitsgenuß — oder Schönheitsverlust
30 erkaufen, als Synonyme verwechseln darf; aus einer Sfäre, wo ein verjüngendes Licht eben so gut, als eine verjüngende Wärme, der Erstarrung eines frühzeitigen Alters wehret; aus einer Sfäre, wo die menschlichen Geisteskräfte vereinzelt und getrennt wirken; wo die Poesie die Sitten, den Charakter und die ganze Weisheit ihrer Zeit, geläutert und veredelt, in ihren Spiegel
35 sammelt; mit einem Wort, aus einer Sfäre, wo man nach ganz andern Gesetzen denkt, anschaut, empfindet, combinirt, tropisirt, bildert, bezeichnet, als wir unreifen unvollendeten Geister hierunten zu thun uns für schuldig erachten. Diesem Herabgestiegenen gezient es, kraft obiger statistischen Nachrichten, unverzagt zu behaupten, daß er unter allen Bürgerischen Gedichten, selbst den am reichlichsten
40 ausgesteuerten, keines zu nennen wisse, das ihm einen durchaus reinen, durch gar kein Mißfallen erkauften Genuß gewährt habe. Ein langes Register von Ursachen ist unmittelbar hierauf dargelegt. Ich bitte, man vergleiche dieß doch mit der obigen Statistik.

Zu unserer nicht geringen Verwunderung erfahren wir samt und sonders,
45 was bisher weder ich selbst mir, noch vollends mein ganzes verblendetes Publicum sich träumen ließ, daß ich nicht bloß — ein unreifer unvollendeter Dichter? — o wenn es das nur wäre! — nein, daß ich ganz und gar kein Dichter bin, daß ich

diesen Rahmen gar nicht verdiene. — Man glaubt hier doch nicht etwa, daß ich den Kunstgeist nur schikanire? Bewahre! hier ist der Beweis: Eins der ersten Erfordernisse des Dichters ist Idealisirung, Veredlung (ob dieß wohl Synonyme seyn sollen? —) ohne welche er aufhört, seinen Rahmen zu verdienen. Nun aber vermißt man bey mir diese Idealisirkunst. Also! —

Vermöge dieses Mangels bin ich nun freylich schon soviel, als gar nichts. Aber wie noch weit weniger, als nichts, müsset nicht vollends Ihr seyn, meine geliebten und hochverehrten Brüder in Apollo, die ihr mit mir um den lyrischen Lorbeerkranz ringet! Ihr, Asmus, Blumauer, Gleim, Goeckingk, Göthe,[1] Herder, Jacobi, Langbein, Matthison, Ramler, C. Schmidt, Schiller,[2] Schubart, Stäudlin, Stollberg, Voß und — o verzeihet, oder vielmehr dankt mir, daß ich nicht euch allen das Herzeleid anthue, euch hier zu nennen! Denn euch alle erblickt der reife und vollkommene Aftralgeist so tief unter mir, als ich selbst seiner Meinung nach bisher noch unter dem höchsten Schönen geblieben bin. Welchen Erdensohn muß nicht Schwindel befallen bey solcher höchsten Höhe der Schönheit, und bey dem nie schwebenden Kunstgeistes! —

Meine Elegie, als Molly sich losreißen wollte, so werden wir weiter belehrt, gehört zu meinen mattesten Producten. Ganz einleuchtend thun dieß schon die kaum zur Hälfte ausgezogenen *dicta probantia* dar, ohne daß es nöthig gewesen wäre, nur noch ein Wort darüber zu verlieren. Merkt es euch, ihr vielen rohen, unreifen und unvollendeten Männer- und Weiberseelen, die ihr euch von den Naturtönen dieses Liedes so innig durchdringen, so tief rühren ließet! Ihr steht betäubt, und wißt nicht, wie euch geschieht? O glaubt mir, ich weiß es noch weniger. Aber tilgen aus dem künftigen Buche der Lebendigen werde ich ja nun wohl auch dieß Lied müssen. —

Kunstrichter auf anderen Stühlen, die ihr doch, meinem eigenen Wunsche gemäß, mir ebenfalls nichts geschenkt habt, vernehmt es von meinem und euerm Oberrichter, daß euer so hoch gepriesenes Blümchen Wunderhold, frey heraus gesagt, Tändeley ist! Und was alsdann anders, als alberne Tändeley? —

Priester und Laien, durch Horazens: Si vis me flere — verführt, glaubten bisher immer, die Empfindungen, welche der Dichter darstellt, müßten wahr, natürlich, menschlich seyn. Sie glaubten, alsdann gelänge die Darstellung am besten, wenn der Dichter sie nicht sowohl erkünstelte, als vielmehr wirklich im Busen hegte. Der reife, vollkommene Kunstgeist aber weiß es besser. Idealisirt — ja, idealisirt! — müssen sie seyn. O Engel, Garve, Herder, Wieland, ich bitte euch, kommt doch herbey, diesen wundersamen aus Ariosts Monde heruntergefallenen Fund mit mir zu betrachten! — Ha, daß nicht die Lessing, die Mendelssohn, die Sulzer in ihren Gräbern sich noch umwenden! Meine neuern Gedichte, sonderlich die an Molly, taugen nichts. Denn so unnachahmlich schön in den meisten Diction und Versbau ist, so poetisch sie gesungen sind, so unpoetisch sind sie empfunden! Das nenne ich mir doch eine scharf- und tiefsinnige Antithese! Sicherlich hat sich der Kunstgeist darinn weit mehr,

---

[1] Im 8. Bande seiner Schriften.
[2] In seinen lyrischen Producten.

als ich mir in der Erfindung des Blümchens Wunderhold gefallen. Deß hatte er aber auch Ursache. Denn man denke nur den herrlichen Sinn, der daraus hervorgeht. Nicht meine, nicht irgend eines sublunarischen Menschen wahre, natürliche, eigenthümliche, sondern idealisirte, das ist, keines sterblichen Menschen Empfindungen — Abstractionen — man denke! — Abstractionen von Empfindungen müßten jene Gedichte enthalten, wenn sie etwas werth seyn sollten. — O Petrarca, Petrarca, der du eigenthümlicher, als je Einer, sangeſt, was du eigenthümlicher, als je Einer, für deine Laura empfandeſt, Sonne der lyrischen Dichtkunſt, die du Jahrhunderte durchſtralteſt, wo bleibſt du vor dem höhern Glanze dieſes ätheriſchen Kunſtgeiſtes? — Bey dem allen findet es der tiefſinnige Richter ſeiner Theorie nicht widerſprechend, wenn er behauptet, daß alles, was der Dichter uns geben könne, nur ſeine Individualität ſey. — — —

Solche und noch mehr ähnliche Merkwürdigkeiten ſind mir und unſtreitig dem ganzen äſthetiſchen Publicum zu — merkwürdig, als daß ich nicht von einer ſonſt immer beobachteten Weiſe abgehen ſollte. Noch verlor ich in meinem ganzen Leben auch nicht das kleinſte gedruckte Wort über irgend eine Recenſion meiner Werke. Aber bey dieſer muß es mir ſelbſt von dem ſtolzeſten und edelſten Taciturn gut geheißen werden, wenn ich den Verfaſſer laut und dringend auffordere, uns ſeine unbegreifliche Weisheit irgend wo ausführlicher, als hier geſchehen konnte, mitzutheilen, und ſo eine Menge Widerſprüche aufzulöſen, mit denen wir andere durchaus nicht fertig werden können. Beſonders wünſchte ich dem Begriffe einer idealiſirten Empfindung, dieſem mirabili dictu, nur eine einzige intereſſante Anſchauung aus irgend einem alten oder neuen, einheimiſchen oder fremden Dichter, der das mirabile ſo recht getroffen hätte, untergelegt zu ſehen. Mit Vergnügen biete ich zu dieſer Ausführung meine Academie der ſchönen Redekünſte an. Denn da ich ohnehin ſchon ſo ſehr mit Wunden bedeckt bin, ſo mag der zürnende Kunſtgenius nur vollends, ſogar auf eigenem Grund und Boden, mich zum Ecce homo machen, wenn ich wirklich und überall, auch in den gelungenſten meiner Producte, mich ſo ſchwer an der Kunſt des Schönen verſündigt habe, als es aus dieſer Recenſion das Anſehen gewinnet.

Ich übrigens, wenn ich einmal Beruf und Muth genug in mir gefühlt hätte, einem alten Günſtlinge des Publicums ſo, wie der Verfaſſer mir, mitzuſpielen, ich — ja, ich würde auch Tapferkeit genug beſitzen, mein Viſir aufzuziehen, wenn ich darum gebeten würde. Wohlan denn! Geſtrenge und vermuthlich eben ſo tapfere Maske, ich bitte dich, wer biſt du? Ich frage nicht deßwegen, um nur meine und des Publicums eitle Neugier zu befriedigen. Auch dürfte ich nicht etwa nach vergeltender Rache an dem Beurtheiler und ſeinen vermuthlich ebenfalls, wenn auch nur wie der große, der göttliche Achill an der Ferſe, verwundbaren und ſterblichen Geiſteskindern. Denn vielleicht hat er, wie Macbeth, keine Kinder. — Vielleicht, ſag' ich? Nein, er hat zuverläſſig keine! Er iſt kein Künſtler, er iſt ein Metaphyſikus. Kein ausübender Meiſter erträumt ſich ſo nichtige Fantome, als idealiſirte Empfindungen ſind. Hätte er aber dennoch, wider allen meinen Glauben, jemals ein Kind mit einer Muſe erzeugt, ſo hätte er ihm zuverläſſig ſchon ohne mein Zuthun in einer ſolchen Recenſion das Todesurtheil

---

41: nichtige H, und ſo in allen Ausgaben von Bürgers Werken (1835. S. 339; 1844. 3, 244 u. ſ. w.); wichtige A.

gesprochen. Daher muß ich auch nur lachen, wenn ich sie ein Meisterstück nennen und keinem geringeren, als einem Engel oder Schiller beylegen höre. Wenn Männer, die Phöbus Apollo mit Geisteskindern gesegnet hat, fremder Leute Kindern Gift zubereiten wollen, so würden sie es so thun, daß wenigstens ihre eigenen nicht mit bis zum Tode daran erkrankten. Vielmehr darum wünschte ich, daß mein Richter sein Angesicht enthüllte, ' damit jedermann gleich beym ersten Anblick 387 wüßte, wornach er sich in seiner ferneren Geschmackscultur zu richten hätte. Denn man sage, was man wolle, in Geschmackssachen, wo nicht, wie bey Gegenständen der Verstandeserkenntniß, feste Begriffe und Formeln, sondern so manche δόγματα des Gefühls das Urtheil leiten, muß auch nicht selten das bloße Ansehen eines erkannten und erklärten höheren Genies gelten, und durch sein Beyspiel Geschmacksnorm festzustellen befugt seyn. Wäre nun mein Beurtheiler kein höheres, sondern ein Kunstgenie bloß meines gleichen, so würden unsere einander entgegenstehenden Autoritäten, wie zwey gleiche, unabhängige Kräfte sich wenigstens die Wage halten, und sein Geschmack müßte von dem Meinigen, wie ein Souverän von dem Andern, wo nicht mit schüchterner, doch mit bescheidener Achtung sprechen. Zeigte sich aber gar, daß er an Kunsttalent und Kultur noch unter mir wäre — o so dürfte ja sein Geschmacksurtheil sich's noch weit weniger anmaaßen, dem Meinigen, und dem Urtheile des mit gleich gebildeten und gestimmten Publicums zum herrschenden Kanon dienen zu wollen. Dann müßte er vielmehr seinen abweichenden Geschmack, den ich einen Ver schmack nennen möchte, wornach er das Blümchen Wunderhold für ein unwürdiges und geistloses Symbol der Bescheidenheit erklärt, an dem Urtheile seines Erfinders und der andern gebildeten Geister, denen es nicht also vorkommt, bescheiden und demuthsvoll zu berichten, und also seinen Ver schmack in Geschmack umzubilden suchen. So viel kommt also darauf an, zu wissen, wessen die Stimme sey, die so anmaßend hinter dem Vorhange hervortönet! —

Ich muß hier, wiewohl ungern, abbrechen; hoffe aber sowohl diesen, als auch andere Recensenten nächstens in der Academie, wo es wohlfeiler zehren für mich ist, als hier, reichlicher zu bewirthen. Denn ich bin Willens, etwas über mich selbst und meine Werke, nicht mir, sondern der Kunst zu Liebe, zu schreiben.

* * *

Bei dieser Gelegenheit muß ich auch anzeigen, daß noch nicht der vierte Theil der ohnehin so wenigen und kaum hinlänglichen Subscribenten auf die **ausserordentliche Ausgabe** meiner Gedichte die Pränumerations Pistolette eingesandt hat. Wie kann ich denn also wagen, das Werk zu unternehmen, oder, wie ichs wünschte, schon nächste Ostermesse zu liefern. Noch einmal und zum letzten will ich den Termin bis Ende May d. J. hinaus setzen, und wenn bis dann nicht wenigstens so viel baar einkommt, daß ich vor beträchtlicherem Schaden gesichert bin, so will ich alsdann lieber den geringen, wiewohl für mich auch nicht unerheblichen Verlust an Insertions- und Portokosten über mich ergehen lassen, und jedem sein eingesandtes Geld wieder zurückschicken. Das Schicksal meiner Gedichte sei hernach, welches es wolle. Mich gehen sie weiter nichts an.

Göttingen, d. 5. März 1791.

Gottfried August Bürger.

29: andern A.

Vertheidigung des Recensenten gegen obige Antikritik.

Nach der ausführlichen Darlegung der Gründe, wornach Recensent sein Urtheil über die Bürgerschen Gedichte bestimmte, erwartete er, durch etwas gedachteres,' als durch Autorität, durch Exclamationen,
5 Wortklaubereyen, vorsetzliche Mißdeutung, pathetische Apostrofen und lustige Tiraden widerlegt zu werden; auch schien ihm Hrn. Bürger's Sache in der That nicht so schlimm, um nicht eine beßre Vertheidigung zu verdienen. Sehr gerne läßt er sich gefallen, seine Kunsttheorie, wo es auch geschehe, an der Bürgerschen zu versuchen, wie er denn
10 auch sein über H. B. gefälltes Urtheil nicht gerne für etwas anders möcht ausgegeben haben, als für die Ueberzeugung eines einzelnen Lesers, welche er ohne Bedenken nach einer gründlichern Belehrung verlassen wird. Dann aber müßten billig, wie bey jedem Ehrenkampfe sich gebührt, die Waffen gleich seyn, und wenn der Eine Theil
15 Beweißgründe gebraucht, so müßte der andre nicht mit Fechterkünsten streiten. Es gilt hier kein historisches Faktum, das nur durch Würdigung der Autoritäten berichtigt und durch Entkräftung der Glaubwürdigkeit (eine Methode, von welcher H. B. gegen seinen Recensenten Gebrauch macht) verdächtig gemacht wird. Die Rede ist von Grund-
20 sätzen des Geschmacks und deren Anwendung auf Hn. Bürgers Produkte. — Jene wie diese sind dem Publikum vor Augen gelegt, welches (nicht etwa nach dem berühmten oder unberühmten Namen des Kunstrichters, wie H. B. will, sondern nach eignem Gefühl und nach eigner Vernunft) jene Behauptungen prüfen, und den Bericht, den H. B.
25 davon abzustatten für gut gefunden hat, mit den eignen Worten und dem ganzen Ideengange des Recensenten zusammenhalten kann. Dieses Publikum, welches sich seines Wielands, Göthe, Geßners, Lessings erinnert, dürfte schwerlich zu überreden seyn, daß die Reise und Ausbildung, welche Recensent von einem vortreflichen Dichter fodert, die
30 Schranken der Menschheit übersteige. Leser, welche sich der gefühlvollen Lieder eines Denis, Goeckingk, Hölty, Kleist, Klopstock, v. Salis

---

A: Intelligenzblatt der Allgem. Literatur-Zeitung Numero 46. Mittwochs den 6ten April 1791. Sp. 387—392. — H: Hoffmeister, Nachlese 4, 454—461.
11: ausgegeben haben möchte, H.

erinnern, welche einsehen, daß Empfindungen dadurch allein, daß sie sich zum allgemeinen Karakter der Menschheit erheben, einer allgemeinen Mittheilung fähig — und dadurch allein, daß sie jeden fremdartigen Zusatz ablegen, mit den Gesetzen der Sittlichkeit sich in Uebereinstimmung setzen und gleichsam aus dem Schooße veredelter Menschheit hervorströmen, zu schönen Naturtönen werden (denn rührende Naturtöne entrinnen auch dem gequälten Verbrecher ohne hoffentlich auf Schönheit Anspruch zu machen) solche Leser dürften nun schwerlich dahin zu bringen seyn, idealisirte Empfindungen, wie Recensent sie der Kürze halber nennt, für nichtige Phantomie oder gar mit erkünstelten naturwidrigen Abstracten für einerley zu halten. Diese Leser wissen es sehr gut, daß die Wahrheit, Natürlichkeit, Menschlichkeit der Gefühle durch die Operation des idealisirenden Künstlers so wenig leidet, daß vielmehr durch jene drey Prädikate ihr Anspruch auf Jedermanns Mitgefühl, d. i. ihre Allgemeinheit bezeichnet wird. Menschlich heißt uns die Schilderung eines Affekts, nicht weil sie darstellt, was ein einzelner Mensch wirklich so empfunden, sondern was alle Menschen ohne Unterschied mit empfinden müssen. Und kann dies wohl anders geschehen, als daß gerade so viel Lokales und Individuales davon weggenommen wird, als jener allgemeinen Mittheilbarkeit Abbruch thun würde? Wenn ' sich Klopstock in die Seele seiner Cidli, Wieland in die Seele seiner Psyche oder Amande, Göthe in den Karakter seines Werthers, Rousseau in den Karakter seiner Julie, Richardson in den seiner Klarisse versetzt, und jeder dann die Liebe so empfindet, so uns schildert, wie sie in solchen Seelen erscheinen müßte, haben sie nicht unter der Bedingung einer idealischen Seelenstimmung empfunden, oder kürzer: ihre eigene Empfindung idealisirt? H. B. könnte vielleicht einwenden, daß der Fall sich verändere, wenn der Dichter in seiner eignen Person empfindet und dichtet — dann aber müßte er ganz und gar nicht wissen, daß an der selbsteignen Person des Dichters nur in so fern etwas liegen kann, als sie die Gattung vorstellig macht, und daß es schlecht um seine Dichtungen stehen würde, wenn er das Geschäft der Idealisirung nicht zuvor an sich selbst vorgenommen hätte. Stellte er uns

26: mußte H. — 33: würde A] möchte H.

Affekte, wie er unter gewissen Umständen sie empfunden, bloß treu und natürlich dar, so kann er zwar einen historischen Zweck erreichen, und das Publikum von etwas unterrichten, (woran freylich dem Publikum so besonders viel nicht gelegen ist) das in ihm selbst vorgegangen. Will er aber einen Kunstzweck erreichen, d. i. will er allgemein rühren, will er gar die Seelen, die er rührt, durch diese Rührung veredeln, so entschließe er sich von seiner noch so sehr geliebten Individualität in einigen Stücken Abschied zu nehmen, das Schöne, das Edle, das Vortrefliche, was wirklich in ihm wohnt, weislich zu Rath zu halten und wo möglich in Einem Strahl zu concentriren, so bemühe er sich, alles, was ausschließend nur an seinem einzelnen, umschränkten, befangenen Selbst haftet, und alles, was der Empfindung, die er darstellt, ungleichartig ist, davon zu scheiden und ja vor allem andern jeden groben Zusatz von Sinnlichkeit, Unsittlichkeit u. d. gl. abzustoßen, womit man es im handelnden Leben nicht immer so genau zu nehmen pflegt. Ehe ein gebildeter Leser an Liedern Gefallen fände, worinn noch der ganze trübe Strudel einer ungebändigten Leidenschaft braußt und wallt, und mit dem Affekt des begeisterten Dichters auch alle seine eigenthümlichen Geistesflecken sich abspiegeln, würde er lieber die Autorität eines Horaz verwerfen, wenn es dem unsterblichen Dichter wirklich hätte einfallen können, durch seinen wahren und goldnen Spruch: Weine erst selbst, wenn du weinen machen willst: jede wilde Geburt seines erhitzten Gehirnes in Schutz zu nehmen. So unentbehrlich ist eine gewisse Ruhe und Freyheit des Geistes zur schönen Darstellung selbst der feurigsten Leidenschaft, daß — sogar Antikritiken, wie man sieht, ihrer nicht entrathen können, ohne den besten Theil ihres Zweckes zu verfehlen! — Und von allem dem will H. B. nichts wissen? Alle diese Elemente der darstellenden Kunst klingen ihm wie neue Offenbahrungen aus den Wolken? Nun wahrhaftig, ein Glück für ihn und seine Leser, daß sein poetischer Genius bisher für seine Führerin dachte, und sich ohne Aesthetik noch ganz leidlich zu helfen wußte!

Der nachdenkende Leser entscheide, ob der Verfasser der Recension sich deswegen eines groben Widerspruchs schuldig machte, weil er Individualität an einem Werke der Kunst nicht vermissen will und dennoch eine ungeschlachte, ungebildete, mit allen ihren Schlacken gege'bene,

Individualität nicht schön finden kann. Oder sollte vielleicht, nach H. B's Meinung, gerade in dieser letztern die Originalität und Eigenthümlichkeit enthalten seyn, die man mit Recht jedem Kunstwerke zu einem hohen Vorzug anrechnet? Der Leser entscheide wieder, ob Hrrn Bürger die Kunst zu idealisiren abgesprochen wird, wenn Recensent ausdrücklich nur diese Idealisirung bey ihm vermißt, wovon er redet, die nämlich, welche jede idealische Schöpfung des Dichters im einzelnen auf ein innres Ideal von höchster Vollkommenheit beziehet?

Hrrn Bürgers Sache wäre es gewesen, die Anwendung der vom Rec. aufgestellten Grundsätze auf seine Gedichte, nicht aber diese Grundsätze selbst zu bestreiten, die er im Ernst nicht wohl läugnen, nicht mißverstehen kann, ohne seine Begriffe von der Kunst verdächtig zu machen. Wenn er sich gegen diese Foderungen so lebhaft wehrt, bestärkt oder erweckt er den Verdacht, daß er seine Gedichte wirklich nicht dagegen zu retten hoffe. Dasjenige seiner Geistesprodukte hätte er nennen sollen, welchem Rec. durch seinen allgemeinen Ausspruch Unrecht gethan hat. Wenn H. B. es für eine so unmögliche Sache hält, daß einer seiner poetischen Mitbrüder sich so sehr habe vergessen können, ein Ideal der Kunst aufzustellen, welches den selbsteignen Produkten desselben das Urtheil spricht, so beweißt H. B. dadurch bloß, wie sehr sein Kunstideal unter dem Einfluß seiner Eigenliebe stehe, wenn er es nicht gar selbst aus seinen eigenen Geistesgeburten abgezogen hat. Was der Moralphilosoph ohne Bedenken von jedem menschlichen Subjekt und zum Theil schon der Erzieher von seinem Zögling fodert, darf doch wohl die Kunst von ihren vorzüglichsten Söhnen verlangen — und wenn in der Foderung der Moralisten keine Ungereimtheit liegt, wenn dort die Erhabenheit des Ideals die Bestrebungen, es zu erreichen, nicht niederschlagen darf, warum sollte mit der Kunst eine Ausnahme gemacht werden, die ihre Foderungen von jenen nur ableitet, deren Ideal unter jenem des Moralisten großentheils schon enthalten ist? — Immer könnte also auch ein Dichter jenes Urtheil über Hn. B. niedergeschrieben haben, der aber freylich die Klugheit nicht besaß, seine eigenen Geisteskinder vor

---

10: aber diese A H 1841] aber auf H (1858). — 17: seine fehlt H (1841. 1858.) — 26: Söhnen A] Seelen H (1841. 1858.)

der Strenge dieser seiner Theorie zuvörderst in Sicherheit zu bringen. Einen solchen könnte nun wohl schwerlich die Furcht vor Repressalien abgehalten haben, offen und frey seine Meynung vom H. B. zu sagen, und, eifersüchtiger auf die Hoheit seiner Kunst als auf den Ruhm der Produkte, wodurch er sich in seinem Leben schon an ihr mag versündigt haben, ertheilt er ihm hiemit uneingeschränkte Vollmacht, bey künftiger Entdeckung seines Namens, gegen seine Geistesgeburten so viel vernünftiges vorzubringen, als er fähig ist. Um so mehr glaubt er sich aber auch befugt, das, was ihm Sache der Kunst schien, gegen das Bürgersche Beyspiel zu verfechten — gegen alle Elegien an Molly und alle Blümchen Wunderhold und alle hohen Lieder, in denen man vom Rabenstein und von der Folterkammer in das Flaumenbett der Wollust entrückt wird, zu verfechten — mit Bescheidenheit, wie er gethan zu haben hoft, aber freylich nicht mit Schüchternheit. Schüchtern trete der Künstler vor die Kritik und das Publikum, aber nicht die Kritik vor den Künstler, wenn es nicht einer ist, der ihr Gesetzbuch erweitert.

Geschah es etwa, um den Streit auf fremden Boden zu spielen, daß H. B. die ganze Schaar deutscher Liederdichter aufbietet, auf dem ganzen Musenberge Feuer! ruft, und den Geist eines Wieland und seines gleichen zu erscheinen und zu löschen beschwört? Er nehme sich ja in Acht, den Schatten Samuels zu wecken, sonst möchte ihm wie weiland Sauln geantwortet werden. Recensent erinnert sich, Hn. B. über alle erhoben zu haben, die mit ihm um den lyrischen Lorbeer ringen. Aber es ringen darum nicht alle, welche irgend einmal die Fülle ihrer Begeisterung in einem Lied oder in einer Ode aushauchten, mit Hn. B. um den lyrischen Kranz, und die ihn schon längst ersiegt haben, ringen auch nicht mehr. Wie sehr auch endlich Herrn B's poetischer Genius über seine Mitkämpfer hervorragt, so könnte ihm

---

7: nun wohl A] nur H (41. 58). — 13: Bürger antwortete im Göttinger Musenalmanach für 1793 S. 147 unter dem Namen Menschenschreck auf diesen dort abgedruckten Satz Schillers:
   Der Kunstkritik bin ich, wie der Religion,
   Zu tiefer Reverenz erbötig.
   Nur ist nicht eben dieser Ton
   Vor ihren schlechten Pfaffen nöthig.
23: Saul H (41. 58).

doch mancher unter ihnen, der ihm an Dichtergaben weicht, in nicht unwesentlichen Stücken der poetischen Darstellung zum Muster dienen.

Wenn das großgünstige Publikum Herrn B's seinen Genius für ein noch höheres Wesen halten konnte, als er selbst,
5 welches viel ist; wenn es weit mehrere seiner Produkte, als ihm lieb war, mit überaus großem Wohlgefallen aufnahm, und mit einem Glauben, der ihn selbst schaamroth machte, den Feyertanz um seine Pagoden anstellte, so wäre das Unglück in der That so groß nicht, als H. B. es macht, mit dem Urtheile dieses Publi-
10 kums über ihn sich einigermaßen im Widerspruch zu befinden. Auch ist es nicht nöthig, daß gerade die ganze schreibende und lesende Welt sich geirrt haben muß, wenn H. B. nicht als reifer und vollendeter Dichter befunden wird. Gerne verwechselt die Selbstzufriedenheit des Künstlers den lauten brausenden Zuruf, der ihn gleich bey seiner
15 ersten Erscheinung umtönt, mit dem Urtheil der Welt, und so entscheidet sich oft der Ruhm eines Schriftstellers, ehe noch die gewichtigsten Stimmen mit gesprochen haben. Herrn B's. poetischer Genius hat diese Stimmen keineswegs zu fürchten, und es wird bloß auf etwas mehr Studium schöner Muster und etwas mehr Strenge gegen
20 sich selbst ankommen, daß auch sie mit vollem Herzen das Prädikat unterschreiben, das ihm, ohne sie, ertheilt worden ist. So wenig Rec. sich bei Abfassung seiner Kritik einer andern Leitung als seines eignen Gefühls bewußt war, so angenehm überraschte ihn, was er nachher in Erfahrung brachte, daß er in seinem Urtheile über Hn. B.
25 die Meynung einiger der kompetentesten Geschmacksrichter von diesem Schriftsteller ausgesprochen habe.

Um übrigens einem beträchtlichen Theile des Publikums etwas überflüssiges zu sagen, und bey einem andern durch seinen unschuldigen Nahmen nicht den Beyfall zu verwirken, den vielleicht seine
30 Gründe fanden, sey es dem Recensenten erlaubt, einem Incognito getreu zu bleiben, welches, seiner Ueberzeugung nach, bey literarischen Kämpfen solange gut und löblich bleibt, als es überhaupt noch Schriftsteller giebt, die dem Publikum auf ihre eigne und ihres ganzen Standes Unkosten nicht sehr erbauliche Komödien zum besten geben.

4: könnte H (41. 58). — 5: mehr H (41. 58). — 6: großen A.

Wo mit Vernunftgründen und aus lauterm Interesse an der Wahrheit gestritten wird, streitet man niemals im Dunkeln; das Dunkel tritt nur ein, wenn die Personen die Sache verdrängen.

Der Recensent.

Schiller an Körner, Jena, 15. Oct. 1792 (2, 342): „In dem neuen göttinger Musenalmanach hat Bürger seine Galle an mir und an der Literaturzeitung recht ausgelassen. Die Platitüden dieses Menschen, seine Anmaßungen und seine völlige Unbekanntschaft mit dem, was ihm in meiner Recension gesagt worden ist, wird dich in Verwunderung setzen." (Im Göttinger Musenalmanach f. 1793 ließ Bürger unter dem Namen „Menschenschreck" und „Anonymus" Epigramme und Satiren erscheinen, z. B. S. 69: Ueber Antikritiken; 142: Vorrede zu einer neuen Ausgabe von Gedichten, die aber nicht vorgedruckt werden soll; 147: Unterschied (s. oben S. 839.); 169: der Vogel Urselbst, seine Rezensenten und der Genius; eine Fabel in Burcard Waldis Manier — von denen besonders dies letztere Stück Schillers oben ausgehobne Briefstelle bestätigt.)

XXIII. Aus Virgils Aeneide.

Schiller an Charlotte v. Lengefeld, Weimar, 30. Apr. 1789: „Bürger war vor einigen Tagen hier, und ich habe die wenige Zeit, die er da war, in seiner Gesellschaft zugebracht... Wir haben uns vorgenommen einen kleinen
5 Wettkampf, der Kunst zu Gefallen, miteinander einzugehen. Er soll darin bestehen, daß wir beide das nämliche Stück aus Virgils Aeneide, jeder in einer andern Versart, übersetzen. Ich habe mir Stanzen gewählt." (Schiller und Lotte. S. 312 f.)

Schiller an Körner, Rudolst. 10. April 1791 (2, 242): „Dieser Tage
10 habe ich mich beschäftigt, ein Stück aus dem zweiten Buche der Aeneide in Stanzen zu bringen; eine Idee, wovon ich dir wohl schon geschrieben habe. Der Wunsch mich in Stanzen zu versuchen, und ein Kitzel Poesie zu treiben, hat mich dazu verführt. Du wirst, denke ich, daraus finden, daß sich Virgil, so übersetzt, ganz gut lesen ließ. Es ist aber beinahe Originalarbeit, weil man nicht nur den
15 lateinischen Text neu eintheilen muß, um für jede Stanze ein kleines Ganze daraus zu erhalten, sondern weil es durchaus nöthig ist, dem Dichter im Deutschen von einer andern Seite wiederzugeben, was von der einen unvermeidlich verloren geht."

Schiller an Körner, Jena 24. Oct. 1791 (2, 267 f.): „Ich schrieb Dir
20 schon im Frühjahr, daß ich ein Stück aus dem Virgil in Stanzen übersetzt habe. Es waren zweiunddreißig Stanzen, und binnen neun Tagen, denn so lange ist's, daß ich wieder an diese Arbeit kam, habe ich hundertunddrei Stanzen noch dazu übersetzt, so daß das ganze zweite Buch in nächster Thalia erscheinen kann. So schwer diese Arbeit scheint und vielleicht manchem sein würde, so leicht ging sie
25 mir von statten, nachdem ich einmal in Feuer gesetzt war. Es gab Tage, wo ich dreizehn, auch sechzehn Stanzen fertig machte, ohne längere Zeit, als des Vormittags vier Stunden und eben so viel des Nachmittags daran zu wenden. Die Arbeit wird Dich freuen, denn sie ist mir gelungen. Für die ersten Stanzen, die ich je gemacht, und für eine Uebersetzung, bei der ich oft äußerst genirt war,
30 haben sie eine Leichtigkeit, die ich mir nimmer zugetraut hätte. Ich lasse sie jetzt abschreiben, und schicke sie Dir noch im Mauuscript."

Schiller an Körner, Jena, 19. Nov. 1791 (2, 276): „Heute habe ich das vierte Buch der Aeneide auch geendigt, und kann Dir's die nächste Woche schicken."

35 Schiller an Körner, Jena, 4. Dec. 1791 (2, 280): „Die Stanzen kann ich Dir jetzt noch nicht schicken, weil ich mit mehreren darunter noch nicht zufrieden bin, und diese Arbeit lieber einige Wochen ruhen lassen will, daß sie mir etwas fremd wird."

11: Vgl. oben S. 102, 20.

1.

Die Zerstörung von Troja.

im zweyten Buch der Aeneide.

Neu übersetzt.

Einige Freunde des Verfassers, die der lateinischen Sprache nicht kundig aber fähig sind, jede Schönheit der alten Klassiker zu empfinden, wünschten durch ihn mit der Aeneis des großen römischen Dichters etwas bekannt zu werden, von welcher, seines Wissens, noch keine nur irgend lesbare Uebersetzung sich findet. Die hauptsächlichste Schwürigkeit, die ihm bey Ausführung seines Vorhabens aufstieß, war die Wahl einer Versart, bey welcher von den wesentlichen Vorzügen des Originals am wenigsten eingebüßt würde, und welche dasjenige, was schon allein der Sprachverschiedenheit wegen unvermeidlich verloren gehen mußte, von einer andern Seite einigermaßen ersetzen könnte. Der deutsche Hexameter schien ihm diese Eigenschaft nicht zu besitzen, und er hielt sich für überzeugt, daß dieses Sylbenmaaß selbst nicht unter Klopstockischen und Vossischen Händen diejenige Biegsamkeit, Harmonie und Mannichfaltigkeit erlangen könnte, welche Virgil seinem Uebersetzer zur ersten Pflicht macht. Durch dieses Medium also glaubte er es schlechterdings aufgeben zu müssen, mit der Schönheit des Virgilischen Verses zu ringen. Er glaubte, die ganz eigene magische Gewalt, wodurch der Virgilische Vers uns hinreißt, in der seltenen Mischung von Leichtigkeit und Kraft, Eleganz und Größe, Majestät und Anmuth zu finden, wobey der römische Dichter von Seiner Sprache unstreitig weit mehr unterstützt wurde,

---

A: Neue Thalia. Erster Band. Erstes Stück (erschien im Januar 1792). Leipzig 1792. S. 3—10. — K: Werke. Dritter Bd. 1812. S. 439—444. — B: Werke. Erster Bd. 1835. S. 141—144. — C: Werke in Einem Bande. 1840. S. 27 bis 28. — D: Werke. Erster Bd. 1844. S. 143—146. — (Fehlt in M.) Statt der Ueberschrift in A, haben K B C D: Vorerinnerung des Verfassers.

10: Schwierigkeit K B C D. — 17: Klopstock'schen und Voß'schen B C D. — 18: Mannigfaltigkeit K D. — 20: aufgeben müssen A. — 21. 22. Virgil'sch. B C D. — 25: seiner K B C D.

als der Deutsche von der seinigen hoffen kann. Mußte von diesen beyden so verschiedenen Eigenschaften des Ausdrucks eine der andern in der Uebersetzung nachgesetzt werden, so glaubte er bey derjenigen Versart, welche der Kraft, Majestät und Würde zwar einigen Abbruch thut, aber dem Ausdruck von Grazie, Gelenkigkeit, Wohlklang desto günstiger ist, am allerwenigsten zu wagen. Stärke, Erhabenheit, Würde sind weit weniger abhängig von der Form, und bedürfen weit weniger von dem Ausdruck unterstützt zu werden, als die letztern Eigenschaften; und wahre Kraft, wahre Erhabenheit, wahres Pathos muß in jeder Art von Darstellung die Probe halten, welches bey den andern Eigenschaften der Fall nicht ist; denen man also durch eine glückliche Wahl der Form zu Hülfe kommen muß. Es ließe sich vielleicht sogar mit triftigen Gründen behaupten, daß für einen ernsthaften, gewichtigen, pathetischen Inhalt die reizende leichte Form, so wie, in einer bekannten Gattung des Komischen für den geringfügigen Inhalt die feierliche Form, vorzuziehen sey. Die harten Schläge, welche der Verfasser der Aeneis so oft auf das Herz seines Lesers führt, der großentheils kriegerische Inhalt seines Gedichts, die ganze Gravität seines Ganges werden durch eine gefällige Versart gemildert, und die Harmonie, die Anmuth in der Einkleidung söhnt vielleicht nicht selten mit der anstrengenden oft gar empörenden Schilderung aus. Diese Rücksicht vorzüglich bewog den Verfasser, den achtzeiligen Stanzen den Vorzug zu geben, derjenigen unter allen deutschen Versarten, wobey unsre Sprache noch zuweilen ihrer angestammten Härte vergißt, und durch ihren männlichen Karakter doch noch hinlänglich verhindert wird, ins Weichliche oder Spielende zu fallen. Der Verfasser konnte diese Wahl um so mehr bey sich rechtfertigen, da es seit Erscheinung des Idris und Oberon zur ausgemachten Wahrheit geworden ist, daß die achtzeiligen Stanzen, besonders mit einiger Freiheit behandelt, für das Große, Erhabene, Pathetische und Schreckhafte selbst einen Ausdruck haben — freylich nur unter den Händen eines Meisters, aber wer pflegt auch im ersten Feuer eines Entschlusses

---

72: achtzeilige Stanzen [Einmal hat Schiller eine siebenzeilige Stanze, Nr. 56, und zweimal eine neunzeilige, Nr. 108. 135., sich entschlüpfen lassen, von denen Nr. 56 und 108 bei der Redaction der Gedichte auf das richtige Maß gebracht sind, Nr. 135 aber unberichtigt geblieben ist.]

und von Begeisterung hingerissen, eine so strenge Abrechnung mit
seinen Kräften zu halten, um dasjenige, was die Form leistet, von
dem was er selbst dazu mitbringen muß, sorgfältig abzusondern? Der
Leser wird entscheiden, ob sich der Verfasser auf das Instrument, das
er wählte, verstanden hat; genug, wenn ihm nicht bewiesen werden
kann, daß schon in der Wahl der Versart gefehlt worden sey.

Wer übrigens die Schwürigkeiten kennt, die sich einem Ueber=
setzer der Aeneis, und vollends in einer gereimten Versart, in den
Weg stellen, wird eher im Fall seyn zu wenig, als zuviel, zu
erwarten. Nicht die geringste darunter war, eine glückliche Ein=
theilung zu treffen, wobey der lateinische Dichter seinem Uebersetzer
nicht nur nicht vorgearbeitet sondern sehr oft entgegen gear=
beitet hat. Das lateinische Original bewegt sich in einem stetigen
Strome fort, und Virgil hat sich in ' vollem Maaße der Freyheit
bedient, welche diese Form ihm gewährte. Dieser fortströmende Gang
des Gedichts mußte nun in der Uebersetzung durch viele kurze Ruhe=
punkte unterbrochen, und ein einziges zusammenhängendes Ganze in
mehrere kleine, sich leicht an einander schmiegende, Ganze aufgelößt
werden, wenn anders die Stanzenform ungezwungen scheinen, und
das slavische Gepräg einer Uebersetzung verwischt werden sollte. Hier
konnte es freylich nicht fehlen, daß nicht öfters vier oder fünf latei=
nische Hexameter in eine ganze Stanze ausgesponnen, oder auch um=
gekehrt acht und neun Verse des Originals in den engen Raum von
acht Stanzenzeilen gepreßt wurden. Bey einem Dichter, der sich so
wenig nehmen läßt, als Virgil, war die letztere Operation unstreitig
die bedenklichste, doch glaubt der Verfasser, die, seinem Originale ge=
bührende Achtung selten oder nie dabey übertreten zu haben. Es
kam ihm zu statten, daß selbst der gedrängte wortsparende Virgil dem
Wohllaut oder der unerbittlichen ' Versform zu gefallen nicht selten
entbehrliche Wiederhohlungen und selbst Flickwörter sich erlaubte, welche
die Schonung des Uebersetzers weniger verdienten.

Sehr gerne unterwirft er sich einer jeden kaltblütigen kritischen
Prüfung, was die Gewissenhaftigkeit und Treue seiner Uebersetzung

---

7: Schwierigkeiten 𝕽 𝕭 𝕺 𝖂. — 25: Gepräge 𝕽 𝕭 𝕺 𝖂. — 31: Original 𝕭
𝕺 𝖂. — 31: Statten 𝕺 𝖂. — 37: gern 𝕽 𝕭 𝕺 𝖂.

betrift, verbittet sich aber hiemit aufs feyerlichste jede Vergleichung
seiner Arbeit mit der unerreichbaren Diktion des römischen Dichters,
welche unausbleiblich, und ohne seine Schuld, zu seinem Nachtheil
ausfallen muß; denn er fodert alle gewesene, gegenwärtige und noch
kommende deutsche Dichter auf, in einer so schwankenden, unbiegsamen,
breiten, gothischen, rauhklingenden Sprache, als unsre liebe Mutter=
sprache ist, mit der feinen Organisation und dem musikalischen Fluß
der lateinischen ohne Nachtheil zu ringen.

Von dem Gedanken weit entfernt, sich an eine Uebersetzung der
ganzen Aeneis' wagen zu wollen, verspricht er in der Folge noch
einige Bruchstücke aus dem vierten und sechsten Buch; wäre es auch
nur, um den römischen Dichter bey unserm unlateinischen Publikum
in die ihm gebührende Achtung zu setzen, welche er ohne seine Schuld
scheint verscherzt zu haben, seitdem es der Blumauerischen Muse gefallen
hat, ihn dem einreissenden Geist der Frivolität zum Opfer zu bringen.

1.

Der ganze Saal war Ohr, jedweder Mund verschlossen,
und Fürst Aeneas, hingegossen
auf hohen Polstersitz, begann:
Dein Wille, Königinn, macht Wunden wieder bluten,
die keine Sprache schildern kann:
wie Trojas Stadt vergieng in Feuerfluten,
den Jammer willst du wissen, die Gefahr,
wovon ich Zeuge, ach und meistens Opfer war.

4—5: gewesenen gegenwärtigen und noch kommenden Deutschen B. — 11: Buche
C. B. — 14: Blumauer'schen C. B, Blumauerschen B.
A: Neue Thalia. Erster Band Erstes Stück. Leipzig 1792. S. 11—78. —
G: Gedichte. Erster Theil. Leipzig 1800. S. 207—261. — g: Gedichte. Erster
Theil. Zweite Auflage. Leipzig 1804. S. 207—261. — g: Gedichte. Erster
Theil. Dritte Auflage. Leipzig 1807. S. 207—261 (nur stellenweis ve.glichen.)
— K: Werke. Dritter Band. 1812. S. 445—485. — L: Werke. Erster Band.
1835. S. 145—184. — O: Werke. In Einem Bande. 1840. S. 28—37. —
B: Werke. Erster Band. 1844. S. 147—181. M: Werke. Erster Band. 1860.
S. 101—139. — M: Schillers Handschrift von Stanze 81—88 einschließlich, auf
der Hof- und Staatsbibliothek in München (nach B. Bollmers Abschrift in Joach.
Meyers Nachlaß; die 2 Quartblätter gehörten dem Mspt. für A an und zeigen,
wie die Correctoren sich schon an die Manuscripte machten, so daß 668 nun erz-

2.

10 Wer, selbst aus der Dolopen rauhem Schwarme,
gibt thränenlos den traurigen Bericht?
Und uns umschattet schon die Nacht mit feuchtem Arme,
zum Schlummer winkt der Sterne sinkend Licht.
Doch du hast Lust, mein Schicksal zu betrauern,
der Teukrer Noth und Trojas letzten Tag.
15 Sey's denn! Wie sehr mir auch vor der Erinnrung schauern,
der Geist davor zurücke fliehen mag.

3. 12

Der Griechen Fürsten, aufgerieben
vom langen Krieg, vom Glück zurückgetrieben,
erbauen endlich durch Minervens Kunst
20 ein Roß aus Fichtenholz, zum Berge aufgerichtet,
beglückte Wiederkehr, wie ihre List erdichtet,
dadurch zu flehen von der Götter Gunst.
Der Kern der tapfersten birgt sich in dem Gebäude,
und eisern ist sein Eingeweide.

beschlagne gedruckt erschien, wo Schiller erztbeschlagne schrieb, ebenso verlorne 642 für verlohrne.) — Die Zahlen der Stanzen sind nur in M A M angegeben. G·M (zuweilen A) beginnen den Vers mit großem Buchstaben.

1. „Die Zerstörung von Troja. Freie Uebersetzung des zweiten Buchs der Aeneide." G·M.

1—8: Still war's, und jedes Ohr hieng an Aeneens Munde,
Der also anhub vom erhab'nen Pfühl:
O Königinn, du weckst der alten Wunde
Unnennbar schmerzliches Gefühl!
Von Trojas kläglichem Geschick verlangst du Kunde,
Wie durch der Griechen Hand die thränenwerthe fiel,
Die Drangsal alle soll ich offenbaren,
Die ich gesehn und meistens selbst erfahren.

9—16: Wer, selbst ein Myrmidon und Kampfgenoß
Des grausamen Ulyß erzählte thränenlos!
Und schon entflieht die feuchte Nacht, es laden
Zum Schlaf die niedergehenden Plejaden.
Doch treibt dich so gewaltige Begier,
Der Teukrer letzten Kampf und mein Geschick zu hören,
Sey's denn! Wie sehr auch die Erinnrung mir
Die Seele schaudernd mag empören! G·M.

12: Plejaden g. — 24: Und Waffen sind sein G·M.

4.

Die Insel Tenedos ist aller Welt bekannt,
von Priams Königsstadt getrennt durch wen'ge Meilen,
an Gütern reich, so lange Troja stand,
jetzt ein verrätherischer Strand,
wo im Vorüberzug die Kaufmannsschiffe weilen,
Dort birgt der Griechen Heer sich auf verlaßnem Sand.
Wir wähnen es auf ewig abgezogen,
und mit des Windes Hauch Mycenen zugeflogen.

5.

Alsbald spannt von dem langen Harme
die ganze Stadt der Teukrier sich los,
heraus stürzt alles Volk in frohem Jubelschwarme,
das Lager zu besehn, aus dem sein Leiden floß.
Dort, heißt es, wütheten der Myrmidonen Arme,
hier schwang Achill das schreckliche Geschoß,
dort lag der Schiffe zahlenlos Gedränge,
hier donnerte das Handgemenge.

6.

Mit Staunen weilt der überraschte Blick
beym wunderbaren Bau des ungeheuren Rosses,
Thimät, seys böser Wille, seys Geschick,
wünscht es im innern Raum des Schlosses.
Doch bang vor dem versteckten Feind
räth Capys an, und wer es redlich meynt,
den schlimmen Fund dem Meer, dem Feuer zu vertrauen,
wo nicht, doch erst sein inres zu beschauen.

7.

Die Stimmen schwankten noch in ungewissem Streite,
als ihn der Priester des Neptun vernahm,
Laokoon, mit mächtigem Geleite
von Pergams Thurm erhitzt herunter kam,

---

²⁵: Königsstadt A] Stadt G·R. — ⁴⁰: donnerte A] tobete G·R. — ⁴²: Beim
Wunderbau G·R. — ⁴³: Thimöt K·P, Thymöt O·W·R. — ⁴⁷: vertraun g.

Raf't ihr Dardanier? ruft er voll banger Sorgen.
Unglückliche, ihr glaubt, die Feinde seyn geflohn?
55 Ein griechisches Geschenk und kein Betrug verborgen?
So schlecht kennt ihr Laertens Sohn?

8.

Wenn in dem Rosse nicht versteckte Feinde lauren,
so droht es sonst Verderben unsern Mauren,
so ist es aufgethürmt, die Stadt zu überblicken,
60 so sollen sich die Mauren bücken
vor seinem stürzenden Gewicht,
so ists ein anderer von ihren tausend Ränken,
der hier sich birgt. Trojaner trauet nicht,
Die Griechen fürchte ich, und doppelt, wenn sie schenken.

9.

65 Dieß sagend, treibt er den gewaltgen Speer
mit starken Kräften in des Rosses Hüfte,
es schüttert durch und durch, und weit umher
antworten dumpf die vollgestopften Grüfte.
Und hätte nicht das Schicksal ihm gewehrt,
70 nicht eines Gottes Macht umnebelt seine Sinne,
jetzt hätte den Betrug sein Eisen aufgestört,
noch stünde Ilium, und Pergams feste Zinne.

10.

Indessen wird durch eine Schaar von Hirten,
die Hände auf dem Rücken zugeschnürt,
75 mit lermendem Geschrey ein Jüngling hergeführt.
Der Jüngling spielte den Verirrten,
und bot freywillig sich den Banden dar,
durch falsche Botschaft Troja zu verderben.
Mit dreister Stirn, gefaßt auf jegliche Gefahr,
80 und gleich bereit zum Lügen oder Sterben.

11.

Ihn zu betrachten, sammelt um und um
die wilde Jugend sich aus Ilium,

57. 58. 60: lauern, Mauern, G.M. — 66: Hüfte, A] Lende G.M. — 68: Grüfte.
A] Wände G.M. — 75: Lermendem g.M. — 82: Die wilde A.M.

wetteifernd höhnt mit herbem Spotte
den eingebrachten Fang die rachbegierge Rotte,
85 und wehrlos bloß gestellt so vieler Feinde Grimm
fliegt er mit ängstlichscheuem Blicke
die Reihen durch. Jetzt Königinn vernimm
aus Einer Frevelthat der Griechen ganze Tücke!

12.

Weh! ruft er aus, wo öfnet sich ein Port,
90 wo thut ein Meer sich auf, mich zu empfangen?
Wo bleibt mir Elenden ein Zufluchtsort?
Dem Schwerdt der Griechen kaum entgangen,
seh ich der Trojer Haß nach meinem Blut verlangen!
Schnell umgestimmt von diesem Wort
95 legt sich der wilde Sturm der Schaaren,
und man ermahnt ihn fortzufahren.

13.

Weß Stamms er sey? Was ihn hieher gebracht,   17
ihm Lebenshofnung ließ, selbst in des Feindes Macht,
soll er bekennen. Furcht und Angst verschwanden.
100 Was es auch sey, ruft er, dir König sey's gestanden.
Empfange den Beweis von Sinons Redlichkeit.
Ich läugne nicht, zum Volk der Griechen zu gehören.
Hat mein Verhängniß gleich dem Elend mich geweiht,
zur Lüge soll es nimmer mich entehren.

14.

105 Trug das Gerücht vielleicht den Nahmen und die Thaten
des großen Palamed zu deinem Ohr,
der, boshaft angeklagt, weil er den Krieg misrathen,
sein Leben durch der Griechen Spruch verlor,
den sie im Grabe schmerzlich jetzt beklagen?
110 Mit diesem hat — er ist mir anverwandt —
seit dieses Krieges ersten Tagen
der dürftge Vater mich nach Asien gesandt.

97: Wes G g g K. — 104: zur A. Zum Lügner G. M.

15.

So lange Palamed der Herrschaft sich erfreute,
und in dem Rath der Könige mit saß,
stand ich geehrt und glücklich ihm zur Seite.
Doch das vergieng, als ihn Ulyssens Haß,
wer kennt den Schwätzer nicht? dem Orkus übergeben,
da floß in Trauer hin mein unbemerktes Leben,
und der verhaltnen Rache Schmerz
zernagte still mein wundes Herz.

16.

Weh mir, daß ich sie nicht verschwieg,
zu laut zu seinem Rächer mich erklärte,
wenn einst ein Gott aus diesem Krieg
siegreiche Heimkehr mir gewährte!
Mit eitler Rede weck' ich schweren Groll.
Seitdem ermüdete, mir Feinde zu erwecken
Ulysses nicht, und wußte rachevoll
mit immer neuen Ränken mich zu schrecken.

17.

Auch ruht er nimmermehr, biß Kalchas — doch warum
mit widrigem Bericht fruchtlos die Zeit verlieren?
Verurtheilt alle, die ihn führen,
der Nahme Grieche schon in Jlium,
wohlan, so würgt mich ohne Schonen!
Das wird dem Jthaker willkommne Botschaft seyn,
das wird die Söhne Atreus hoch erfreun,
Und herrlich werden sies euch lohnen.

18.

Ohn' Ahndung des Betrugs, der aus dem Griechen spricht,
steigt unsre Neugier, ihm den Aufschluß abzufragen,
und er, mit schlau verstelltem Zagen,
vollendet so den täuschenden Bericht:
Oft, spricht er, war der Wunsch lebendig bey dem Heere,
der langen Kriegesnoth sich endlich zu entziehn,

127: Ahnung K B O B R.

von Troja heimlich zu entfliehn,
o daß es doch geschehen wäre!

19.

145 Stets hinderten die frohe Wiederkehr
der rauhe Süd und das empörte Meer.
Dieß Roß von Fichtenholz stand längst schon aufgethürmet,
als, vom Orkan gepeitscht, die finstre Luft gestürmet.
Verlegen sendet man zuletzt Eurypylus,
150 zu fragen an des Schicksals Throne
nach Delphi zu Latonens Sohne;
Der kommt zurück mit diesem traurgen Schluß.

20.

Mit Blut erkauftet ihr die Herfahrt von den Winden,
und eine Jungfrau fiel an Deliens Altar.
155 Mit Blut allein könnt ihr den Rückweg finden,
ein Grieche bringe sich zum Todesopfer dar.
Eißkalte Angst durchlief die zitternden Gebeine,
als in dem Lager diese Post erklang,
und jedes Auge fragte bang,
160 wen wohl der Zorn der Gottheit meyne?

21.

Jetzt riß Ulyß mit lermendem Geschrey
den Seher Calchas in des Heeres Mitte,
und bringt in ihn mit ungestümer Bitte,
zu sagen, wessen Haupt zum Tod bezeichnet sey.
165 Schon ließen viele mich, mit ahndungsvollem Grauen,
des Schalks verruchten Plan und mein Verderben schauen.
Zehn Tage schließt der Priester schlau sich ein,
um keinen aus dem Volk dem Untergang zu weihn.

22.

Zuletzt, als könnt' er dem beredten Flehn
170 Ulyssens nicht mehr widerstehn,
läßt er geschickt den Namen sich entreissen,
und zeichnet mich dem Mördereisen.

---

[149]: Eurypylus B R. — [161]: lärmendem g B C B R. — [162]: Calchas g . M Calchas A (doch 129 Calchas). — [163]: ihm g. — [165]: ahnungsvollem A B C B R.

Man stimmt ihm bey, und froh sieht jeder die Gefahr.
die alle gleich bedroht, auf Einen abgeleitet.
175 Der Unglückstag ist da. Die Binde schmückt mein Haar.
Man streut das Mehl. Das Opfer ist bereitet.

23.

Ja, da entriß ich mich dem Tod, zerbrach die Bande,
und harrete des Nachts in eines Sumpfes Rohr,
biß die Armee, wenn sie zum Vaterlande
180 vielleicht sich eingeschifft, vom Ufer sich verlor.
Ach! Nie werd ich die Heimat mehr begrüßen,
nie Vater, Kinder mehr in diese Arme schließen,
und mein Entrinnen rächt vielleicht die Wut
der Danaer an diesem theuren Blut.

24.

185 Und nun bey allen himmlischen Dämonen,
die in des Herzens tiefste Falten sehn,
wenn Treu und Glaube noch auf Erden irgend wohnen,
laß so viel Leiden dir zu Herzen gehn.
Hab du Erbarmen mit dem Unglücksvollen,
190 der, was er nicht verschuldete, erfuhr! —
Wir sehen jammernd seine Thränen rollen,
es siegt in uns die Stimme der Natur.

25.

Sogleich läßt Priam selbst der Hände Band ihm lösen,
und spricht ihm Trost mit milden Worten ein.
195 Du bist, spricht er, ein Danaer gewesen,
wer du auch seyst, hinfort wirst du der Unsre seyn.
Und jetzt laß Wahrheit mich auf meine Fragen hören.
Warum, wozu das ungeheure Roß?
Wer gab es an? Warum so riesengroß?
200 Zu welchem Brauch? Sprich! Welchem Gott zu Ehren?

26.

Er sprach's und jener Bösewicht, gewandt
in jeder List, Pelasger im Betrügen,

181: Nie werd' ich ach! G.M. — 193: Priam selbst A] Priamus G.M.

hebt himmelan die losgebundne Hand.
Dich, ruft er, ewges Licht, dich Rächer aller Lügen,
205 dich Opferheerd, dem ich durch Flucht entrann,
dich frevelhafter Stahl, den Mordgier auf mich zückte,
dich priesterliches Band, das meine Schläfe schmückte,
euch ruf ich jetzt zu Zeugen an.

27.

Von jeder Pflicht, die mich an Griechen band,
210 erklär ich mich auf ewig losgezählet.
Für Sinon gibts hinfort kein Vaterland.
Ich mache laut, was ihre List verhehlet.
Gedenke du nur deines Wortes, Fürst,
und schone, Troja, den, der Rettung dir geschenket,
215 ists anders wahr, was du jetzt hören wirst,
und werth, daß man es überdenket.

28.

Von jeher barg im Krieg mit Ilium
Minervens Schutz der Myrmidonen Schwäche,
doch seit Ulyß der Schalk und Diomed der Freche
220 der Göttinn Bild aus ihrem Heiligthum
zu reißen sich erkühnt, die Hüter zu durchbohren,
der Jungfrau Stirne selbst mit mordbefleckter Hand
verwegen zu berühren, schwand
der Griechen Glück dahin, gieng ihre Kraft verloren.

29.

225 Auf immer war Athenens Gunst entwichen,
bald zeigte sich in fürchterlichen
Erscheinungen der Göttinn Strafgericht.
Kaum steht das Bild im Lager still, so blitzen
die ofnen Augen und die Glieder schwitzen,
230 und dreymal steigt, entsetzliches Gesicht!
mit Schild und Speer und wüthender Gebärde
die Göttinn selbst aus der zerrißnen Erde.

230: steigt, A) scheint, G.M. — 231—232: Die Göttinn sich vom Boden zu erheben, | Und Schild und Lanze schütternd zu erbeben. G.M.

30.

Ein Gott gebeut jetzt durch des Sehers Mund,
auf schneller Flucht die Heimat zu gewinnen,
denn nimmer fallen durch der Griechen Bund,
so spricht das Schicksal, Pergams feste Zinnen,
sie hätten denn aufs neu der Heimat Strand berührt,
in wiederholter Feyr die Götter zu befragen,
zum alten Heiligthum das Bild zurückgetragen,
das sie auf krummen Schiffen weggeführt.

31.

Jetzt zwar sind sie nach Argos heimgefahren,
doch führt sie Kalchas bald mit neuen Kriegerschaaren
und Göttern furchtbarer zurück. Dieß Roß
ward aufgethürmt, den Zorn der Pallas zu versöhnen
und nicht umsonst seht ihrs so riesengroß.
Es sollte seine Last das schmahle Thor verhöhnen,
nie sollt euch der Besitz des Wunderbilds erfreun,
nie sollt es eurer Stadt den alten Schutz erneun.

32.

Denn wagtet ihrs, Minervens Heiligthum
mit Frevler Händen zu versehren,
so traf der Göttinn Fluch ganz Ilium,
(möcht ihn ein Gott auf ihre Häupter kehren!)
Doch hättet ihr mit eigner Hand
dieß Roß in eure Stadt gezogen,
so wälzte Asien zu uns des Krieges Wogen
und weh dann über Griechenland!

33.

Von dieser Lügen schlau gewebten Banden
ward unser redlich Herz umstrickt,
der Zweifel wird in jeder Brust erstickt.
Die dem Tydiden männlich widerstanden,
die der thessalische Achill nicht zwang,
nicht zehenjährge Krieges lasten,

246: Es sollte der Koloß das enge Thor G.M. — 250: Frevlerhänden G.M.

34.

nicht das Gewühl von tausend Masten,
weint ein Betrüger in den Untergang!

Jetzt aber stellt sich den entsetzten Blicken
ein unerwartet schrecklich Schauspiel dar.
Es stand, den Opferfarren zu zerstücken,
Laokoon am festlichen Altar.
Da kam, (mir bebt die Zung' es auszudrücken)
von Tenedos ein gräßlich Schlangenpaar,
den Schweif gerollt in fürchterlichem Bogen
dahergeschwommen auf den stillen Wogen.

35.

Die Brüste steigen aus dem Wellenbade,
hoch aus den Wassern steigt der Kämme blutge Glut,
und nachgeschleift in ungeheurem Rade
netzt sich der lange Rücken in der Flut,
lautrauschend schäumt es unter ihrem Pfade,
im blutgen Auge flammt des Hungers Wuth,
gewetzt am Rachen zischen ihre Zungen,
so kommen sie ans Land gesprungen.

36.

Der bloße Anblick bleicht schon alle Wangen,
und auseinander flieht die furchtentseelte Schaar;
der pfeilgerade Schuß der Schlangen
erwählt sich nur den Priester am Altar.
Der Knaben zitternd Paar sieht man sie schnell umwinden,
den ersten Hunger stillt der Söhne Blut,
der Unglückseligen Gebeine schwinden
dahin von ihres Bisses Wut.

37.

Zum Beystand schwingt der Vater sein Geschoß,
doch in dem Augenblick ergreifen
die Ungeheur ihn selbst, er steht bewegungslos,
geklemmt von ihren Wirbelschweifen.

270: Am Rachen wetzen zischend sie die Z. G.-M. — 292: von ihres Leibes Reifen, G.-M.

Zwey Ringe haben sie um seinen Hals gestrickt,
zweymal den Schuppenleib geschnürt um Brust und Hüften,
295 und ihres Halses schwanke Säule nickt
hoch über seiner Scheitel in den Lüften.

38.

Der Knoten furchtbares Gewinde
gewaltsam zu zerreißen, strengt
der Arme Kraft sich an, des Geifers Schaum besprengt
300 und schwarzes Gift die priesterliche Binde.
Des Schmerzens Höllenquaal durchbringt
der Wolken Schoos mit berstendem Geheule,
so brüllt der Stier, wenn er, gefehlt vom Beile
und blutend, dem Altar entspringt.

39.

305 Die Drachen bringt ein blitzgeschwinder Schuß
zum Heiligthum der furchtbarn Tritonide,
dort legen sie sich zu der Göttinn Fuß,
beschirmt vom weiten Umkreis der Aegide.
Entsetzen bleibt in jeder Brust zurück,
310 gerechte Büßung heißt Laokoons Geschick,
der frech und kühn das Heilige und Hehre
verletzt mit frevelhaftem Speere.

40.

Zum Tempel, ruft das Volk, mit dem geweihten Bilde!
und flehet an der Göttinn Milde!
315 Sogleich strengt jeder Arm sich an,
die Mauer wird zertheilt, die Stadt ist aufgethan,
und auf der Walze künstlichen Wogen
rollt es dahin, von Strängen fortgezogen,
Verderbenträchtig, schwanger mit dem Blitz
320 der Waffen, rollts in Priams Königssitz.

295-296: Zwey Ringe sieht man sie um seinen Hals, und noch | Zwey andre schnell um Brust und Hüfte stricken, | Und furchtbar überragen sie ihn doch | Mit ihren hohen Hälsen und Genicken. G·M. — 316: getheilt, G·M.

41.

Und hoch beglückt, den Strang berührt zu haben
der es bewegt, begleiten Jungfrauen und Knaben
mit heil'gen Liedern die verehrte Last.
O meine Vaterstadt! So reich an Siegeskronen,
o heiliges Land, wo so viel Götter thronen!
in deiner Mitte steht der fürchterliche Gast.
Viermal hat es am Eingang still gehalten,
und viermal klang das Erz in seines Bauches Falten.

42.

Uns warnt es nicht! Von wüthender Begierde
verblendet setzen wir die unglücksschwangre Bürde
beym Tempel ab. Apolls Orakel spricht
weißagend aus Kaßandrens Munde,
es spricht von Trojas letzter Stunde,
wir glauben selbst der Gottheit nicht.
Von festlich grünem Laub muß jeder Tempel wehen,
und — morgen ist's um uns geschehen!

43.

Indessen wandelt sich des Himmels Sphäre,
und Nacht stürzt nieder auf die Meere,
mit breitem Schatten hüllt sie Land und Hayn
und den Betrug der Myrmidonen ein.
An Trojas Mauren fängt es an zu schweigen,
Schlaf spannt der Wachen müde Glieder los;
da naht, den Mond allein zum stillen Zeugen,
der Griechen Flotte sich von Tenedos.

44.

Geleitet von dem Feuerbrande,
der aus dem königlichen Schiffe blitzt,
bringt sie hinan zum wohlbekannten Strande,
und, von der Götter Grimm beschützt,

337: Himmels Bogen G.M. — 339: stürzt auf des Meeres Wogen, G.M. —
341: Mauern G.M. — 342: Der Schlummer spannt die müden Glieder los;
G.M. —

eröfnet Sinon still den Bauch der Fichte.
350 Gehorsam gibt das aufgethane Roß
die Krieger von sich, die sein Leib verschloß,
und hocherfreut entspringen sie zum Lichte.

45.

Herab am Seile gleiten schnell die Fürsten
Thessandrus, Stenelus, Machaon, Acamas,
355 ihm folgt mit Blicken, die nach Blute dürsten,
Ulyß, Neoptolem, drauf Thoas, Menelas,
zuletzt Epeus, der das Roß gegründet.
Sie stürzen in die Stadt, die Wein und Schlummer bindet,
die Wachen würgt ihr Stahl, indeß schon die Genossen,
360 durchs Thor eindringend, zu den Fürsten stoßen.

46.

Schon neigte aus der Götter Hand
des ersten Schlummers Wohlthat sich hernieder,
und schloß mit süßem Zauberband
die kummerschweren Augenlieder.
365 Da sah ich Hektors Geisterbild
im Traumgesichte mir erscheinen,
den Blick in tiefen Gram gehüllt,
der Stimme Ton erstickt von lautem Weinen.

47.

So wie ihn einst durch Trojas Kampfgefild
370 des rauhen Siegers Zweygespann gerissen,
von blutgem Staub geschwärzt und mit durchbohrten Füßen,
ihr Götter, welch ein Trauerbild!
Der Hektor nicht mehr, der gleich einem Gotte
in des Peliden Rüstung heimgekehrt,
375 den Feuerbrand von der Trojaner Heerd
geschleudert hatte in der Griechen Flotte.

357: Roß geflügt, G·M. — 358: Wein und Schlaf besiegt, G·M. — 365: Schattenbild G·M. — 367–368: In tiefe Trauer eingehüllt, | Ergossen in ein lautes Weinen. G·M. — 369: durch des Skamanders Feld G·M. — 372: Ihr Götter, wie von Schmach entstellt! G·M. — 375: Heerd g K B C W M.

48.

Den Bart befleckt, der Locken schönes Wallen
gehemmt von blutgem Leime, stand er da,
den Leib besät mit jenen Wunden allen,
die Trojas Mauer ihn empfangen sah.
Den hohen Schatten zu besprechen,
gebietet mir des Herzens feurger Drang,
die Wange brennt von heißen Thränenbächen,
und von den Lippen flieht der Trauerklang.

49.

O Trojas Hofnung, die uns nie gelogen,
o du, nach dem der heiße Wunsch geschmachtet hat!
o sey willkommen, Licht der Vaterstadt!
Warum und wo hast du so lang verzogen?
So viele Kämpfe mußten wir bestehn,
von so viel Noth und Herzensangst ermatten,
so viel geliebte Leichname bestatten,
eh dich die Freunde wieder sehn!

50.

O sprich, und welcher Frevel durft es wagen,
der Augen sonnenheitern Schein
mit Blut und Staub unwürdig zu entweihn?
Was sollen diese Wundenmähler sagen?
Doch keinen Laut verlor der Geist,
des Fragers eitle Neugier zu vergnügen,
bis unter tief gehohlten Odemzügen
ein schweres Ach der Zunge Band durchreißt.

51.

Fort Göttinnsohn! Fort, fort aus diesem Brand,
die Mauren sind in Feindes Hand,
die stolze Troja stürzt von ihren Höhen,
genug, genug ist für das Vaterland,

385: gelogen, A] betrogen, G·M. — 386: dem das Herz geschmachtet G·M. —
402: Mauern G·M.

genug für Priams Thron geschehen!
War Pergamus durch eines Kriegers Eisen
dem letzten Schicksal zu entreissen,
glaub mir, so wars durch Hektors Hand!

52.

Die Heiligthümer sind dir übergeben,
nimm zu Gefährten sie auf deiner flüchtgen Bahn!
Für sie wirst du ein neues Ilium erheben,
nach langer Irrfahrt auf dem Ozean.
Er sprichts, und hohlt in schneller Eile
mir vom Altar mit eigner Hand
der mächtgen Vesta heilge Säule,
den Priesterschmuck, den ewgen Feuerbrand.

53.

Und draußen hört man schon ein tausendstimmig Heulen
mit wachsendem Getön die bangen Lüfte theilen,
es bringt der Waffen eisernes Gebrause
bis zu Anchisens meines Vaters Hause,
das hinter Bäumen einsam sich verlor,
es donnert aus dem Schlummer mich empor,
den höchsten Standort wähl ich mir im Hause,
und stehe da mit ofnem Ohr.

54.

So fallen Feuerflammen ins Getreide,
gejagt vom Wind. So stürzt der Wetterbach
sich donnernd nieder von des Berges Heide,
zertreten liegt, so weit er Bahn sich brach,
der Schweiß der Rinder und des Schnitters Freude,
und umgerißne Wälder stürzen nach.
Es horcht der Hirt, unwissend wo es dröne,
vom fernen Fels verwundert dem Getöne.

406—408: Wär's eines Mannes tapfre Hand, | Die Trojas letztes Schicksal
wendet, | So hätt' es dieser Arm vollendet. G·M. — 425: Getraide G g g. —
427: donnernd A] rauschend G·M. — 431: dröhne B C B M.

55.

Jetzt lag es kund und aufgethan,
wie Danaer auf Treu und Glauben halten,
435 das Bubenstück sieht man jetzt schrecklich sich entfalten!
Schon liegt, besiegt vom prasselnden Vulkan,
Deiphobus majestätsche Burg im Staube,
schon wird Ukalegon's, ihr Nachbar, ihm zum Raube,
vom flammenrothen Wiederscheine brennt
440 des Meeres Spiegel und das Firmament.

56.

Von lautem Kriegsgeschrey erzittern jetzt die Zinnen
und schrecklich schmettert des Achivers Horn.
Sinnlos bewaffn' ich mich. Bewaffnet, was beginnen?
Samml' ich der Freunde Schaar, die Veste zu gewinnen?
445 Den zweifelnden Entschluß beflügeln Wuth und Zorn.
Will, ruf ich aus, das Schicksal mit uns enden,
so stirbt's sich schön, die Waffen in den Händen.

57.

Indem seh ich, entflohn der Feinde Pfeilen,
den Priester des Apoll bey mir vorüber eilen,
450 die überwundnen Götter in der Hand,
am Arm den kleinen Sohn, flieht er betäubt zum Strand.
O halt, halt an, rief ich, mich zu belehren,
mein Panthus, was beschließt das zürnende Geschick?
Welch vestes Schloß wird uns noch Schutz gewähren?
455 Da gibt er seufzend mir zurück.

58.

Der Tage letzter ist vorhanden,
unwiderruflich fiel das Todesloos,

433: Das Truggeweb' G.M. — 437: majestätsche A] erhab'ne G.M. — 439 bis 440: Und des sigäischen Sundes Flut | Scheint wieder von des Feuers Glut. G.M. — 442: Achaiers G.M. — 444—445: [Die Stanze 56 hat in A nur 7 Zeilen, Schiller änderte deshalb:] Ein Heer zu sammeln schnell treibt mich der edle Zorn, | Und mit der Freunde Schaar die Veste [Feste M] zu gewinnen. | Verzweiflung selbst ist des Entschlusses Sporn. G.M. — 447: stirbt sich's G.M. — 448: entflohen g. — 452: Halt, rief ich, o halt an, G.M. — 454: festes G.M. — 457–463: Gekommen ist die unabwendbar böse Zeit, | Einst gab es Teukrer, Troja

einst gab es Teukrer und ein Troja hat gestanden,
und seines Nahmens Glanz war gros.
460 Dieß alles gab der Götter Grimm dem Sieger,
in Trojas Rauch herrscht des Achivers Schwerdt,
hohnlachend zündet Sinon, der Betrüger,
und Feinde, Feinde speyt das ungeheure Pferd.

59.

Und durch die zweyfach offnen Thore wogen
465 schon Tausende und wieder Tausende einher,
als aus dem weiten Argos nie gezogen,
es stehen andre mit gestrecktem Speer,
mordlustig hingepflanzt auf engen Wegen;
des Eisens Blitz starrt jeder Brust entgegen,
470 kaum thun die ersten Wachen Widerstand
und wagen das Gefecht mit ungewisser Hand.

60.

Von diesen Reden feurig aufgefodert,
und fortgezogen von der Götter Macht,
flieg' ich dahin, wos höher, heller lodert,
475 der Donner stürzender Paläste kracht,
wo vom Geschrey und vom Geklirr der Eisen
die Luft erbebt, wohin die Furien mich reissen,
der günstge Mond gibt mir den treflichen Eppt
und Ripheus Stärke zu Begleitern mit.

61.

480 Auch treten Hypanis und Dymas zu dem Bunde,
auch Mygdons Sohn Choröbus folgt dem Zug,
der Unglückselige, den feurger Liebe Wunde,
Kaßandrens Werk, zu Trojas Ende trug!

---

hat gestanden, | Und seines Ruhmes Schimmer strahlte weit. | Der grimme Zeus gab alles dem Argeier, | Der waltet jetzt in der entflammten Stadt, | Bewaffnete ergießt das Ungeheuer, | Und Sinon schürt die Glut, frohlockend seiner That. G·M. — 465: wieder fehlt G·M. — 466: dem räumigen Mycene nie G·M. — 472: aufgefordert g·B. — 474: wo's G·M.] was A. — 480: Dymas und Hypanis beseelen gleiche Triebe, G·M. — 482—483: Den für Kassandra die unselge Liebe | Verhängnißvoll zu G·M.

Dem Vater seiner Braut bracht er hilfreiche Schaaren,
485 und glaubte nicht dem warnungsvollen Laut,
nicht den verkündigten Gefahren
im Mund der Gottbeseelten Braut.

62.

Wohlan, beginn ich zu der kampfbegiergen Jugend,
ihr Herzen, jetzt umsonst voll Heldentugend,
490 gewichen sind, ihr sehts, aus allen ihren Sitzen
die Götter, welche Troja schützen,
treibt euch der Muth, dem kühnen Führer nachzugehn,
kommt, der entflammten Troja beyzustehn,
kommt mit mir, kommt und fechtend endigt euer Leben!
495 Besiegte rettet nichts, als Rettung aufzugeben.

63.

In Flammen setzt dieß ihres Eifers Glut,
und, Wölfen gleich, die durch den Nebel spürend schleichen,
herausgestachelt von des Hungers Wut,
mit trocknem Gaum erwartet von der Brut,
500 gehts zum gewissen Tod durch Schwerdter und durch Leichen.
Der hohlen Nacht furchtbare Schatten streichen
rings durch die Straßen. Unser kühner Muth
verschmäht, aus Trojas Mitte zu entweichen.

64.

O Nacht des Grauens, welcher Mund
505 spricht deine Schrecken aus, die Todesnoth der Meinen,
wer macht die Opfer, die du würgtest, kund,
wo nehm' ich Thränen her, sie zu beweinen?
Sie fällt die hohe Stadt, seit grauem Alterthum,
gewohnt zu herrschen und zu siegen.
510 Auf Straßen, Schwellen, selbst im Heiligthum
der Götter sieht man Todtenkörper liegen.

65.

Doch glaube nicht, daß nur trojanisch Blut
der Nächte schrecklichste getrunken.

496: Entflammet durch dieß Wort ist ihres G·M. — 507: nähm' g.

Auch meines Volks erstorbner Muth
515 Glimmt auf in manchem Heldenfunken,
und dann fließt auch des Siegers Blut.
Der Angst, der Qual, des Jammers Stimmen spalten
des Hörers Ohr, wo nur das Auge ruht,
des Todes schrecklich wechselnde Gestalten!

66.

520 Von Feinden warf zuerst mit einer großen Schaar
Androgeos sich uns entgegen.
Sein Irrthum stellt in uns der Freunde Heer ihm dar.
Auf Brüder, eilt! ruft er. Woher so spät ihr tragen?
Die andern schleppen schon das ganze Pergam fort.
525 Ihr habt erst jetzt den Schiffen euch entrissen?
Kaum endigt er, so sagt ihm ein verdächtig Wort,
daß Feindeshaufen ihn umschließen.

67.

Sein Fuß erstarrt, und auf den Lippen stirbt die Stimme.
So zittert, wer, in Dornen tief versteckt,
530 die Natter unverhofft mit rauhem Fußtritt weckt.
Ihr blauer Hals schwillt an, mit giftgem Grimme
knirrscht sie empor, und bleich flieht er zurück.
So wendet bey geschärftem Blick
Androgeos erschrocken um. Wir bringen
535 in seine dichte Schaar, es mischen sich die Klingen.

68.

In Troja fremd und halb von Furcht entseelt, erliegen
sie unserm Arm. Den Anfang krönt das Glück.
Auf, Freunde, ruft erhitzt von diesen ersten Siegen,
Chorböus, voll von Muth. Es zeigt uns das Geschick
540 in diesem Zufall selbst den Weg zum Leben.
Vertauscht den Schild! Den griechischen Helm aufs Haupt!
List oder Kraft — was wäre Feinden nicht erlaubt?
Die Todten werden Waffen geben.

520: mit A G g g R O B M] von B. — 524: schleppen B] tragen G.M.

69.

Er sprichts, und schleunig weht auf seinem Haupt
des fremden Helmes Busch, Androgeos geraubt,
er eilt des Schildes Zierde zu vertauschen,
und läßt ein griechisch Schwerdt von seinen Hüften rauschen.
Ihm folgt die ganze Jugend, und umhängt
sich schnell die frisch gemachte Beute.
So stürzen wir, mit Danaern vermengt,
doch ohne unsern Gott! zum Streite.

70.

Begünstigt von der blinden Nacht,
gelingt uns manche heiße Schlacht,
und mancher Grieche fällt von unsern Streichen,
Schon fliehn sie schaarenweiß, dem drohenden Geschick
am sichern Bord der Schiffe zu entweichen.
Bis in des Rosses Bauch scheucht sie die Furcht zurück.
Ach niemand schmeichle sich, im Dünkel großer Thaten,
der Götter Gnade zu entrathen!

71.

Was zeigt sich uns! Selbst an Tritoniens Altar
erkühnt man sich, Kassandra zu ergreifen.
Wir sehn mit aufgelößtem Haar
die Tochter Priams aus dem Tempel schleifen.
Zum tauben Himmel fleht ihr glühend Angesicht,
denn, ach! die Fessel klemmt der Jungfrau zarte Hände.
Choröbus Wahnsinn trägt es nicht,
er sucht im Schlachtgewühl ein Heldenende.

72.

Ihm stürzt in dicht geschloßnen Gliedern
die ganze Schaar der Freunde nach.
Doch ach! von unsern eignen Brüdern
kommt hier vom höchsten Tempeldach
ein mörbrisch Pfeilgewölk auf uns herabgeflogen.
Des Federbusches fremde Zier,
der Schilde Zeichen, welche wir
verwechselt, hatte sie betrogen.

73.

Die Priesterinn uns abzuringen
(verrathen hat uns längst der Sterbenden Geschrey)
umstürmt uns der Dolopen Schaar. Es bringen
mit Ajax die Atriden selbst herbey.
580 So wenn im Sturme sich die Winde heulend schlagen,
der wilde Süd, des Nordes rauhe Macht,
der muthge Ost, auf Titans raschem Wagen,
es rauscht des Meeres Grund, des Waldes Eiche kracht.

74.

Jetzt sehn wir noch zu ganzen Heeren,
585 die unsrer Waffen glücklicher Betrug
vor kurzem noch im finstern Dunkel schlug,
von ihrer Flucht zurückekehren.
Ihr schneller Blick erkennt in dunkler Schlacht
des Helmes List, der Schilde falsche Zeichen.
590 Jetzt muß der Augen Wahn dem Klang der Stimmen weichen,
jetzt siegt des Feindes Uebermacht.

75.

Es fällt zuerst, von Penelus durchstochen,
Chorōbus an Tritoniens Altar,
Es fällt, der das Gesetz der Tugend nie gebrochen,
595 Ripheus, der redlichste, den Ilium gebahr.
Die Götter richteten nicht so! Von Freundesstreichen
ligt Hypanis, ligt Dymas hingestreckt;
und kann der Priesterschmuck, der dich o Panthus deckt,
kann selbst dein schuldlos Herz die Himmlischen erweichen?

76.

600 Zeugt mirs, ihr Helden, die ihr längst verschieden,
ihr Todesfackeln meiner Vaterstadt!

592: **Penelens** O W M. Virg. 2, 425. Penelei dextra procumbit. — 600 bis 607: **Bezeugt mir's Trojas heil'ge Trümmer, | Du Flammengrab, das meine Stadt verschlang, | Daß ich an jenem Schreckenstage nimmer | Mich feig entzogen des Gefechtes Drang, | Und, war's mein Loos an jenem Tag zu enden, | Daß ich's verdient mit meinen Bürgerhänden! | Jetzt wich ich der Gewalt, mir folgt für** (vor g K B W M) **Alter laß | Jphyt und schwer von Wunden Pelias.** G-M.

ob diese Rechte je den Kampf gemieden
zu eurer Rettung je gefeiert hat?
Ob ich, trotz dem Geschick, das Leben mir erschlichen?
605 und Schonung mir verdient von des Achivers Speer?
Jetzt riß der Strom mich fort, mir folgen, obgleich schwer
von Alter, Greis Jphyt und Pelias von Stichen.

77.

Zu Priams Burg ruft uns der Stimmen lautster Hall.
als rast'e nirgends sonst der Streitenden Gedränge,
610 nicht durch ganz Ilium der Waffen wilder Schall,
erblick ich hier ein fürchterlich Gemenge,
des Andrangs Ungestüm, ergrimmten Widerstand.
Den Feind seh ich die hohen Dächer stürmen
und mit der Schilde dichtgeschloßnem Band
615 sich furchtbar vor den Eingang thürmen.

78.

Ich sehe Leitern an die Mauern legen,
entschlossen klimmt der trotzge Sieger nach,
die linke hält den Schild der Pfeile Sturm entgegen,
fest klammert sich die rechte an das Dach.
620 Beschäftigt ist mein Volk, die Thürme abzutragen,
und mit den Trümmern wird der Stürmende bedroht,
die letzte Zuflucht ihrer Noth,
wenn alles alles fehlgeschlagen!

79.

Herabgestürzt seh ich die übergoldten Zinnen,
625 Denkmäler alter königlicher Pracht.
Mit bloßem Schwerd wird jeder Weg nach innen
von einer dichten Schaar Dardanier bewacht.
Ein frischer Muth lebt auf in unsern Seelen,
der schwerbedrängten Burg des Königs beyzustehn,
630 mit Stärke Stärke zu vermählen,
und der Besiegten Muth mitstreitend zu erhöhn.

626: Mauern G·M.

Die Zerstörung Trojas.

80.

Noch führten zum Pallast, der Menge unbekannt,
geheime abgelegne Thüren,
durch deren nie entdecktes Band
die Zimmer ineinander sich verlieren.
Oft hatte, frey von des Gefolges Zwang,
Andromache in Trojas schönen Tagen
auf diesem unbemerkten Gang
zum frohen Ahn den Enkel hingetragen.

81.

Mich bracht' er jetzt zum höchsten Dach hinauf,
von wo die Teukrier mit segenleeren Händen
verlohrne Pfeile niedersenden.
Zum jähen Thurm verfolg ich meinen Lauf,
der übers Dach empor zum Sternenhimmel schreitet.
Ganz Ilium ligt vor mir ausgebreitet,
der feindlichen Gezelte ganzes Heer,
das ganze Schiffbedeckte Meer.

82.

Von Tod umringt, zerreissen wir voll Muth
der Decke schon gewichne Fugen,
und schleudern sie auf der Achiver Flut
mit samt den Pfeilern die sie trugen.
Herunter stürzen sie mit donnerndem Gekrach,
und weh' den Stürmenden, die sich darunter stellten!
Doch frische Krieger bringen nach,
der Streit brennt fort, und alle Waffen gelten.

83.

Als wollt' er jeden Feind zermalmen
pflanzt Pyrrhus sich im Glanz der Rüstung vor das Thor,
der Schlange gleich, genährt von bösen Halmen,
die giftgeschwollen schlief im Eisbedeckten Moor,

und jetzt im neuen Lenz den Panzer von sich streifet,
am frischen Sonnenstrahl sich glänzender verjüngt,
den stolzen Nacken hebt, die Spiegelschuppen schleifet,
und einen Blitz in ihrem Munde schwingt.

84.

Dicht an ihm steht der hohe Periphas,
nächst dem Automedon, Achillens Wagenwender,
es drängt sich Skyros Jugend an den Paß,
und nach dem Giebel fliegen Feuerbränder.
Vom Angel haut er selbst das erztbeschlagne Thor,
und alle Bänder stürzt des Beiles Schwung zu Grunde,
leicht wird das Holz durchbohrt, das seinen Schirm verlor,
und weit geöffnet klafft des Thores Wunde.

85.

Des innern Hauses weiter Hof, die Schaar
der Trojer, die den Eingang hüten,
der alten Könige geheimste Säle bieten
dem überraschten Blick sich dar,
und aus den innersten Gemächern stöhnen
der Männer Schmerz, der Weiber jammernd Ach,
die ganze Wölbung hallt von Jammerstimmen nach,
die in den Wolken wiedertönen.

86.

Man sieht der Mütter Heer die weite Burg durchschweifen,
zum letzten Lebewohl die Säulen noch umgreifen,
und küssen den empfindungslosen Stein.
Ganz mit des Vaters Trotz bricht Pyrrhus schon herein.
Ihn hält kein Thor, kein Schwerdt! Die Thüre liegt in Trümmern,
vom Widder eingerannt, Gewalt macht Bahn,
Tod ist der erste Gruß. So fluten sie heran,
von Waffen rauscht's in allen Zimmern.

---

⁶⁶⁰⁻⁶⁶³: M A] Und neuverjüngt jetzt von sich streift die Schaale, | Den glatten Leib im Reif zusammenringt, | Sich mit erhob'ner Brust aufbäumt zum Sonnenstrale, | Und dreier Zungen Blitz im Munde schwingt. G·M. — ⁶⁶⁸: erztbeschlagne M [mit späterer Dinte ist das t getilgt.] erztbeschlagne A·M. — ⁶⁷⁶: stöhnen M A] dringet G·M. — ⁶⁷⁷: Schmerz M A] Schreyn G·M, Schrei M. — ⁶⁷⁸: von

87.

So wüthet nicht der hochgeschwollne Bach,
der schäumend seinen Damm durchbrach,
690 der Felsen Kerkerwand mit wildem Grimm durchhauen.
Er stürzt ins Feld mit trüber Wogen Kraft,
der Heerden Schaar auf den ertränkten Auen
wird mit den Hürden fortgerafft.
Ich selbst sah, Mord im Blick, den Achilliden
695 am Eingang stehn, und bey ihm die Atriden.

88.

Ich sah auch Hekuba, sah ihre hundert Töchter,
sah Priam selbst an den Altar gestreckt,
den Vater blühender Geschlechter,
noch mit dem Blut der Opfer frisch befleckt.
700 Es tritt der Feind die Saat von fünfzig Ehen,
der Enkel schöne Hofnung in den Staub,
die goldne Säule stürzt, behangen mit Trophäen,
und was dem Brand entgieng, das wird des Würgers Raub.

89.

Dein Mitleid, Fürstinn, wird mich fragen,
705 wie König Priam seine Tage schloß?
So wisse denn. Kaum hört er Trojens Stunde schlagen
und sah den Feind, der durch die Pforten sich ergoß,
so eilt' er, sich den Panzer anzuschnallen,
der die entwöhnten Glieder niederzog,
710 umhängt das Schwerdt, das längst der Scheide nicht entflog,
und stürzt zur Schlacht, als Fürst zu fallen.

90.

Es stieg in des Pallastes mittlerm Raume
ein hoher Altar in des Aethers Plan.

Ihn fächelte von einem alten Lorbeerbaume
715 die nachbarliche Kühlung an.
Gleich scheuen Tauben, die das donnerschwühle Wetter
zusammentrieb, lag dorten Hekuba
mit allen Töchtern knieend da,
und schloß in ihren Arm die unerweichten Götter.

91.

720 Jetzt sah sie den Gemahl, bereit zur Gegenwehr,
im jugendlichen Schmuck der Waffen sich bewegen.
Unglücklicher wohin? ruft sie ihm bang entgegen,
was für ein Wahnsinn reichte dir den Speer?
Und wäre selbst mein Hektor noch zugegen,
725 jetzt helfen Schwerdt und Lanzen uns nichts mehr.
Hieher tritt! Dieses Heiligthum schützt alle,
wo nicht, vermählt uns doch im Falle!

92.

Sie sprachs, und zog ihn zu sich hin, und ließ
im Priesterstuhl den Greis sich niedersetzen.
730 Da kam, von Pyrrhus mörderischem Spieß
durchbohrt, sein Sohn Polit, bluttriefend, voll Entsetzen,
der Feinde Haufen durch, den weiten Bogengang
dahergerannt. Sein Blick sucht in der öden Leere
der weiten Zimmer Schutz, den schon gewissen Fang
735 verfolgt Neoptolem mit mordbegiergem Speere.

93.

Schon hascht ihn sein furchtbarer Arm,
und über ihm sieht schon den Stahl der Vater schweben,
noch flieht er bis zu Priams Fuß, und warm
entquillt in Strömen Bluts das junge Leben.
740 Nicht länger schweigt das Vaterherz,
obgleich verurtheilt von des Mörders Grimme,
erhebt er fürchterlich des Zornes Donnerstimme,
und heult in diese Worte seinen Schmerz.

726: Hierher g.

94.

Für diese Frevelthat, für diesen bittern Hohn,
745 für dieß verfluchenswürdige Erkühnen,
wenn noch Gerechtigkeit wohnt auf der Götter Thron,
erwarte dich, wie solche Thaten ihn verdienen,
dich, Ungeheur, ein grausenvoller Lohn!
Dich, dich, der mit verruchtem Bubenstücke,
750 mit dem erwürgten lieben Sohn
gefoltert hat die väterlichen Blicke!

95.

So wahrlich hielts mit seinem Feinde nicht
Achill, den du zum Vater dir gelogen.
Es ehrte mit erröthendem Gesicht
755 der Held mein Alter, und der Liebe Pflicht,
als ich zu ihm, ein Flehender, gezogen.
Er weigerte mir Hektors Leichnam nicht,
des Todten Feyer würdig zu begehen,
und ließ mich Troja wieder sehen.

96.

760 Mit diesen Worten schleudert er den Schaft,
der ohne Klang der schwachen Hand enteilet,
und aufgefangen von des Gegners Kraft,
des Schildes Spitze kaum zertheilet.
Geh denn, erwiedert Pyrrhus ihm voll Hohn,
765 sag dem Achill, wie sehr ihn meine Thaten schänden!
Verklage dort den tiefgesunk'nen Sohn,
jetzt aber stirb von meinen Händen!

97.

Er reißt den Zitternden, dieß sagend, zum Altare,
der noch vom Blut des Kindes raucht,
770 faßt mit der linken Hand die silbergrauen Haare,
indeß die Rechte tief sich in den Busen taucht.
So endigt' Priamus. Sein Aug' sah Troja brennen,
die über Asien den Scepter ausgestreckt,
Jetzt ein gigantischer Rumpf, am Meeresstrand entdeckt,
775 es fehlt das Haupt und niemand kann ihn nennen.

98.

Jetzt wird zum erstenmal von Furcht mein Herz erfüllt.
Des alten Königs letztes Blaßen
weckt mir des eignen theuren Vaters Bild,
zeigt mir mein Haus im Schutt, Gemahlinn, Kind verlaßen.
Ich spähe rings um, wer mir folgen kann,
Ach, matt vom Streit sind alle längst verschwunden.
Hier hatten sie vom Thurm den kühnen Sprung gethan,
dort in den Flammen ihren Tod gefunden.

99.

So war ich denn der Einzigübrige von allen,
als meinem Blick, der durch die Gegend fleugt,
des Brandes heller Schein in Vesta's Tempelhallen
die Tochter Tyndars sprachlos sitzend zeigt.
Der Griechen Furie, der Phrygier Verderben,
bang, durch des Gatten strenges Strafgericht,
bang, durch der Teukrier gerechte Wuth zu sterben,
barg sie im Heiligthum ihr bleiches Angesicht.

100.

Mein Zorn entbrennt. Es reißt mich hin, sie zu durchbohren.
zu rächen mein zerstörtes Vaterland.
Was? Troja setzte sie in Brand.
und zöge prangend ein in Lacedämons Thoren,
die Teukrer hinter sich in sklavischem Gewand?
Sie sähe Gatten, Kinder, Eltern, Vaterland?
Sie dürfte mit das Siegesfest begehen?
Nein! das wird nimmermehr geschehen!

101.

Mags seyn, daß des gestraften Weibes Blut
des Mannes Schwerdt nicht ehrt, den leichten Sieger schändet,
Genug, ich sättige der Rache heiße Glut,
der Frevel wird gestraft, gerächt der Freunde Blut,
und eine Schuldige dem Orkus zugesendet.
So sprach aus mir des eiteln Grimmes Wuth,

801: Schwert entehrt G·M, Schwert entbehrt g. — 803: Feinde Blut, g.

als plözlich, schön, wie sie sich nimmer mir gezeiget,
der Mutter Glanzgestalt sich zu mir neiget.

102.

Ganz Göttinn, ganz umflossen von dem Lichte,
worinn sie steht vor Jovis Angesichte,
810 durchschimmerte ihr Glanz die Dunkelheit:
Von welcher Wuth, mein Sohn, von welcher Wunde
entbrennt dein Herz? ertönts von ihrem Rosenmunde,
indem ihr Arm zu stehen mir gebeut.
Wohin mit diesen wüthenden Gebärden?
815 Was soll aus deiner Mutter werden?

103.

Du willst nicht lieber sehn, ob dein Askan noch lebt,
wo du des Vaters graues Haupt verlassen,
in welchen Nöthen jetzt dein Weib Kreusa schwebt,
die der Achiver Schwärme rings umfassen,
820 längst, ohne mich, ein Raub des Feuers oder Schwerdts?
Nicht die spartan'sche Helena laß büßen,
nicht Paris klage an. Da! zürne himmelwärts!
Die Götter sinds, die Trojas Untergang beschließen!

104.

Blick auf! Der Nebel sey zerstreut,
825 der noch mit Finsterniß dein sterblich Aug' umhüllet.
Doch werde streng von dir erfüllet,
was deine Mutter dir gebeut.
Du siehst, wie Staub und Rauch in schwarzen Fluten steiget,
siehst Schutt auf Schutt und Stein auf Stein gehäuft.
830 Das ist Neptun, der Trojas Veste schleift,
und mit dem Dreyzack ihre Mauern beuget.

105.

Am Ecäerthor siehst du Saturnia
die Unbarmherzige in rauhem Eisen blinken,
siehst von den Schiffen sie stets neue Feinde winken.
835 Auf Pergams Thurm siehst du Tritonia,

819: Achaier G.M. — 823: Untergang A] Fall G.M. — 828: Staub A] Qualm
G.M. — 831: Mauern K B C W M.

in ihrer Hand der Gorgo Schreckniß, blitzen,
du siehst — o fliehe fliehe, theurer Sohn,
des Himmels König selbst auf Jdas düsterm Thron
den Feinden Kräfte leihn, die Himmlischen erhitzen.

106.

840 Gib auf die eitle Gegenwehr.
O säume nicht, noch zeitig zu entrinnen,
noch unverletzt wirst du dein Haus gewinnen,
ich bin mit dir. Sie sprachs und — Nacht war um mich her.
Und mir erschienen, mit des Grimmes Falten,
845 der hohen Götter feindliche Gestalten,
Verwüstung, Einsturz, Grausen um und um,
in Asche sank vor mir ganz Ilium.

107.

So, wenn der Pflüger Schaar, auf hoher Bergesheide,
der Aexte mörderische Schneide
850 auf den bejahrten Stamm der wilden Esche zückt.
Sie murrt erzürnt herab, die schwanke Krone nickt,
erschüttert rauscht der dichtbelaubte Wipfel;
bis von der Wunden Macht besiegt,
sie ächzend sich herunter wiegt,
855 und sich zermalmend wälzt von des Gebirges Gipfel.

108.

Jetzt eil ich fort. Durch Flammen, Schwerdt und Leichen
führt unbeschädigt mich ein Gott, es weichen
die Lanzen vor mir aus, das Feuer macht mir Bahn.
Schon hab ich mich zur Wohnung durchgeschlagen,
860 mit dem verehrten Vater fang ich an,
ihn will ich rettend erst auf das Gebirge tragen,
umsonst bestürmt ihn seines Sohnes Flehn.
Ihm grauts, verbannt zu seyn in seinen alten Tagen,
mit Troja will er untergehn.

109.

865 Ihr andern, ruft er aus, in deren festen Brüsten
der Jugend üppige Gesundheit glüht,

863: fehlt G·M.

spart euch für beßre Tage — flieht!
Wars mir von Zevs bestimmt, des Lebens Rest zu fristen,
so war er Gott genug, den Flammen selbst zum Hohn,
870 ein Haus mir zu verleyhn. Genug, daß Einmal schon
dieß graue Haupt den Fall Dardaniens betrauert,
genug, daß es ihn einmal überdauert!

110.

So will ich es. Jetzt Kinder nehmt
den letzten Abschied von Anchisen.
875 Den Weg zum Tode find ich selbst, es schämt
der Feind sich nicht, mein Blut mitleidig zu vergiessen.
Er zieht mich aus. Gleichviel, begraben oder nicht!
Die Götter hassen mich, wozu noch länger tragen
des siechen Lebens lastendes Gewicht,
880 an Thaten leer, seitdem mich Jovis Blitz geschlagen!

111.

Er sprachs und unbeweglich blieb er stehn,
Ihn beugt nicht unser heißes Dringen,
nicht seines Enkels, nicht Kreusens Händeringen,
nicht unstrer Thränen Bund, die strömend zu ihm flehn,
885 durch solchen Trotz doch nicht den Tod herbey zu rufen,
nicht uns, uns alle, mit in seinen Fall zu ziehn.
Er bleibt auf seinem Nein, und weicht nicht von den Stufen,
aufs neu muß ich dem Tod entgegen fliehn.

112.

Denn, Götter, welche Wahl ward mir gegeben!
890 Dich Vater ließ ich fliehend hinter mir?
Solch grausames Begehren kam von dir?
Ists Jovis Schluß, soll nichts die Heimat überleben,
beharrest du darauf, daß uns derselbe Tod
vereinige. Wohlan, der Wunsch ist zu erhören.
895 Schon naht, von Priams Blut und seines Sohnes roth,
Neoptolem, bereit, der Opfer Zahl zu mehren.

864: Bund A G R B O B M] Macht g g. — 888: Rursus in arma feror, mortemque miserrimus opto. Virg. Aen. 2, 655. Vgl. Dem Schicksal soll er trotzen kühn, | Dem Tode blind entgegen fliehn. Macb. 4, 2. S. 102. u. III, 167.

113.

Und darum führtest du durch Schwerdt und Feuer
erhabne Mutter deinen Sohn? Ich soll den Feind
auch hier noch wüthen sehn, soll alles, was mir theuer
und theuer ist, in Einem Fall vereint,
an seinem Speere sich verbluten sehen?
O Waffen, Waffen her! Der letzte Tag bricht an.
Laßt uns aufs neu dem Feinde stehen,
nicht ungerochen stirbt, wer männlich fechten kann!

114.

Sogleich gürt ich das Schwerdt mir um den Leib,
und in des Schildes Griff muß sich die Linke fügen.
So gehts zum Thor. Ach, hier seh ich mein theures Weib,
den Kleinen zu mir neigend, vor mir liegen.
Zum Tod gehst du, ruft sie, so nimm auch uns mit fort!
Doch hoffst du Rettung noch von deinen Heldenarmen,
so bleib, und schütze diesen Ort.
Was wird aus uns? Wer wird der deinen sich erbarmen?

115.

So ruft sie heulend und erfüllt
das ganze Haus mit ihren Schmerzen,
als unverhofft, da wir den kleinen Julus herzen,
dem überraschten Blick ein Wunder sich enthüllt.
Sieh! von des Knaben Scheitel quillt
hellleuchtend eine Feuerflocke,
sie wächst indem sie niederfällt, und mild
durchkräuselt sie die unversehrte Locke.

116.

Schnell schütteln wir sie weg, und eilen, für Aslan
besorgt, die heilge Glut mit Wasser zu ersticken,
Anchises aber streckt die Hände himmelan,
und dankt hinauf mit Freude hellen Blicken:
Jetzt endlich, grosser Zevs! Jetzt, jetzt sind wir erhört!
O blick, wenn anders Bitten dich bewegen,

mit Huld auf uns herab, und, sind wirs werth,
verleih uns Schutz, bekräftge diesen Seegen.

117.

Er spricht es, und zur Linken kracht
ein lauter Donnerschlag. In schönem Strahlenbogen
kommt durch die weit erhellte Nacht
ein funkelndes Gestirn geflogen,
In unserm Zenith stieg es auf und zog
die Silberfurche hin nach Jdas Triften,
den Weg uns zeigend, den es flog,
die ganze Gegend raucht von Schwefeldüften.

118.

Von dieser Zeichen Macht besiegt,
rafft sich Anchises auf, und betet zu dem Sterne.
Fort, ruft er, fort. Die Zeit ist kostbar. Fliegt.
Führt mich von dannen, seys auch noch so ferne.
Euch Götter, die dieß Zeichen uns gesandt,
vertrau ich dieses Kind, vertrau ich diese Beyden,
in eurer Obhut steht das Vaterland.
Jetzt komm mein Sohn. Ich folge dir mit Freuden.

119.

Und lauter immer lauter hört man schon
des Brandes nahe Feuerflammen krachen.
Auf Vater, ruf ich, auf! Ich trage dich, den Schwachen,
leicht drückt des Vaters theure Last den Sohn.
Was nun auch kommen mag, wir theilen Tod und Leben,
die Hand will ich dem Kleinen geben,
in einger Ferne folgt Kreusa still.
Ihr Knechte merkt, was ich jetzt sagen will.

120.

Gleich vor der Stadt steht ihr an einem Felsenhange,
den ein verlaßner Ceres Tempel schmückt,
daneben ein Cypressenbaum; seit lange
mit Andacht von den Vätern angeblickt.

952: jetzt sagen A] verkünden G·M. — 956: Andacht A G g g L W M] Achtung B C.

Dort treffen wir uns, in verschiednen Schaaren!
Du Vater wirst die Heiligthümer wahren.
Wie dürfte sie, noch nicht genetzt von frischer Flut,
berühren diese Hand voll Blut!

121.

Sogleich wird ein Gewand den Schultern umgehangen,
vom Rücken wallt noch eine Löwenhaut,
ich neige mich, die Last des Vaters zu empfangen,
der Rechten wird mein Julus anvertraut,
der neben mir mit kürzern Schritten eilet,
und hinter unserm Rücken weilet,
zu hintergehn den laurenden Verdacht,
Kreusens Schritt — So fliehn wir durch die Nacht.

122.

Wie oft auch sonst im wildesten Gemenge
der Schlacht mein Busen unerschüttert blieb,
wie wenig mir der Feinde furchtbarstes Gedränge
die Röthe von den Wangen trieb,
jetzt machte jeder Laut mich beben,
mir schauerte vor jedes Lüftchens Zug,
besorgt für des Begleiters Leben,
bang für die Bürde, die ich trug.

123.

Schon sehn wir uns mit raschen Schritten
unfern dem Thore, frey von feindlicher Gewalt,
als ein Geräusch von Menschentritten
in die erschrocknen Ohren schallt,
Und durch der Finsterniße Schleyer
sah meines Vaters Furcht der Schilde blitzend Feuer,
der Helme blanke Sonnen glühn.
Sie sinds, ruft er, o laß uns eilends fliehn!

---

⁹⁵⁷: Dort 𝔄 𝔊 g 𝔏 𝔅 ℭ 𝔙 𝔐] Doch g. — ⁹⁶⁷: laurenden 𝔅 𝔒 𝔙 𝔐. —
⁹⁷⁷: mit 𝔄 𝔊 g g 𝔐] in 𝔏 𝔅 ℭ 𝔙. — ⁹⁷⁹: feindlicher 𝔄 𝔊 𝔏 𝔅 𝔒 𝔙] Feinds
g g 𝔐. — ⁹⁸¹ bis ⁹⁸³: Und nahe hinter uns im dunkeln (Dunkeln g g 𝔏 𝔒
𝔙 𝔐) | Sah meines Vaters Schrecken Schilde funkeln, | Und blank geschliffne
Helme glühn, ℭ·𝔐.

124.

985 Noch heute weiß ich nicht, welch feindliches Geschick
den Muth mir nahm, die Sinne mir verwirrte
in diesem unglücksvollen Augenblick?
In unwegsame Gegenden verirrte
mein Fuß, ach hielt ein Gott Kreusen mir zurück?
990 Verlor sie sich auf unbekannten Pfaden?
Blieb sie ermattet stehn? Ich hab es nie errathen.
Verschwunden war sie ewig meinem Blick!

125.

Und erst, als am bezeichneten Altar
versammelt waren alle Seelen,
995 ward ich den schrecklichen Verlust gewahr,
sah ich von allen sie allein uns fehlen.
Wen im Olymp schalt nicht mein blutend Herz,
wen klagt' mein Grimm nicht an auf Tellus weitem Runde!
Was war mir gegen diesen Schmerz
1000 des Reiches Fall und Trojas letzte Stunde?

126.

In der Gefährten treuer Hand
verlaß ich Julus und Anchisen
und unsrer Götter heilges Pfand;
im Thal wird ihnen Zuflucht angewiesen.
1005 Ich selber wende mit dem blanken Stahl
zur Stadt zurück. Gält's auch, ganz Troja zu durchspähen,
mein Schluß steht fest, der Schrecken ganze Zahl
und jegliche Gefahr von neuem zu bestehen.

127.

Erst eil ich nach dem Thor, das Rettung uns gewährt,
1010 und meiner Tritte Spur muß mir den Rückweg zeigen.
Mir graut bey jedem Schritt, es schreckt mich selbst das Schweigen,
Vielleicht daß sie zur Wohnung umgekehrt,
drum eil ich hin, was dort mich auch bedrohe,
Hier herrscht bereits der Feind. Vom Wind gegeißelt wehn

989: zurük? A. — 1008: vom neuen g.

die Flammen schon bis an des Giebels Höhn,
zum Himmel schlägt die fürchterliche Lohe.

128.

Des Königs Burg wird jetzt aufs neu von mir besucht.
Hier hüten Phönix und Ulyß, von allen
Achivern auserwählt, in den geräumgen Hallen,
wo Junos Freyheit ist, des blutgen Raubes Frucht.
Hier seh ich unter Trojas reichen Schätzen,
dem Feuer abgejagt, der Tempel goldne Zier.
In langen Reihn, gelagert seh ich hier
der Mütter bleiches Heer, die Kinder voll Entsetzen.

129.

Kühn ließ ich durch die todtenstille Nacht,
verlohrne Müh! der Stimme Klang erschallen,
ließ durch ganz Ilium den theuren Namen hallen,
in eitelm Suchen hab ich Stunden hingebracht,
als ein Gesicht, der ähnlich, die ich misse,
gigantscher nur, als sie im Leben war,
daher tritt durch die Finsternisse,
mir graußts, der Athem stockt, zu Berge steigt mein Haar.

130.

Warum, ruft es mich an, mit Suchen dich ermüden?
Wozu, geliebtester Gemahl,
des langen Forschens undankbare Qual?
Kreusens Schicksal hat ein Gott entschieden.
Nie, nie wirst du auf deinem irren Pfad
von deiner Gattin dich begleitet sehen.
Dagegen setzt sich Jovis Rath,
der droben herrscht in des Olympus Höhen.

131.

Ein Flüchtling wirst du lang den Wogen dich vertrauen,
bis dein geduldger Muth Hesperien erringt,
durch dessen segenvolle Auen
der lydsche Tiberstrom die stillen Fluten schlingt.

1019: Achaiern G·M. — 1030: gigantscher nur, R] Nur größer von Gestalt, G·M.

1045 Dir winkt an seinen lachenden Gestaden
ein Thron und einer Königstochter Hand,
drum höre auf, in Thränen dich zu baden
um das zerrissne Liebesband.

132.

Ich werde nicht der Griechen Städte steigen,
1050 nicht jubeln sehn der Stolzen Vaterland,
nicht vor den Griechinnen die Sklavenkniee beugen,
ich Dardans Enkelinn, der Venus anverwandt!
Es hält bei Priams umgestürztem Throne
der Götter hohe Mutter mich zurück.
1055 Leb wohl! Dich grüßt mein letzter Blick!
Leb wohl und liebe mich in unserm theuren Sohne!

133.

Auf meiner Zunge schwebt noch manches Wort,
noch manchen Laut will ich von ihren Lippen saugen,
in dünne Lüfte war sie fort,
1060 ihr folgen weinend meine Augen.
Dreymal will ich in ihre Arme fliehn,
dreymal entschlüpft das Bild dem feurigen Berühren,
gleich leichten Nebeln, die am Hügel ziehn,
ein Traum, den Titans Pferde rasch entführen.

134.

1065 Schnell wend' ich jetzt, (der Tag fieng an zu grauen)
zu den Gefährten um. Verwundert fand ich hier
ein neues grosses Heer von Jünglingen und Frauen,
des Elends Kinder! gleichgesinnt mit mir,
auf fremdem Strand sich anzubauen.
1070 Entschlossen strömten sie mit Haab und Gut herbey,
bereit, durch welche Fluten es auch sey,
sich meiner Führung zu vertrauen.

135.

Der Stern des Morgens stieg empor
auf Idas hoher Wolkenspitze,
1075 und leuchtete der Sonne Wagen vor.
Gesperrt hielt der Achiver jedes Thor,

und nirgends Hoffnung mehr die väterlichen Sitze
zu retten von der Feinde Flut.
Ich weiche dem Geschick. Die Schultern beugen
1080 sich unter meines Vaters Last, mit Muth
raff ich mich auf, den Ida zu besteigen.

2.

Dido.

Viertes Buch der Aeneide.

1.

Längst aber krank vom Pfeil des Liebesgottes, nährt
die Königinn ein Feu'r, das heimlich sie verzehrt,
mit immer wachsender Begier umranken
des theuren Gastes Bild die trunkenen Gedanken,
5 des Volkes Glanz, des Führers Heldenmut.
Sein Anblick, seine Worte brannten
tief in ihr Herz, noch nie gefühlte Kämpfe bannten
den süßen Schlaf aus dem empörten Blut.

A: Neue Thalia. Zweytes Stück des Jahrg. 1792. Leipzig Göschen S. 131
bis 172 (St. 1—82) und drittes Stück d. Jahrg. 1792. S. 283—306. (St. 83
bis 128.) — G: 2. Leipz. 1808. S. 241—305. — g: 2. Zw. Aufl. Leipz. 1805.
S. 245—309. — g: 2. Dritte Aufl. Leipz. 1808. S. 245—309. — K: 3. Stuttg.
1812. S. 486—528. — B: Erster Bd. 1835. S. 185—227. — O: S. 37—46.
— W: Erster Bd. 1844. S. 182—214. — M: Erster Bd. 1860. S. 140—176.
— G·M beginnen jeden Vers mit großem Buchstaben.
2. Dido. Freie Uebersetzung des vierten Buchs der Aeneide. G·M.
1—8: Doch lange schon im stillen Busen nährt
Die Königin die schwere Liebeswunde,
Ergriffen tief hat sie des Mannes Werth,
Des Volkes Glanz und seines Ruhmes Kunde,
An seinen Blicken hängt sie, seinem Munde,
Und leise schleichend an dem Herzen zehrt
Ein stilles Feuer, es entfloh der Friede,
Der goldne Schlaf von ihrem Augenliede. G·M. — 8: Augenlide. M.

2.

Kaum zog Aurorens Hand die feuchte Schattenhülle
vom Horizont hinweg, als ihres Busens Fülle
ins gleichgestimmte Herz der Schwester überwallt.
Ach, welche Zweifel sinds, die schlaflos mich durchbohren!
Geliebte, welcher Gast zog ein zu unsern Thoren!
Wie edel! welche männliche Gestalt!
Wie groß sein Muth! Sein Arm wie tapfer im Gefechte!
Gewiß er stammt von göttlichem Geschlechte!

3.

Durch welche Prüfung ließ das Schicksal ihn nicht gehn!
Gemeine Seelen wird das feige Herz verklagen,
Du hörtest, welche Schlachten er geschlagen!
Ja könnte Liebe je in dieser Brust erstehn,
seit mein Sichäus in das Grab gestiegen,
und wäre mein Entschluß, mein Abscheu zu besiegen
vor Hymens Fackel — soll ich dirs gestehn?
Dem einzgen Manne könnt ich unterliegen.

4.

Ja Anna, ohne Rückhalt soll vor dir
das Herz der Schwester sich entfalten.
Seitdem ein Brudermord Sichäus mir
entriß, für den des Busens erste Seufzer wallten,
seit meiner Flucht war dieß der erste Mann,
der meinem Herzen Neigung abgewann,
der erste, sag ich dir, der mich zum Wanken brachte,
neu ist die Glut erwacht, die einst mich selig machte.

5.

Doch eher schlinge Tellus mich hinab,
mich schleudre Jovis Blitz hinunter zu den Schatten,
zu des Avernus bleichen Schatten,
hinunter in das ewig finstre Grab,

---

⁹: Aurora's W. — ²³: An Hymens Banden — Soll G.·M. — ²⁴: Der einz'ge könnte schwach mich sehn. G.·M. — ²⁶: entfalten A] erschließen G.·M. — ²⁸: Der meine erste Liebe war, entrissen, G.·M.

eh daß ich deine heiligen Gesetze,
Schaamhaftigkeit, und meinen Eid verletze.
Er nahm mein Herz dahin. Ihm wars zuerst geweiht.
Sein bleibts in alle Ewigkeit.

6.

Sie sprichts, und ihren Schooß bethauen milde Zähren.
O! über alles mir geliebte, gibt
die Schwester ihr zurück. Allein und ungeliebt
willst du verblühn, den Wurm des Kummers ewig nähren?
Die Wonne, die aus süßen Kindern lacht,
Cytherens Freuden dir versagen?
Nach solchen Opfern, meinst du, fragen
die Todten in des Abgrunds Nacht?

7.

Und seys! hat denn der vielen Freyer einer
dein kummerkrankes Herz zur Liebe je geneigt?
Von allen kriegerischen Fürsten keiner,
die Afrika in seinem Schooß gezeugt.
Selbst der, vor dem die Libyer erbeben,
den Tyrus längst gehaßt — selbst Jarbas konnt es nicht;
und einer Neigung willst du widerstreben,
für die dein Herz so mächtig spricht?

8.

Vergaßest du, wo du dich eingewohnet,
daß ohne Zaum hier der Numider jagt,
der unbezwungne Getuler hier thronet,
die Syrte dort die Landung dir versagt;
hier unwirthbare Wüsten dich umgrausen,
dort der Barzäer wilde Völker hausen,
der Bruder selbst, deß Habsucht du entflohn,
und Tyrus Waffen dich von Osten her bedrohn?

44: den Kummer ewig G. M. — 45: süßen A] holden G. M. — 46: Cytherens
A] Der Venus süße G. M. — 55 ff: Nec venit in mentem, quorum consederis
arvis? Hinc Gaetulae urbes, genus insuperabile bello, Et Numidae infreni
cingunt, et inhospita Syrtis: Hinc deserta siti regio, lateque furentes Barcaei.
Quid bella Tyro surgentia dicam, Germaniqne minas? Virg. Aen. 4, 39—44.
59: unbezwungene M.

9.

65 Glaub mir, die Götter, die dich lieben,
Lucina selber wars, die an Karthagos Strand
die Schiffe dieser Fremdlinge getrieben.
Welch eine Stadt seh ich durch dieses Eheband,
welch einen Thron, o Schwester, sich erheben!
70 Zu welchen strahlenvollen Höhn
wird der Karthager Nahme schweben,
wenn solche Helden uns zur Seite stehn!

10.

Versöhne du nur erst der Götter Zorngericht
durch frischer Opfer Blut. Die Fremdlinge zu angeln
75 laß an gefälliger Bewirthung nichts ermangeln,
an Gründen, sie zu fesseln, fehlt es nicht.
Seht die zerbrochnen Schiff! Seht wie die Nebel rauchen,
die See noch stürmt, Orion Regen zieht! —
So wußte die zur Glut den Funken anzuhauchen,
80 die Hofnung tritt herbey und das Erröthen flieht.

11.

Jezt fragt sie das Geschick an blutigen Altären.
Dir Phöbus, der das künftige enthüllt,
dir, Städtegründende Demeter, quillt
zweyjährger Rinder Blut, dir Bromius zu Ehren,
85 vor allen Juno dir, der Ehen Schützerinn.
Vor dem Altar sieht man die schönste aller Frauen
den Becher in der Hand, Karthagos Königinn,
des weißen Rindes Haupt mit heilger Fluth bethauen.

12.

Bald geht sie vor der Götter Angesicht
90 an den noch dampfenden Altären auf und nieder,
beschenkt die schon Beschenkten wieder,
und forscht, was rauchend noch das Eingeweide spricht.

74: angeln A] halten G·M. — 75: Laß königlich des Gastrechts Fülle walten, G·M. — 77: Schiff A G g] Schiff' g B M, Schiffe K B C — wie die Nebel A G g g B M, „die" fehlt K B C. — 90: tritt herbey A] naht G·M.

Bethörtes Sehervolk! Befreyen
Gebet und Opfer wohl das schwerbefangne Herz?
95 Am innern Mark zehrt der verhehlte Schmerz
und spottet eurer Träumereyen.

13.

Der Flammen unheilbare Pein
treibt sie, Karthagos Stadt im Wahnsinn zu durcheilen,
so flieht die Hindinn, die in Kretas Hayn
100 mit zwecklos abgeschoßnen Pfeilen
der ferne Jäger traf. In ihrem Fleisch das Rohr
des Todes, das der Feind verlor,
bethaut sie die durcheilten Felder
mit ihrem Blut und Diktys finstre Wälder.

14.

105 Jetzt führt sie durch Karthago ihren Gast,
zeigt pralend ihm der Mauren stolze Last,
und läßt vor seinem Blick die Größe Sidons prangen.
Ein flüchtiges Gespräch wird schüchtern angefangen,
schnell reißt die Furcht es wieder ab. Kaum bricht
110 der Abend ein, so winkt das Mahl; sie fodert
von Trojens Fall aufs neu von ihm Bericht,
und nährt die Glut, die in dem Herzen lodert.

15.

Trennt endlich sie der strenge Ruf der Nacht,
und winkt der Sterne bleichend Licht zum Schlummer,
115 so nährt sie einsam ihren Kummer,
und sein verlaßnes Polster wird bewacht.
Abwesend hört sie ihn, verschlingt sie seine Züge,
herzt in Askan des theuren Vaters Bild,
ob sie vielleicht die Leidenschaft betrüge,
120 die glühend ihren Busen füllt.

98: Karthagos Stadt A] die Tyrerstadt G·M. — 104: Diktys A G g g K B] Diktes O W M. Schiller schrieb Diktys; obwohl Dikte richtig ist, da eine Gegend in Kreta, ιϰτη, Dicte, gemeint wird (peragrat saltus Dictaeos Virg. 4, 72), hätte die Lesart, die ihm eine Wissenschaft zuschreibt, auf die er kein Gewicht legte, nicht eingeführt werden dürfen. — 106: Mauern K B O W M. — 114: bleichend A] sinkend G·M.

16.

Der Thürme hochgeführte Lasten
Erlahmen bald in ihrem muntern Lauf.
Kein Wall, kein Giebel steigt mehr auf,
und tausend fleiß'ge Hände rasten.
125 Der Jugend müß'ger Arm entwöhnt sich von dem Speer,
im Hafen tönt kein Hammer mehr,
und unvollendet trauert das Gerüste,
das pralend schon die Wolken küßte.

17.

Als Zevs Gemahlin sie von Liebesflammen brennen,
130 und selbst des Rufes Stimme trotzen sah,
begann sie so zur schönen Cypria:
Glorwürdiges — man muß bekennen!
habt ihr vollbracht, du und dein wackrer Sohn!
mit reichem Raub zieht ihr davon!
135 Ein wahres Heldenwerk, ein Weib zu überlisten!
Werth, daß zwey Götter sich mit ihrer Allmacht rüsten!

18.

So scheint es doch, man habe meinen Sitzen
und meiner Puner Treu nicht sonderlich getraut?
Doch wo das Ziel? Wozu in Kämpfen uns erhitzen?
140 Laß Friede seyn, und Dido werde Braut.
Du hasts erreicht. Sie liebt. Sie rast von Liebesflammen.
Seys denn. Sie werde dieses Phrygers Magd,
Dir sey der Tyrer Volk zum Mitgift zugesagt,
Wir beyde schützen es zusammen.

19.

145 Cytherens Blick durchdrang der Rede listgen Sinn,
das Reich Italiens, den Teukriern entrissen,
in Libyens Grenzen einzuschließen,
und schlau erwiedert ihr der Schönheit Königinn:

---

121 f: Non coeptae adsurgant turres; Virg. Aen. 4, 86. — 143: zum Mitgift A G g g] zur Mitgift K B O B M. — 145: Cytherens Blick A] Idalia G. M. — 146: Italiens A] Hesperiens G. M.

Wer wäre Thor genug mit deiner Macht zu streiten,
150 und dein Erbieten feindlich zu verschmähn?
Nur müßte, was durch uns geschehn,
das Glück zum guten Ende leiten.

20.

Zu wenig bin ich selbst mit dem Geschick vertraut,
doch wird es Jupiter gestatten,
155 daß der Trojaner an den Tyrer baut,
daß beyde Völker sich in Eins zusammen gatten,
in Eine Nation vereint durch ewgen Bund?
Du, seine Gattinn, magst dich bittend an ihn wenden.
Neig ihn durch deinen hochberedten Mund,
160 Ich will das übrige vollenden.

21.

Darüber laß Saturnien gewähren,
giebt ihr des Himmels Königinn zurück.
Doch, wie dieß bringende Geschäft mit Glück
zu enden sey, laß mich vor allem dich belehren.
165 Sobald der erste Morgen tagt
und Titans Strahlen kaum die junge Welt bescheinen,
führt in den nächstgelegnen Haynen
die Liebestrunkene den Teukrer auf die Jagd.

22.

Wenn das Geschwader nun auf flügelschnellen Rossen
170 dahinschwebt, mit dem Garn das Wildgeheg umzäunt,
send' ich von oben her, vermengt mit schwarzen Schloßen,
ein Ungewitter ab; der ganze Himmel scheint
im Wolkenbruch herabgeflossen,
durch die zerrißnen Lüfte kracht
175 mein Donnerhorn, und undurchsichtge Nacht
trennt von dem Fürstenpaar die fliehenden Genossen.

23.

In Einer Grotte wird alsdann die Königinn
mit dem Trojaner sich zusammen finden,

156: Völker A] Stämme G·M. — 157: in Eine Nation A] Zu Einem Volk
G·M. — 175: Mein Donner, und Gewitternacht G·M.

dort werd ich gegenwärtig seyn, und, bin
ich deiner nur gewiß, auf ewig sie verbinden.
Dort kröne Hymen ihrer Herzen Bund! —
Ihr winkt Cythere zu mit hochzufriednen Blicken,
ein Lächeln schimmert um der Göttinn Mund,
daß ihrs geglückt, die Feindinn zu berücken.

24.

Indeß war Eos leuchtendes Gespann
aus blauer Woogen Schoos gestiegen.
Beym ersten Gruß der Göttinn fliegen
Karthagos Pforten auf, es fluthen Roß und Mann
in munterm Schwarm laut lermend durch die Felder,
das weite Garn, den Jagdspieß in der Hand,
kommt der Maßylier im Flug daher gerannt,
es schnaubt der Doggen Spürkraft durch die Wälder.

25.

Am Eingang des Pallastes harrt
der Königinn, die noch am Putztisch säumet,
der Puner Fürstenschaar, und an den Stuffen scharrt,
in Gold und Purpur prächtig aufgezäumet,
das stolze Roß der edeln Jägerinn,
und knirrscht voll Ungeduld in die beschäumten Zügel.
Auf thun sich endlich des Pallastes Flügel,
umringt von Volk erscheint Karthagos Königinn.

26.

Ein tyrisch Oberkleid, geschmückt
mit buntem Saum, umfließt die schönen Glieder,
durch ihre Locken ist ein goldnes Netz gestrickt,
vom Rücken schwankt der volle Köcher nieder,
von goldnem Haken wird der Purpur aufgeknüpft.
Ihr folgt der Phryger Schaar, mit kindschem Jubel hüpft
Askan voraus, und alle zu verdunkeln
sieht man Aeneen selbst im mittlern Reyhen funkeln.

182: Cythere A] die Andre G·M. — 195: Stufen K B C W M. — 197: edeln
M. — 205: goldnem A G K C W M] goldnen g g B.

27.

So wenn Apoll zu Delos heimischem Heerd
von seinem Wintersitz am Xanthus wiederkehrt —
da lebt Gesang und Tanz! die festlichen Altäre
umjauchzt der Agathyrsen bunte Schaar,
der Kreter, der Dryopen Heere.
Er selbst, den zarten Zweig des Lorbeers in dem Haar,
durch dessen Wellen sich ein goldnes Band gezogen,
steigt von des Cynthus Höh'n, und ihn umrauscht der Bogen.

28.

So majestätisch zog Aeneas jetzt heran.
Kaum hatte man der Berge Höhn erstiegen,
kaum aufgescheucht das Wild auf unwegsamer Bahn,
so werfen Gemsen sich und wilde Ziegen
im Sprung vom steilen Fels, und vom Gebirge fliegen
durch der Gefilde weiten Plan
der Hirsche scheue Heerden, von den Woogen
des aufgerührten Staubs den Blicken bald entzogen.

29.

Den raschen Renner tummelt ab und auf
Askan im tiefen Thal, mit kindischem Vergnügen,
bemüht, in vogelschnellem Lauf
jetzt diesen, jenen dann wetteifernd zu besiegen.
Wie feurig lechzt sein junger Muth
zu treffen auf des Ebers Wuth,
und einmal doch in diesem scheuen Haufen
auf einen Löwen anzulaufen!

30.

Indessen kracht des Himmels ganzer Plan
von fürchterlichen Donnerschlägen.
Auf schwarzen Flügeln bringt ein heulender Orkan
geborstner Wolken Flut, des Hagels finstern Regen,

209: Herd g g B C. W M. — 212: Cretesque Dryopesque fremunt, pictique Agathyrsi. Virg. Aen. 4, 146. „Dryopes et Agathyrsi seu Hyperborei. Mela 2, 1. 2, 86: Agathyrsi ora artusque pingunt." Heyne. — 223: Bogen g g R F C. W M.

Erschrocken fliehen auf zerstreuten Wegen
die Punier, die Teukrer mit Askan,
in Klüften sich, in Höhlen einzuschließen,
240 indem von Bergen schon sich Wetterbäche gießen.

31.

In einer Felsenkluft, Elisa, findest du
mit dem Trojaner Fürsten dich zusammen,
dem Bräutigam führt Juno selbst dich zu,
und Mutter Tellus winkt. Der Horizont in Flammen
245 bezeigt den unglückselgen Liebesbund,
statt Hochzeitfackeln leuchten dir die Blitze,
und heulend stimmt der Dreaden Mund
dein Brautlied an auf hoher Felsenspitze.

32.

Der Fürstinn Glück entfloh mit diesem Tag.
250 Nichts kann aus ihrem Taumel sie erwecken.
nicht das verklagende Gerücht vermag
aus ihrer Trunkenheit die Rasende zu schrecken.
Jetzt kein Gedanke mehr, in scheuer Heimlichkeit
des Herzens Glut der Neugier zu entrücken,
255 der Ehe heilger Nahme wird entweiht,
die Schuld der Leidenschaft zu schmücken.

33.

Alsbald macht das Gerücht sich auf,
die große Post durch Libyen zu tragen.
Wer kennt sie nicht? Die Kräfte schöpft im Lauf,
260 der Wesen flüchtigstes, die schnellste aller Plagen.
Klein zwar vor Furcht kriecht sie aus des Erfinders Schooß,
ein Wink — und sie ist riesengroß,
berührt den Staub mit ihrer Sole,
mit ihrem Haupt des Himmels Pole.

34.

265 Das ungeheure Kind gebahr einst Tellus Wuth,
zu rächen am Olymp den Untergang der Brüder,

245: Bezeugt G-M. — 251: Gericht P.

die jüngste Schwester der Gigantenbrut,
behend im Lauf, mit flüchtigem Gefieder.
Groß, scheußlich, fürchterlich! Soviel es Federn trägt,
270 mit soviel Ohren kann es um sich lauschen,
durch soviel Augen siehts, so viele Rachen reckt
es auf, mit so viel Zungen kann es rauschen.

35.

Winkt Hekate die laute Welt zur Ruh,
so fliegt es brausend zwischen Erd und Himmel,
275 kein Schlummer schließt sein Auge zu.
Am Tage suchts der Städte rauschendes Getümmel,
da pflanzt es horchend sich auf hoher Thürme Thron
und schreckt die Welt mit seinem Donnerton,
so eifrig, Lästerung und Lügen fest zu halten,
280 als aufgelegt, die Wahrheit zu entfalten.

36.

Jetzt brennt' es schadenfroh, die mannichfachsten Sagen,
(wahr oder falsch, gleichviel!) durch Libyen zu streun.
Ein trojischer Aeneas soll gekommen seyn,
der schönen Dido Hand im Raub davon zu tragen,
285 zerfließen soll in üppigen Gelagen
die lange Winterzeit dem schwelgerischen Paar,
vergessen hier, sein Reich zu schirmen vor Gefahr,
dort, neue Kronen zu erjagen.

37.

Zu Jarbas nimmt das Unthier seinen Lauf,
290 weckt in des Königs Brust die alten Liebesflammen,

280: Als fertig, Wahrheit G·M. — 281: mannigf. K C. — 287—8: Vergessen sie, sein Reich zu schirmen vor Gefahr, | Er, neue Kronen zu erjagen. G K. Vergessen sie, sein Reich zu schirmen vor Gefahr, | Er, neue Kronen zu erjagen g g. Vergessen sie, ihr Reich zu schirmen vor Gefahr, | Er, neue Kronen zu erjagen. B C. Vergessen sie, ihr Reich zu schirmen vor Gefahr, | Er, neue Kronen zu erjagen. W M. Regnorum immemores. Virg. Aen. 4, 194. „Carthaginis illa, hic Italiae." Heyne. — Die Lesart, die A gibt, ist vollständig richtig: „Hier vergißt das Eine (Dido), sein Reich zu schützen, dort das Andre, neue Kronen zu erjagen." Erst die Aenderung in G, die der Deutlichkeit aufhelfen sollte, brachte die Verwirrung, da nun zu dem femininen sie das neutrale sein nicht mehr stimmte, weshalb letzteres in ihr, der Dido, geändert werden mußte.

und thürmt des Zornes Donnerwolken auf.
Es rühmt sich dieser Fürst von Ammon abzustammen,
dem die entführte Garamantis ihn gebahr;
des Stifters hohe Abkunft zu bezeigen,
295 sieht man in seinem Reich unzählge Tempel steigen,
und hundertfach erhebt sich Zevs Altar.

38.

Des Vaters hoher Gottheit leuchtet
ein ewig waches Feur, von Priestern angefacht,
stets ist des Gottes Heerd von Opferblut befeuchtet,
300 indem das Heiligthum von bunten Kränzen lacht.
Hier war's, wo jetzt durchdonnert vom Gerüchte
und überwältigt von des Zornes Last,
der Fürst sich niederwarf vor Ammons Angesichte,
und flehend so zum Himmel rast:

39.

305 Das duldest du, ruft er, mit allen deinen Blitzen,
allmächtger Zevs, den Libyen verehrt?
Dem wir auf prächtgen Polstersitzen
beim frohen Mahl der Traube Blut versprützen?
So ist's ein Irrlicht nur, was durch die Wolken fährt?
310 So zittern wir umsonst vor deinem Donnerkeule?
So ist's ein leerer Schall, ein nichtiges Geheule,
was unser bebend Ohr dort oben rauschen hört?

40.

Ein flüchtig Weib, bedrängt, ein Obdach nur zu finden,
erscheint in meinem Reich. Auf halb geschenktem Strand
315 gelingts ihr endlich eine Stadt zu gründen,
die Ufer geb ich ihr zum Ackerland,
schenk' ihr großmüthig alle Fürstenrechte,
erröthe nicht, um ihre Hand zu freyn —
Umsonst! Ein Flüchtling kommt aus trojischem Geschlechte,
320 den nimmt sie auf, beß Sclavinn will sie seyn.

293: rapta Garamantide Nympha. Virg. Aen. 4, 198. „Garamantis Nympha, simpliciter pro Libyca." Heyne. — 294: bezeugen G·M. — 296: Zevs O, Zevs BM. — 299: vgl. 209. — 306: vgl. 296. — 310: Donnerkeile? G·M. vgl. Anthol. 236.

41.

Und dieser Weiberheld mit seiner Knabenschaar,
herausgeschmückt mit seiner lyd'schen Mütze,
unwiderstehlich durch sein salbentriefend Haar,
genießt nun seines Raubs in ihrem Fürstensitze.
325 Und wir, die mit verschwenderischer Hand
das Fleisch der Rinder dir geschlachtet,
gefürchtet über Meer und Land,
wir werden ungestraft verachtet!

42.

Erhörung findet er vor Ammons Angesicht.
330 Der blickt nach Tyrus Stadt, wo reich durch ihre Herzen
der Schmähsucht Pfeil die Liebenden verschmerzen,
winkt dann vor seinen Thron Cyllenius und spricht:
Wohlan mein Sohn! Laß dich die Winde niederschwingen
zu dem Dardanier, der in Karthago säumt,
335 und den verheißnen Thron im Arm der Lust verträumt,
und eile, mein Gebot zu seinem Ohr zu bringen.

43.

Nicht, wie man jetzt ihn überrascht, verhieß
ihn seine Mutter mir, die liebliche Cythere,
nicht daß er schwelgen sollt' in Tyrus Stadt, entriß
340 sie zweymal ihn der Myrmidonen Speere.
Das kriegerische Land, der Reiche künftges Grab,
Italien sollt er regieren,
verherrlichen den Stamm, der ihm den Ursprung gab,
und die bezwungne Welt in Sklavenketten führen.

44.

345 Kann solcher Größe Glanz sein Herz nicht mehr beleben,
will er für eignen Ruhm den Arm nicht mehr erheben,
warum mißgönnt er seinem Sohn
unväterlich der Römer Thron?
Was ist sein Zweck? was hält in Tyrus ihn vergraben,
350 wo ein verjährter Haß den Untergang ihm droht?

338: liebliche A] Göttinn von G·M.

Er segle fort. Er segle, will ich haben,
das ist mein ernstliches Gebot.

45.

Er sprichts, und was der große Vater ihm befohlen,
läßt jener schleunig in Erfüllung gehn.
355 Erst knüpft er an den Fuß die goldnen Flügelsohlen,
die reißend mit des Sturmes Wehn
ihn hoch weg führen über Thal und Höhn;
faßt dann den Stab, der einwiegt und erwecket,
der die Verstorbnen führt zu Lethes stillen See'n,
360 zurückbringt, und das Aug mit Todesnacht bedecket.

46.

Mit diesem Stab gebeut er dem Orkan,
durchschwimmt der Wolken Meer und lenkt der Stürme Wagen.
Jetzt langt er bey der Stirn des rauhen Atlas an,
und sieht im Fluge schon die schweren Schultern ragen,
365 die des Olympus Bürde tragen.
In der Gewölke schwarzem Küssen ruht
sein fichtenstarres Haupt, jetzt von des Hagels Wuth
gepeitscht, jetzt von der Winde Grimm geschlagen.

47.

Die Achseln deckt ein ewger Schnee. Es starrt
370 von tausendjährgem Eis umfangen,
des Greisen schauervoller Bart,
und Wetterbäche waschen seine Wangen.
Hier hält Merkur zuerst die raschen Flügel an,
und ruht in sanftem Fall auf den beeißten Zacken,
375 wirft dann von des Gebirges Nacken
mit ganzem Leib sich in den Ocean.

48.

So schwebt in tief gesenktem Bogen
um fischbewohnter Klippen Rand

---

³⁵⁷: über Meer und Land, G·M. — ³⁵⁹: stillem Strand, G·M. — ³⁶⁵: Die hoch und steil den Himmel tragen. G·M. — ³⁶⁶: Küssen A G g g] Kissen K B D W R vgl. 576. — ³⁶⁹: Achseln A G L B D W R] Achsel g g.

die Möwe längs dem Meeresstrand,
und netzt den niedern Fittig in den Wogen.
So kam jetzt zwischen Meer und Land
durch Libyens gethürmten Sand
vom mütterlichen Ahn Merkurius geflogen,
und brach mit schnellem Flug der Winde Widerstand.

49.

Kaum weilt sein Flügelfuß in Tyrus nächsten Gauen,
so stellt Aeneas sich ihm dar, bemüht,
die Mauern zu erneun und Thürme zu erbauen.
Ein Schwerdt, mit Jaspis reich bezogen, glüht
an seinem Gurt, hell flammt um seine Lenden
ein Oberkleid, mit Purpurblut getränkt,
von der Geliebten ihm geschenkt,
und reich mit Gold durchwirkt von ihren eignen Händen.

50.

Schnell tritt der Gott ihn an. So, ruft er, Weiberknecht!
So überrascht man dich! Du bauft Karthagos Veste,
du gründest zierliche Palläste,
und dein Beruf, dein auf dich hoffendes Geschlecht,
weg sind sie, weg aus deiner Seele?
Merk auf! Ich bringe dir Befehle
vom Herrscher des Olymps, von jener furchtbarn Macht,
vor der der Himmel bebt, des Erdballs Achse kracht.

51.

Von welcher Hoffnung Zauberseilen
läßt sich dein müß'ger Fuß in Libyen verweilen?
Reizt dich des Ruhmes lorbeervolle Bahn
nicht mehr, willst du für eignen Glanz nichts wagen,
warum soll dein aufblühender Askan
der Größe, die ihm winkt, entsagen?
warum das Scepter sich entrissen sehn,
das ihm beschieden ist auf des Janikuls Höhn?

383: antreten vgl. unten S. 408, 692. — 384: Feste V W.

52.

Kaum schweigt der Gott, so ist er schon den Blicken
der Sterblichen in dünne Luft entrückt.
Mit schweigendem Entsetzen blickt
Aeneas nach, ihm schauert's durch den Rücken,
die Locken stehn bergan, im Munde stirbt der Laut.
Durchdonnert von dem göttlichen Befehle
beschließt er schnelle Flucht, und mit entschloßner Seele
entsagt er seiner theuren Braut.

53.

Ach, aber wo der Muth, die Flucht ihr anzukünden?
Wo die Beredsamkeit, ein liebeflammend Herz
zu heilen von der Trennung Schmerz?
Wo auch den Eingang nur zu dieser Botschaft finden?
Nach allen Mitteln wird gespäht,
und von Entwurfe zu Entwurfe schwanken
die stürmischwogenden Gedanken,
bis endlich der Entschluß bey diesem stille steht.

54.

Still soll Kloanth mit Mnestheus und Sergest die Schaaren,
am Strand versammeln, sie bewaffnen, flott
die Schiffe machen, doch den Zweck nicht offenbaren.
Indeß die Glückliche selbst einem Gott
nicht glauben wird, daß solche Bande können reißen,
will er, die nahe Flucht ihr zu gestehn,
der Augenblicke günstigsten erspähn! —
Mit Lust vollstrecken die, was sie der Fürst geheißen.

55.

Doch bald errieth — Wer täuscht der Liebe Seherblick?
ihr ahndungsvoller Geist das drohende Geschick.
Den Schlag, der später erst sie treffen soll, beschleunigt
ihr fürchtend Herz, im Schooß der Ruhe selbst gepeinigt.

418: Beredsamkeit g g. — 425–429: Still soll Kloanth versammeln alle Schaaren, | Die Flotte ziehen in den Ocean, | Doch nicht den Zweck der Rüstung offenbaren. | Indessen sie in ihres Glückes Wahn | Nicht träumt, daß solche G.M.

Derselbe Mund, der so geschäftig war,
das Glück der Liebenden den Völkern zu berichten,
entdeckt ihr, daß der Trojer Schaar
440 sich fertig macht, die Anker schnell zu lichten.

56.

So taumelt, wenn der Ruf der Orgyen erschallt,
die Maenas auf, wenn durch ihr glühendes Gehirne
die nahe Gottheit brauſt, und von Cythärons Stirne
das nächtliche Geheul der Schwestern wiederhallt.
445 So schweifte Dido nun durch Tyrus ganze Weite
im Wahnsinn ihrer Qual, bis sie erschöpft im Streite
des Stolzes und der Leidenschaft
mit diesen Worten den Trojaner straft:

57.

Verräther! ruft sie aus. Du hoffst noch zu verhehlen,
450 was deine Brust doch zu beschließen fähig war?
Du willst dich heimlich aus Karthago stehlen?
Dich hält die Liebe nicht, Barbar,
Die Treue nicht, die du mir einst geschworen?
Die Unschuld nicht, die ich durch dich verloren?
455 Dich hält mein Tod — dich hält der Sterbeblick
des Opfers, das du würgtest, nicht zurück!

58.

Im Winter selbst willst du die Segel spannen,
willst dem Orkan zum Trotz von dannen?
Und ach! wohin? Nach einem fremden Strand!
460 zu Völkern, dir noch unbekannt!
Wie? Wäre nun dein Troja nicht gefallen,
wärs noch das Land der väterlichen Hallen,
dem du durchs wilde Meer entgegen ziehst!
Unmensch! Und ich bins, die du fliehst!

441: So fährt, wenn der Orgyen (Orglen M) Ruf erschallt, G g g L B O B M; Orgia – ◡ ◡ Virg. Aen. 4, 303, die Aenderung, nach dem Französ., Orgies, ist also keine Besserung, die alte Lesart deshalb wiederherzustellen. — 461: Wie? A] Ja! G. M.

59.

465 Bey dieser Thränenfluth! Bey deiner Mannesband!
weil ich an dich doch alles schon verloren,
bey unsrer Liebe frisch geflochtnem Band,
bey Hymens jungen Freuden sey beschworen!
empfiengst du Gutes je aus meiner Hand,
470 hat jemals Wonne dir geblüht in meinen Armen,
laß dich erbitten. Bleib! O, hab Erbarmen
mit meinem Volk, mit dem verlornen Land!

60.

Um deinetwillen haßt mich der Numide,
um deinetwillen sind die Tyrier mir gram,
475 um deinetwillen floh der Unschuld stolzer Friede
auf ewig mich mit der entweihten Schaam.
Mein Ruf ist mir geraubt, die schönste meiner Kronen,
der meinen Nahmen schon an die Gestirne schrieb.
Mein Gast reist ab — mit Tod mich abzulohnen!
480 Gast! das ists alles, was mir von dem Gatten blieb.

61.

Wozu das traur'ge Leben mir noch fristen?
bis Jarbas mich in seine Ketten zwingt?
bis sich der Bruder zeigt, mein Tyrus zu verwüsten?
Ja! Läge nur, wenn dich die Flucht von bannen bringt,
485 ein Sohn von dir an meinen Mutterbrüsten!
Säh ich dein Bild, in einem Sohn verjüngt,
in einem theuren Julus mich umspielen,
getröstet würd ich seyn, nicht ganz getäuscht mich fühlen!

62.

Sie schweigt und Zevs Gebot getreu, bezwingt
490 mit weggekehrtem Blick der Teukrier die Quaalen,
mit denen still die Heldenseele ringt.
Nie, rief er jetzt, werd ich mit Undank dir bezahlen,
was dein beredter Mund mir in Erinnrung bringt.
Nie wird Elisens Bild aus meiner Seele schwinden,

480: das ist Alles L B O. — 487: vgl. 296.

so lange Lebensglut durch meine Adern bringt,
der Geist noch nicht verlernt hat, zu empfinden.

63.
Jetzt wen'ge Worte nur. Nicht heimlich wie ein Dieb,
o glaub das nicht, wollt ich aus deinem Reich mich stehlen.
Wann maßt ich je mich an, mit dir mich zu vermählen?
Wars Hymens Fackel, die an deinen Strand mich trieb?
Wär mirs vergönnt, mein Schicksal mir zu wählen,
was von der Heimat mir nur irgend übrig blieb,
mein Troja sucht ich auf, die Reste meiner Theuern,
mit frischer Hand den Thron der Väter zu erneuern.

64.
Jetzt heißt Apolls Orakel nach dem Strand
des herrlichen Italiens mich eilen.
Dort ist mein Hymen, dort mein Vaterland!
Kann dich, die Tyrerin, Karthagos Strand verweilen,
den du erst kurz zum Eigenthum gemacht —
warum in aller Welt wirds Teukriern verdacht,
sich in Ausonien nach Hütten umzuschauen?
Auch uns stehts frey, uns auswärts anzubauen.

65.
Nie breitet um die stille Welt
die Nacht ihr thauiges Gewand, nie sticken
die goldnen Sterne des Olympus Zelt,
daß nicht Anchisens Geist, Entrüstung in den Blicken,
im Traumgesicht sich mahnend vor mich stellt.
Mich straft ein jeder Blick, der auf den Knaben fällt,
daß ich durch Zögern ihn von einem Thron entferne,
der sein ist durch die Gunst der Sterne.

66.
Und jetzt gebeut der Götterbote mir
das nehmliche, vom Herrn des Himmels selbst gesendet.

499: mich an, A G K B O R] mir an, g g M., vgl.: „du maßest dich an, mir Ehrfurcht abzufodern." Menschenfeind VI, 297, 19. — 500: Wars Hymen, der an deinen S. M.

Dido.

Bey meinem Leben, Fürstinn, schwör ichs dir,
bey meines Sohnes Haupt! Kein Wahn hat mich geblendet.
525 Ich selbst sah ihn — bey hellem Sonnenlicht —
in diese Mauren ziehn. Ich hörte seine Stimme.
Drum quäl uns beyde nicht mit undankbarem Grimme;
nicht freye Wahl entfernt mich, sondern Pflicht.

67.

Längst hatte sie, indem er sprach, den Rücken
530 ihm zugekehrt, und schaute wild um sich,
dann mißt sie schweigend ihn mit großen Blicken.
Jetzt reißt der Zorn sie fort. „Verräther! ruft sie, dich,
dich hätte Cypria, die Göttin sanfter Lüfte,
dich Dardanus gezeugt? — In grausenvoller Wüste
535 schuf Kaukasus aus rauhen Felsen dich,
und Tigermütter reichten dir die Brüste.

68.

Denn was verberg ich mirs? Brauchts höheren Beweis?
Hat Einen Seufzer nur mein Jammer ihm entrissen?
Mein Schmerz nur einmal aufgethaut das Eis
540 in seinem Blick? Erschüttert sein Gewissen?
Floß Eine Thräne nur, sein Leid mir zu gestehn?
O, was empört mich mehr? Sein Undank? Diese Kälte?
Gerechte Götter! Nein, von eurem hohen Zelte
könnt ihr dieß nicht gelassen sehn.

69.

545 Trau einer Menschen! Nakt las ich an meinem Strande
ihn auf, des Elends Raub, des Todes Beute, wies
ihm einen Wohnplatz an in meinem Lande,
entriß dem Tode sein Gefolge, ließ
der Flotte Trümmer sammeln — O, mich bringts von Sinnen!
550 Nun kommt ein Götterspruch! Nun spricht Apoll!

526: Mauern g K B C B M. — 537: höheren] mehr G·M. — 545—549: Trau
Einer Menschen! Nakt an meinem Strande | Fand ich den Flüchtling, da er
scheiterte, | Zu wohnen gönnt ich ihm in meinem Lande, | Erhielt ihm die Ge-
fährten, rettete | Der Flotte Trümmer — O, mich ... G·M.

Nun schickt Thronion selbst von des Olympus Zinnen
Befehle nieder, gräßlich, schauervoll!

70.

O freilich! das bekümmert die dort oben!
Das stört sie auf in ihrer goldnen Ruh!
555 Doch seys wies sey! Ich schenke dir die Proben.
Geh immer. Steure frisch dem Tiberstrome zu.
Noch leben Götter, die den Meineid rächen.
Auf sie vertraut mein Herz. Geh. Ueberlasse dich
den Wellen nur. Ich weiß, du denkst an mich,
560 wenn zwischen Klippen deine Schiffe brechen.

71.

Abwesend eil ich dir in schwarzen Flammen nach,
und schrecklich soll, wenn dieses Leibes Bande
des Todes kalte Hand zerbrach,
mein Geist dich jagen über Meer und Lande.
565 Bezahlen sollst du mir, entsetzlich, fürchterlich!
Ich hör es noch, wenn man mich längst begraben,
im Reich der Schatten will ich mich
an dieser Freudenbotschaft laben.

72.

Hier bricht sie ab, entreißt in schneller Flucht
570 sich zürnend des Trojaners Blicken,
der noch verlegen säumt, und fruchtlos Worte sucht,
des Kummers Größe auszudrücken.
Besiegt von ihrem schweren Harm
sinkt sie in ihrer Dienerinnen Arm,
575 die auf ein Marmorbett sie niederlegen,
und den erschöpften Leib auf weichen Küssen pflegen.

73.

Wie feurig auch der Menschliche sich sehnt,
durch sanfter Worte Kraft die Leidende zu heilen,
wie mancher Seufzer auch den Heldenbusen dehnt,
580 der Wink des Himmels heißt ihn eilen,

576: (Kissen g) vgl. 366; 953.

und Amors Stimme weicht dem göttlichen Geheiß.
Er fliegt zum Strand, wo der geschäftge Fleiß
der Seinen brennt, die Schiffe flott zu machen,
schon tanzen auf der Fluth die wohlverpichten Nachen.

74.

585 Noch ungezimmert bringen sie den Baum,
(so ernstlich gilts) noch grün die Ruder hergetragen,
es lebt von Menschen, die zum Ufer jagen,
vom Hafen bis zur Stadt der ganze Zwischenraum.
So wenn geschäftiger Ameisen Schaaren,
590 dem kargen Winter Nahrung aufzusparen,
den Waizenberg zu plündern glühn,
und mit dem Raube dann in ihre Löcher fliehn.

75.

Der schwarze Trupp durchzieht die Schollen,
bemüht, die Beute fortzurollen,
595 auf schmalem Weg, durch Gras und Kraut,
stemmt dort, die schweren Körner zu bewegen,
sich mit den Schultern kräftiglich entgegen,
dem Dritten ist die Aufsicht anvertraut,
der spornt das Heer und straft die Trägen,
600 lebendig ists auf allen Wegen.

76.

Wie war bey diesem Anblick dir zu Muth,
Elisa? welche Seufzer schicktest
du zum Olymp, als du des Eifers Glut
von deiner hohen Burg am Meeresstrand erblicktest?
605 Vor deinem Angesicht die ganze Wasserwelt
erzittern sahst von rauhen Schifferkehlen?
Grausame Leidenschaft! Auf welche Proben stellt
dein Eigensinn der Menschen Seelen!

77.

Aufs neue wird der Thränen Macht
610 erprobt, aufs neu das stolze Herz den Siegen

der Leidenschaft zum Opfer dargebracht.
Wie sollte sie, eh alle Mittel trügen,
hinuntereilen in des Grabes Nacht?
Sieh, Anna, ruft sie aus, wie sie zum Hafen fliegen!
615 Wie's wimmelt an dem Strand! Sieh! Sieh! die Schiffe sind
bekränzt, die Segel rufen schon den Wind!

78.
Hätt' ich zu diesem Schlage mich versehen,
so hätte, ihn zu überstehen,
mir auch gewiß die Fassung nicht gefehlt.
620 Drum noch dieß Einzige. Dir schenkt er sein Vertrauen.
Dir noch allein. Du darfst in seine Seele schauen,
nie hat er eine Regung dir verhehlt.
Du weißt des Herzens weiche Seiten auszuspähen,
drum geh, den stolzen Feind noch einmal anzuflehen.

79.
625 Sag ihm, nie hab ich mich an Aulis Strand
verschworen mit dem Feind, sein Ilium zu schleifen,
nie Schiffe mitgesandt, die Veste anzugreifen,
des Vaters Asche nie aus ihrer Gruft entwandt.
Warum schließt er sein Ohr hartherzig meiner Bitte?
630 Er warte doch, bis ein geneigter Wind ihm weht.
Er wage doch die Fahrt nicht in des Winters Mitte.
Dieß sey der letzte Dienst, um den ihn Dido fleht.

80.
Nicht jenes alte Band will ich erneuern,
das er zerriß, nicht hinderlich ihm seyn,
635 nach seinem theuren Latium zu steuern.
Um Aufschub bitt ich ihn allein,
um etwas Frist, den Sturm des Busens zu bezähmen,
gelaßner zu verschmerzen diesen Schlag!
Noch diesen Dienst laß in das Grab mich nehmen,
640 der deiner Liebe Maaß an mir vollenden mag.

616: dem Wind! G·M. — 623: weiche Seiten A G L B O B M] Weichen g g
Sola viri mollis aditus et tempora noras. Virg. Aen. 4, 423. — 627: Feste B M.

81.

So fleht die Elende. Der Schwester heiße Zähren
bringt Anna vor sein Ohr. Umsonst, die Götter wehren,
sein leicht gerührtes Herz verschließt des Schicksals Macht.
So, wenn den hundertjährgen Eichstamm umzureißen,
die Alpenstürme wüthend sich befleißen,
und brausend ihn umwehn. Bis an den Wipfel kracht
der Stamm, sie fassen heulend seine Glieder,
und von den Zweigen rauscht ein grüner Regen nieder.

82.

Er selbst hängt zwischen Klippen fest, so weit
sein Wipfel aufwärts in den Himmel dräut,
so tief bringt seine Wurzel in die Hölle.
So ward von fremdem Flehn, noch mehr von eignem Schmerz
zerrissen jetzt des Helden Herz,
doch der Entschluß behauptet seine Stelle.
Wie sehr das weiche Herz von Mitgefühlen glüht,
Die Thräne fließt umsonst, und kalt bleibt sein Gemüth.

83.

Verhaßt ist ihr fortan des Himmels Bogen,
von gräßlichen Erscheinungen bedroht,
vom Schicksal selbst zum Abgrund hingezogen,
beschließt die Unglückselige den Tod.
Einst, als sie den Altar beschenkt mit frommen Gaben,
verwandelt jählings sich des heil'gen Weines Flut —
Entsetzliches Gesicht! in Blut,
und dies Geheimniß ward mit ihr begraben.

84.

Auch stand, den Manen des Gemahls geweiht,
im Hause eine marmorne Kapelle,
verehrt von ihr mit frommer Zärtlichkeit,
geschmückt mit manchem Laub und glänzendweißem Felle.

643: leicht gerührtes A] fühlend G·M. — 655—656: Wie auch sein Herz in allen
Tiefen leidet, | Geschehen muß wie das Geschick entscheidet. G·M. — „Die Fort-
setzung im nächsten Stück." A 172. — 657: Didos Tod. Beschluß des vierten
Buchs der Aeneide. 83. Verhaßt.." A S. 283—306.

Von hier aus hörte sie, wenn alles ringsum schlief,
670   des Gatten Ton, der sie mit Nahmen rief,
und einsam wimmerte auf hohem Dach die Eule
ihr todweissagendes Geheule.

85.

Auch manch Orakel wird in ihrem Busen wach,
Aeneens Schatten selbst scheucht sie mit grimmgem Blicke,
675   eilt der Geängstigten in Träumen drohend nach,
und einsam stets bleibt sie zurücke.
Ihr däucht, sie wandle hin auf menschenleerer Flur,
sie ganz allein auf einem langen Pfade,
und suche ihrer Thyrer Spur
680   längs dem verlassenen Gestade.

86.

So siehet Pentheus Fieberwahn
die Schar der Furien ihm nahn,
zwey Theben um sich her, zwey Sonnen aufgegangen,
so ruft der Bühnen Kunst Orestens Bild hervor,
685   wenn mit der Fackel ihn und fürchterlichen Schlangen
der Mutter Schatten jagt, der Racheschwestern Chor,
gespieen aus dem Schlund der Hölle,
ihn angraußt an des Tempels Schwelle.

87.

Als jetzt ein Raub der schwarzen Eumeniden
690   Elisa sich dem Untergang geweiht,
auch über Zeit und Weise sich entschieden,
tritt sie die Schwester an mit falscher Heiterkeit,
läßt im verstellten Aug der Hofnung Strahlen blitzen,
tief scheint der lange Sturm des Busens jetzt zu ruhn:
695   Geliebte freue dich, ein Mittel weiß ich nun,
ihn zu vergessen oder zu besitzen.

88.

Am fernen Mohrenland, dort wo des Tages Flamme
sich in des Weltmeers letzte Fluthen neigt,

---

⁶⁷⁴: grimmgem A] wildem G·M. — ⁶⁸¹: Pentheus: „Eurip. Bacch. 916 sqq." Heyne. — ⁶⁹²: vgl. oben S. 398, 398 und Tell, Schluß des 4. Aufzugs S. 205.

wo unterm Himmel sich der Atlas beugt,
700 wohnt eine Priesterin aus der Massyler Stamme.
Ihr ist der Hesperiden Haus vertraut,
sie hütete die heilgen Zweige,
besänftigte mit süßem Honigteige
des Drachen Wuth, und mit dem Schlummerkraut.

89.

705 Die rühmt sich, jedes Herz verletzt von Amors Pfeilen,
durch ihres Zaubers Kraft zu heilen,
auf andre drückt sie selbst den Pfeil des Kummers ab.
Sie zwingt in ihrem Lauf die Ströme still zu stehen,
die Sterne kann sie rückwärts drehen,
710 und Nachtgespenster ruft sie aus dem Grab,
zerreißt der Erde brüllend Eingeweide,
und zieht den Eichbaum von des Berges Haide.

90.

Daß es bis dahin mit mir kommen muß!
Bei deinem theuren Haupt! Bei Zevs Olympius!
715 Es fällt mir schwer! — Doch jetzt kann Zauber nur mich retten.
Drum, Liebe, richte still mir einen Holzstoß auf
im innern Hof des Hauses. Lege drauf
das Schwert, jedweden Rest des Schändlichen, die Betten,
wo meine Unschuld starb. Die Priesterinn gebeut,
720 zu tilgen jede Spur, die mir sein Bild erneut.

91.

Sie sprichts und Todesblässe deckt
ihr Angesicht. Doch daß in diesem Schleyer
der Schwester eigne Leichenfeyer
sich birgt, bleibt Annens blödem Sinn versteckt.
725 In der Verzweiflung Tiefen unerfahren,
besorgt sie schlimmres nichts, als was Elisens Gram
beim Tod des ersten Gatten unternahm,
drum säumt sie nicht, der Schwester zu willfahren.

712: Heide. B M. — 714: vgl. 296.

92.

Bald steht durch ihrer Hände Fleiß
ein großer Holzstoß aufgerichtet,
aus Fackeln und aus dürrem Reis
im innern Hofraum aufgeschichtet.
Ihn schmückt die Königinn, wohl wissend was sie thut,
mit einem Kranz und der Cypresse traurgen Aesten,
und hoch auf ihrem Brautbett ruht
des Trojers Bild und Schwerdt mit allen Ueberresten.

93.

Auf jeder Seite zeigt sich ein Altar,
und in der Mitte steht mit aufgelößtem Haar
die Priesterinn in heilge Wuth verloren.
Ihr fürchterlicher Ruf durchdonnert selbst die Nacht
des Erebus. Des Chaos wilde Macht,
ein ganzes Heer von Göttern wird beschworen,
Persephoneiens dreyfache Gewalt,
Dianens dreymal wechselnde Gestalt.

94.

Die Fluthen des Avernus vorzustellen,
besprengt sie den Altar mit heilgen Wellen.
Nach jungen Kräutern wird gespäht,
die von des Giftes schwarzen Tropfen schwellen,
beim Mondlicht mit der Sichel abgemäht;
auch forscht man nach dem Liebesbissen,
der auf der Fole jungem Haupt sich bläht,
dem Zahn des Mutterpferds entrissen.

95.

Sie selbst, das Opferbrod in frommer Hand,
mit bloßem Fuß, mit losgebundenem Gewand,

745: Averns g. — 751: Fohle K O W M, des Fohlen B. Quæritur et nascentis equi de fronte revolsus, Et matri præreptus, amor. Virg. Aen. 4, 515–516. „Et sane equis amoris innasci veneficium, hippomanes appellatum, in fronte, caricæ magnitudine, colore nigro: quod statim edito parta devorat seta, aut partum ad ubera non admittit. Si quis præreptum habeat, olfactu in rabiem id genus agitur. Plin. 8, 42, 66." Heyne.

755 bereit zum Tode, steht an des Altares Stufen,
auf ihres Mörders Haupt der Götter Strafgericht,
der Sterne Zorn herabzurufen,
und neigt ein Gott sein Angesicht
auf Liebende herab, die ihre Schwüre brechen,
760 so bietet sie ihn auf, zu strafen und zu rächen.

96.

Gekommen war die Nacht, und alle Wesen ruhten
erschöpft im süssen Arm des Schlafs. Tief schweigt
der Wald, gelegt hat sich der Zorn der Fluthen,
zur Mitte ihrer Bahn die Sterne sich geneigt.
765 der Vögel bunter Chor verstummt, die Flur, die Heerden,
was sich in Sümpfen birgt und in der Wälder Nacht,
vergißt der Arbeit und Beschwerden,
gefesselt von des Schlummers Macht.

97.

Nur deines Busens immer wachen Kummer,
770 unglückliche Elisa! schmilzt kein Schlummer,
nie wird es Nacht auf deinem Augenlied.
Empfindlicher erwachen deine Schmerzen,
aufs neu entbrennt in deinem Herzen
der Kampf, den ach! Verzweiflung nur entschied,
775 Jetzt Raub des Grimms, jetzt ihres Kummers Beute,
beginnt sie so in diesem innern Streite.

98.

Unglückliche, ruft sie, was soll nunmehr geschehn?
Gehst du, von neuem dich den Freyern anzutragen,
die du verächtlich ausgeschlagen,
780 und der Nomaden Hand fußfällig zu erflehn?
Gehst du, den Teukriern als Magd dich anzubieten?
Du kennst ja ihre Dankbarkeit,

755—760: Zum Tod entschlossen steht an den Altären, | Des Himmels Zorn, der Götter Strafgericht | Auf ihres Mörders Haupt herabzuschwören, | Und schützt ein Gott der Liebe fromme Pflicht, | Der Treue heiliges Versprechen, | Ihn ruft sie auf, zu strafen und zu rächen. G.M. — 770: schmelzt O. — 771: Augenlid. M.

    du solltest wissen, wie bereit
    sie sind, empfangne Opfer zu vergüten.

99.

785 Und öffnen sie dir wohl der Schiffe stolzen Schooß,
    gesetzt, du könntest diese Schmach verschmerzen?
    So wenig weißt du, wie gewissenlos
    Laomedontier mit Treu und Glauben scherzen!
    Folgst du den stolzen Ruderern allein?
790 Hohlst du mit deinen Tyriern sie ein?
    Und kaum aus Sidons Stadt gewaltsam fortgezogen,
    vertraust du sie aufs neu dem Spiel von Wind und Wogen?

100.

    Nein stirb, wie du verdient! Das Schwerdt befreie dich.
    Dir Schwester dank' ich meinen Fall. Du gabest mich
795 dem Feinde Preiß, von meiner Thränen Fluth bestochen!
    Konnt ich nicht schuldlos, von Begierden rein,
    nicht frey von Hymens Band mich meines Lebens freun?
    Mein Wort hab ich Sichäus dir gebrochen,
    geschworen deinem heiligen Gebein.
800 Erzürnter Geist, du wirst gerochen!

101.

    So quälte jene sich, indeß auf hohem Schiff,
    entschlossen und bereit, Karthagos Strand zu räumen,
    Aeneas schlief. Ihm zeigte sich in Träumen
    dasselbe Bild, das jüngst mit Schrecken ihn ergriff,
805 und bringt denselben Auftrag wieder,
    dem Flügelboten gleich an Stimme, an Gestalt,
    dasselbe blonde Haar, das Majens Sohn umwallt,
    derselbe schlanke Bau der jugendlichen Glieder.

102.

    Ist's möglich, ruft er, Göttinnsohn,
810 an des Verderbens Rand kannst du des Schlummers pflegen?

786: gesetzt, A] Seis auch, G.M. — 794: Dir dank' ich meinen Fall. Du, Schwester, gabest mich g g M. — 795: Dem Feinde Preiß (Preis g g K B, preis L. B M), von meinem Flehn bestochen! G.M.

106.

Jetzt eben windet sich aus Tithons goldnem Schoos
des Morgens junge Göttinn los,
und überströmt die Welt mit neugebohrnen Strahlen.
Aus ihren Fenstern sieht mit silberfarbem Grau
845 die Königinn den Horizont sich mahlen,
sieht durch der Wasser fernes Blau
die Flotte schon mit gleichen Segeln fliegen,
die Küste leer, den Hafen öde liegen.

107.

Da schlägt sie mit ergrimmter Hand
850 die schöne Brust, zerrauft die gelben Locken:
Allmächtger Zevs, ruft sie erschrocken,
Er geht! Er flieht von meinem Strand!
Dem Frembling gieng es hin, mich straflos zu verspotten?
Bewaffnet nicht ganz Tyrus mein Geheiß?
855 Auf, auf! Reißt aus dem Zeughaus meine Flotten!
Bringt Fackeln! Rudert frisch! Gebt alle Segel preiß!

108.

Wo bin ich? Ach, was für ein Wahnsinn reißt mich fort?
Jetzt hat dein feindlich Schicksal dich ereilet,
Unglückliche! Da galts, da war der rechte Ort,
860 als du dein Reich mit ihm getheilet.
Das also ist der Held voll Treu, voll Edelmuth,
der seines Vaters Last auf fromme Schultern lud,
der mit sich führen soll auf allen seinen Bahnen
die Heiligthümer seiner Ahnen!

109.

865 Konnt ich in Stücken ihn nicht reißen, nicht zerstreun
im Meer, ihn und sein Volk? Nicht seinen Sohn erwürgen?
Auftischen ihm zum Mahl? — Wo aber meine Bürgen,
daß er nicht siegte? Mocht es immer seyn!

841: Und jetzo windet G·M. — 855: dem Zeughaus A G R B O W] dem Werfte g g M (Schiller corrigirte wahrscheinlich nur das Wort Zeughaus in Werfte und ließ den Artikel unberücksichtigt, doch kommt auch das Neutrum, das Werft, vor. — 857: Ach, A] Weh, G·M.

Was fürchtet, wer entschlossen ist zu sterben?
Sein Lager steck ich an, mit einer Löwinn Wuth,
vertilgte Vater, Sohn, die ganze Schlangenbrut,
und theilte dann frohlockend ihr Verderben!

110.

O du, vor dessen Strahlenangesicht
kein Menschenwerk sich birgt, erhabnes Licht!
Du Gattinn Zevs, die meine Leiden kennet,
du Hekate, die man durch Stadt und Land
auf finstern Scheidewegen heulend nennet,
ihr Furien, ihr Götter, deren Hand
die sterbende sich weiht! Vernehmt von euren Höhen
der Rache Aufgebot! Neigt euch zu meinem Flehen!

111.

Muß der Verworfne doch zum Ufer sich noch ringen,
ist dem Verhängniß nichts mehr abzubingen,
ists Jovis unabänderliches Wort,
o so erduld er alle Kriegesplagen,
von einem tapfern Volk aus seinem Reich geschlagen,
gerissen aus des Sohnes Armen,
such' er bey Fremblingen Erbarmen,
und sehe schaubernd der Gefährten Mord!

112.

Und fügt er sich entehrenden Verträgen,
so mög er nimmer sich des Throns noch Lebens freun,
Er falle vor der Zeit! Dieß sey mein letzter Segen,
mit diesem Wunsch geh ich dem Acheron entgegen,
im Sande liege unbeerdigt sein Gebein!
Dann Tyrier verfolgt mit ewgen Kriegeslasten
den ganzen Saamen des Verhaßten,
dieß soll mein Todesopfer seyn!

870: Lager: castra Virg. Aen. 4, 604. — 875: vgl. 296. — 881: Verworfene g.
— 892: Acheron A] Styx G·R. — 893: unbeerdigt A G R B C B] grablos g g M.
— 896: Todtenopfer B.

113.

Kein Friede noch Vertrag soll jemals euch vereinen!
ein Rächer wird aus meinem Staub erstehn,
in ihren Pflanzungen mit Feur und Schwerdt erscheinen,
früh oder spät, wie sich die Kräfte tüchtig sehn.
Feindselig drohe Küste gegen Küste,
rachgierig thürme Fluth sich gegen Fluth,
Schwerdt blitze gegen Schwert, der späten Enkel Brüste
entflamme unversöhnte Wuth.

114.

Sie sprachs und sann voll Ungedulb, die Bande
des traurgen Lebens zu zerreissen, rief
Sichäus Amme (ihre eigne schlief
den langen Schlummer schon im mütterlichen Lande)
laß, spricht sie, theure Barce, schnell
die Schwester sich mit frischem Quell
benetzen, sag ihr an, daß sie die Thiere
und die bewußten Opfer zu mir führe.

115.

Du selbst, geliebte, säume nicht,
mit frommer Binde dir die Schläfe zu verhüllen,
ich will des angefangnen Opfers Pflicht
dem unterirrdschen Zevs erfüllen,
und meinen Gram auf ewig stillen.
Sogleich flammt mit dem Bösewicht
der Holzstoß in die Luft! — Sie sprichts und sonder Weile
wankt jene fort mit ihres Alters Eile.

116.

Sie selbst, zur Furie entstellt
vom gräßlichen Entschluß, der ihren Busen schwellt,
mit bluterhitztem Aug, gestachelt von Verlangen,
der Farben wechselnd Spiel auf krampfhaft zuckenden Wangen,
jetzt flammroth, jetzt vom nahenden Geschick
durchschauert, bleich wie eine Büste,

898: Exoriare aliquis nostris ex ossibus ultor. Virg. Aen. 4, 625. — 924: vgl. 838.

stürzt in den innern Hof, und, Wahnsinn in dem Blick,
besteigt sie das entsetzliche Gerüste.

117.

Reißt aus der Scheide des Trojaners Schwerdt,
930 (ach, nicht zu diesem Endzweck ihr geschenket!)
doch, als ihr Blick sich auf Aeneens Kleider senket
und auf das wohlbekannte Bette, kehrt
sie schnell in sich, verweilt bey diesem theuren Orte,
läßt noch einmal den Thränen freien Lauf,
935 schwingt dann aufs Bette sich hinauf,
und scheidet von der Welt durch diese letzten Worte:

118.

Geliebte Reste! Zeugen meiner Freuden,
solang's dem Schicksal und den Himmlischen gefiel!
Entbindet mich von meinen Leiden,
940 empfangt mein fließend Blut, auf euch will ich verscheiden.
Ich bin an meines Lebens Ziel.
Vollbracht hab ich den Lauf, den mir das Loos beschieden,
jetzt fliehet aus des Lebens wildem Spiel
mein großer Schatten zu des Grabes Frieden.

119.

945 Gegründet hab ich eine weitberühmte Stadt,
und meine Mauren sah ich ragen,
bestraft hab ich des Bruders Missethat,
der Rache Schuld dem Gatten abgetragen.
Ach! hätte nie ein Segel sich
950 aus der Trojaner fernem Lande
gezeigt an meines Tyrus Strande,
wer war glückseliger als ich!

120.

Sie spricht's und drückt ins Küssen ihr Gesicht:
Und ohne Rache, ruft sie, soll ich fallen?

---

⁹³⁸: Schicksal und A] Glück G·M. — ⁹⁴⁵: weltberühmte g. — ⁹⁴⁶: Mauren g L B O W M. — ⁹⁴⁷: Frevelthat, G·M. — ⁹⁵³: Küssen A G] Kissen g g R S O B M; vgl. 676.

418 Uebersetzungen.

955 Doch will ich fallen, doch! Gerochen oder nicht!
So ziemts, ins Schattenreich zu wallen!
Es sehe der Barbar vom hohen Ozean
mit seinen Augen diese Flammen steigen,
und nehme meines Todes Zeugen
960 zum Plagedämon mit auf seiner Wogenbahn.

121.

Eh diese Worte noch verhallen,
sehn ihre Frauen sie, durchrannt
vom spitzgen Stahl, zusammenfallen,
das Schwerdt mit Blut beschäumt, mit Blut die Hand
965 besprützt. Ihr Angstgeschrey schlägt an die hohen Säulen
der Königsburg, sogleich macht des Gerüchtes Mund
die grauenvolle That mit tausendstimmgem Heulen
dem aufgedonnerten Karthago kund.

122.

Da hört man von Geschrey, von jammervollem Stöhnen,
970 von weiblichem Geheul die hohlen Dächer dröhnen,
des Aethers hohe Wölbung heult es nach.
Nicht fürchterlicher konnt es tönen,
wenn in Karthagos Stadt die Flut der Feinde brach,
das alte Tyrus fiel, der Flammen wilde Blitze
975 sich fressend wälzten durch der Menschen Sitze
und durch der Götter heilges Dach.

123.

Geschreckt durch den Zusammenlauf der Menge,
durchschauert von dem gräßlichen Gerücht,
stürzt Anna halb entseelt sich durchs Gedränge,
980 zerfleischt mit grimmgen Nägeln das Gesicht,

955: Gerächet G·M. — 961: Ehe diese g g. — 964—965: Hand. | Ihr G·M. — 970: dröhnen P C W R. — 972: könnt' W R [J. Meyer bemerkte (nach 1860) in seinem Handexemplare der Werke 1844. 1, 212: „könnt', erst 1844, mir unbegreiflich, in den Text gekommen"]. — 973: Stadt A G R B O B] Thor g g M; Non aliter, quem si inmissa ruat hostibus omnis | Carthago, aut antiqua Tyros. Virg. Aen. 4, 669 sq.

die Brust mit mörderischen Schlägen.
Das also wars, ruft sie der Sterbenden entgegen,
Mit Arglist fiengst du mich! Dazu der Opferheerd,
dazu das Holz und des Trojaners Schwerdt!

124.

985 Weh mir verlaßnen! Wen soll ich zuerst beweinen?
Unzärtliche! Warum verschmähtest du im Tod
die Schwester zur Begleiterinn? Vereinen
sollt uns derselbe Stahl, von beider Blute roth!
Und fleht' ich darum Tyrus Götter an, erbaute,
990 daß ich allein dich deinem Schmerz vertraute,
dieß Holzgerüste? Weh! Mich ziehst du mit ins Grab,
dein armes Volk, dein Reich, dein Tyrus mit hinab.

125.

Gebt Wasser, gebt, daß ich die Wunden wasche,
mit meinen Lippen ihn erhasche,
995 wenn noch ein Hauch des Lebens auf ihr schwebt.
Sie rufts und steht schon oben auf den Stuffen,
stürzt weinend an der Schwester Hals, bestrebt,
an ihrer warmen Brust ins Leben sie zu rufen,
die schon der Frost des Todes überflogen,
1000 zu trocknen mit dem Kleid des Blutes schwarze Woogen.

126.

Umsonst versucht (aus weit gespaltnem Munde
pfeift unter ihrer Brust die Wunde,)
umsonst die sterbende, den schwerbeladnen Blick
dem Strahl des Tages zu entfalten,
1005 rafft dreimal sich empor, von ihrem Arm gehalten,
und dreimal taumelt sie zurück,
durchirrt, das süße Licht der Sonne zu erspähen,
des Aethers weiten Plan, und seufzt, da sies gesehen.

127.

Erweicht von ihrem langen Kampf, gebeut
1010 Saturnia der Iris fortzueilen,

989: Opferheerd vgl. 209. — 990: und fehlt G·M. — Tyrus A] die G·M. —
996: Stuffen A G] Stufen g g K B C W M, vgl. 195.

der Glieder zähe Bande zu zertheilen,
zu endigen der Seele schweren Streit.
Denn da kein Schicksal, kein Verbrechen,
Verzweiflung nur sie abrief vor der Zeit,
so hatte Hekate den unterirrdschen Bächen
das abgeschnittne Haar noch nicht geweiht.
128.
Jetzt also kam, in tausendfarbem Bogen
der Sonne gegenüber, feucht von Thau,
die Goldbeschwingte durch der Lüfte Grau
herab aufs Haupt der Sterbenden geflogen:
Dieß weih ich auf Befehl der Gottheit dem Kozyt,
ruft sie, vom Leibe frei mag sich dein Geist erheben.
Sie sagts und löst das Haar ab, schnell entflieht
der Wärme Rest, und in die Lüfte rinnt das Leben.

1017: tausendfarbnem B C. — 1023: löst (löst g g M, löst K B C B) die Locke, schnell G·M.

XXIV. Redactionsnoten.

1.

Die in den vorhergehenden Stücken abgedruckte Uebersetzung einiger Bücher der Aeneide hat folgende von einer andern Feder veranlaßt, und man glaubt, dem Publikum durch den Abdruck derselben einen um so angenehmeren Dienst zu erzeigen, da sie dazu dienen kann, das zweyte und vierte Buch der Aeneide zu verbinden.

Der Herausgeber.

2.

Zu einer Zeit, wo für und gegen geheime Verbindungen so viel gesagt, geschrieben und gethan wird, habe ich gegenwärtiges Fragment, das mir von unbekannter Hand eingesendet worden, für interessant genug gehalten, um es dem Publicum vorzulegen. Man setzt bei jedem Leser desselben voraus, daß ihm das heimliche Gericht aus dem Götz von Berlichingen wenigstens bekannt ist. Eine kleine Nachricht von dieser geheimen Gesellschaft, die im vierzehnten und funfzehnten Jahrhundert fast ganz Deutschland überschwemmte, hat der Herr von Möser in der Berliner Monatschrift gegeben.

XXIV. 1. Neue Thalia. 1792. Heft 6. S. 298. Anmerkung zu einer Uebersetzung des dritten Buchs der Aeneide in freien Stanzen von ungenanntem Verfasser.

4: hat] haben: Thalia.

2. 10: Thalia. 1788. Fünftes Heft (erschien im Mai 1788. An Körner 1, 293.) S. 1. Anmerkung zu dem ersten Beitrage: „Das heimliche Gericht. Einige Scenen." Der Verf. war Ludw. Ferd. Huber; die Einsendung „von unbekannter Hand" bloßer Vorwand. — 15: Goethes Götz von Berlichingen, vierttletzte Scene. — 18: [Eine kurze Nachricht von den Westphälischen Freigerichten. (Unterz.) J. Möser: in der Berliner Monatschrift. 1786. Nov. 2, 375—391, auch in dessen Patriotischen Phantasien. Bd. 4. Berl. 1786. S. 193—206.]

3.

Ich ersuche den Verfasser dieses Aufsatzes, meinem Verleger oder mir, von seinem Wohnort Nachricht zu geben, da der Brief, der diesen Aufsatz begleitete, während meiner Krankheit an mich eingelaufen, von einer fremden Hand erbrochen worden und verloren gegangen ist. S.

---

3. Neue Thalia. 1792. St. 1. S. 91. Anmerkung zu H. P. F. Hinze's „Ogier von Dänemark. Dramatisches Denkmahl." — Hinze war Candidat in Helmstädt. vgl. Schiller an Göschen. Sommer 1792, im Weimarischen Jahrb. 6, 234.

XXV. Vorbericht. (2a)

[Zum ersten Theil der kleineren prosaischen Schriften.]

Um dem Nachdruck zuvor zu kommen, und zugleich meinen Freunden in der lesenden Welt eine Auswahl desjenigen in die Hände
5 zu geben, was ich unter meinen kleinern prosaischen Versuchen der Vergessenheit zu entziehen wünsche, habe ich diese Sammlung veranstaltet, auf welche, wenn sie anders Leser und Käufer findet, in der Folge ein zweyter und dritter Theil nachgeliefert werden könnten, die verschiedne noch ungedruckte Aufsätze enthalten würden. Bey den
10 mehresten der hier abgedruckten Aufsätze, möchte, wie ich gar wohl einsehe, eine strengere Feile nicht überflüssig gewesen seyn; und es war auch Anfangs meine Absicht, Ton und Inhalt meiner gegenwärtigen Vorstellungsart gemäßer zu machen; aber ein veränderter Geschmack ist nicht immer ein besserer, und vielleicht hätte die zweyte
15 Hand ihnen gerade dasjenige genommen, wodurch sie bey ihrer (2b) ersten Erscheinung Beyfall gefunden haben. Sie tragen also auch noch jezt das jugendliche Gepräge ihrer ersten zufälligen Entstehung und bitten dieser Ursache wegen um die Nachsicht des Lesers. Nicht immer ist es der innere Gehalt einer Schrift, der den Leser fesselt;
20 zuweilen gewinnt sie ihn bloß durch karakteristische Züge, in denen sich die Individualität ihres Urhebers offenbart; eine Eigenschaft, die oft gerade die vollendetsten Werke eines Autors verläugnen. Für Leser

---

XXV. A u. b: Kleinere prosaische Schriften. Erster Theil. Leipz. 1792. Bl. 2. — b: Schiller-Album. Dresden 1861. S. 26. Nr. 9. Abdruck des Originalmanuscripts im Besitz des Pastor Brauns in Rinteln.

9: würden A] werden B. — Bey A] Bei B. — mehresten. — Aufsätze möchte, B. — 11: seyn, B. 13: Vorstellungsart B. — 14: besserer und B. — zweite B. — 15. 16: bei B. — Beifall B. — 17: jetzt b. — 19: fesselt: b.

also, welche diese interessiren kann, die, wenn sie in dem Buche auch nicht mehr finden sollten als den Verfasser selbst, mit diesem kleinen Gewinn sich begnügen, sind diese Rapsodieen bestimmt, und eine flüchtige, für ernsthafte Zwecke nicht ganz verlorene Unterhaltung ist alles, was ich ihnen davon versprechen kann.

Jena, in der Ostermesse 1792.

1—2: welche .. selbst, A] welche schon eine gute Meinung von dem Verfasser mitbringen, und, wenn sie auch mehr nicht darin finden sollten als ihn selbst, B. — 3: Rapsodien A B, Rapsodien b. — 5: kann. Duldung ist alles, worauf sie Anspruch machen, B [dann im Manuscript wieder durchgestrichen]. — In B noch unterzeichnet: Schiller. — Der erste Theil der kl. pros. Schriften enthält: 1. Die Sendung Moses [Theil 8]. — 2: Was heißt Universalgeschichte [8]? — 3: Philosophische Briefe [4]. — 4: Briefe über Don Karlos [s. oben S. 33]. — 5: Spiel des Schicksals [oben S 105] — 6: Verbrecher aus verlorner Ehre [Verbrechen aus Infamie. Thl. 4.] — 7: Etwas über die erste Menschengesellschaft [8]. — 8: Ueber Völkerwanderung, Kreutzzüge und Mittelalter [Thl. 8].

XXVI. Hymne an das Licht.

Schiller an Körner, Jena, 25. Mai 1792. (2, 309—311.)

Eigentlich ist es doch nur die Kunst selbst, wo ich meine Kräfte fühle, in der Theorie muß ich mich immer mit Principien plagen. Da bin ich bloß ein Dilettant. Aber um der Ausführung selbst willen philosophire ich gern über die Theorie; die Kritik muß mir jetzt selbst den Schaden ersetzen, den sie mir zugefügt hat. Und geschadet hat sie mir in der That, denn die Kühnheit, die lebendige Glut, die ich hatte, ehe mir noch eine Regel bekannt war, vermisse ich schon seit mehreren Jahren. Ich sehe mich jetzt erschaffen und bilden, ich beobachte das Spiel der Begeisterung, und meine Einbildungskraft beträgt sich mit minder Freiheit, seitdem sie sich nicht mehr ohne Zeugen weiß. Bin ich aber erst soweit, daß mir Kunstmäßigkeit zur Natur wird, wie einem wohlgesitteten Menschen die Erziehung, so erhält auch die Phantasie ihre vorige Freiheit zurück, und setzt sich keine andere als freiwillige Schranken.

Oft widerfährt es mir, daß ich mich der Entstehungsart meiner Producte, auch der gelungensten, schäme. Man sagt gewöhnlich, daß der Dichter seines Gegenstands voll sein müsse, wenn er schreibe. Mich kann oft eine einzige und nicht immer eine wichtige Seite des Gegenstandes einladen, ihn zu bearbeiten, und erst unter der Arbeit selbst entwickelt sich Idee aus Idee. Was mich antrieb die Künstler zu machen, ist gerade weggestrichen, als sie fertig waren. So war's beim Carlos selbst. Mit Wallenstein scheint es etwas besser zu gehen: hier war die Hauptidee auch die Aufforderung zum Stücke. Wie ist es aber nun möglich, daß bei einem so unpoetischen Verfahren doch etwas Vortreffliches entsteht? Ich glaube, es ist nicht immer die lebhafte Vorstellung seines Stoffes, sondern oft nur ein Bedürfniß nach Stoff, ein unbestimmter Drang nach Ergießung strebender Gefühle, was Werke der Begeisterung erzeugt. Das Musikalische eines Gedichts schwebt mir weit öfter vor der Seele, als der klare Begriff von Inhalt, über den ich oft kaum mit mir einig bin. Ich bin durch **meine Hymne an das Licht**, die mich jetzt manchen Augenblick beschäftigt, auf diese Bemerkung geführt worden. Ich habe von diesem Gedicht noch keine Idee, aber eine Ahndung, und doch will ich im voraus versprechen, daß es gelingen wird.

XXVII. Zweifelhaftes. Unechtes.

1.

3) Leben des Herrn Valentin Jamerai Düval kaiserlichen Bibliothekars und Aufsehers über das Münzkabinet zu Wien. Aus
5 dessen eigenhändigem französischen Manuscripte und den Memoires des Herrn Ritters von Koch, übersetzt von Alb. Chr. Kayser, Hochfürstl. Thurn und Taxischer Bibliothekar. Zweyte um die Hälfte vermehrte Auflage. Regensburg, bey Montags Erben. 1788. 8.

 Gegenwärtige neue Auflage der Uebersetzung des Duvalischen Lebens ist der
10 beste Beweis, wie interessant dasselbe ist, und welch ein angenehmes Geschenk Herr (XCVIII) K. damit dem lesenden Publikum gemacht hat. Jeder, der dieses Buch in die Hand nimmt, wird auch wirklich durch den romantischen Gang der Begebenheiten dieses Sohns der Natur, durch die Abwechslung von Räsonnements mit Thatsachen, durch die eigne naive Manier des Verfassers, mit welcher er alle Gefühle und
15 Vorstellungen schildert, so wie sie sich nach und nach in seiner jungen Seele entwickelten und durch Erfahrungen bestimmt wurden, durch die Reflexionen, die er in dieses psychologische Gemählde zu verweben weiß, und die mit der Naivetät seiner Erzählung ungemein gut abstechen, auf das angenehmste unterhalten und zugleich belebt werden. Man muß diesen Menschen liebgewinnen, weil aus allen
20 seinen Handlungen eine reine und kindliche Einfalt, verbunden mit einem sehr richtigen Beobachtungsgeiste hervorleuchtet, und den zukünftigen großen Mann ahnden läßt; und weil seine Liebe für die Rechte der Menschheit und Haß gegen Unterdrückung und Aberglauben jedes Blatt seiner Lebensbeschreibung bezeichnet.

 Mit Recht könnte man alles dieses auch von der ersten Auflage dieses Buchs
25 sagen; noch weit mehr aber findet es bey gegenwärtiger zweiten statt, da diese ungleich mehr Nachrichten von Duvals Leben enthält, als selbst jene Lebensbeschreibung des Herrn Staatsraths von Koch in seiner Ausgabe von Duvals Werken, aus welcher die erste Auflage der Kayserschen Uebersetzung bestand. Schon aus der Vergleichung der Seitenzahl beyder Auflagen wird dieses sichtbar, da die
30 erste nur aus 1 Bande von 232 S. bestand, die zweyte aber 2 Bände und 560 S. stark ist. Was dieser letztern aber einen ganz entschiedenen Vorzug vor jener und sogar vor dem französischen Originale des Herrn von Koch giebt, ist, daß sie aus

---

5ª. Anzeiger des Teutschen Merkur, August 1788 S. XCVII—XCIX. — Paul Trömel (Schiller-Bibliothek. Leipzig 1865 S. 34 Nr. 59) schreibt diese Anzeige nach A. Diezmanns Vorgange (Aus Weimars Glanzzeit Leipz. 1855 S. 78—80) Schiller zu, weil dieselbe mit S. unterzeichnet ist. Ich nehme sie deshalb hier auf, obwohl der flüchtigste Durchblick ergibt, daß Schiller keinen Theil daran haben kann. Die Fehler im Merkur sind hier beibehalten.

einer vom Duval eigenhändig aufgesetzten Lebensbeschreibung, davon die Verlags- (XCIX)
handlung das Manuscript an sich kaufte, diese Zusätze und Vermehrungen erhalten
hat. Mit der größten Wahrheit und Aufrichtigkeit schildert sich darin Duval, und
wollte sie eben deswegen bey seinen Lebzeiten nicht herausgeben, weil er durch
seine Freymüthigkeit die Delikatesse der Welt und vieler Personen, die in seinem
Leben vorkommen, zu beleidigen glaubte. Dies erhellt aus einem Briefe, den er
an den Abbé Calmet, den Herausgeber der Bibliotheque Lorraine schrieb, und
welchen uns Herr K. in der Vorrede mittheilt. Schonung für das Andenken
seines Freundes, und mehr noch eben diese Rücksichten, die der Herr Ritter von
Koch, als Staats- und Geschäftsmann, nicht aus den Augen setzen durfte, hielten
ihn ab, mehr als einen Auszug aus dieser Lebensbeschreibung zu liefern. Herrn
K. aber waren die Hände nicht so gebunden, und wir wissen es ihm recht sehr
Dank, daß wir jetzt in einer Uebersetzung mehr von den Lebensumständen dieses
berühmten Franzosen aufzuweisen haben, als seine eignen Landsleute. Sie ist
dadurch gewissermaßen ein Original geworden, und weit schätzbarer als der Kochische
Auszug. Nur bis zu Duvals Aufenthalt zu Pont a Mousson recht sein eigenhändiger
Aufsatz, wo der Uebersetzer den Herrn von Koch wieder sprechen läßt.
Einige unbedeutende Kleinigkeiten und Flecken in Absicht auf Sprache und Vortrag
kommen bey diesem wichtigen Geschenke gar nicht in Anschlag, zumal da die
Kürze der Zeit Herrn K. so sehr zu eilen nöthigte. Eine neue Auflage wird ihn
bald in Stand setzen, seiner Uebersetzung den höchsten Grad von Vollkommenheit
zu geben. Dies wird einem so vorzüglichen Schriftsteller, als Herr K. ist, nicht
schwer werden, und ihn alsdenn berechtigen noch größere Ansprüche auf die Dankbarkeit
machen zu können, zu welcher er sie jetzt schon hinlänglich verpflichtet hat.

E.

2.

Auf diesen Höhen sah auch ich
Dich, freundliche Natur — ja dich!

2. „Während seines Aufenthalts in Rudolstadt [1788] besuchte Schiller auch
das Stammhaus der Grafen von Schwarzburg und die Ruinen des Klosters
Paulin Zelle. In das Buch, das den Fremden, die sich zur Zeit des Vogelschießens
in Rudolstadt aufhalten und gewöhnlich im Gasthofe unweit der Schwarzburg
einkehren, zum Einzeichnen ihrer Namen präsentirt wird, schrieb auch Schiller
den seinigen, nebst folgenden Versen:" (Friedrichs von Schiller Leben von Heinrich
Döring. Zweite verb. Aufl. Weimar 1824 S. 129.)

3.

Im October 1788.

Daß du mein Auge wecktest zu diesem goldenen Lichte,
    daß mich dein Aether umfließt,
daß ich zu deinem Aether hinauf einen Menschenblick richte,
    der ihn edler genießt,
5   daß du einen unsterblichen Geist der dich, Göttliche denket,
    und in die schlagende Brust
Gütige, mir des Schmerzens wohlthätige Warnung geschenket
    und die belohnende Lust,
Daß du des Geistes Gedanken, des Herzens Gefühle zu tönen
10   mir ein Saitenspiel gabst,
Kränze des Ruhms und das buhlende Glück deinen stolzeren Söhnen,
    mir ein Saitenspiel gabst,
Daß dem trunkenen Sinn von hoher Begeistrung beflügelt,
    schöner das Leben sich mahlt,
15 schöner in der Dichtung Crystall die Wahrheit sich spiegelt,
    heller die Dämmernde strahlt,
Große Göttin, dafür soll, bis die Parzen mich fodern,
    dieses Herzens Gefühl
zarter Kindlichkeit voll in dankbarem Strale dir lodern,
20 Soll aus dem goldenen Spiel
unerschöpflich dein Preiß, erhabne Bildnerinn, fließen
    Soll dieser denkende Geist
an dein mütterlich Herz mit reiner Umarmung sich schließen,
    bis der Tod sie zerreißt.
25   S.

3. A: Thalia. Heft 11 (1790) S. 95—96. — B: J. Meyer, Beiträge u. s. w. Nürnb. 1858. S. 16—18. — B: Neue Beiträge. Nürnb. 1860. S. 34—39. — b: Separatdruck. Druck von Fr. Campe u. Sohn in Nürnberg. 1 Bl. 8⁰.
¹: b beginnt jeden Vers mit großem Anfangsbuchstaben. — umfließt; b. — ⁴: genießt; b. — ⁵: Göttliche denket A] Göttliche, denket B b. — ⁶: Brust; b. — ⁸: Lust; b. — ⁹: daß du B. — ¹²: gabst; b. — ¹³: daß dein B. — ¹⁴: mahlt, b. — ¹⁵: Krystall b. — ¹⁶: strahlt; b. — ¹⁸: Gefühl, b. — ¹⁹: voll, b. — Strahle b. — ²¹: Preis, b. — Bildnerin, b. — ²⁵: „S." AB] Schiller. b. — Joachim Meyer schrieb dies Gedicht in B Schiller zu und suchte in B die Begründung dafür zu verstärken. K. v. Raumer, Wölffel in Nürnberg und andre stimmten ihm zu, und seit 1860 erscheint dies Gedicht in Schillers Werken, eine sehr unverdiente Ehre für ein Gedicht, das aller Wahrscheinlichkeit nach keinen Andern als Gustav Schilling zum Verfasser hat. Denn wenngleich Körner am 24. Dec. 1790 (Briefw. 2, 223) in Bezug auf das eben angekommene 11. Heft der Thalia an Schiller schreibt; „Dein Gedicht im October freute mich um sein selbst willen und als

ein Beweis der heiteren Stimmung, in der es entstanden ist," so hat diese Aeußerung doch selbstverständlich keine Beweiskraft, da Körner, durch das S. der Unterschrift verleitet, dem Freunde ein Gedicht zuschrieb, das Schiller nur deshalb nicht ablehnte, weil er Körners Brief überhaupt nicht beantwortete. Die Reise nach Erfurt im Januar 1791 und die darauf folgende Krankheit erklären das hinlänglich. Wenn man aber nun, das Gedicht zu retten, gar so weit gegangen ist, die in dem Briefwechsel mit den Schwestern Lengefeld vorkommende Anspielung auf ein Gedicht aus dem Nov. 1788, das nur auf den Entwurf der „Künstler" passen würde, wenn überall ein Schillersches Gedicht damit bezeichnet sein müßte, und dann die in einem Briefe Körners vom 11. Mai 1793 (Briefw. 3, 104) vorkommende Erwähnung eines Gedichtes (an deinem Geburtstage) auf dieses Octobergedicht bezogen hat, so kann das nur vermöge einer Logik geschehen, welcher „Im Oktober 1788" und „An deinem Geburtstage", dem Geburtstage Schillers, 10. November, identisch erscheint. Ich will nicht auf das Gefühl mich berufen, nicht darauf, daß dies aus einem einzigen Satze bestehende Carmen die Hand des Schülers verräth; daß die Reimbindung antiker Verse jedenfalls einen barbarischen Geschmack beurkundet; daß der Gehalt dürftig, das wiederkehrende Zeitenspiel anstößig und das Ganze armselig, verworren und unklar ist; ich will nur ein Zeugniß für Schillings Urheberschaft von Schilling selbst anführen. Dieser Poet, den Schiller zwar geringschätzte, aber in die Thalia einließ, erscheint im 7. Hefte derselben (S. 121—126) mit zwei Gedichten, deren eines (An die Wohlthätigkeit) mit seinem vollen Namen, das andre (Ode an Gott) mit S. S. unterzeichnet ist. Beide Stücke nahm Schilling in die unter seinem Namen erschienenen „Gedichte. Erster Band. Freyberg und Annaberg. 1790" (S. 1. u. 19) auf. Die Vorrede dieser Sammlung, vom August 1789 datiert, kündigt einen zweiten Theil an, und bemerkt, daß nur wenige Gedichte bisher „die Schwelle der Publicität betraten, wovon sich einige aus beiden Theilen in der Thalia finden." Da nun aber die Thalia außer jenen beiden Stücken nur dies mit S. unterzeichnete Octobergedicht enthält, das Schilling gehören kann, so wollte er dies in den zweiten Theil aufnehmen, der niemals erschienen ist. Der Einwand, daß Schilling nicht schon im August 1789 gewußt haben könne, was das im Dec. 1790 erschienene 11. Heft der Thalia bringen werde, ist nur scheinbar, da Schiller dem Mitarbeiter die Aufnahme zugesagt haben konnte und wird, so daß dieser nur deshalb das Oktobergedicht vom J. 1788 für den zweiten Band zurücklegte, um es zuerst auch in der Thalia gedruckt zu sehen — „eine Weihe, für die er dem Rath Schiller seinen wärmsten Dank" sagte.

Ein Gedicht ähnlichen Schlages, in demselben Metrum, nur daß die Hexameter nicht reimen, mit wörtlichen Anlehnungen an das Octobergedicht, „An * *" einen dichterischen „Freund" gerichtet, enthalten die „Gedichte von Sophie Mereau. Erstes Bändchen. Berlin, 1800. Unger", S. 10—11. Die Mereau, geb. Schubert, scheint den Verfasser des Octobergedichtes gekannt zu haben.

Siehst die Gefahren nicht, die ringsum dich bedrohn,
und hörst die Winde nicht, die deine Segel regen?
Von wilder Wuth empört, sinnt jene, dich mit List,
mit unentrinnbarem Verderben zu umschlingen,
815 du eilst nicht mit des Windes Schwingen
davon, da dir noch Flucht verstattet ist?

103.

Grüßt dich Aurora noch in diesem Land,
so siehst du weit und breit die Wellen
mit Schiffen überdeckt, den ganzen Meeresstrand
820 von mordbegiergen Fackeln sich erhellen.
Flieh ohne Aufschub! Flieh! Veränderlich
ist Frauensinn und nimmer gleicht er sich.
Er spricht's und fließt in Nacht dahin. Voll Schrecken
fährt jener aus dem Schlaf, und eilt sein Volk zu wecken.

104.

825 Wacht auf, ruft er. Geschwind! Ergreift die Ruder! Spannt
die Segel aus! Ein Gott, vom Himmel her gesandt,
treibt mich auf's neu, nicht länger mehr zu weilen,
die Stränge zu zerhaun, die Abfahrt zu beeilen.
Wer du auch seyst, erhabne Gottheit! Ja!
830 Frohlockend folgen wir dem Wink, den du gegeben.
Verleih uns Schutz! O sey uns hold und nah!
Laß über unserm Haupt geneigte Sterne schweben!

105.

Er spricht's und aus der Scheibe blitzt
sein flammend Schwerdt und trennt des Ankers Seile,
835 ihm folgt die ganze Schaar, von gleicher Glut erhitzt,
rafft alles fort, und treibt und rennt in voller Eile.
Schnell ist die ganze Küste leer,
verschwunden unter Schiffen das Meer,
es keucht der Ruderknecht und quirlt zu Schaum die Wogen,
840 zahllose Furchen sind durchs blaue Feld gezogen.

825: Wacht auf! Geschwind! G.-M. — 839: [Der Vers ist nach wielandscher
Manier gebaut und schließt, anstatt mit einem Jambus, mit einem Anapäst; vgl.
924: auf krampfhaft zuckenden Wangen.] ist das Meer O.